ZHISHICHANQUAN
SIFA BAOHU QIANYAN

上海知识产权法院／组织编写

陈亚娟／主编

知识产权司法保护前沿

（第Ⅱ辑）

知识产权出版社

全国百佳图书出版单位

—北京—

图书在版编目（CIP）数据

知识产权司法保护前沿．第Ⅱ辑/上海知识产权法院组织编写；陈亚娟主编．—北京：知识产权出版社，2020.1

ISBN 978-7-5130-6579-5

Ⅰ.①知…　Ⅱ.①上…　②陈…　Ⅲ.①知识产权保护—研究—中国　Ⅳ.①D923.404

中国版本图书馆 CIP 数据核字（2019）第 253900 号

内容提要

本书包含理论前沿、精品案例两大部分。理论前沿部分汇集了上海知识产权法院近年来若干重点调研课题成果和上海知识产权法院法官围绕司法实践撰写的具有较高学术性、实用性的应用法学研究文章，内容涵盖知识产权审判前沿问题和疑难问题研究、审判实务经验总结、专业化审判机制改革等。精品案例部分选自上海知识产权法院审结并生效的具有典型性、代表性、新颖性和可参考性的案例，能够为解决疑难法律问题提供参考，并且较好地体现了法律效果与社会效果的统一。

责任编辑：卢海鹰　王瑞璞　　　　**责任校对**：潘凤越
封面设计：张　冀　　　　　　　　**责任印制**：刘译文

知识产权司法保护前沿（第Ⅱ辑）

上海知识产权法院　组织编写

陈亚娟　主编

出版发行：	知识产权出版社 有限责任公司	网　址：	http://www.ipph.cn
社　址：	北京市海淀区气象路 50 号院	邮　编：	100081
责编电话：	010-82000860 转 8116	责编邮箱：	wangruipu@cnipr.com
发行电话：	010-82000860 转 8101/8102	发行传真：	010-82000893/82005070/82000270
印　刷：	三河市国英印务有限公司	经　销：	各大网上书店、新华书店及相关专业书店
开　本：	720mm×1000mm　1/16	印　张：	21.25
版　次：	2020 年 1 月第 1 版	印　次：	2020 年 1 月第 1 次印刷
字　数：	415 千字	定　价：	99.00 元

ISBN 978-7-5130-6579-5

编 委 会

目　录

理论前沿

精品案例

（一）专利权

（二）商标权

理论前沿

计算机软件开发合同纠纷案件现状、问题及对策

上海知识产权法院课题组[*]

【摘　要】本课题调研以案例实证分析为基础，结合理论分析，对上海知识产权法院成立以来受理和审结的计算机软件开发合同案件的审理情况进行了全面的梳理，对案件审理中的疑难问题进行了深入的分析，并提出了相应的对策。

计算机软件开发合同纠纷案件技术问题与法律问题交织，合同履行情况还原程度低，案件审理周期普遍较长，为统一审判思路、提高审判效率，在审理机制上应进行改革探索，充分发挥庭前会议功能，构建多元化解纠纷机制，实现"四位一体"技术事实查明机制的有效运行，推动计算机软件开发合同纠纷类案模型化工作。

计算机软件开发合同案件实体审理中所涉及的争议问题较为集中。对于开发方是否交付了合格软件，应当准确运用各种合同解释方法进行判断；开发成果是否交付的举证责任分配应当与一般委托合同一致，对于通过云端部署软件应根据个案具体情况进行认定。对于是否构成迟延履行应严格审查相应要件，不得以委托方配合测试或接受成果就当然地认定为当事人放弃了追究迟延履行的违约责

---

[*] 课题组成员：黎淑兰（课题主持人，上海市第三中级人民法院副院长、上海知识产权法院副院长）、陈惠珍（上海市第三中级人民法院审判委员会专职委员）、范静波（上海知识产权法院知识产权审判第二庭法官）。

任。在合同目的是否实现的认定上，软件主体功能的实现通常是判断委托方合同目的的依据，特殊情况下违反合同附随义务可导致委托方合同目的无法实现。

【关键词】计算机软件开发合同　基本情况　审理机制　疑难问题

【成果转化】根据本课题的研究成果，依托上海市高级人民法院"206 工程"❶，实施计算机软件开发合同纠纷类案模块，即类案审理指引系统。通过强化大数据深度应用，把统一的案件审判流程镶嵌到数据化的程序中，规范计算机软件开发合同纠纷的审判方法和裁判标准，从而提高办案效率，增强司法公信力。目前该系统开发已完成阶段性工作，后续工作将根据上海市高级人民法院统一部署进行。

上海知识产权法院统一受理计算机软件开发合同纠纷一审案件后，技术事实查明难度大、合同履行情况还原程度低、案件审理周期普遍较长等问题凸显。因此，有必要对计算机软件开发合同纠纷案件中的相关问题进行调研，以更好地指导审判实践，提高审判质效，加强适法统一。本课题分为三个部分：（1）计算机软件开发合同纠纷案件的基本情况。此部分汇总上海知识产权法院成立以来计算机软件开发合同纠纷案件，梳理总结出案件特点以及审理中遇到的主要问题。（2）计算机软件开发合同纠纷审理机制探索。此部分将对计算机软件开发合同案件的审理思路进行探索，对争点固定、请求权基础确定、一般事实与技术事实查明的方式等问题进行研究，统一裁判思路，探索解决此类案件审理周期长的难题。（3）计算机软件开发合同纠纷审理中若干疑难问题研究。此部分主要研究计算机软件开发合同案件实体疑难问题，涉及具体情况下开发成果是否满足合同约定、软件是否交付、履行延迟以及合同目的是否实现的认定等。

一、计算机软件开发合同纠纷案件的基本情况

在知识产权法院成立之前，有关计算机软件开发合同纠纷一审案件由基层法院受理。知识产权法院成立之后，为集中一审技术类案件的管辖，2014 年《最高人民法院关于北京、上海、广州知识产权法院案件管辖的规定》明确规定，涉及计算机软件一审民事案件由知识产权法院管辖。上海知识产权法院自成立以来，截至 2017 年 9 月 30 日❷，共受理计算机软件开发合同纠纷案件 472 件，审结 338 件。

---

❶　2017 年 2 月 6 日，中共中央政治局委员、中央政法委书记孟建柱到上海市高级人民法院调研时要求研发一套推进以审判为中心的诉讼制度改革软件，即上海刑事案件智能辅助办案系统（简称"206"工程）。

❷　本文所有统计数据统计期限：2015 年 1 月 1 日至 2017 年 9 月 30 日。

（一）计算机软件开发合同纠纷的主要特点

1. 案件争议焦点相对集中

在计算机软件合同纠纷中，单纯因拖欠合同款项引发的诉讼较少。实践中该类案件的争议焦点主要集中在开发成果是否交付及交付内容是否符合合同约定、当事人是否存在履行迟延、委托方合同目的是否实现的认定等问题上。

2. 案件调撤率较高

在审结的计算机软件开发合同纠纷案件中，撤诉142件（包括按撤诉处理）、调解123件，调撤率达78.4%。调撤率较高的原因主要有以下几个方面：一是当事人对胜诉预期程度较低。由于当事人对合同履行事实的证据固定程度较低，其主张的事实往往缺乏证据支撑，能否得到法院支持，缺乏明确预期。二是案件事实复杂，诉讼成本较高。计算机软件合同履行期间较长，且履行过程中通常涉及需求的调整和变更，查明事实往往需要进行多次庭审。另外，有些技术事实涉及鉴定，鉴定费用普遍过高。审理时间较长和经济成本较高是当事人愿意和解的原因之一。三是调解效果较好。由于计算机软件开发合同当事人举证较为困难，尤其是委托方缺乏证据意识并在技术事实的说明上处于弱势地位，案件事实常常处于真伪不明的状态，完全依靠证据规则进行裁判，会导致当事人对裁判的认同感降低，裁判的社会效果较差。

3. 反诉比例较高

在计算机软件开发合同纠纷中，被告提起反诉的案件共78件，占收案量的16.5%，明显高于其他知识产权纠纷案件。反诉率较高的主要原因在于：一是软件本身的技术性和软件功能项、模块项的不确定性，导致双方签署合同时对产品的详细设计或者验收标准的约定较为模糊；二是在开发过程中，委托方和开发方都有可能会依据开发情况对软件的功能进行调整和细化，容易导致双方对履约标准存在较大争议。

4. 开发方相同的案件比例较高

上海知识产权法院受理的当事人为同一人的两个以上的案件共计69件（29组），占收案量的14.6%。当事人为同一人的主要是开发方，例如，涉及开发方科匠公司的案件就有32件。

5. 涉移动端计算机软件纠纷多

近年来，随着移动互联网的发展，涉及移动端计算机软件合同纠纷明显增长。在上海知识产权法院受理的软件开发合同纠纷中，近一半涉及手机应用APP软件，覆盖手游、医疗、教育、美妆、旅游等多个领域。

（二）计算机软件开发合同纠纷审理中存在的主要问题

1. 案件事实查明困难

计算机软件开发合同事实繁杂的主要原因是开发标准具有不确定性，开发标准通常处于"边开发、边确定"的状态，给案件事实的还原带来很大的障碍。一方面，双方在签订开发合同时，委托的需求通常不够具体和明确，软件开发标准仅有关于功能的框架性标准，有关软件的具体内容需要在开发过程中进一步细化；另一方面，在软件开发过程中，委托方对于开发方提供的阶段性产品往往提出一定的修改需求，软件开发标准在合同履行过程中不断变更。实践中，有关开发标准的细化和变更贯穿于整个合同履行期间，双方通常都是通过电子邮件或者即时聊天工具进行沟通，法官需要审查大量的电子证据才能确定软件的开发标准。

2. 开发成果确定困难

实践中，导致开发成果确定困难的情形多种多样，主要有以下几个方面：（1）开发方将已开发的软件部署在委托方的云服务器或者物理服务器上，在诉讼时开发方却认为目前在委托方服务器上软件已被修改，并非当时部署的软件；（2）开发方将已开发的软件部署在委托方的云服务器或者物理服务器上，在诉讼时委托方因服务器未续费，或将服务器移作他用以及损坏等不能提供当时部署的软件，对于开发方提供的备份软件，委托方认为与当时部署的软件不一致，系开发方事后所为；（3）开发方对于开发的软件并没有进行版本控制，新开发的部分会覆盖已开发的部分，委托方在合同履行过程中因认为产品不符合合同约定功能的要求，向开发方发送解除合同通知。在诉讼时，难以确定委托方所提供的软件是否系解除通知到达前所开发的。

3. 技术事实查明方式复杂

涉及计算机软件合同纠纷的技术事实的查明，除了一般技术类案件中存在的问题之外，还有一些自身的特点：（1）一些计算机软件功能的检验并非简单的演示所能确定，还需要搭建一定的环境、配备相应的检测设备，以及第三方的技术配合等。例如，对于某一软件是否实现支付功能，不仅需要演示软件本身开发了支付功能，还需要配备有关的技术设备，以及第三方支付机构开通接口才能确定该功能是否实现。（2）对于一些涉及特定领域专业性较强的软件，尤其是市场替代率较低的软件，技术调查官、有关专家对于涉及软件中的技术问题往往难以确定，只能由该软件公司的人员确定。

4. 审理周期普遍较长

上海知识产权法院成立以来，计算机软件合同纠纷一审判决案件的平均审理天数是264.78天，超出一审案件法定审限84.78天。造成审理周期较长的原因，除了事实复杂、反诉比例较高之外，还有以下几方面：（1）缺乏适当的争点确定机制。计算机软件开发合同纠纷案件通常证据繁杂，在争点不确定的情况下，大量缺乏关联性的证据进入庭审，严重影响庭审效率。（2）合同案件审判的理论准备和实务经验均有所不足。由于知识产权案件以侵权纠纷为主，合同类案件总体数量较少，多数知识产权庭的法官审理合同类纠纷经验相对欠缺，对裁判效率有一定影响。（3）部分案件鉴定周期较长。目前共委托鉴定案件5件，已完成鉴定4件，已完成鉴定的平均鉴定周期194.5天，最长周期360天。

二、计算机软件开发合同纠纷审理机制探索

计算机软件开发合同纠纷与一般合同纠纷相比，技术问题与法律问题交织，且合同在履行过程中往往不断地进行变更，案件审理难度比一般合同纠纷要大。由于此类案件之前一审分散在基层法院审理，且案件数量较少，相对知识产权侵权案件，法官对于审理此类案件总体上缺乏明确、统一的审理思路，部分案件召开庭前会议次数过多，案件审理效率较低。

（一）充分发挥庭前会议功能，确定适当的争点固定机制

计算机软件合同纠纷事实复杂，一次开庭成功率低，做好庭前会议的各项工作，准确把握案件争议焦点，对于提升案件审判效率具有重要意义。

1. 督促被告在答辩期内提交答辩状

我国《民事诉讼法》（以下简称《民诉法》）并未强制要求被告提供书面答辩状，多数当事人在庭前并不递交书面答辩状。计算机软件合同纠纷案件事实复杂，在被告不提交答辩状的情况下，原告以及法官在庭前会议之前并不知晓双方可能存在的争议焦点。原告在第一次庭前会议中知晓对方的答辩意见后，往往申请延长举证期限进行二次举证，庭前会议效果不佳。因此，承办法官在庭前会议前应尽量督促被告提交书面答辩状，明确诉辩焦点，提升庭前会议效率。

2. 在争点确定前原则上不进行证据调查

在计算机软件开发合同案件的审理中，当事人通常会提供合同履行过程中双方大量的邮件和聊天记录，而传统庭审往往在证据交换和法庭调查结束之后才固定争议焦点，对于当事人所提交的所有证据无论与争点是否有关均予以举证质证，导致法庭审查了大量与争点无关的证据。因此，法庭在进行证据调查前，应当首先固定争点，并向当事人释明对于与争点无关的证据不应举证，由此可以过滤部分缺乏关联性的证据，提升庭审质效。

（二）开放诉讼程序，构建多元化解纠纷机制

由于涉计算机软件开发合同纠纷案件事实还原程度低，加之技术事实查明周期长、成本高，多数当事人存在调解意愿。目前案件虽然调解率较高，但调解的最终达成往往需要多轮庭前会议才能解决，法官对此付出的精力并没有明显少于判决结案的案件。如前所述，计算机软件开发合同纠纷案件审理周期长的主要原因仍在于一般事实和技术事实查明困难，而非法律适用的困扰。将此类案件采用

诉前调解或者委托其他机构调解，既可以将法官从查明繁杂事实的负担中解脱出来，也可以在一定程度上提升审判效率。

1. 由具有技术背景的人员参与诉前调解

目前，上海知识产权法院虽对于一些涉计算机软件合同纠纷的案件进行了诉前调解，但调解效果整体不佳，主要原因在于没有从本质上抓住此类案件当事人争议的核心。多数计算机软件开发合同纠纷产生诉讼的原因集中在软件开发是否满足了双方约定的标准，而不在于是否付款等一般事实上的争议。实践表明，在就软件进行演示或者勘验后，当事人对软件的实际开发情况已有心理预判，调解人员只要稍加推动，则很可能实现纠纷和解。在诉前调解阶段，调解案件的方式与审理案件方式有所差异，案件审理通常要先解决一般事实问题，再解决技术事实问题，但在诉前调解时则可"单刀直入"先解决技术问题。这样一方面可以提高调解成功率；另一方面，即使不能调解成功，也可以固定软件中存在的技术问题，在后续庭审中减少技术争点固定这一环节。因此，在诉前调解程序中配备相应的技术人员解决技术问题，可提高调解成功率。技术人员的来源可以是技术调查官，或者聘用具有计算机软件专业背景的兼职人员。

2. 委托行业协会等第三方机构调解

经双方当事人同意，上海知识产权法院可以将纠纷委派或者委托上海市软件行业协会、上海市计算机行业协会进行调解。一方面，行业协会调动技术资源的能力强，一些专业性较强的软件在组织演示、勘验时，往往需要搭建环境、配备专业的技术设备，并且需要专业的人员参与才能进行，由行业协会组织较法院效率更高，成本更低；另一方面，很多当事人尤其是开发方本身就是行业协会成员，由行业协会组织调解在沟通上更为畅通。因此，有必要进一步推动与行业协会调解工作的对接，形成优势互补、资源共享、互联互通的知识产权多元化纠纷解决机制。

（三）实现"四位一体"技术事实查明机制的有效运行

为系统地提高知识产权案件中技术事实查明的科学性、专业性，公正高效地审理技术类案件，上海知识产权法院根据技术调查、技术咨询、专家陪审、技术鉴定等技术事实查明方法，探索构建"四位一体"的知识产权案件技术事实查明体系，对破解技术事实查明困难、提高技术类案件的审理质量和效率具有重要意义。"四位一体"技术事实查明机制的有效运行，可以发挥各种技术事实查明方式的特点，实现四种技术事实查明方式的联动，大幅提高技术事实查明效率和准确性。

1. 分流技术争议事实

计算机软件案件所涉的技术问题难易程度不同，根据各类技术事实查明方式的特点，选择合适的方式，对于准确、高效地查明技术事实至关重要。案件所涉技术事实大致可以分为以下几类：（1）需要借助一定的仪器设备或者搭建一定的环境进行分析、检测、鉴别才能查明的技术事实。对于此类问题，一般需要通过专业检测及技术鉴定才能解决。（2）纯粹的技术理论问题，例如，某一专业术语的含义、某一技术问题的原理等。对于此类问题，应当根据所涉问题的具体情况分别采用不同的查明方式。对于本领域普通技术人员能够解释和说明的问题，一般通过咨询技术调查官解决；对于所述领域疑难复杂的问题，则可通过咨询权威的技术专家或者申请专家陪审员参审解决。（3）技术比对问题。计算机软件开发合同纠纷中技术事实查明的主要问题是开发成果与合同约定标准的比对。对于此类问题，如果技术争点较少、判断难度不大，则可通过技术调查官协助进行比对；如果技术争点较多、判断难度很大，则需要委托专业机构进行比对，再作出司法鉴定结论。

2. 发挥技术调查官"技术助手"作用

技术调查官制度是我国知识产权法院成立之后所建立的一项新的制度，具有高效便捷、全面深入查明技术事实，并能有效衔接其他技术事实查明方式的特点。在司法实践中，技术调查官参与技术事实查明的次数远远超过其他技术事实查明方式；技术调查官不仅参与案件的庭审和咨询，还参与证据保全、现场勘验，为技术事实的查明提供全方位的支持，在参与技术事实查明的深度和广度上，是其他方式所不能比拟的。在上海知识产权法院成立之后，共有 23 件计算机软件开发合同案件由技术调查官参与审理，其是技术事实查明方法中使用最多的一种手段。

技术调查官制度在技术事实查明中具有基础性的作用。做好技术调查官与其他技术事实查明方式之间的衔接，对于准确高效地查明技术事实具有十分重要的意义。技术调查官在技术事实查明中的衔接作用主要体现在以下两个方面：（1）由技术调查官前期参与技术事实审查，协助法官梳理技术争点，再根据情况选择不同方式查明技术事实。（2）发挥技术调查官与技术专家、鉴定人之间的专业沟通效用。在将有关技术事实交由技术专家咨询或者鉴定后，对于咨询或者鉴定过程中出现的问题，技术专家或者鉴定人可以直接与技术调查官进行沟通。相较和法官沟通而言，具有技术背景的人员之间进行沟通能够提升技术事实查明的效率。

3. 叠加适用技术事实查明方式

技术咨询、技术调查官、专家咨询、技术鉴定四种技术事实查明方式各有其特点和适用范围，并非互相排斥。在司法实践中，可以根据案件所涉技术事实的具体情况，同时采用两种或者两种以上的技术事实查明方式，以确保技术事实查明的准确性。（1）技术调查官与专家陪审员同时参与审理。对于技术事实复杂、各方当事人分歧较大的案件，可以由技术调查官和专家陪审员共同参与审理活动。技术调查官侧重于庭前准备阶段，通过召开庭前会议，固定技术争点，辅助法官梳理案件所涉技术事实；专家陪审员则侧重于庭审阶段对技术事实的调查，通过庭前阅卷、庭审中对技术事实的调查发问等，对技术事实进行审查判断。（2）司法鉴定制度与技术咨询或者专家陪审制度的叠加适用。在司法实践中，当事人对于鉴定所采取的方法、步骤及鉴定结论往往会提出异议，由于专业知识的欠缺，法官对于鉴定意见通常难以进行实质性的审查。对于鉴定意见涉及的技术争议，法官可以向有关技术专家咨询，形成内心确信；也可以安排专家陪审员参与审理，专家陪审员可以当庭就鉴定过程中存在的问题向鉴定人发问，并就鉴定意见能否采纳提出专业意见。

4. 有效控制技术鉴定程序的启动

由于技术鉴定周期普遍较长，对案件的审判质效有一定的影响，同时鉴定费用过高，当事人诉讼负担较重。在计算机软件案件审理中，在控制鉴定程序的启动上，应采取以下措施：（1）启动鉴定程序前应穷尽其他技术事实查明方式。在以往的司法实践中，当事人对于技术事实的查明往往存在过度依赖鉴定的倾向，导致一些本不需要进行鉴定的案件进入了鉴定程序。在"四位一体"技术事实查明机制运行后，只有在技术调查、技术咨询等方式难以查明涉案技术事实的情况下，才可以委托鉴定。（2）以当事人申请为原则，以法院依职权启动为例外。技术事实与一般事实在法律性质上并没有实质性的差异，举证责任在通常情况下均应由当事人承担。就鉴定程序的启动而言，对于各方当事人均不申请鉴定的，法院原则上不启动鉴定程序，而根据举证责任进行判定。只有在某些专门性问题可能涉及有损国家利益、社会公共利益或者他人合法权益的情况下，法院才可依职权主动启动鉴定程序。

上海知识产权法院自成立以来，通过严格管控，进行鉴定的案件数量较少，但鉴定周期仍然普遍较长。对此，可以采取以下措施：（1）建立法院与鉴定机构之间的沟通协调机制。在以往司法实践中，法院将有关事项委托鉴定机构鉴定后，由于在制度上缺乏衔接机制，法院对于鉴定过程并不了解，往往被动地等待鉴定结果，客观上使得鉴定机构产生了一定的惰性。在具体个案中，要进一步构建法院与鉴定机构之间的沟通协调机制。由法官助理负责动态跟踪鉴定进程，主动了解鉴定的有关情况，并定期向合议庭汇报鉴定程序的进展状况。对于鉴定期限过长的案件，承办法官应当向合议庭说明原因，并就加快鉴定程序提出解决方案。（2）加强对鉴定机构的制约。目前鉴定机构提供的是市场化服务，法院与鉴定机构之间并无隶属关系，即使鉴定机构未在合理期限内出具鉴定意见，法院并无有效的制约措施。为加强对鉴定机构的制约，可以采取以下措施：首先，与鉴定机构协商确定合理的鉴定期限。为防止鉴定机构无故拖延鉴定期限，在当事人申请委托鉴定时，法院应根据技术事实的复杂程度确定合理的鉴定期限，并可与鉴定机构约定无正当理由未在合理鉴定期间出具鉴定意见的，鉴定费用应作相应扣减。其次，在鉴定过程中，鉴定机构如认为需要补充鉴定材料的，应向法院提出请求，由法院根据案件情况决定是否予以准许，鉴定机构不得直接向当事人调取鉴定材料。最后，对于鉴定质量和效率较低的鉴定机构，在后续案件的鉴定机构选择上，原则上不再委托。对于鉴定程序严重违法的鉴定机构，应告知司法行政部门，由司法行政部门采取相应的处罚措施。

（四）推动计算机软件开发合同纠纷类案模型化工作

计算机软件开发合同纠纷案件事实繁杂，为进一步统一审判思路、提高审判效率，上海知识产权法院依托上海市高级人民法院"206 工程"，探索研究人工智能在知识产权案件审判管理中的深度应用，提出了开发计算机软件开发合同纠纷类案模块，即类案审理指引系统。该项目已正式立项，有关开发工作目前正在积极地推进。该系统通过强化大数据深度应用，把统一的案件审判流程镶嵌在数据化的程序中，规范计算机软件开发合同纠纷的审判方法和裁判标准，从而提高办案效率，增强司法公信力。此外，该系统还有助于法官助理借助类案模型审判要素独立进行证据交换，更大程度发挥法官助理的作用，并规范技术调查官等技术查明机制介入节点及工作内容。

上海知识产权法院通过对已结案件的分析和审判经验的总结，根据计算机软件开发合同案件中当事人不同的诉辩意见，对案件进行了模型化梳理，并在此基础上建立了相应的具体模块。模块的大致内容如下：根据当事人的不同诉请，计算机软件开发合同纠纷案件的审理大致可分为三大部分，即一是继续履行合同；二是解除合同；三是违约责任。每一部分当中梳理出当事人所有可能的诉讼请求和抗辩意见，相应的法律依据、要件事实、证据指引、法律适用以及最终裁判主文模型。法官在案件审理中可根据模块指引，明确案件的审理要素、审理流程及审理标准，通过相对标准化的流程操作，可以保证案件审理思路的统一。

除了规范审理流程、统一裁判思路之外，运用计算机软件开发合同纠纷类案审理系统还可以实现以下功能：（1）对诉状和证据材料等进行电子扫描，实现基本合同要素的分析和提取；（2）在勾选不同类型案件时，系统自动提示审理方向和重点，实现证据指引；（3）流程化管理，在未对必要证据情况进行说明或者标注时无法进行下一环节审理；（4）将合同要素和证据内容结合，自动生成裁判文书事实部分的描述；（5）实现法条推送功能；（6）对特殊类型案件或者案件异常要素自动提醒。上述功能的实现可有效减轻法官及法官助理事务性工作的负担，提高审判效率。

三、计算机软件开发合同纠纷审理中若干疑难问题研究

计算机软件开发合同案件争议焦点较为集中，主要为开发成果是否符合合同约定、开发成果是否交付、当事人是否存在履行迟延以及合同目的是否实现的问题。以下就案件所涉及的主要法律问题进行实证研究。

（一）关于开发成果是否符合合同约定的认定

开发成果是否符合合同约定是绝大多数计算机软件开发合同纠纷的主要争点。实践中，开发方常见的抗辩意见主要有两类：一是委托方所主张的软件存在的技术问题并不存在；二是委托方所主张的技术问题不属于合同约定的开发范围。第一类情况属于技术事实的查明问题，在此主要讨论后一种情况。关于委托方所主张的技术问题是否属于合同约定的开发范围之内，常见的争议又可分为两类：一是委托方所主张的技术问题是否属于合同约定的开发范围之内；二是原合同虽未约定开发某项功能，但在合同履行过程中双方是否就开发新功能达成了合意。

1. 当事人所主张的技术问题是否属于合同约定的开发范围之内

在司法实践中，当事人所主张的技术问题在合同中完全不涉及的情形较少，多数情况下合同就相关功能问题使用了抽象或者较为上位的概念进行表述，而委托方所主张的技术问题通常是一个具体的功能问题。因此，判断委托方所主张的技术问题是否在合同约定范围之内，本质上是一个合同解释的问题。

所谓合同解释，就是运用一定的解释方法探求当事人的意思表示。《合同法》第一百二十五条第一款规定，当事人对合同条款的理解有争议的，应当按照合同所使用的词句、合同的有关条款、合同的目的、交易习惯以及诚实信用原则，确定该条款的真实意思。根据上述规定，合同解释的方法包括文义解释、体系解释、行业习惯解释和目的解释等。就软件成果是否满足合同约定的解释而言，往往涉及技术问题与法律问题的交织，在合同解释领域内属于相对特殊的一类，以下结合案例就实践中如何具体运用各种解释方法进行分析。

（1）文义解释。文义解释，主要是指依据合同所使用的词句确定合同中权利义务关系的解释规则。合同解释系以探求当事人意思表示为目的，而当事人的意思表示又是通过文字来传达，合同解释通常应以文义解释为基础。由于当事人根据合同约定行使权利和履行义务，如果脱离文义进行解释，不仅丧失合同解释的基准，而且会导致当事人对合同履行预期不明确。立法者亦认为，合同的条款由文字组成，解释合同也必须先由词句的含义入手。❶ 在司法实务中，最高人民法院在淄博万杰医院与中国银行淄博博山支行等管辖权异议一案中明确指出：从合同解释角度来看，当事人对合同条文发生争议时，必须探究当事人内在的真实意思表示，判断当事人真实意思表示的首要方法是判断当事人字面的意思表示。❷

在对计算机软件开发合同约定的具体功能进行文义解释时，应特别注意有关用语在所述领域是否具有特别意义。如果已有特别意义，则不能从一般生活意义上对该用语进行"望文生义"。正如有学者指出："所谓文义，就是该词或者用语在一般的语言习惯上被了解的意涵。唯如该用语或词在法律圈或相关行业已有约定成俗之特别的其他意涵，那么便以后者为它们的意涵。"❸ 例如，在王某与涵予公司计算机软件开发合同纠纷案❹中，涉案合同约定所开发的教育系统软件包括"聊天"和"购物"模块。涵予公司实际开发的软件仅有"聊天"和"购物"界面，但不具有实际的聊天和购物功能。双方对于涉案合同关于"聊天"和"购物"模块的约定是否应具有实际的功能产生争议。法院认为，在对涉案合同上述相关术语的含义进行解释时，应当从所述领域人员的一般理解来进行解释。在软件开发合同中约定的开发"聊天"和"购物"模块，通常应理解为软件具有实际的聊天和购物功能，否则开发上述功能便不具有实际意义，将"聊天"和"购物"模块解释为仅需开发相应页面与常理不符。

（2）体系解释。体系解释又称整体解释，是把全部合同条款和构成部分看作一个统一的整体，从各个合同条款及构成部分的相互关联、所处的地位和总体联系上阐明当事人系争的合同用语的含义，或者拟出欠缺的合同条款。❺ 在计算机软件开发成果是否满足合同约定的解释中，体系解释方法的运用尤为重要。这是因为计算机软件是一个由各种功能集合而成的系统，各功能之间通常存在有机联系，在对合同约定的某一软件功能进行解释时，如果不把争议条款的用语与合同上下文就软件其他功能的约定进行联系，只是孤立地对争议条款进行解释，就很难准确理解当事人真实的意思表示。例如，在今通公司与翘楚公司计算机软件开发合同纠纷案❻中，今通公司主张翘楚公司未开发"采购/供应商安装客户端"功能。涉案合同并未明确约定是否需开发该功能，今通公司认为该功能是此类软件通常应具备的功能，但在合同附件中一个关于采购商功能的条款明确约定：

---

❶ 全国人民代表大会常务委员会法制工作委员会. 中华人民共和国合同法释义 [M]. 北京：法律出版社，2013：217.

❷ 参见：最高人民法院（2007）民二终字第 99 号民事裁定书。

❸ 黄茂荣. 法学方法与现代民法 [M]. 北京：法律出版社，2007：335.

❹ 参见：上海知识产权法院（2015）沪知民初字第 640 号民事判决书。

❺ 崔建远. 合同法 [M]. 北京：北京大学出版社，2013：412.

❻ 参见：上海知识产权法院（2016）沪 73 民初 555 号民事判决书。

"采购商将其定位为访客角色，采购及供应商无须安装独立的客户端，通过网页沟通。"法院认为，虽然合同中并未就是否开发该功能进行明确约定，但通过合同附件中的其他条款进行解释，可以得出该软件并不需要开发"采购/供应商安装客户端"功能的结论。

（3）行业习惯解释。参照行业习惯或者惯例原则，是指在合同文字或者条款的含义发生歧义时，按照行业习惯和惯例的含义予以明确；在合同存在漏洞，致使当事人的权利义务不明确时，参照行业习惯或者惯例加以补充。❶ 计算机软件所涉及的功能众多，通常仅会约定软件的主要功能及其子功能，不可能就所有的技术细节进行约定。在对争议的具体技术问题是否属于合同约定开发范围之内进行判定时，应当特别注意参照行业习惯进行解释，不能简单地以合同未作明确约定而将争议问题排除在合同约定之外。如果争议的具体技术功能属于此类软件通常应具备的功能，或者所述领域内的人员普遍认为合同对此类问题已无须特别约定的，原则上应当认定为属于合同约定范围之内。例如，在和尊公司与通股斯公司计算机软件开发合同纠纷案❷中，涉案合同约定开发一个具有购买产品功能的医疗服务软件。和尊公司主张软件存在若干技术问题，其中一个问题是用户在购买产品时每次只能购买一个，若要购买多个产品需进行多次操作。通股斯公司认为涉案合同并未就产品一次性购买数量问题进行明确约定，其不存在违约行为。法院认为，一次性购买多个同类产品是购物类软件应具备的基本功能，未实现该功能就构成瑕疵履行。该案便运用了一般的商业习惯进行解释，用户一次性购买多个产品是市场上购物类软件均具备的功能。该功能作为支付环节的一个细小功能，涉案合同未作特别约定也属正常，并且在技术上不需要额外付出成本就可以轻易实现。

（4）目的解释。当事人订立合同均为达到一定目的，合同的各项条款及用语均是达到该目的的手段。因此，确定合同用语的含义乃至整合合同内容自然需适用于合同目的。❸ 也有观点认为，所谓"目的解释"，就是一种判断标准而非解释方法，合同目的被用来印证文义解释、体系解释、行业习惯解释的结果是否正确，当上述解释结论与合同目的相矛盾时，应予否定。❹

在巨江公司诉华兴公司计算机软件开发合同纠纷案❺中，双方就合同性质是委托开发合同还是合作开发合同存在争议。合同约定：巨江公司负责软件系统的

---

❶ 崔建远. 合同法 [M]. 北京：北京大学出版社，2013：416.

❷ 参见：上海知识产权法院（2016）沪73民初563号民事判决书。

❸ 崔建远. 合同法 [M]. 北京：北京大学出版社，2013：414.

❹ 张艳. 论合同解释方法的运用 [J]. 法律适用，2013（11）：72.

❺ 参见：上海知识产权法院（2015）沪知民初字第340号民事判决书。

研发、设计、生产、安装、技术支持、售后服务等工作，并协助华兴公司成功完成上海铁路局的现场演示工作；华兴公司负责软件系统的研发、设计、技术支持、市场推广，在通过上海铁路局的验收后，优先采购巨江公司的产品；若该系统演示成功，且华兴公司取得上海铁路局订单，则华兴公司之前支付的预付款计入之后的采购款；若未取得订单，则巨江公司应退还华兴公司的预付款。最后涉案系统未获得上海铁路局的认可，巨江公司认为其义务仅是配合演示，是否获得上海铁路局的认可并非其合同义务，要求华兴公司支付有关开发费用。该合同并未对合同开发过程中产生的费用由何方承担进行约定。从上述合同有关权利义务以及付款的约定来看，双方签订合同的目的是共同开发软件以取得上海铁路局的订单，而非华兴公司委托巨江公司开发软件，在最终未取得订单且合同未明确约定的情况下，从合同目的解释的角度，巨江公司无权要求华兴公司支付其软件开发的费用。

2. 合同履行过程中双方是否就开发新功能达成合意的认定

计算机软件开发合同在履行过程中，当事人的需求往往会发生变化，当争议的软件功能在原合同中未作约定时，委托方通常主张该功能属于在履行过程中双方达成合意所开发的新功能。判断合同履行过程中双方是否就开发新功能达成合意，本质上是合同变更的认定问题。

合同的变更，指不改变合同的主体而仅改变合同内容的情形，是在合同成立以后、尚未履行或者尚未完全履行以前，基于法律规定、法院或者仲裁机构的裁判行为或者当事人的法律行为等，使合同内容发生变化的现象。❶ 就计算机软件开发合同而言，功能变更主要是当事人的协商变更，一般不涉及依法律或者依法院职权变更的情形。根据《合同法》第七十七条第一款的规定，当事人协商一致，可以变更合同。根据《合同法》第七十八条的规定，当事人对合同变更的内容约定不明确的，推定为未变更。法院在软件开发功能是否发生变更的认定上，着重审查当事人是否就合同变更协商一致。当事人通过口头或者书面就合同协商变更的，相对容易审查认定。实践中较易产生争议的是，开发方在合同履行过程中新开发了某项功能，而委托方对此保持沉默，此种情形能否认定为合同变更值得研究。

合同变更的本质是当事人达成新的协议，更改原合同的部分条款。判断双方是否协商一致，仍要遵循合同要约承诺规则。沉默既不表示同意，也不表示反对。通说认为，承诺一般应当用明示方式，沉默或者不作为本身不构成承诺，除非当事人事先对此进行了约定。我国《合同法》虽对此没有明文规定，但《合

❶ 韩世远. 合同法总论 [M]. 北京：法律出版社，2011：451.

同法》第二十二条规定："承诺应当以通知的方式作出，但根据交易习惯或者要约表明可以通过行为作出承诺的除外。"立法者对该条进行了如下解释："《联合国国际货物销售公约》第十八条规定：'要约人声明或做出其他行为表示同意一项要约，即为承诺。缄默或不行为本身不等于承诺。'我国《合同法》的本条规定与条约规定的意思一致。"❶ 在凯岸公司与麦易公司计算机软件开发合同纠纷案❷中，开发方麦易公司主张"车贷项目"系凯岸公司在合同履行过程中的新增项目，并据此要求凯岸公司支付相应开发费用 7 万元。涉案合同未约定需开发"车贷项目"，麦易公司认为在合同履行过程中已就开发"车贷项目"达成合意。该案中，麦易公司提供新增项目的证据为其通过电子邮件向凯岸公司发送的"工作计划"，该"工作计划"中包含"车贷项目"。凯岸公司并未就该邮件进行确认，也未有其他证据显示凯岸公司同意麦易公司开发"车贷项目"。法院认为，该案中，凯岸公司对麦易公司提出开发"车贷项目"的要约保持沉默，且未以实际行为作出意思表示，因此，不能认定涉案合同就开发范围已经发生了变更。

（二）关于开发成果是否交付的认定

计算机软件开发成果是否交付是审理中常见的争议问题之一，在一些案件中也是判断软件交付成果是否符合合同约定的前提。以下就审判实践中的一些争议问题进行分析。

1. 关于开发成果交付举证责任分配的一般规则

判断开发成果是否交付，实质上是证据判断的问题，而证据判断首先涉及举证责任分配的问题。交付行为是积极行为，由开发方承担软件已经交付的举证责任在实践中并无异议。常见的争议问题是：开发方已经提供了软件成果交付的初步证据，但在诉讼中基于各种原因，软件开发成果灭失，由此所产生软件最终交付的举证责任应由何方承担。

有观点认为，由于开发方通常是在自己服务器上编写代码，再通过合同约定的方式交付委托方，即使因委托方或其他客观原因诉讼中已无法提供软件，开发方也应提供备份软件以证明开发工作已经完成，否则应承担一定的不利后果。我们认为，当事人对于案件事实的查明都具有积极的举证义务，但即使开发方在此情形下未提供备份软件，开发方亦不应承担不利后果，否则有违举证责任的分担规则。就一般的委托合同而言，如果受托方已经将标的物交付给委托方，委托方主张标的物有瑕疵，但由于委托方的原因诉讼中已无法对标的物进行检验，当然应由委托方承担不利后果。诚然，计算机软件代码具有可复制性，但当开发方在

---

❶ 全国人民代表大会常务委员会法制工作委员会. 中华人民共和国合同法释义［M］. 北京：法律出版社，2013：56.

❷ 参见：上海知识产权法院（2016）沪 73 民初 730 号民事判决书。

代码已交付委托方后，在法律上并无备份义务，相应的举证责任仍应由委托方承担。例如，在司法实践中常见的委托方已经书面签署确认，原则上应视为交付。在酷服公司与畅购公司计算机软件开发合同纠纷案❶中，畅购公司的项目负责人签署了项目上线确认单，该确认单载明："本项目实施工作完成，系统各模块符合要求。"畅购公司在该案中虽就软件是否依约完成提出异议，但因自身无法提供软件供法院核查，应认定项目已经按约完成。再如，在高某与匡承公司计算机软件开发合同纠纷案❷中，匡承公司的技术人员曾对高某开发的软件进行过测试，匡承公司的法定代表人签字确认验收，但其在诉讼中表示其本人并未参与验收，签字确认是受到误导。法院认为，匡承公司对其主张并未提供证据予以证明，在已签字确认验收的情况下应视为软件已经交付。

2. 通过云端部署软件在认定软件交付中存在的疑难问题

随着云技术的不断发展，在计算机软件开发过程中，开发方通常会将开发成果阶段性地部署在云服务器上，供委托方实时进行测试，最终交付成果也通过在云服务器上部署代码。实践中，部署软件的云服务器既可能是以委托方名义申请并付费租用的，也可能是以开发方名义申请付费租用的，待开发成果部署完成后，再将租用的云服务器转移给委托方。在诉讼时，如果服务器能够正常登录，通常应登录服务器勘验确定软件是否已经完成部署，较为困难的情形是在诉讼中服务器已经无法正常登录。在开发过程中，为部署和测试的方便，双方通常都掌握云服务器的账号和密码，在诉讼中对于软件是否交付，以及由谁承担举证责任容易产生争议。

当事人在提起计算机软件开发合同纠纷时，合同履行往往已经处在停滞状态，由于服务器的租赁有一定的成本，实践中服务器无法登录主要是当事人未续费租赁所致。如果合同明确约定由某一方承担服务器的租赁费用，则该方应就服务器不能登录而无法查明软件是否交付承担举证责任。如果合同未就租赁费用由谁承担进行约定，原则上应推定由委托方承担相应租赁费用，因为开发费用通常并不包括云服务器的租赁费用。在开垦路桥公司与乐君公司计算机软件开发合同纠纷一案❸中，开垦路桥公司主张乐君公司未交付涉案软件。该案中，双方确认涉案软件系通过云服务器交付，开垦路桥公司曾支付费用给乐君公司购买云服务器，后由于云服务器到期未续费已无法打开。乐君公司在该案中提交了双方往来微信聊天记录，聊天记录显示乐君公司告知开垦公司云服务器地址、用户名和密码，开垦公司亦打开过涉案软件并就此提出修改意见。乐君公司已经提供了软件

❶ 参见：上海知识产权法院（2015）沪知民初字第 618 号民事判决书。
❷ 参见：上海知识产权法院（2015）沪知民初字第 661 号民事判决书。
❸ 参见：上海知识产权法院（2017）沪 73 民初 12 号民事判决书。

交付的初步证据，在开垦公司未续费导致云服务器不能登录且未提供任何反证的基础上，法院认为乐君公司已经交付了软件。

（三）关于当事人是否构成履行迟延的认定

在计算机软件开发合同纠纷中，当事人是否存在履行迟延问题，是除了开发成果是否满足合同约定之外的另一个主要争点。履行迟延又称债务人迟延或者逾期履行，指债务人能够履行，但在履行期限届满时却未履行债务的现象。

构成履行迟延，一是需有有效债务存在；二是能够履行；三是债务期已过而债务人未履行；四是债务人未履行不具有正当事由。[1] 对于当事人是否构成履行迟延，在审理中应审查以上四个要件是否同时满足。在司法实践中，有关履行迟延常见争议情形是：开发方逾期履行合同义务，但委托方选择继续配合开发方履行合同义务或者接受开发成果。委托方在诉讼中主张开发方履行迟延，如何认定不无争议。举以下案例予以说明。

在菜粉公司与优觉公司计算机软件开发合同纠纷案[2]中，在合同整体履行期限届满后，菜粉公司向优觉公司进行催告，要求优觉公司尽快履行合同义务。此后，优觉公司继续履行软件开发义务，菜粉公司也予以配合并多次进行测试，并在催告后 2 个月内交付了开发成果。菜粉公司认为优觉公司所提交的开发成果不符合合同约定，且存在履行迟延的违约行为。就是否构成履行迟延，法院认为，在合同履行期限过后，优觉公司继续对软件进行开发，菜粉公司亦对软件进行过测试，双方事实上继续履行了合同，但并未进一步对产品的交付期限进行再次约定。此种情形属于履行期限不明的情况，应适用《合同法》第六十二条的规定，债务人可以随时履行，债权人也可以随时要求履行，但应给对方必要的准备时间。由于优觉公司在催告的合理期限内交付了产品，法院认定优觉公司不构成履行迟延。该案在是否构成履行迟延的说理上值得商榷。

事实上，如果开发方未在合同约定期限内交付开发成果，而委托方对此予以容忍，配合开发方继续履行开发义务或者接受迟延交付的成果；若委托方在履行合同中不存在过错，不影响开发方构成迟延履行的认定。理由在于：首先，在开发方履行迟延后，其行为已经构成违约，是否追究违约责任以及何时追究违约责任，取决于委托方的意愿。除非委托方明确放弃追究履行迟延责任，否则不能当然免除开发方的违约责任。其次，在开发方履行迟延行为发生后，委托方配合履行或者接受开发成果，通常是为了实现最终的合同目的而给予开发方一定的宽限期，如果将这种容忍行为视为合同履行期已经变更为无固定履行期限，使得开发方以此不承担履行迟延的违约责任，有违公平。同时，如此处理也会促使委托方

---

[1] 韩世远. 合同法总论［M］. 3 版. 北京：法律出版社，2011：392.
[2] 参见：上海知识产权法院（2015）沪知民初字第 794 号民事判决书。

选择解除合同而非继续履行合同，这将不利于合同目的实现，增加整个社会的交易成本。最后，参照适用类似立法例。《最高人民法院关于审理买卖合同纠纷案件适用法律问题的解释》第十九条规定：买受人在合理期间内提出异议，出卖人以买受人已经支付价款、确认欠款数额、使用标的物等为由，主张买受人放弃异议的，人民法院不予支持，但当事人另有约定的除外。该条系关于瑕疵异议法律效果的规定，买受人接收标的物后是否提出瑕疵异议与其是否支付价款、确认欠款数额、使用标的物等行为之间并不存在必然的因果联系，按照意思表示的默示推定理论，在大多数情况下会得出不适当的结论。因此，不能因买受人有支付价款、确认欠款数额、使用标的物等行为，而认为其放弃了对标的物的瑕疵异议。上述规定与本文所讨论的履行迟延情形在原理上是一致的，委托方选择配合履行或者接受开发成果，不能默示推定为放弃了履行迟延的异议。因此，上述所讨论的案例中，法院以合同履行期限已过、委托方菜粉公司配合开发方进行软件测试为由，认为合同履行期限变更为履行期限不明，从而认定优觉公司不存在履行迟延的说理有误。需要说明的是，该案中菜粉公司作为委托方未在合同约定的期限内向优觉公司提交设计要求，事实上该案优觉公司不构成延迟履行的原因在于菜粉公司未履行先合同义务，其有正当理由迟延履行合同义务。

综上，在案件审理中对于应准确把握履行迟延认定的构成要件，不能仅以一方当事人迟延履行，另一方当事人选择配合履行或者接受开发成果而认为履行期限已发生变更，或者认为当事人已放弃追究对方履行迟延的违约责任。

（四）关于合同目的是否实现的认定

在计算机软件开发合同纠纷中，委托方以合同目的不能实现主张开发方构成根本违约，并提出合同法定解除是最为常见的诉请，如何认定合同目的是案件审理的重点。

合同目的，首先是合同的典型交易目的，即当事人所欲实现的法律效果。这种典型交易目的在每一类合同中都是相同的，不因当事人订立某一种具体合同的动机不同而改变。例如，在买卖合同中，买受人的典型交易目的是取得标的物的所有权，出卖人的典型交易目的是获得价款。❶ 就计算机软件开发合同而言，委托方的典型交易目的是取得开发成果，开发方的典型交易目的是取得价款。但在个案中，不能仅从抽象的视角机械地将委托方需取得开发成果简单地作为所有开发合同中委托方的合同目的，而应根据具体情况来判断其合同目的，否则将不能清晰地划定根本违约与轻微违约之间的界限。

1. 软件主体功能的实现通常是判断委托方合同目的的依据

在大部分计算机软件开发合同中，委托方合同目的是依约取得开发成果。在

---

❶ 崔建远. 合同法［M］. 北京：北京大学出版社，2013：415.

判断委托方合同目的是否实现时，应着重判断软件的主体功能是否完成。如果软件主体功能已经实现，个别功能缺失或者存在瑕疵，委托方不能据此主张合同法定解除。例如，在越诚公司与辅昊公司计算机软件开发合同纠纷❶中，越诚公司所开发的软件存在打印、电缆井/电缆井示意图的导出、系统管理/系统日志等功能未完成或者存在缺陷的情况，但这些功能并非涉案软件的主要功能，也未实质性地影响软件的正常使用，法院认为，辅昊公司以此主张越诚公司构成根本违约不能成立。

2. 特殊情况下开发方违反合同附随义务可导致委托方合同目的不能实现

《合同法》第六十条规定，当事人应当按照约定履行自己的义务。当事人应当遵循诚实信用的原则，根据合同的性质、目的和交易习惯履行通知、协助、保密等义务。该条款中通知、协助和保密的义务，就是当事人履行合同时的附随义务。附随义务是指在主给付义务之外，不具有独立意义的、只能辅助主给付义务发挥功能的义务。通常情况下，债务人不履行主给付义务，债权人可以解除合同；而不履行附随义务，债权人原则上不得解除合同，仅可就其所受损害，依不完全履行的规定，请求损害赔偿。在计算机软件开发合同中，软件的运行、实施、维护具有很强的专业性，如果开发方未履行有关的附随义务，则导致委托方无法正常使用软件，也可导致委托方签订合同的目的无法实现。

在亚力山顿公司与探谋公司计算机软件开发合同纠纷案❷中，合同约定由探谋公司为亚力山顿公司开发电子商务及销售推广网站。双方在合同履行过程中发生争议，经协商后双方签订和解协议，和解协议约定探谋公司向亚力山顿公司提交涉案软件的源代码，该代码应满足合同约定网站范围的实质性功能。和解协议签订后，探谋公司通过邮件向亚力山顿公司发送涉案软件的程序包及服务器软件资料。亚力山顿公司通过正常技术手段无法对上述程序进行部署安装，探谋公司认为部署安装服务已经超出合同约定范围，需另行收费。亚力山顿公司无奈只得另行委托其他公司开发网站。法院认为，该案委托方最终的合同目的并非仅仅取得软件代码，而是要将代码安装部署后运行使用。如果软件代码的安装部署是本领域普通技术人员即可完成的，那么探谋公司未提供安装服务尚不能认定亚力山顿公司的合同目的不能实现，但该案代码安装非普通技术人员可以完成，因此，探谋公司违反附随义务导致亚力山顿公司无法正常安装、使用计算机软件，致使亚力山顿公司的合同目的无法实现，其有权解除合同。

（本课题系 2017 年上海市高级人民法院报批课题）

---

❶ 参见：上海知识产权法院（2015）沪知民初字第 594 号民事判决书。
❷ 参见：上海知识产权法院（2016）沪 73 民初 112 号民事判决书。

知识产权审判领域改革与创新

——以建立符合知识产权案件特点的诉讼证据规则为视角

上海知识产权法院课题组*

【摘　要】2018 年 2 月 6 日，中共中央办公厅、国务院办公厅印发《关于加强知识产权审判领域改革创新若干问题的意见》，明确提出要"建立符合知识产权案件特点的诉讼证据规则"，着力破解知识产权权利人"举证难"的问题。从证据举证的角度看，知识产权案件的特点主要体现为知识产权客体的非物质性和专业性，导致知识产权诉讼中证据发现难、获取难、固定难并且易篡改。由于我国并未针对知识产权案件的特殊性制定相应的证据规则，而美国、德国、日本等国家相对较为成熟的一些证据规则值得我国借鉴和参考，主要包括美国的证据披露制度以及德国、日本的文书出示令等制度。在审视我国民事诉讼关于证据披露、举证妨碍、证据保全、调查令等制度现有规定和司法实践的基础上，提出构建符合知识产权案件特点的证据规则应当围绕提升当事人的举证能力，为当事人举证提供更多制度保障这一核心目标展开，构建以当事人自身举证为核心，以证据保全、文书出示令、调查令、依职权调查取证为辅助，以举证妨碍和妨碍诉讼等为保障的全方位、多层次的知识产权诉讼证据举证体系。

【关键词】知识产权案件　举证难　域外借鉴　诉讼证据规则体系

---

* 课题组成员：黎淑兰（课题主持人，上海市第三中级人民法院副院长、上海知识产权法院副院长）、黄武双（华东政法大学教授、博士生导师）、钱光文（上海知识产权法院知识产权审判第二庭庭长）、凌宗亮（上海知识产权法院知识产权审判第二庭法官）、孟晓非（上海知识产权法院知识产权审判第一庭法官助理）。

引　言

2017 年 11 月 20 日，十九届中央全面深化改革领导小组第一次会议审议通过《关于加强知识产权审判领域改革创新若干问题的意见》（以下简称《意见》），并于 2018 年 2 月 6 日由中共中央办公厅、国务院办公厅印发公布。其中，明确将"建立符合知识产权案件特点的诉讼证据规则"作为改革的重点工作之一。然而，知识产权客体的"非物质性"和极高的专业性导致知识产权诉讼举证难度大，这也是知识产权诉讼较一般民事诉讼的特殊所在。目前，我国已经建立了相对完备的知识产权实体法体系，而与之相对应的程序规范仍较为滞后。就知识产权诉讼证据规则这一问题而言，除了《民事诉讼法》（以下简称《民诉法》）中的一般规定之外，专门针对知识产权案件证据规则的特别规定很少，这显然无法满足司法实践中知识产权案件审判的需求。也正因为如此，建立一套符合知识产权案件特点的诉讼证据规则十分必要。

为了解决"举证难"的问题，《意见》中的第二部分明确提出了要建立符合知识产权特点的诉讼证据规则，其所罗列的具体措施包括完善证据保全制度，建立证据披露、证据妨碍排除等规则。❶ 证据问题是民事诉讼的核心问题，"以事实为依据"在诉讼中的真实含义就是"以证据为依据"。❷ 在知识产权诉讼中，证据规则更是影响知识产权保护的关键。因此，构建符合知识产权侵权案件特点的诉讼证据规则，是实现国家知识产权战略的需要，是完善我国知识产权法律体系的需要，更是保障公平和正义的根本要求。本课题将结合域外知识产权证据规则的实践经验，对建立符合我国知识产权案件特点的诉讼证据规则进行探讨。

第 1 章　知识产权证据规则改革影响因素分析

1.1　我国知识产权证据规则的立法与实践现状

证据是诉讼中的无冕之王，人们一直有"打官司就是打证据"的说法。所谓证据规则是指诉讼过程中与证据收集、举证、质证、认证等问题相关的程序性规则。作为诉讼活动中应当遵循的一系列程序性准则，证据规则是审判规律和事物发现规律的反映，是审判经验积累到一定程度之后，对于那些符合审判规律的规则进行提炼、升华和系统化的结果，是历经多年反复实践检验的规则体系，体

---

❶ 《关于加强知识产权审判领域改革创新若干问题的意见》原文中的表述为：根据知识产权无形性、时间性和地域性等特点，完善证据保全制度，发挥专家辅助人作用，适当加大人民法院依职权调查取证力度，建立激励当事人积极、主动提供证据的诉讼机制。通过多种方式充分发挥公证在知识产权案件中固定证据的作用。加强知识产权领域的诉讼诚信体系建设，探索建立证据披露、证据妨碍排除等规则，合理分配举证责任，适当减轻权利人举证负担，着力破解知识产权权利人"举证难"问题。

❷ 江伟. 民事诉讼法原理［M］. 北京：法律出版社，1999：427.

现了科学的法律思维方式。❶

在我国现行立法中，关于知识产权诉讼证据规则的规定主要体现在两类法律、法规以及司法解释中。第一类是关于民事诉讼的一般规定，知识产权诉讼属于民事诉讼的一部分，因此，民事诉讼中关于证据问题的一般规定同样适用于知识产权诉讼，涉及的规范性文件包括《民诉法》《最高人民法院关于适用〈中华人民共和国民事诉讼法〉的解释》（以下简称《民诉法解释》）以及《最高人民法院关于民事诉讼证据的若干规定》（以下简称《民诉证据规定》）等。第二类是针对知识产权案件的特别规定，当然其中大部分规定也并不能称为特别，只是对《民诉法》中相关规定的重申或补充，这些规定散见于《著作权法》《专利法》《商标法》等知识产权实体法以及相关的司法解释中，主要涉及证据保全、举证责任、举证妨碍三个方面的内容，详见表1。

表1　现行知识产权法律体系中关于诉讼证据规则的主要规定

证据保全	《商标法》第66条；《最高人民法院关于诉前停止侵犯注册商标专用权行为和保全证据适用法律问题的解释》；《最高人民法院关于审理商标案件有关管辖和法律适用范围问题的解释》第7条；《著作权法》第51条；《计算机软件保护条例》第27条；《最高人民法院关于审理著作权民事纠纷案件适用法律若干问题的解释》第30条；《专利法》第67条；《最高人民法院关于对诉前停止侵犯专利权行为适用法律问题的若干规定》第16条第1款
举证责任	《专利法》第61条第1款
举证妨碍	《商标法》第63条第2款；《最高人民法院关于审理侵犯专利权纠纷案件应用法律若干问题的解释（二）》第27条

在司法实务中，法院也为建立符合知识产权案件特点的诉讼证据规则进行了探索。例如，上海知识产权法院针对知识产权诉讼保全具有专业性强、技术要求高的特点，探索完善"法官＋执行人员＋技术专家＋技术调查官"的诉讼保全执行模式，同时充分发挥调查令等措施在调查取证中的作用。❷ 再如，广东省高级人民法院于2013年6月在全国率先启动"探索完善司法证据制度破解知识产权侵权损害赔偿难"试点，指定一批试点法院尝试结合适用证据披露、举证妨碍及优势证据标准认定损害赔偿事实等审理知识产权案件，希望借此破解举证难问题。❸ 在知识产权法学理论界，对知识产权诉讼证据规则的研究大多集中在证据保全、举证妨碍、证据开示等具体的制度上，缺乏对符合知识产权案件特点的诉讼证据规则进行全面、系统的研究，尚不足以应对目前知识产权诉讼所面临的

❶ 邹碧华. 我们应当怎样对待证据规则［J］. 法律适用, 2006（1）: 34-39.
❷ 参见:《上海知识产权法院知识产权司法保护状况（2017）》。
❸ 章宁旦. 广东高院破解知识产权审判定损赔偿难［N］. 法制日报, 2013-12-03.

问题。

1.2 知识产权诉讼"举证难"问题产生的原因

"举证难"问题主要是由于知识产权权利本身的特殊性和知识产权案件证据的特殊性所导致的，具体来说，有以下几个方面的原因。

1.2.1 知识产权的非物质性

与物权相比，知识产权最突出的特征在于客体的不同。"知识产权的客体往往是依附于物质载体的，但这并不意味着知识产权的客体是物质载体本身，知识产权的客体只是物质载体所'承载'或'体现'的非物质成果。"❶ 知识产权的这种"非物质性"会给知识产权诉讼中证据的收集与认定带来一系列困难。首先，非物质性意味着对于知识产权的价值难以进行量化的评估。不同主体对知识产权价值的评估往往不如对有体物价值的评估那样能够得到较为统一的结论，甚至在不同的时代，社会对知识产权重要性的不同认识也反映在其价值上。显然，计算一台汽车被毁造成的损失要比计算用于这台车上的外观设计被人盗用造成的损失要简单得多。其次，非物质性导致知识产权侵权行为具有隐蔽性。知识产权的本质是信息，而信息的传播是"自由"的，法律基于公共利益的考量，但也只能以设置侵权后果的方式赋予权利人对智力成果的垄断权。而这也意味着，权利人自身无法通过像对有体物的"占有"那样对知识产权进行控制，因此知识产权很容易被侵权，并且难以被发现。举例而言，就方法专利来说，即使权利人拿到侵权产品，也无法直接证明侵权事实的存在，因为产品制造方法只能体现在生产某项产品的过程与步骤中，而不是最终的产品上，所以被告所使用的方法往往是严格保密的。最后，非物质性使得侵权行为的证据具有不稳定性，易于销毁或转移。随着计算机软件侵权案件以及利用网络进行侵权的案件数量越来越多，这一问题也愈发明显。

1.2.2 取证的专业性

知识产权案件，尤其是涉及软件、技术秘密以及专利案件，往往涉及很多专门技术问题或者一些知识产权领域的专业问题。这对裁判者以及所有的诉讼参加人都提出了很高的要求。比如，很多专利侵权案件会涉及一些前沿技术，针对一些技术性的证据资料，在进行取证时也需要具备相应的专业知识，才能确保举证的周全和到位。一个人的精力是有限的，即使是知识产权领域的法官或律师也无法保证对所有的专业技术问题均有所了解，缺乏相关经验的当事人就更不用说了。所以，在当事人进行证据收集的过程中或多或少地需要专业人员的协助，也就是说，权利人需要耗费更多的举证成本。

---

❶ 王迁. 知识产权法教程［M］. 北京：中国人民大学出版社，2016：5.

1.2.3 证据的复杂性

关于损害赔偿的举证往往是最复杂、最困难的。在司法实务中，权利人的实际损害和侵权人的违法所得都难以证明，除了"无形性"和"专业性"的因素之外，还有两个方面的原因。第一，权利人举证因果关系受限。知识产权侵权造成的损失大多是实际损失以及可期待利益的损失。这种损失在实践中主要是以权利人产品销量下降、产品价值贬损、市场占有率下降等形式体现出来的。诉讼中，权利人需要举证证明这些指标的下降与被告的侵权行为之间存在因果关系，可是产品销量、市场占有率这些指标同样与营销策略、售后服务、季节变化等因素密切相关，因此，权利人很难就此提交准确无误的证据。同样，对侵权人的违法所得举证也存在因果关系的问题，并非被告方的所有利润都与知识产权因素有关，如在"周某伦诉新百伦商标侵权案"中，被告方就认为："即便本案以新百伦公司的侵权获利来确定侵权赔偿数额，也需要考虑因果关系，即新百伦公司的被诉侵权行为对新百伦公司盈利的实际贡献。"❶第二，有关侵权人违法所得的证据大多掌握在侵权人手中，主要包括侵权人的销售合同、财务账簿、生产记录等，权利人往往难以获取。而且考虑到我国经营者的财务制度执行状况普遍较差，有些侵权人根本就没有建立会计账簿，即使提供了会计账簿，其真实性也常常值得怀疑。"有的被告主观上不愿赔偿，拒不提交相关证据，尤其当违法所得超过法定赔偿的最高限额时更是如此。"❷

1.3 本章小结

知识产权诉讼"举证难"越来越为人们所诟病，这一问题会不断消耗权利人对知识产权司法维权路径的信心，对知识产权的保护是极其不利的。这一方面是知识产权权利本身的特殊性和知识产权案件证据的特殊性所导致的；另一方面也和缺乏与这种特殊性相适应的证据规则体系有关。我国的知识产权诉讼证据规则相较于民事诉讼的一般证据规则没有展示出其足够的特殊性，而后者已难以解决知识产权审判实践中不断涌现的新情况、新问题，亟待我们去探索并构建一套符合知识产权案件特点的诉讼证据规则。

第2章 域外知识产权证据规则比较研究

他山之石，可以攻玉。美国、德国、日本三国知识产权保护相对成熟，司法审判体系较为完整，尤其是美国与德国分别作为英美法系和大陆法系国家的代表，能够充分体现两大法系证据规则的特点与优势。该三国在知识产权审判中对一些各自特有典型证据规则的应用能够为我们提供有益的借鉴。

---

❶ 参见：广东省高级人民法院（2015）粤高法民三终字第 444 号民事判决书。

❷ 杨雄文. 基于损害赔偿的知识产权评估研究［J］. 重庆大学学报（社会科学版），2011（2）：103.

2.1 美国的知识产权诉讼证据规则

在美国的知识产权侵权诉讼中，证据披露制度的应用收到了良好的效果。作为发源于英美法系的一种诉讼制度，证据披露制度在美国发展得也最为完备。本节将围绕证据披露制度在庭审中的作用和效果，分析美国知识产权证据规则的经验。

2.1.1 证据披露制度的概念与发展

证据披露制度，也称为证据开示制度。❶ 这一制度最早起源于 16 世纪下半期的英国衡平法司法实践，直到 1938 年的美国联邦民事诉讼规则才将证据披露制度法定化，成为民事诉讼中的一个独立程序。美国的证据披露制度经历 1980 年、1983 年以及 1993 年几次重大改革在内的多次改革后，已经形成了一个相对完备的体系。❷

证据披露制度的英文表述为"Discovery"，该术语在《元照英美法词典》中的解释为"民事诉讼中的一种审前程序，一方当事人可以通过该程序从对方当事人处获得与案件有关的事实与信息，以助于准备庭审"❸。美国的证据披露制度是一套完整的制度体系，内容包括证据披露的启动、审查、范围与限制、期限、次数以及拒绝披露的制裁等诸多方面的内容，但证据披露的核心内涵是指当事人可以请求对方当事人披露其所掌握的证据材料，被请求方有披露的义务，无论是对被请求方有利还是不利的证据都应当披露，不得拒绝。由此可以总结出该制度的三个特征：第一，证据披露是一种审前程序；第二，证据披露是基于当事人的请求产生的；第三，若一方当事人请求，另一方当事人负有不得拒绝的披露义务。因此，这种情况下"Discovery"被称为请求－回应式的证据披露。

在证据披露制度确立前的英美法系国家民事诉讼中，奉行传统的当事人主义模式，诉讼被视为一种"比赛或比武"。❹ 在这种观点的主导下，开庭前双方都不了解对方所准备的证据，"证据突袭"被视为一种律师出奇制胜的手段，是正当且被经常使用的，证据披露制度当然也就没有存在的根基。随着实质正义的观念越发强烈，证据披露制度的功能也被人们重视起来。因此，证据披露诞生的目的就是防止"证据突袭"，明确争议焦点，提高诉讼效率，维护司法公正。

在 1993 年证据披露制度的改革中，又加入了"Disclosure"制度。"Disclosure"制度与"Discovery"制度的区别在于，后者需要经过一方当事人向另一方发出证

---

❶ 通过检索可以发现，在针对民事诉讼和刑事诉讼证据规则的研究中，多采用"证据开示"一词；而在专门针对知识产权诉讼证据规则的研究中，主要采用的是"证据披露"这一种表述。两者的含义是基本相同的。
❷ 宋亦森. 专利侵权诉讼证据开示制度研究 [J]. 中国发明与专利，2017（1）：92.
❸ 薛波. 元照英美法词典 [M]. 北京：北京大学出版社，2017：419.
❹ 黄松有. 证据开示制度比较研究：兼评我国民事审判实践中的证据开示 [J]. 中国政法大学学报，2000（5）：103.

据披露请求这一前置过程，而前者无须经过请求，当事人应当依法主动向对方当事人进行证据披露。因此，这种制度被称为自动式的证据披露。有学者用"Pre – Discovery"❶这一术语表示"Disclosure"制度，这说明现在美国证据披露制度的运行方式是先由当事人主动进行披露，再由依请求披露作为补充，这有效提高了证据披露的效率。

2.1.2　证据披露制度的作用和实施效果

证据披露制度在美国的知识产权侵权诉讼中发挥了很大作用，有效地维护了司法公正，提高了诉讼效率。具体而言，体现在以下几个方面：

第一，增强了权利人的举证能力。由于知识产权的非物质性、专业性等特点，知识产权侵权诉讼中权利人一直都面临"举证难"的尴尬局面，而证据披露拓宽了权利人收集证据的渠道，扩大了其对案件信息的占有量，这相当于在原本举证能力和成本不对等的诉讼双方间，重新分配了"诉讼武器"，从而保障了诉讼中的实质平等。曾有数据统计表明，3/4 的律师认为，如果不采用该方式，对于在证据披露程序中获取的证据，他们几乎无法获得。❷ 可见，证据披露制度对查明事实真相、维护司法公正起很大的作用。

第二，防止诉讼拖延。知识产权诉讼耗时较长，也是人们诟病的一个问题。通过证据披露，避免了证据突袭的发生，及时固定关键证据，减少诉讼过程中的不确定性。同时，也能让法官对案情有所把握，明确案件争议焦点，从而使得正式的庭审过程更有针对性。这相当于将大量的基础性工作放到庭前完成，让法官和诉讼双方做好充分的准备。

第三，促成和解，节约司法资源。某种程度上这是证据披露制度产生的一种附带效果，证据披露制度设定的本意在于为庭审作准备，可以想象，当案件已经事实清楚，证据明了，双方的力量对比了然，判决结果和赔偿数额已有充分的可预测性时，理性的当事人会作何选择。据统计，2010 年美国联邦初审法院系统的民事案件进入审判程序的比重约为 1.1%，也就是说，大量案件在审前的证据披露阶段就以和解的方式结案。❸

2.1.3　证据披露制度与我国相关制度的比较

2002 年实施的《民诉证据规定》在我国民事诉讼中确立了证据交换制度。

---

❶ EMANUEL S L. Civil Procedure [M]. (17th ed.). New York：Emanuel Law Outlines, Inc, 1995：1900.

❷ 数据来自美国哥伦比亚大学有效司法课题组于 1962 ~ 1963 年对美国证据披露制度运行状况的首次实证调查。转引自：韩波. 民事证据开示制度研究 [M]. 北京：中国人民大学出版社，2005：61.

❸ Administrative Office of the U. S. Courts. Judicial Business of the United States Courts：2010 Annual Report of the Director, p.173, table C – 4. 转引自：张婷. 二战后英美民事对抗制的演变：以美国的案件管理制度为切入点 [D]. 上海：华东政法大学，2012：143.

这一制度又在 2012 年修正的《民诉法》第 133 条❶和 2015 年的《民诉法解释》第 224 条❷中得到确认。虽然中国的证据交换制度和美国的证据披露制度有一定的相似之处，均为一种审前诉讼双方向对方公开己方证据的程序，但也只能说证据交换制度包含一部分证据披露制度的元素，两者仍然相去甚远。美国的证据披露制度已经形成了一个较为完整的规范体系，相比较而言，中国法律的规定相对原则化。表 2 将两种制度进行对比，同时介绍美国证据披露制度的主要内容。

表 2　证据披露制度与证据交换制度对比表

	美国证据披露制度	中国证据交换制度
功能	包括自主出示和收集证据两个方面的功能，因此披露的内容既包括对己方有利的证据，也包括对己方不利的证据	仅要求出示证据，目的在于明确争议焦点，不具有发现证据的功能，因此交换的内容仅包括当事人收集的能够证明己方主张的，对自己有利的证据
地位	是独立的诉讼程序	属于"审理前准备程序"并非"审前程序"，只有形式上的独立性，没有功能上的独立性，仅仅是开庭前准备工作的一部分，不具有独立的程序地位❸
强制性	具有一定的强制性	不具有强制性
启动	在自动式的证据披露（Disclosure）下，当事人需主动进行披露；在请求 - 回应式的证据披露（Discovery）下，当事人需要发出证据披露的请求，另一方当事人才负有证据披露的义务	当事人依申请启动；人民法院对于证据较多或者复杂疑难的案件，应当组织交换证据（《民诉证据规定》第 37 条）
适用范围与例外	证据披露的范围十分广泛，任何与案件有关联性的事项都能成为证据披露的对象。但也有例外，主要包括两个方面：①证据法上的保密特权，包括律师与委托人之间的保密特权、夫妻之间的保密特权等；②律师的工作成果特权，即律师为开庭审理所准备的诉讼资料和法律意见等	没有明确规定

---

❶　《民事诉讼法》第 133 条规定："人民法院对受理的案件，分别情形，予以处理……（四）需要开庭审理的，通过要求当事人交换证据等方式，明确争议焦点。"

❷　《最高人民法院关于适用〈中华人民共和国民事诉讼法〉的解释》第 224 条规定："依照《民事诉讼法》第一百三十三条第四项规定，人民法院可以在答辩期届满后，通过组织证据交换、召集庭前会议等方式，作好审理前的准备。"

❸　沈德咏. 最高人民法院民事诉讼法司法解释理解与适用［M］. 北京：人民法院出版社，2015：585.

续表

	美国证据披露制度	中国证据交换制度
方式	证据披露可以通过以下五种方式：①笔录证言，即一方当事人在开庭前以口头或者书面方式询问他方当事人或证人以取得证言的程序；②质问书，即一方当事人以书面形式向对方当事人提出的质问；③提供文书或物品，即要求对方当事人或第三人提供其所控制的能够证明案件事实的文书或物品；④身体或精神检查（对于知识产权诉讼没有太大意义）；⑤自认，即一方当事人要求另一方当事人对有关的法律或事实上的争议事项作出自认	没有明确规定，一般在法官的组织下，在庭前会议中进行
主导者	在当事人主义诉讼模式下，当事人及律师是证据披露程序当然的主导者，因此证据披露的过程也带有很强的对抗性。但为了防止证据披露被滥用，在几次的改革中，也在不断加强法官在程序运行中的司法管理权	受职权主义诉讼模式的影响，法官处于主导地位，即"证据交换应当在审判人员的主持下进行"（《民诉证据规定》第39条第1款）
次数	为了防止滥用证据披露制度拖延诉讼，针对不同的证据披露方法，法律分别规定了次数限制。如笔录证言的录取不得超过10次，质问书不得超过25次，不得重复录取同一证人证言等	证据交换一般不超过两次。但重大、疑难和案情特别复杂的案件，人民法院认为确有必要再次进行证据交换的除外（《民诉证据规定》第40条第2款）
违反程序的制裁	对于违反证据披露义务的当事人，法院有多种制裁方式，包括：推定证据披露内容对当事人不利；免除一方当事人证明责任；禁止提出证据；驳回诉讼或缺席判决；经济制裁；刑事制裁，判处蔑视法庭罪名等	缺乏明确的强制性约束

经过比较我们不难看出，即使存在某些形式上的相似，中国的证据交换制度和美国的证据披露制度仍然存在根本上的不同。证据披露是一种具有一定强制性的义务，披露的内容是全面且没有选择余地的。这决定了它具有发现仅凭当事人的力量难以收集到的证据的功能，对解决知识产权侵权诉讼中的"举证难"问题大有裨益。反观证据交换制度，交换的内容主要是双方当事人收集的证明己方主张成立的证据，因此这一制度的目的主要在于提前明确争议焦点，为庭审做好准备。诉讼中权利人的举证能力并没有因为证据交换得到扩展，对解决"举证难"的问题也就没有太大的帮助。

如果不把"证据披露"这一术语作为一种英美法系国家的专属制度来作广义理解，而仅把握这一制度的核心，即旨在扩张当事人的举证能力，实现当事人诉讼武器的实质平等，则可以说中国也建立了一定程度上的证据披露制度。因此，有观点认为《民诉法解释》112 条第 1 款❶在我国首次确立了真正意义上的证据披露制度。❷ 同时，《商标法》第 63 条第 2 款❸和《最高人民法院关于审理侵犯专利权纠纷案件应用法律若干问题的解释（二）》（以下简称《专利法司法解释二》）第 27 条❹都具有类似的功能。事实上，比照美国的制度设计在中国建立相同的证据披露制度是没有必要的，也是不现实的，因为两国的诉讼模式有根本上的不同。我们只能立足于解决知识产权诉讼"举证难"这一问题，从美国的证据披露制度中选择并借鉴一部分有益的元素来对我国的制度进行完善。

2.2 德国的知识产权诉讼证据规则

德国作为大陆法系国家的代表，知识产权诉讼证据规则也较为成熟完善。与以美国为代表的英美法系国家相比，职权主义诉讼模式下的德国知识产权侵权诉讼中更加注重法官的作用。这与中国的诉讼制度框架更为接近，法律移植的成本也就更低。

2.2.1 文书提出命令与资讯请求权

随着知识产权诉讼案件数量的快速增长，知识产权诉讼耗时长、成本高的问题愈发突出。为了应对这样的挑战，以德国为代表的大陆法系国家进行了一系列司法体制改革，这其中就包括借鉴英美法系证据披露制度对自身证据规则的改革。当然，这种借鉴是功能性的借鉴，而非法律规定的简单移植。因此，德国虽无证据披露这一术语，但是也确立了与证据披露制度功能上类似的制度，如文书提出命令、咨询请求权等。

文书提出命令制度是指法院根据一方当事人的申请，命令持有文书的另一方当事人或者第三人提出文书。关于这一制度的法律规定见于德国民事诉讼法❺第 421 条至第 432 条，其中包括文书被对方当事人持有、被第三人持有以及被官署或公务员持有三种情形，后两种情形在操作过程中基本适用第一种情形的具体规定。为了更好地介绍这一制度的具体内容，表 3 列举了该制度的部分主要规定。

---

❶ 《最高人民法院关于适用〈中华人民共和国民事诉讼法〉的解释》第 112 条第 1 款规定：书证在对方当事人控制之下的，承担举证证明责任的当事人可以在举证期限届满前书面申请人民法院责令对方当事人提交。

❷ 朱玛. 侵害知识产权损害赔偿问题研究——以损害为中心 [D]. 重庆：西南政法大学，2015：129.

❸ 《商标法》第 63 条第 2 款规定：人民法院为确定赔偿数额，在权利人已经尽力举证，而与侵权行为相关的账簿、资料主要由侵权人掌握的情况下，可以责令侵权人提供与侵权行为相关的账簿、资料……。

❹ 《最高人民法院关于审理侵犯专利权纠纷案件应用法律若干问题的解释（二）》第 27 条规定：……在权利人已经提供侵权人所获利益的初步证据，而与专利侵权行为相关的账簿、资料主要由侵权人掌握的情况下，人民法院可以责令侵权人提供该账簿、资料……。

❺ 谢怀栻. 德意志联邦共和国民事诉讼法 [M]. 北京：中国法制出版社，2001. 本文中关于德国民事诉讼法具体规定的译文皆源于此。

表3　德国文书提出命令制度的主要法律规定

申请人	适用情形	第421条：举证人继定证书在对方当事人手中时，应在申请证据时，同时申请命对方当事人提出证书
	申请书所应包含的内容	第424条：申请提出证书时，应该：①表明证书；②表明以该证书所证明的事实；③对该证书的内容，尽量完全说明之；④主张证书在对方当事人占有中所根据的事由；⑤对方当事人有提出证书的义务的原因。对原因应释明之
被申请人	对方当事人的提出义务	第422条：依照民法里的规定，举证人可以要求交出或提出证书，对方当事人有提出证书的义务。 第423条：对方当事人在诉讼中为举证而引用在他自己手中的文书时，有提出此项文书的义务，即使只在准备书状中曾经引用的，也有提出的义务
	第三人的提出义务	第429条：第三人在有与举证人的对方当事人相同的原因时，负有提出证书的义务；但强制第三人提出证书，必须通过诉讼的途径实行
法官	对文书提出申请的审查	第425条：法院认为应由证书证明的事实是重要的，并且认为申请有理由，而对方当事人承认证书在他手中，或者对方当事人对申请不作表示时，法院就命令他提出证书
	对拒绝提出的制裁	第427条：如果对方当事人不服从提出证书的命令，或者在第四百二十六条的情形、法院相信对方当事人并未细心追究证书的所在时，就可以把举证人提供的证书缮本视为正确的证书。如举证人未提供证书缮本时，举证人关于证书的性质和内容的主张，视为已经到证明

　　需要注意的是，文书提出命令制度并不意味着举证责任的移转，被申请人一方所负担的披露义务是一种法定的合作、帮助义务，而非基于举证责任。在德国的知识产权诉讼中，这种义务并不限于程序法中的证据规则，而扩展到知识产权实体法，这就是资讯请求权（或称信息提供请求权）制度。具体而言，资讯请求权是指当事人依据民事实体法或者诚实信用原则的规定享有要求他人提供与其相关的证据和信息的权利。❶德国的三大知识产权实体法中都有相关规定，如德国专利法第140（b）条中规定"对任何违反第9条至第13条规定的实施专利的人，被侵权人可以要求其立即告知关于该产品的来源和销售渠道的信息"；德国著作权法第97条第1项中规定"……对于侵权损害赔偿，受害者可要求退还侵权者因侵犯权利所得的收入和公布该收入的账目"；德国商标法第19条中规定

---

❶ 陈计男等. 民事诉讼法之研讨（四）[M]. 台北：三民书局，1993：393.

"……商标所有人或者商业标志所有人可以要求侵权者及时提供关于非法标记产品的来源和销售渠道信息……"并且，资讯请求权行使的对象并不限于对方当事人，权利人也可以要求不负举证责任的案外第三人提供与侵权行为有关的信息，如同样在德国专利法第140（b）条中规定："……在明显侵权或者被侵权人向侵权人提起诉讼的场合下，被侵权人也可对曾以商业规模从事下列行为的人提出告知信息的要求：占有侵权产品；对侵权行为提供服务；为侵权行为提供一般的服务；或者，根据上述三类人的陈述，参与过这些产品的制造、生产或者销售，或提供过这些服务。"与文书提出命令制度仅限于向对方当事人或第三人收集书证的适用范围相比，实体法上的资讯请求权显然有更广的适用范围。这有效地弥补了文书提出命令制度的不足，拓展了当事人收集相关证据和信息的渠道。❶

2.2.2 庭前质询程序

庭前质询程序是指法官为了阐明案件事实的需要，可以命令双方当事人到庭并对有关事实进行质询。除了一方当事人因距离遥远或其他重大原因不能强使其遵守期日外，当事人均应到庭，若在期日里未到庭，法官可以对其处以罚款。质询得到的结果并不能直接作为证据使用，只能在其他证据证明力不足时，作为对这一证据的补充。在没有其他证据证明待证事实时，经过对方当事人同意，质询的结果方才能够单独作为证据使用。显然，这一程序能够起到与美国证据披露制度中"质问书"制度类似的功效，只不过质问书是在法官职权之外由双方当事人主导进行的，而庭前质询程序则完全在法官的主持之下。

2.2.3 法官依职权调查取证

德国的民事诉讼法在较大程度上赋予法官主动收集调查证据的权力。这是因为除了辩论原则和处分原则之外，职权探知主义也是德国民事诉讼的基本原则之一。这说明在德国法官依然有"发现真实"的职责，因而有权对证据收集的过程进行干预。德国民事诉讼法中法官依职权调查取证的范围广泛，方式多样，具体包括命令当事人提出书证❷，依职权进行勘验、鉴定❸，依职权询问当事人❹，

---

❶ 李昕. 德、日两国民事证据收集制度及其对我国的启示［J］. 昆明理工大学学报（社会科学版），2009（1）：96.

❷ 德国民事诉讼法第143条规定：法院可以命令当事人提出他所占有的、与本案件的辩论与裁判有关的文书中的各种文件。

❸ 德国民事诉讼法第144条规定：法院可以命令进行勘验，并可命令鉴定人进行鉴定。这种程序，依照因申请而命令勘验或鉴定的规定。

❹ 德国民事诉讼法第448条规定：如果言词辩论的结果和已经进行的调查证据的结果，对于应证事实的真实与否不能提供足够的心证时，法院也可以在当事人一方并未提出申请时，不问举证责任的归属，而命令就该事实讯问当事人一方或双方。

依职权调查公文书❶等。事实上，除了证人必须由当事人提出外，其他证据均可以在没有当事人申请的情况下由法院依职权调取。

随着大陆法系国家的职权主义诉讼模式中开始出现越来越多的当事人主义因素，这种诉讼模式的转变，也带来了主流观点对诉讼理念认识上的更新，程序公正越来越受到重视，因此本就受到辩论原则和处分原则限制的法官依职权调查取证的权力已经被大大弱化了，从我国《民事诉讼法》的立法变化中就能清楚地看到这一趋势。但是诉讼不仅是纯粹的程序公正，对于知识产权侵权诉讼这种双方举证能力经常出现不对等的情形，不加干预并完全依靠当事人来收集证据，往往难以查明案件的真相。因此，德国民事诉讼法中赋予法官较多的依职权调查取证的权力，对于知识产权侵权诉讼案件事实真相的查明是有很大帮助的。

2.2.4 证据保全制度

知识产权侵权诉讼证据具有隐蔽性、不稳定性的特点，再加上涉及较多的技术问题，仅凭权利人自身往往难以发现，即使能够发现，侵权人也能够很方便地在权利人进行取证前将证据销毁。因此，法院能否采取及时且有效的证据保全措施往往成为权利人胜诉的关键。大陆法系国家大多建立了较为完备的证据保全制度，且在制度设计的框架上基本相似。德国民事诉讼法第485条至第494条是关于证据保全的规定，具体包括证据保全的条件、管辖法院、保全申请的内容、对保全申请的裁判、保全的方法、保全证据的效力等方面。德国没有针对知识产权诉讼专门的证据保全规定，因此也应当适用德国民事诉讼法中对证据保全的一般规定。

相对于中国证据保全的规定，德国证据保全制度规定更加详细，体系严密。如关于证据保全的方法，德国采用概括加列举式的规定。德国民事诉讼法第485条第1款列举了勘验、讯问证人、由鉴定人鉴定三种证据保全的方法；第492条则以概括的方式规定："调查证据，依适用于有关的证据方法的规定进行。"而中国仅在《民事证据规定》第24条第1款❷中对证据保全的方法进行了列举式规定。

2.3 日本的知识产权诉讼证据规则

由于历史的原因，日本的民事诉讼制度先后受到德国和美国的双重影响，因此日本形成了以职权主义诉讼模式为主体、融合了大量当事人主义元素的颇具特色的诉讼制度。在发挥法官在诉讼中主导地位的前提下，日本近半个世纪以来的

---

❶ 德国民事诉讼法第273条第2款第2项规定：为进行任何一种期日的准备，受诉法院的审判长或他所指定的法院成员可以……嘱托官厅或担任公职的人使其向法院说明文书的内容或提出官方报告。

❷ 《最高人民法院关于民事诉讼证据的若干规定》第24条第1款规定：人民法院进行证据保全，可以根据具体情况，采取查封、扣押、拍照、录音、录像、复制、鉴定、勘验、制作笔录等方法。

民事诉讼制度改革都在不断扩张当事人收集证据的手段，提高当事人收集证据的能力。在这种理念下形成的诉讼证据规则，在知识产权侵权诉讼中为权利人举证提供了充足的制度保障。

2.3.1　对文书提出命令制度的扩张

日本也建立了与德国类似的文书提出命令制度，并在德国的基础上对该制度进行了一定程度的扩张。如在文书提出命令适用的证据类型上，日本将其从一般意义上的文书扩张到部分非文书的物件，日本民事诉讼法第231条的规定明确指出，文书提出命令也能适用于附图、照片、录音带、录像带以及为表明信息而准备的任何其他物品。文书提出命令制度的相关规定也在日本的知识产权实体法中也有所体现，如日本专利法第105条第1款规定："在侵犯专利权或者独占实施权的诉讼中，法院可以根据当事人的申请，责令另一方当事人出示证明侵权行为的文件或者计算侵权行为造成的损害所必要的文件，但是文件的持有人有正当理由拒绝提交时，不在此限。"

就文书提出命令制度的实施效果来说，最大的作用就是保障了双方当事人在诉讼中的"武器对等"。"作为一种帮助当事人收集证据的制度，一方面是在当事人支配证据提出的前提下，防止把证据作为对抗的武器加以操作时可能导致诉讼获得的信息不充分这一危险，另一方面又具有从实质上保证当事人双方在对抗中达到'武器对等'的目的。"❶ 因此，对知识产权侵权诉讼这种双方当事人的证据武器经常"不对等"的诉讼中，文书提出命令发挥着重要的作用。

2.3.2　当事人照会制度

当事人照会制度是日本诉讼证据制度中的一个创新，原因在于这一制度的运行无须以法官为中介，而完全由当事人自主实施。这打破了大陆法系国家法官在诉讼调查取证过程中深度介入的传统。日本民事诉讼法第163条规定："当事人在案件审理期间内，为了准备主张或证明所必要的事项，可以以书面形式向对方进行调查，要求对方当事人在指定的适当期间内以书面形式答复。"很明显，这一制度借鉴自美国证据披露制度中的"质问书"制度，为当事人直接从对方当事人处收集信息提供了渠道，但对方当事人的书面答复并不具有证据效力，而只能作为当事人进一步收集证据的准备或线索。与美国的"质问书"制度不同的是，当事人照会制度是缺乏强制力的。也就是说，法律并没有针对对方当事人拒绝答复的情况规定相应的制裁措施。因此，这一制度的实施效果还有待检验。

2.4　本章小结

面对知识产权诉讼的举证难题，各国虽有不同的解决方案，但其核心的思路

---

❶ 王亚新. 对抗与判定：日本民事诉讼的基本结构［M］. 北京：清华大学出版社，2002：178.

是一致的，即通过证据规则的设计来提升当事人的举证能力或平衡双方当事人的举证责任。在具体的制度上，英美法系国家和大陆法系国家相互借鉴对方的优势，对自己的证据规则进行改革，这使得一些特有的制度打破了诉讼模式的束缚，如证据披露制度在大陆法系国家的立法和司法实践中得到广泛的应用，并在知识产权诉讼中起到良好的效果。当然，对于证据规则的相互借鉴并非在法律规范层面上的简单移植，而是都针对本国的情况进行了改良，使其与本国现有的诉讼模式更加契合。因此，最后形成的制度往往和原有的制度也只是在功能上相似。我国在构建知识产权诉讼证据规则的过程中，必然涉及对域外相关法律规范的学习和借鉴。如何与我国现有的制度框架相契合，也是我们必须考虑的问题。

第3章　知识产权诉讼证据规则优化路径及可行性分析

构建符合知识产权案件特点的诉讼证据规则应当围绕提升当事人的举证能力，为当事人举证提供更多制度保障这一核心目标展开。这是一个体系化的工程，我们可以从构建或优化以下几项制度入手。

3.1　证据披露制度

3.1.1　知识产权诉讼证据披露制度的立法基础

首先，需要明确的一点是，我们之所以要对证据披露制度展开探讨，是因为从英美法系国家和部分大陆法系国家的立法和司法实践来看，证据披露制度对缓解知识产权诉讼"举证难"问题收到了良好的效果。权利人要主张侵权损害赔偿，必须对存在侵权损害、损害有多少承担举证责任，而能够证明这些事实的一些关键证据往往被侵权人所掌握。如果这些证据对己方不利，侵权人必然会想尽办法使得权利人难以获得这些证据，这是造成"举证难"的原因之一。而证据披露制度的核心内涵就在于让被请求的一方因负有披露义务而必须根据请求方的请求提交案件的材料，不管这个证据对其有利还是不利，均必须进行披露，不得隐瞒。因此，证据披露制度对知识产权诉讼的"举证难"而言是"对症下药"，而我国《民诉证据规定》第37条至第40条确立的证据交换制度并不能归入证据披露制度的范畴。因为证据交换的内容是当事人收集的用于证明己方主张成立的证据，并不具有强制当事人披露对自己不利证据的功能，其目的主要是明确争点，提高诉讼效率。我们只能说，证据交换制度最多算得上"形式上的证据披露"，它是不具备证据披露制度的真正内核的。因此，《民诉证据规定》第37条至第40条是不能作为完善我国知识产权侵权诉讼证据披露制度的立法基础的。从功能性的角度来说，在《民诉证据规定》框架下再对证据交换制度进行完善细化，对解决"举证难"的问题意义并不大。

当然，我们仍能够找到可以作为知识产权诉讼证据披露制度立法基础的规定，主要包括三个部分：第一，《民诉法》第 64 条第 2 款规定："当事人及其诉讼代理人因客观原因不能自行收集的证据，或者人民法院认为审理案件需要的证据，人民法院应当调查收集。"第 67 条第 1 款规定："人民法院有权向有关单位和个人调查取证，有关单位和个人不得拒绝。"这两条加在一起说明我国《民诉法》是能够包容一种以法官为主轴的证据披露规则的，虽然只是一个原则性的规定，却给在司法实践中构建更具有操作性的证据披露规则提供了可能性。第二，《民诉法解释》第 112 条第 1 款将《民诉法》中原则性的规定具体到了书证这一领域，事实上是在我国建立了一种与大陆法系国家类似的文书提出命令制度。第三，在知识产权实体法中也有有关证据披露的规定，如《商标法》第 63 条第 2 款和《专利法司法解释二》第 27 条的规定，同时在《著作权法（修订草案送审稿）》❶ 和《专利法修订草案（送审稿）》❷ 中也包含类似的规定。另外，在我国加入的《与贸易有关的知识产权协定》（TRIPS）中，也有关于知识产权诉讼证据披露的规定。TRIPS 第 43 条第 1 款规定："如一当事方已出示可合理获得的足以证明其权利请求的证据，并指明在对方控制之下的与证实其权利请求有关的证据，则司法机关在遵守在适当的情况下可保证保护机密信息条件的前提下，有权命令对方提供此证据。"❸

需要特别说明的是，有观点认为，在知识产权诉讼中权利人所主张的损害赔偿数额应当由权利人承担举证责任，故证据披露制度实质上是一种举证责任倒置，而举证责任倒置的情形需要法律的明确规定，法官不能在没有法律规定的前提下将举证责任转移给被告。这种观点是错误的，举证责任倒置与证据披露是两个完全不同的制度。大陆法系国家将举证责任分为行为意义上的举证责任和结果意义上的举证责任，前者是证据提出责任和说服责任的结合，后者是指当事人提出的证据不足以证明其主张，就要承担相应的不利后果。在举证责任倒置的情形下，被告不仅要承担行为意义上的举证责任，也要承担结果意义上的举证责任；而在证据披露制度中，被申请人仅需要承担提出证据的责任，如果被申请人提出的证据不足以证明申请人的主张，不利后果仍由申请人承担。因此，证据披露制度应当定性为当事人收集证据的一种手段，和举证责任倒置并无冲突，设立证据

---

❶ 《著作权法（修订草案送审稿）》第 76 条第 4 款规定：人民法院为确定赔偿数额，在权利人已经尽力举证，而与侵权行为相关的账簿、资料主要由侵权人掌握的情况下，可以责令侵权人提供与侵权行为相关的账簿、资料……。

❷ 《专利法修订草案（送审稿）》第 68 条第 3 款规定：人民法院认定侵犯专利权行为成立后，为确定赔偿数额，在权利人已经尽力举证，而与侵权行为相关的账簿、资料主要由侵权人掌握的情况下，可以责令侵权人提供与侵权行为相关的账簿、资料……。

❸ 与贸易有关的知识产权协定 [EB/OL]. [2018 - 08 - 22]. http://www.ipr.gov.cn/zhuanti/law/conventions/wto/trips.html.

披露制度也不会改变《民诉法》中有关举证责任分配的相关规定。

3.1.2 证据披露制度在实践中存在的问题与建议

显然，与美国、德国、日本等国家相比，中国立法目前就知识产权诉讼证据披露制度的规定还十分不完备，主要体现在以下几点：第一，以原则性规定为主，缺乏具体的操作性规定，法律概念规定也比较模糊，如《民诉法》第64条第2款中的"客观原因"，具体标准就很难把握；第二，可采用的方式单一，只能通过当事人向法院申请，法院责令对方当事人提交的方式，而美国就有笔录证言、质问书等多种方法；第三，证据披露的范围较窄，《民诉法解释》第112条的披露对象为"书证"，在知识产权实体法规定中的披露对象均限于为"与侵权行为有关的账簿、资料"，而一些国外立法的披露范围已经扩展至非文书的物件；第四，对证据披露的范围没有明确的限制性规定，而其他国家的立法大多规定有不同程度的保密特权；第五，对案外第三人是否有披露义务规定并不明确，如果案外第三人有披露义务，由于其并非诉讼的直接参与人，相应披露义务也应和当事人有所差别，而法律并无规定。

目前来看，我们应当先探索由法院引导当事人进行证据披露的做法，在积累一定的经验后，再逐步建立符合知识产权案件特点的证据披露制度。一方面，因为从我国目前有限的关于证据披露制度的法律规定来看，这一制度的运行离不开法官作用的发挥。这与德国、日本等大陆法系国家的证据披露制度比较类似，而英美法系国家的证据披露规则虽更加完善，但其证据披露制度的运转以当事人为核心。这是长久的诉讼模式传统所带来的差别，与中国目前的诉讼模式框架并不完全相容。另一方面，考虑到中国知识产权侵权诉讼中的诉讼参与人对民事证据制度的认知程度较低，加之法律缺乏对当事人收集证据权利的保障，由法官主导并推动证据披露制度的运转可能会获得更好的效果。各地法院已开始在部分知识产权侵权案件中探索适用证据披露制度，但是鉴于立法相对比较粗糙，实践中还有很多问题需要厘清。因此，在知识产权侵权诉讼中适用证据披露制度时，应当注意以下几个方面的问题。

第一，证据披露的启动程序。虽然法官在我国的证据披露程序中起到核心作用，但是法官不应主动依职权启动证据披露程序。我国的诉讼模式改革正在不断向当事人主义靠拢，再加上受到处分原则和辩论原则的约束，法官依职权取证的范围是被严格限制的，而被要求披露的内容本就属于当事人的举证责任之内，因此证据披露理应依当事人申请启动。考虑到当事人对证据制度的认知程度有限，在知识产权侵权诉讼中，法官如发现当事人满足适用证据披露制度的条件，应当行使释明权，释明的内容包括证据披露的含义、作用、法律后果等，再由当事人自行决定是否提出申请。

第二，法官对证据披露申请的审查。在当事人提出申请后，法官应对其申请进行审查，再由法官决定是否要求另一方当事人进行证据披露，以防止该制度被滥用。法官审查的内容除了一些形式上的要求之外，重点应当审查被申请方是否"持有"证据材料和证据披露是否"必要"这两个方面。首先，关于"持有"的问题，如果能够查明对方当事人"实际持有"的事实，自然不必多言，但是多数情况下"实际持有"很难查明，这就需要考虑被申请人是否"应当持有"该证据材料的问题。"应当持有"是一种推定，需要结合商业惯例和经验法则来综合判断。举例来说，如果被申请人是公司，法律要求其必须建立财务会计制度，对于账簿这类证据材料来说，就是"应当持有"；而对于法律不强制其建立账册的个体工商户来说，就另当别论了。其次，对于"必要"的审查包括几个方面的含义：权利人确因客观原因无法收集到证明实际损失或侵权获利的证据；该证据是证明实际损失或侵权获利所必需的；有初步证据能证明侵权行为成立且造成了损失，如果侵权行为不成立或没有损失，证据披露也就没有意义了。

第三，证据披露的范围。美国证据披露的范围很大，除了保密特权外，一切与诉讼有关联的事项都可以要求披露。与美国相比，大陆法系国家的证据披露制度虽仍以文书的披露为主，但范围也有扩大的趋势。比如，日本民事诉讼法就将文书提出命令的适用范围扩张至一些非文书物件。我国对于证据披露范围的规定比较模糊，一方面，《民诉法解释》第112条和知识产权实体法的规定使用了"书证""账簿""资料"这些表述，说明立法对于证据披露的范围是持严格限制态度的；另一方面，立法上也并非未对证据披露范围的扩张留出解释空间，《民诉法》中对证据披露制度的原则性规定没有明确披露的范围限于书证，同时知识产权实体法规定中使用的"资料"一词也有很大的弹性。现阶段，证据披露制度在知识产权诉讼中发挥最大作用的应用情景之一应是证明侵权获利的情形，而能够证明侵权获利的证据类型肯定不仅限于账簿等文书类材料，为了满足实际需要，可以在司法实践中对《商标法》第63条第2款和《专利法司法解释二》第27条中采用的"资料"这一表述进行扩大解释，将一切能够证明侵权获利的证据形式都作为披露的客体，包括物证在内。

第四，证据披露的限制。我国《民诉法》在证据披露制度设计的价值取向上强调发现真实，《民诉法》第67条第1款使用了"不得拒绝"的表述，且没有设置例外规定。查明案件事实虽然重要，但不能以损害社会关系和其他权利为代价，即使当事人在诉讼中有陈述真实的义务，但也不能忽视当事人如商业秘密等权利的保护。国外立法中大多有保密特权免于证据披露的例外规定，值得我国立法在一定程度上进行借鉴。其中一个有争议的问题是，商业秘密是否应当被排除在证据披露的范围之外。权利人一般要求披露的能够证明侵权获利的账簿、统计报告等证据材料，往往涉及侵权方商业运营的核心数据，侵权方多以商业秘密为由而拒绝披露，但这是不正确的。从我国法律和司法解释的相关规定可以看出，商业秘密的披露不是"能不能"的问题，而是"怎样做"的问题。《民诉法解释》第 94 条第 1 款❶和《民诉证据规定》第 17 条❷均肯定了商业秘密属于当事人可以申请法院调取的证据范畴。如披露的内容涉及商业秘密，法院会采取一些措施防止商业秘密泄露给当事人带来不必要的损失，如不在公开开庭时出示、以不公开方式质证、要求诉讼参与人承担保密义务等。同时，我们也可以参照国外实践中的经验，通过限制参与人的范围，或者要求只有在代理律师或有关专家的监督下才能进行披露的方法，保护被申请人的利益。❸

第五，证据披露的期限。法官向被申请人作出证据披露的裁定后，应当责令被申请人在一定的期限内披露证据。之所以要为证据披露设定一个明确的期限，一方面是为了避免诉讼拖延，提高效率；另一方面是考虑到知识产权诉讼证据容易被篡改、销毁和转移，防止时间过长，被申请人动手脚。实践中的具体方案有两种：一种赋予法官自由裁量权，由法官结合证据的复杂程度确定证据披露的具体期限；另一种是确定一个所有案件均适用的固定期限。如果采用固定期限这一方案，显然这一期限宜短不宜长，如广东省高级人民法院在实践中就将知识产权诉讼证据披露的期限设置为 5 个工作日，值得我们参考。❹

第六，证据披露的实施方式。实践中，法院要求当事人进行证据披露可以采用"文书出示令"的方式，即经一方当事人申请，人民法院可以向持有证据的当事人或案外人签发文书出示令。最高人民法院陶凯元副院长早在 2016 年全国两会期间即提出要"增设文书提出命令制度，明确侵权行为人的文书提供义务和无正当理由拒不提供证据的法律后果，强化实体和程序制裁，减轻权利人举证负担"。在 2018 年召开的第四次全国知识产权审判工作座谈会上，陶凯元副院长再次对"文书提供命令"进行了强调，指出："积极运用现行法律及其司法解释规定的文书提供命令、证明妨碍等制度，对于无正当理由拒不执行文书提供命令或者存在故意妨碍证明行为的，依法作出不利于该方当事人的事实推定。"2018 年

---

❶ 《最高人民法院关于适用〈中华人民共和国民事诉讼法〉的解释》第 94 条第 1 款规定：《民事诉讼法》第六十四条第二款规定的当事人及其诉讼代理人因客观原因不能自行收集的证据包括……涉及国家秘密、商业秘密或者个人隐私的……。

❷ 《最高人民法院关于民事诉讼证据的若干规定》第 17 条规定：符合下列条件之一的，当事人及其诉讼代理人可以申请人民法院调查收集证据……涉及国家秘密、商业秘密、个人隐私的材料……。

❸ 王琳，郑新建. 知识产权诉讼中的证据交换问题研究 [J]. 河北广播电视大学学报，2014（1）：71.

❹ 张学军. 知识产权损害赔偿的证据法思维——中国知识产权法官讲坛第 26 讲暨华进知识产权论坛第 21 讲 [EB/OL]. [2018 - 08 - 25]. https：//mp. weixin. qq. com/s? src = 11&timestamp = 1535977581&ver = 1100&signature = mzsaydx90vTCewtUdIeORUSRsjorEJwulVt6m174nwcxuihvb3U ＊ tdqgLyoj1RlDb ＊ 16ysDTGf4J6P9 kgcqZvidAeurntPylNsuUCL ＊ Pu － qXutjwYPguFFUvesCVki9o&new = 1.

7月发布的《上海市高级人民法院关于加强知识产权司法保护的若干意见》中明确提出要探索证据出示令制度。经审查，证据确为一方当事人控制且与案件审理具有重要关联，可以根据申请向当事人出具证据出示令，责令一方当事人提交证据。❶

第七，案外人的披露义务。《民诉法解释》和知识产权实体法中有关证据披露的规定虽然将披露的主体限于对方当事人或侵权人，但《民诉法》第67条则采用了"有关单位和个人"这一表述，这说明《民诉法》并不否定案外第三人在某些情况下具有证据披露的义务。实践中也确实存在案外第三人持有证据材料的情况，比如，侵权人可能将证据转移藏匿至第三人处，或者一些行业协会可能掌握产品市场份额、行业许可费的一般标准等数据。但案外第三人毕竟不是诉讼的实际参与人，要求其披露证据的条件应当比对诉讼当事人更加严格，如德国就要求强制第三人披露书证，必须通过诉讼的方式进行。在知识产权诉讼中，如果当事人提出要求案外第三人进行证据披露的申请，法官应当要求申请人提出证据证明该证据不被对方当事人持有，而被案外人所持有，且该证据是证明侵权获利等待证事实所必需的。

3.2 证据保全制度

3.2.1 知识产权诉讼证据保全制度的立法基础

与本文涉及的其他几种证据制度相比，证据保全制度作为大陆法系国家的经典证据规则之一，在我国确立较早，理论上的探讨和实践中的应用也更为广泛。而之所以我们要对知识产权诉讼中的证据保全问题专门进行探讨，是因为知识产权证据保全相对于一般民事诉讼中的证据保全有一定的特殊之处。具体而言，知识产权证据保全具有专业性强、保全形式多样等特点。知识产权证据保全往往涉及许多专业方面的知识，如计算机软件案件中的证据涉及网络、软件方面的知识，商业秘密侵权案件和专利侵权案件中的证据涉及化工、机械、医药等多方面的知识，而在保全财务账册和销售凭证时又涉及财会方面的知识。证据保全的措施也具有多样性，主要原因是知识产权诉讼中涉及的证据种类多，对于不同的证据所采取的保全方法是各不相同的。除了查封、扣押、拍照、复制等传统的证据保全方式之外，还需要采取一些非传统的手段，如对于利用信息网络侵犯著作权的案件中涉及电子证据保全问题，常常会用到数据流抓取、录屏跟踪等方法。

同时，在知识产权侵权诉讼中，证据保全的价值和意义也远远大于一般的民事案件。鉴于知识产权诉讼证据有隐蔽性和不稳定性的特点，靠当事人自己的力量往往难以完成取证的工作，申请法院进行及时有效的证据保全常常成为

---

❶ 参见：《上海市高级人民法院关于加强知识产权司法保护的若干意见》第6条。

胜诉的关键，可以说"加大对知识产权证据保全的力度，就是加大对知识产权的保护"❶。

相对于其他的证据规则而言，知识产权证据保全制度在我国立法中的规定应该说是最为完备的。《民诉法》第81条是对证据保全的原则性规定，该条将证据保全分为诉前证据保全和诉中证据保全两大类，并明确了证据保全的适用条件，即"证据可能灭失或者以后难以取得"（诉前证据保全还包括"情况紧急"的条件）。如果权利人向法院提起诉讼，势必会引发侵权人的警惕，考虑到知识产权证据的特点，有可能在法院采取保全措施之前侵权人就已经将证据转移或销毁，影响保全证据的真实性和完整性，所以诉前证据保全是无须通知当事人即可实施的。❷在2012年修正的《民诉法》中明确规定诉前证据保全之前，三大知识产权实体法及相关司法解释就已经确立了知识产权诉讼中的诉前证据保全制度。这些规定和《民诉法》中的一般规定共同明确了知识产权诉讼中证据保全规则的适用条件、申请主体、保全方式、法院裁判、对未诉证据保全的处置等具体操作性问题。

3.2.2 证据保全制度在实践中存在的问题与建议

知识产权诉讼证据保全在实践中存在的问题基本上可以归结为三个方面，即法律对证据保全适用条件规定不明确产生的问题、当事人滥用或误用权利产生的问题、知识产权证据保全专业性所带来的问题。以下内容将围绕着上述三个方面的问题展开分析，并提出一些有针对性的解决方案。

（1）明确证据保全的适用条件

虽然立法对证据保全的规定相对比较具体，但对证据保全适用条件的规定还是比较模糊的。"证据可能灭失或者以后难以取得"是所有关于证据保全适用条件的规定中均涉及的核心审查标准。从这一表述可以看出，实践中法官有较大的自由裁量空间，在知识产权侵权诉讼中如何把握这一标准的适用尺度是我们首先要明确的问题。考虑到知识产权证据的不稳定性特征，"可能灭失或者以后难以取得"的概率明显高于普通的民事诉讼证据，因此对这一标准的审查不宜过于严苛。但从宽审查不等于不审查，为了防止证据保全制度被滥用，法官仍应当要求当事人对"可能灭失或以后难以取得"作出合理说明。❸

2012年修正的《民诉法》第81条增加了关于诉前证据保全的规定，在适用

---

❶ 罗剑青，祝建军. 知识产权民事案件证据保全存在的问题及对策 [J]. 科技与法律，2007（6）：91.

❷ 关于知识产权诉前证据保全是否需要通知被申请人的问题，我国法律和司法解释都没有明确规定，但TRIPS第50条第2款规定："在存在证据被销毁的显而易见的风险时，司法机关有权采取不作预先通知的临时措施。"

❸ 肖海棠. 知识产权民事诉讼证据保全的适用 [J]. 人民司法，2007（19）：70.

条件上较之诉中证据保全，法条中多了"情况紧急"这一表述。因此，法院在审查诉前证据保全申请时，应当要求申请人提供证明"情况紧急"的证据。问题在于，法律并没有对"情况紧急"作出进一步的规定，实践中可以确定属于"情况紧急"的情形主要有展会上展出被控侵权产品，且被控侵权产品无法通过购买取得的情形，或者是在计算机软件侵权案件中，如果进入诉讼阶段证据，就有很大可能被侵权人删除的情形等。

（2）减少对证据保全的滥用和误用

实践中，知识产权证据保全被当事人滥用或误用，导致司法资源浪费，影响办案效率。

证据保全的误用一方面是将证据保全制度和其他类似制度混淆所致，另一方面也存在申请人有意利用证据保全制度与其他制度界限不清来达成自己目的的情况，因此，要减少对证据保全的误用，就必须厘清该制度与近似制度的界线。首先，要明确证据保全制度和法院依申请调查取证的区别。实践中常有当事人将两者混淆，本应申请证据保全却申请法院调查取证，导致错过固定证据的最佳时机。证据保全和法院依申请调查取证是两个彼此独立的制度，各有其侧重点，前者的核心适用条件是"证据可能灭失或者以后难以取得"，强调的是一种急迫性，必须立即采取相关措施；后者的核心适用条件是"当事人因客观原因无法自行收集证据"，强调一种客观不能，并没有明显的时间急迫性要求。如果当事人的申请有误，并且可能会对裁判的结果产生实质性的影响，法官应当行使适当的释明权。其次，要明确证据保全与财产保全、行为保全的区别。应当从目的上对这几种制度进行区分：证据保全旨在固定证据，财产保全是为了保证生效裁判的执行效果，而行为保全是为了避免权利人的知识产权免遭进一步的侵害，防止损害的扩大化。有些情况下，当事人会以证据保全之名，行财产保全或行为保全之实，以收到打击对方当事人的效果。例如，在中国粮油食品有限公司诉北京嘉裕东方葡萄酒有限公司侵犯商标权纠纷案中，一审法院经原告申请对被告价值400万元的货物实施了查封和扣押的证据保全，最高人民法院在二审中指出"原审法院保全标的物数量较大，且并未限于侵权产品，已经超出证据保全的范围，实际上已同时有财产保全的属性"[❶]。

除了误用之外，知识产权诉讼中还存在证据保全被滥用的问题。在有些案件中，申请人的目的可能并非维护自身权益，而是借法院的诉前证据保全来达到打击竞争对手的目的。因此，在一些特定的案件类型中，法官应当格外审慎，严格审查申请人启动诉前证据保全的正当目的。例如，在商业秘密案件中，法官就要

---

❶ 参见：最高人民法院（2005）民三终字第 5 号民事判决书。

警惕申请人虚构案件，以达到恶意取证的目的，必要时法官可以要求申请人出具保密承诺。另外，强化证据保全担保的提供也能一定程度上防止证据保全被滥用的问题。《民诉法解释》第 152 条第 2 款规定："利害关系人申请诉前保全的，应当提供担保……"因此，申请知识产权诉前证据保全的当事人必须提供相应的担保。在最高人民法院发布的《民事案件案由规定》中，"因申请诉前证据保全损害责任纠纷"被作为一个独立的案由，因此，如果申请人滥用诉前证据保全的规定造成被申请人的损失，被申请人可以向法院提起诉讼。

（3）提高证据保全的专业性

知识产权诉讼证据保全有很高的专业性要求，如果实际操作人员是相关领域的"门外汉"，很可能因保全的方式不当而影响保全的效果。实践中，上海知识产权法院探索并完善了"法官＋执行人员＋技术专家＋技术调查官"的诉讼保全执行模式。❶ 在上海知识产权法院作出裁定的申请人欧特克公司、奥多比公司申请诉前证据保全案中，充分体现出"专业性"在知识产权诉讼证据保全中所起的作用。上海知识产权法院聘请相关技术专家协助保全，制定了周密的证据保全工作预案；成立技术专家组、现场清点组、现场控制组等工作小组，明确职责，分工协作；各小组规范操作，有序保全，圆满完成了对大型工作场所近 400 台电脑中的相关证据保全任务。❷ 由此可见，知识产权证据保全过程仅仅依靠法院的工作人员来完成是不够的，有必要建立引入相关领域的专业人士参与证据保全的制度，以提高保全的成功率。

3.3　调查令制度

3.3.1　知识产权诉讼调查令制度的适用现状

调查令是指当事人在民事诉讼中因客观原因无法取得自己需要的证据，经申请并获人民法院批准，由法院签发给当事人的诉讼代理律师向有关单位和个人收集所需证据的法律文件。❸ 在诉讼中，当事人收集证据主要有自行收集证据和申请法院调查取证两种，而调查令制度则是介于这两种方式之间，准确地说调查令是一种当事人依照法院的令状自行取证的方式。与当事人自行取证相比，调查令制度多了一些公权力的元素，即以法院的令状为取证的依据；与申请法院调查取证相比，其实际取证主体是当事人而非法院。《上海法院调查令实施规则》第 1 条规定："根据《中华人民共和国民事诉讼法》第六十四条第一款、第六十五条

---

❶　参见：《上海知识产权法院知识产权司法保护状况（2017）》。

❷　该案为 2015 年最高人民法院发布的知识产权典型案例之一。参见：最高人民法院. 北京、上海、广州知识产权法院审结的典型案例 [EB/OL].［2018 - 09 - 05］. http://www.court.gov.cn/fabu - xiangqing - 15370.html.

❸　参见：《上海法院调查令实施规则》第 2 条第 1 款。

第一款之规定，制定本规则。"由于该规则颁布于 2001 年，此处《民诉法》规定应当是指 1991 年《民诉法》的规定。1991 年《民诉法》第 64 条第 1 款和第 65 条第 1 款的内容分别为"当事人对自己提出的主张，有责任提供证据""人民法院有权向有关单位和个人调查取证，有关单位和个人不得拒绝"。可见，调查令的权力来源于法院的司法权，其实质是法院将其部分权力委托给当事人律师，是法院行使司法权的延伸。❶

在某种程度上，调查令制度可以视为广义上的证据披露制度的一种，其中体现某些英美法系国家证据披露规则的制度设计理念。它与我国现行法中以法官为核心的证据披露制度在知识产权诉讼中起到的作用是类似的，都能够增强当事人的举证能力，一定程度上缓解"举证难"的问题。相比而言，调查令制度也有一些独有的作用和优势：一方面，我国的诉讼模式改革正在不断朝着当事人主义的方向靠近，而举证在民事诉讼中既是当事人的权利，也是其义务，在证据制度的设计上，也理应充分调动当事人的积极性，因此调查令制度在充分保障当事人举证权利的同时，也对当事人的举证义务主体资格进行了强调，这和我国诉讼模式改革的趋势是相契合的；另一方面，知识产权纠纷案件数量逐年增多，而在案件中权利人一方存在举证困难的绝非少数，如果解决权利人的"举证难"问题过度强调法官的职权，都依靠证据保全、申请法院调查取证、申请法院要求对方当事人披露证据这些方式的话，对于法院而言无疑是沉重的负担，而对其中的一部分情形适用调查令制度，可以有效减轻法院的负担，提高诉讼效率，减少对司法资源的浪费。

我国《民诉法》以及相关司法解释中并没有"调查令"这一术语，有关调查令制度的规定主要见于各地高级人民法院和中级人民法院出台的具体操作规则中。在上海市高级人民法院于 2001 年率先颁布了《上海法院调查令实施规则》后，各地法院相继出台了关于民事诉讼中调查令制度的具体适用规则。所以应当说，调查令制度是法院根据司法实践的经验和《民诉法》相关规定所衍生的一种证据制度。

在知识产权诉讼领域，建立调查令制度这一议题也多次被一些司法政策文件提及。如在 2007 年的《最高人民法院关于全面加强知识产权审判工作为建设创新型国家提供司法保障的意见》中就明确提出："探索试行调查令制度，对于属于国家有关部门保存而当事人无法自行取得的证据和当事人确因客观原因不能自行收集的其他证据，可以探索由法院授权当事人的代理律师进行调查取证。"在本文一开始提到的《意见》中也有"建立激励当事人积极、主动提供证据的诉

---

❶ 赵风暴. 民事证据调查令制度的司法适用路径探析［J］. 兰州大学学报（社会科学版），2018（3）：85.

讼机制"的表述。在知识产权司法实践中,调查令制度也成为法官平衡当事人双方举证能力的一个重要工具。例如,上海知识产权法院在司法实践中对销售数据等由第三方掌握的情况,通过签发法院调查令、委托调查函等方式,适当加大取证力度。在荷兰飞利浦公司起诉的侵害外观设计专利权纠纷案中,经专利权人申请,法院依法向其出具调查令,由其向淘宝网获取被告销售记录并进行举证,查明被控侵权产品销售规模、利润率等相关事实,确定了被告的侵权获利大于原告的诉请主张,最终全额支持了权利人的赔偿请求。❶

3.3.2 调查令制度在实践中存在的不足与建议

虽然调查令制度在实践中已经得到了较为广泛的应用,但是由于缺少立法的明确规定,各地法院出台的规则对于调查令的认识、具体操作等问题的规定多有不同,导致不同地区"各自为政"的局面。比如,实践中上海法院签发的调查令在上海之外的地区常常难以获得被调查人的配合。因此,要让调查令制度真正发挥作用,需要从立法层面确认并统一相关的规则。在调查令制度得到立法层面的认可之前,实践中仍有很多问题有待明确。以下内容将结合知识产权诉讼证据收集的特点,对在知识产权诉讼中适用调查令制度需要注意的几个问题进行分析。

第一,调查令的启动主体。各地法院的规范性文件中对调查令的启动主体规定主要有以下两种方案:一是明确将调查令的申请和持有主体限定为律师❷;二是申请人可以是当事人及其委托的诉讼代理人,而持有人限于律师❸。理论上对于调查令的申请和持有主体是否应当限于律师多有争议,但在知识产权侵权诉讼中,证据收集过程对专业性有极高的要求,为了保证调查令的实施效果,现阶段在知识产权案件取证过程中适用调查令制度时,至少应当将调查令的持令人限制在更具专业性的律师这一范畴。

第二,调查令的适用条件。在知识产权诉讼中调查令的适用条件不宜过于严苛。一方面,因为知识产权案件双方当事人举证能力不平衡的状况较为严重且多见,而调查令制度设定的目的就是弥补当事人举证能力的不足,如果适用条件过严,也就失去了意义。另一方面,调查令的适用条件和申请法院调查取证、申请法院要求对方当事人披露证据等规则的适用条件比较接近,都是当事人因客观原

❶ 参见:《上海知产法院知识产权司法保护状况(2017)》。
❷ 参见:重庆市高级人民法院《关于在民事诉讼中试行律师调查令的意见》第1条规定:当事人需要向案外人调查收集证据的,经诉讼代理律师申请,人民法院可以签发律师调查令,由诉讼代理律师持律师调查令调查收集证据。
❸ 参见:《上海法院调查令实施规则》第4条规定:……(一)申请人必须是法院已经立案受理的案件当事人或经当事人委托的诉讼代理人……(三)持令人是案件当事人的诉讼代理人,仅限于取得有效律师执业证书的律师。

因无法取得自己所需要的证据，故应当参照后者的适用条件审查标准适度降低对调查令适用条件的审查标准。这样使得调查令制度能够成为申请法院依职权调取证据的有益补充而发挥其作用；否则，当事人显然更愿意申请由法院出面调查取证，调查令制度容易因此被架空。

第三，调查令的适用范围。目前的知识产权诉讼司法实践中，调查令主要用于证据处于案外第三人掌控之下的情形，但认为调查令制度的适用范围应限于证据由案外第三人掌控情形的观点是没有必要的。❶ 另外，诸如涉及国家秘密、商业秘密和个人隐私等不宜由当事人自行调查取证的情形应当排除在调查令制度之外，而由法院依当事人的申请进行取证。

第四，不接受调查令的法律后果。不接受调查令将产生何种法律后果，是决定调查令制度能否发挥作用的关键，然而在各地法院出台的调查令具体适用规则中很少涉及不接受调查令的法律后果。出现这一问题的原因主要是，理论和实务界对调查令制度的性质尚有争议。因此，应当尽快从立法层面确认调查令的法院司法权性质，在此基础上，如果被调查人不配合律师的调查，法院可以将其视为妨碍民事诉讼的行为进行规制。

3.4 举证妨碍制度

3.4.1 知识产权诉讼举证妨碍制度的立法基础

若从字面意思来理解，举证妨碍就是当事人的举证受到了对方当事人某种行为的阻碍，但举证妨碍制度所关注的并不是妨碍举证行为这一事实，而是妨碍人作出该行为所应承担的不利法律后果。因此通俗地说，举证妨碍制度就是通过给妨害人某种"惩罚"，来保障当事人举证权利的一种证据规则。中国台湾学者骆永家对举证妨碍制度给出了一个较为全面且精确的定义，即"不负举证责任之当事人，因故意或过失，以作为或不作为，使负有举证责任当事人之证据提出陷于不可能时，在事实认定上，就举证人之事实主张，作对该人有利之调整"。实践中，不负有举证责任的当事人在负有保存、协助披露证据的义务时，却怠于、拒绝或以暴力抗拒履行该义务，这是举证妨碍行为最主要的表现形式。

举证妨碍制度和前面所讨论的证据披露、证据保全等制度均有不同，前述制度都是行为意义上的证据制度，而举证妨碍是一种结果意义上的证据制度。因此，举证妨碍制度只有和证据披露、证据保全等制度结合起来使用才有意义。正所谓法谚云"无救济则无权利"，举证妨碍制度以证据披露、保全等制度为适用前提，其他的证据制度又以举证妨碍制度为救济和保障。❷ 这种制度设计的逻辑

---

❶ 韦杨，曾俊怡，刘亚玲. 当事人调查取证权之程序保障的路径尝试 [J]. 法律适用，2008（3）：18.

❷ 张学军，朱文彬. 知识产权侵权诉讼中"证据披露—举证妨碍"制度之探索适用 [EB/OL]. [2018-08-30]. http://dyfy.dg.gov.cn/fywh/spdy-detail-298.html.

合理性在于它是符合经验法则的——"如果举证责任者主张的事实不真实，那么相对方不仅不会实施妨碍证明的行为，反而愿意将相关证据开示"❶。在知识产权诉讼中，这一证据制度就显得尤为重要，虽然证据披露、证据保全等制度拓宽了当事人收集证据的途径，但人都有趋利避害的本性。举例来说，在知识产权诉讼法定赔偿普遍偏低的前提下，侵权人被要求披露和被保全的关于侵权所得的证据大多对己方不利，若没有举证妨碍制度的保障，证据披露等制度对侵权人而言自然是形同虚设的。

《民诉证据规定》第75条规定："有证据证明一方当事人持有证据无正当理由拒不提供，如果对方当事人主张该证据的内容不利于证据持有人，可以推定该主张成立。"这是我国举证妨碍制度的原则性规定。除此之外，《民诉法解释》第112条❷、《商标法》第63条第2款❸以及《专利法司法解释二》第27条❹都将证据披露和举证妨碍制度结合在一起进行规定，更说明了举证妨碍制度是作为证据披露制度的保障而存在的。同时，《民诉法》第111条❺从公法角度出发，以维护诉讼秩序为目的，规定了对妨碍举证行为的行政和刑事处罚。

由此可见，在举证妨碍制度中，妨害人所要承担的不利后果主要包括两个方面：一方面是公法上的制裁，包括罚款、拘留，甚至追究刑事责任，主要见于《民诉法》第111条的规定。需要说明的是，这种公法上的制裁不会因随后的诉讼进程中出现可以推翻不利推定的相反证据而撤销，因为公法制裁的立足点在于妨碍人行为对诉讼秩序造成的损害，而这种损害不会因新证据的出现而消失。❻另一方面是私法上的制裁，理论上关于举证妨碍产生的私法效果有多种，包括降低证明标准、举证责任转换、推定主张成立等。从《民诉证据规定》第75条和《民诉法解释》第112条的表述来看，我国法律采用推定主张成立这一观点，即诉讼中一方当事人实施了举证妨碍的行为，则可推定另一方当事人关于某一事实

---

❶ 张泽吾. 举证妨碍规则在赔偿确定阶段的适用及其限制：兼评新《商标法》第63条第2款［J］. 知识产权，2013（11）：43.

❷ 《最高人民法院关于适用〈中华人民共和国民事诉讼法〉的解释》第112条第1款规定：……对方当事人无正当理由拒不提交的，人民法院可以认定申请人所主张的书证内容为真实。

❸ 《商标法》第63条第2款规定：……侵权人不提供或者提供虚假的账簿、资料的，人民法院可以参考权利人的主张和提供的证据判定赔偿数额。

❹ 《专利法司法解释二》第27条规定：……侵权人无正当理由拒不提供或者提供虚假的账簿、资料的，人民法院可以根据权利人的主张和提供的证据认定侵权人因侵权所获得的利益。

❺ 《民事诉讼法》第111条规定：诉讼参与人或者其他人有下列行为之一的，人民法院可以根据情节轻重予以罚款、拘留；构成犯罪的，依法追究刑事责任：（一）伪造、毁灭重要证据，妨碍人民法院审理案件的……

❻ 参见：江苏省高级人民法院（2007）苏民三终字第0150号民事判决书。

的主张成立，无须再对该事实进行举证。❶

3.4.2　举证妨碍制度在实践中存在的问题与建议

举证妨碍制度是解决损害赔偿举证难的重要证据规则，但是知识产权司法实践中直接适用举证妨碍制度的案件并不是很多。一方面，这与举证妨碍的相关法律规定不够明确有关，法条的表述往往存在很大的解释空间；另一方面，《民诉证据规定》《民诉法解释》《商标法》《专利法司法解释二》中均有关于举证妨碍的规定，但这些规定的内容并不一致，进一步增加了法官适用举证妨碍制度的难度。因此，在知识产权诉讼中适用举证妨碍制度仍有许多问题有待明确，其中最重要的是关于"正当理由"和法律后果的问题。

（1）明确举证妨碍适用的例外情形

"正当理由"的问题实际上就是举证妨碍制度的适用是否存在例外的问题。在《民诉证据规定》第 75 条、《民诉法解释》第 112 条和《专利法司法解释二》第 27 条中均有"无正当理由拒不提供"的表述，这说明妨碍人若具备"正当理由"，则可免于承担举证妨碍的法律后果。问题在于《商标法》第 63 条的规定则完全忽略了"正当理由"的问题，没有为限制法官的自由裁量权预埋任何法律依据，这在立法技术上明显是一种倒退。❷ 从法律体系一致性的角度来说，《商标法》此处的规定应当与民诉法领域中一般规定保持一致。

在明确了举证妨碍制度具有适用的例外情形后，应当进一步明确例外情形的具体内容，否则"正当理由"条款存在被妨碍人滥用的风险。但法律、司法解释均没有对"正当理由"的具体内容作出规定。对这一问题最为权威的意见见于《最高人民法院民事诉讼法司法解释理解与适用》一书中对《民诉法解释》第 112 条的解读，即"如果提交证据将使当事人或者相关人遭受重大不利益的，证据持有人可以拒绝提供，具体要根据个案的情况进行判断"❸。实践中，妨碍人最常使用的"正当理由"就是被要求提供的证据涉及其商业秘密，前文的论述已经证明商业秘密不构成拒绝证据披露的理由，故当然也不构成免于承担举证妨碍法律后果的"正当理由"。另外，构成举证妨碍要求妨碍人实施妨碍行为时主观上存在过错，即故意或过失；反过来说，若妨碍人对其妨碍行为不存在故意或过失，则可免于承担不利后果，因此"对妨碍行为不存在主观过错"是一个能够确定的"正当理由"。

在立法层面，除了应当在《商标法》的相关规定中加入"正当理由"的表述之外，更重要的是法律应当进一步明确"正当理由"的具体内容，以防止其被滥用。

---

❶❷　张广良. 举证妨碍规则在知识产权诉讼中的适用问题研究 [J]. 法律适用，2008（7）：17.
❸　沈德咏. 最高人民法院民事诉讼法司法解释理解与适用 [M]. 北京：人民法院出版社，2015：373.

（2）厘清举证妨碍适用的法律后果

妨碍人应当承担何种法律后果是举证妨碍制度的核心问题，但由于相关规定的模糊性，知识产权诉讼实践中对举证妨碍法律后果的认识存在一定的误区。

《民诉证据规定》第75条和《民诉法解释》第112条中对于法律后果的表述虽有不同，但含义本质上是相同的，都是推定被妨碍人对证据内容的主张成立。问题在于《商标法》对于举证妨碍法律效果的表述为"可以参考权利人的主张和提供的证据判定赔偿数额"，《专利法司法解释二》中的表述为"可以根据权利人的主张和提供的证据认定侵权人因侵权所获得的利益"，这种表述是相对比较模糊的。那么"参考"和"根据"所指向的法律后果是否也是推定被妨碍人对证据内容的主张成立呢？

我们认为，对于《商标法》和《专利法司法解释二》中表述的正确理解应当是，这一规定并不仅仅是对举证妨碍法律后果的规定，更准确地说应该是对出现举证妨碍情形时损害赔偿数额应当如何确定的规定。故这一表述具有两个层次的含义：第一层含义是关于举证妨碍的法律后果，从体系解释的角度来说，知识产权实体法对举证妨碍法律效果的具体规定应与《民诉法》的一般规定保持一致，因此，《商标法》和《专利法司法解释二》的法律效果也应具体解释为推定权利人主张的侵权人掌握的账簿、资料的内容为真实。❶ 第二层含义是参考或根据权利人提出的证据显然不属于举证妨碍法律效果的范畴，之所以要参考或根据权利人提出的证据，是因为在某些情况下要最终确定损害赔偿数额，除了侵权人所掌握的账簿、资料外，还需要权利人提供的其他证据。例如，根据《最高人民法院关于审理专利纠纷案件适用法律问题的若干规定》第20条第1款的规定，确定权利人的实际损失可以根据侵权产品在市场上销售的总数乘以每件专利产品的合理利润来确定，适用举证妨碍规则后可以推定权利人所主张的侵权产品销量为真实，但专利产品的合理利润仍需要权利人的其他证据来证明。

因此，《商标法》和《专利法司法解释二》中的"参考或根据权利人的主张或提供的证据确定损害赔偿数额"应当分两步。首先，依照举证妨碍制度的原理推定权利人主张的侵权人掌握的账簿、资料的内容为真实；其次，结合权利人提供的其他证据，最终确定损害赔偿的数额。需要说明的是，这里的法律后果是推定权利人对证据内容的主张成立，这和直接推定权利人对损害赔偿的数额主张成立不同。只不过，实践中有很多情况侵权人所拒绝提供的账簿、资料等证据本身就足以确定损害赔偿的数额，尤其是以侵权获利作为损害赔偿的计算方法时，推定权利人主张的侵权人掌握的账簿、资料的内容为真实，就相当于推定权利人对

---

❶ 刘晓. 证明妨碍规则在确定知识产权损害赔偿中的适用［J］. 知识产权，2017（2）：62.

损害赔偿的数额主张成立，法院才可以考虑直接推定权利人关于侵权损害赔偿数额的诉讼请求成立。

在知识产权案件的审判实践中，法院也在积极探索适用证据妨碍规则，让拒不提交证据的当事人承担相应的不利后果。如上海知识产权法院判决的南京光威能源科技有限公司起诉的侵害发明专利权纠纷案，被告经释明未能向法院提供财务账簿以查明侵权范围和侵权获利，根据原告的诉讼主张和提交的证据，法院全额支持了原告的赔偿请求。❶ 但这种通过举证妨碍制度推定权利人对证据内容主张成立，从而使权利人的损害赔偿请求得到全额支持的案例并不多见。原因主要有以下两个方面：一方面，法律中"参考"的表述具有很强的误导性，法官容易将"参考"理解为既可以推定主张成立，也可以推定主张不成立，这样举证妨碍的法律后果就会因裁判者的理解不同而变得不可预期❷；另一方面，既然存在举证妨碍的情形，反过来也说明权利人对于其提出的损害赔偿数额主张缺乏足够的证据支持，这对习惯于在民事案件中严格依照证据以高度盖然性标准裁判的法官而言很难形成内心确信，难免会有所顾虑。例如，在陈某诉余某等侵害著作权纠纷案中，被告所掌握的编剧合同、发行合同是足以证明被告侵权获利的关键证据，被告以商业秘密为由拒绝提供，存在举证妨碍行为，一审法院并未推定原告对侵权获利数额的主张成立，而是仅推定原告提供的计算方法具有"可参考性"❸，二审法院同样认为双方均未提供充分证据证明违法所得，仅凭陈某主张的余某编剧酬金标准及电视剧《宫锁连城》的发行价格来确定违法所得数额，依据不足。❹

事实上，"参考"的含义是指参考原告提供的其他证据，一旦确定侵权人的行为满足举证妨碍的构成要件，对其适用相应的法律后果应当是顺理成章的，而非可选择的，不然就又回到了法定赔偿的老路，举证妨碍制度就失去了其意义。同时，法院对于权利人提出的损害赔偿数额过于"离谱"导致赔偿畸高的顾虑是完全没有必要的，如果权利人主张的赔偿数额超出侵权获利，侵权人自然会提出证据予以反驳，而侵权人拒绝提交证据恰恰说明了权利人主张的赔偿数额有可能是低于侵权获利的。因此，在知识产权诉讼中运用举证妨碍制度确定损害赔偿数额时，我们应当正确适用举证妨碍制度的法律后果，推定权利人所主张的证据内容成立，并在被妨碍证据本身就足以确定损害赔偿数额时，积极推定权利人对

---

❶ 参见：《上海知识产权法院知识产权司法保护状况（2017）》。类似利用举证妨碍制度全额支持原告损害赔偿请求的案例还可见于：本田诉三阳侵害外观设计专利权纠纷案，福建省高级人民法院（2014）闽民终字第 641 号民事判决书；九阳诉帅佳等侵害发明专利权纠纷案，山东省高级人民法院（2007）鲁民三终字第 38 号民事判决书。

❷ 张广良. 举证妨碍规则在知识产权诉讼中的适用问题研究［J］. 法律适用，2008（7）：17.

❸ 参见：北京市第三中级人民法院（2014）三中民初字第 7916 号民事判决书。

❹ 参见：北京市高级人民法院（2015）高民（知）终字第 1039 号民事判决书。

损害赔偿数额的主张全部成立，从而缓解"赔偿低"的问题。

此外，在知识产权诉讼中，适用举证妨碍制度需要特别强调的是：第一，仍应坚持证明责任分配的一般规则。举证妨碍制度推定权利人对侵权人拒绝提供的证据内容的主张为真实，相当于免除了权利人对这部分事实的证明责任，但权利人仍应完成基本的举证义务，包括举证证明权利归属、存在侵权行为，以及对损害赔偿数额的计算提出初步证据。第二，案外第三人同样适用举证妨碍制度。根据《民诉法》第111条的表述，举证妨碍的公法制裁的适用对象除了诉讼参与人，还包括"其他人"，该条规定的"其他人"应指诉讼参与人之外的持有与案件相关证据的单位和个人。❶ 因此，当知识产权诉讼中出现了案外第三人的举证妨碍情形时，法院可以依据该条规定对其予以罚款、拘留，乃至追究刑事责任。第三，举证妨碍的适用情形不限于损害赔偿数额的确定。在知识产权诉讼中，损害赔偿数额确定是举证妨碍制度最主要的应用情形，且知识产权实体法中也仅对这一应用情形作出规定，但举证妨碍制度在知识产权诉讼中发挥的作用不限于此。比如，侵权人隐匿证据以妨碍证据保全的行为也属于举证妨碍行为，可以适用《民诉法》中的规定对其进行规制。再比如，《专利法》针对新产品制造方法专利案件设置了举证责任倒置的规定❷，但是在非新产品制造方法专利案件中，产品的制造方法同样由侵权人掌握，权利人举证也会面临困难。因此，最高人民法院曾下发文件以司法政策的形式引导法院将举证妨碍制度运用到非新产品的专利方法的案件审理中。❸ 第四，适用举证妨碍制度，法官应当对被妨碍人充分释明。在适用举证妨碍规则前，法官有义务及时向妨碍人说明拒不提供证据可能产生的法律后果，而不宜在作出判决时才公布适用举证妨碍制度进行推定的结果。

3.5 本章小结

构建一套完整的符合知识产权案件特点的诉讼证据规则并不限于以上所探讨的这些制度。之所以选取证据披露、证据保全、调查令和举证妨碍这四项制度展开讨论，一方面，因为这些制度在我国都有一定的立法依据和实践经验积累，在

---

❶ 《民事诉讼法》第111条规定：诉讼参与人或者其他人有以下行为之一的，人民法院可以根据情节轻重予以罚款、拘留；构成犯罪的，依法追究刑事责任：（一）伪造、毁灭重要证据，妨碍人民法院审理案件的……。

❷ 《专利法》第61条规定：专利侵权纠纷涉及新产品制造方法的发明专利的，制造同样产品的单位或者个人应当提供其产品制造方法不同于专利方法的证明。

❸ 最高人民法院《关于充分发挥知识产权审判职能作用推动社会主义文化大发展大繁荣和促进经济自主协调发展若干问题的意见》（法发〔2011〕18号）指出："使用专利方法获得的产品不属于新产品，专利权人能够证明被诉侵权人制造了同样产品，经合理努力仍无法证明被诉侵权人确实使用了该专利方法，但根据案件具体情况，结合已知事实以及日常生活经验，能够认定该同样产品经由专利方法制造的可能性很大的，可以根据民事诉讼证据司法解释有关规定，不再要求专利权人提供进一步的证据，而由被诉侵权人提供其制造方法不同于专利方法的证据。"

这基础上对这些制度进行完善，无须在立法层面作出较大变动，可以先在司法实践中的具体操作层面展开探索，积累一定经验后，再对立法逐步进行完善；另一方面，这些证据制度的功能基本上是相同的，即拓展当事人收集证据的渠道，提升当事人的举证能力，这对于知识产权诉讼所面临的"举证难"问题可谓是"对症下药"。完善知识产权诉讼中的证据披露、证据保全、调查令和举证妨碍制度，能够在知识产权诉讼中构建一套行之有效的证据规则体系，破解"举证难"问题。这套规则体系可以用图1表示。

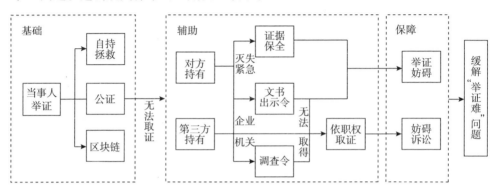

图1　建立证据规则破解"举证难"

结　语

近年来，知识产权制度在我国经济社会发展的过程中起到越来越重要的作用，知识产权侵权纠纷的数量随之增多。为了适应这一变化，我国的知识产权案件审判体系也在不断进行革新，但知识产权诉讼"举证难"的状况始终没有得到很好的解决。

解决知识产权诉讼"举证难"问题，必须从知识产权这一权利和知识产权诉讼证据的特性出发，构建一套符合知识产权侵权案件特点的证据规则。考虑到知识产权侵权诉讼中双方当事人举证能力和举证成本的失衡，知识产权侵权诉讼证据规则的构建需要在一定程度上跳脱民事诉讼的传统思路，从形式平等转而更加注重实质平等，通过一系列制度设计保障并提升权利人的举证能力。遵循这一思路，我们可以探索发挥证据披露、调查令等特殊民事程序效能，适当减轻权利人的举证责任，强化举证妨碍制度的适用，提高诉讼诚信在知识产权证据规则中的作用，对现行民事诉讼证据规则进行重构，探索建立公正、高效的符合知识产权案件特点的证据规则，从而切实维护知识产权权利人的合法权益。

（本课题系2018年上海市高级人民法院重点课题）

大数据产业发展背景下数据信息的知识产权司法保护

上海知识产权法院课题组*

【摘　要】本课题在分析数据信息权益性质和归属的基础上，结合司法实践，探索构建数据信息知识产权司法保护模式。对于符合著作权、商业秘密等法定权利构成要件的数据信息，应当通过相应具体的法律规定进行保护。在适用《反不正当竞争法》原则条款对数据信息予以保护时，需要兼顾数据信息控制者、数据信息使用者和社会公众三方的利益，综合考量被控行为的积极效果与消极效果、技术创新与竞争秩序维护、竞争者利益与消费者福利改善等因素，客观地评估是否违反商业道德。

【关键词】大数据　不正当竞争　数据信息权益

2011 年 5 月，麦肯锡公司发表题为 "Big Data：The Next Frontier for Innovation，Competition，and Productivity" 的研究报告，标志着大数据时代的到来。该报告中称："数据，已经渗透到当今每一个行业和业务职能领域，成为重要的生产因素。"2015 年 8 月 31 日，国务院印发《促进大数据发展行动纲要》。该行动纲要指出，大数据是以容量大、类型多、存取速度快、价值密度低为主要特征的数据集合，正快速发展为对数量巨大、来源分散、格式多样的数据进行采集、存储和关联分析，从中发现新知识、创造新价值、提升新能力的新一代信息技术和

---

* 课题组成员：黎淑兰（课题主持人，上海市第三中级人民法院副院长、上海知识产权法院副院长）、范静波（上海知识产权法院知识产权审判第二庭法官）、陈蕴智（上海知识产权法院知识产权审判第二庭法官助理）。

服务业态。数据已成为国家基础性战略资源，大数据正日益对全球生产、流通、分配、消费活动、经济运行机制、社会生活方式和国家治理能力产生重要影响。

自全面进入大数据时代以来，数据资产在国家政治、经济活动和个人生活中的重要程度前所未有。大数据对人类社会发展带来的福利已显而易见，但若缺乏合理的约束与保护，也可能给社会发展带来不利的后果。有关数据信息的法律保护制度正面临着一场重大的变革。《民法总则》第 127 条规定："法律对数据、网络虚拟财产的保护有规定的，依照其规定。"该规定虽然确认数据等可以受到法律的保护，但将相关的法律保护机制转引到具体的部门法之中。近年来，我国对于数据信息的法律保护问题，无论在立法层面还是学术研究层面，更多的是围绕个人信息展开，关注点更多的在于个人信息安全、个人隐私及人格尊严的保障方面。在大数据产业发展的背景下，随着新型商业模式的诞生，单纯的个人信息保护已经无法满足现今数据信息保护的需求，因此，构建清晰明确的大数据权益保护模式是保障大数据产业发展的重要因素。

一、数据信息权益的性质和归属

确定数据信息的权益性质是法律适用的基础，也将影响数据信息的保护范围和方式，而数据信息归属则是当事人能否作为适格主体寻求法律救济的前提，因此，在构建数据信息保护模式前必须明确数据权益的性质和归属。

（一）数据信息权益的性质

由于数据信息所涵盖的内容和形式广泛，关于数据权益的性质存在以下几种主要观点：（1）新型人格权说。该观点聚焦在个人信息资料权，认为个人对于自身信息资料享有控制权，并不完全是一种消极地排除他人使用的权利，更多情况下是一种自主控制信息适当传播的权利。个人信息资料权是保护人格的精神利益和财产利益的统一体。同时，精神利益和财产利益可以加以区分，其中的财产利益受到非法侵害时，损失可以市场价格计算。（2）知识产权说：著作权 + 邻接权。该观点认为，针对数据库和数据集的不同情况，分别用著作权和邻接权制度对之予以保护。对于选择和编排上有独创性的数据库或数据集，可以将其视作汇编作品，考虑用著作权制度进行保护；对于不具独创性的数据库和数据集，则可以考虑通过邻接权制度加以保护。（3）商业秘密说。该观点认为，数据具有经济价值，而且也具有非公开性和非排他性。（4）数据财产权说。该观点认为，数据是一种新型的财产，不宜用既有的人格权、知识产权、商业秘密保护制度对其施以合理保护，应在立法时增设一种数据财产权。❶

---

❶ 吴锚. 法学界四大主流"数据权利与权属"观点［EB/OL］.［2018 - 07 - 20］. http://www.sohu.com/a/117048454_481893.

综观上述观点，均存在对数据信息的片面认识和不合理之处。（1）关于新型人格权。该观点仅着眼于单纯个人信息，并未考虑到大数据时代中纷繁的数据信息形态，而对于个人信息，2017 年 10 月 1 日施行的《民法总则》第 111 条规定："自然人的个人信息受法律保护。任何组织和个人需要获取他人个人信息的，应当依法取得并确保信息安全，不得非法收集、使用、加工、传输他人个人信息，不得非法买卖、提供或者公开他人个人信息。"从该条款的行文表述以及法条编撰位置来看，现行法律确立的个人信息权依然倾向于从人格权的角度予以保护，并未涉及个人信息中的财产权益。（2）关于著作权＋邻接权的知识产权说。该学说仅考虑了数据库的权益性质，但大数据时代中的数据信息已经不单单是数据库或者数据集就可以涵盖的。（3）关于商业秘密说。对于符合商业秘密构成要件的数据信息当然可以通过商业秘密保护，但是大数据时代，大量数据信息因商业模式的需要而存在于公开领域，该部分数据信息显然无法通过商业秘密加以保护。（4）关于数据财产权说。一般理解中的财产权是物权法中的概念，而物权法意义上的财产权采用"一物一权"原则，但一项数据信息可能涉及多个主体，这即是与财产权说不适应的方面，且该观点认为应将财产权益单独立法，在立法层面也具有相当大的难度。

在综合分析以上几种观点的基础上，笔者认为，大数据产业发展下新型商业模式中产生的具有财产价值的数据信息，可根据信息的具体内容或类型纳入知识产权制度体系或通过竞争法予以保护。理由如下：首先，无形财产是知识产权法律制度保护的对象，数据信息的价值体现形式符合知识产权的该项特征。其次，数据信息同时包含人身权益和财产权益的保护需求，而知识产权法律体系涵盖对人身权益和财产权益的双重性保护。最后，在如今缺乏专门针对数据信息保护规定的情况下，基于数据信息与知识产权现有客体存在的共通性，司法实践中普遍将表现形式基本符合知识产权现有客体条件的数据信息纳入相关法律的保护范围，且大数据作为现今的一项重要生产因素，对于市场竞争格局产生了重大的影响，亦符合竞争法规制的对象。

（二）大数据信息财产权益的归属

在大数据信息的产生、收集、分析、使用等过程中，主要涉及三个主体，即数据信息产生者、数据信息控制者和数据信息使用者。数据信息产生者是指单个数据信息直接指向的主体；数据信息控制者是指收集、分析并实际掌握、使用数据信息的主体；数据信息的使用者是指除数据信息控制者外利用数据信息获得利益的主体。

那么经过收集、分析处理的大数据信息财产权益到底应该归属于数据信息产生者还是数据信息控制者呢？笔者认为，在大数据产业迅猛发展的如今，随着新型商业模式的应运而生，大量以大数据为基础发展的企业都为收集、分析数据信息投入了大量人力物力，且对于数据的收集方法以及分析处理方式多研发出特有的模式。此时，若不允许数据信息控制者对其收集、分析的具有经济价值的数据信息成果享有财产权益，将极不利于大数据产业的商业投入和进一步发展，故应当允许数据信息控制者对这些大数据信息享有部分财产权益。

二、大数据知识产权司法保护的实践样本

随着大数据产业的不断发展，企业之间围绕大数据而引发的争议也日渐凸显，其中一些已经诉诸法院寻求司法保护。

（一）白兔公司诉鼎容公司数据库侵权案[1]

白兔公司利用原国家工商行政管理总局的商标公告资料汇编了一个商标信息数据库，并开发了查询软件，有偿供用户查询，并对外销售查询系统。鼎容公司的微信公众号"鼎容商标查询"出现的商标查询结果，带有白兔公司加注的暗记。白兔公司认为鼎容公司通过反向破解获取、复制了白兔公司的数据库用于盈利，构成侵权。对此，法院认为，白兔公司对原国家工商行政管理总局商标公告中的商标信息内容进行提取、分类和整理，并对商标标志中所含的文字、数字等进行进一步提取和整理，同时还对商标信息后续的变更情况进行汇总，加入自定义的字段信息等。白兔公司对商标数据的编排和整理体现出独创性，白兔公司的涉案数据库构成汇编作品，可受《著作权法》保护，白兔公司对涉案数据库享有著作权。鼎容公司数据库中存在多个含有白兔公司暗记的商标标志，在鼎容公司不能证明前述数据来源于其他地方的情况下，可以认定鼎容公司实施复制白兔公司数据库多个商标的数据的行为，侵犯了白兔公司对其数据库享有的复制权。

（二）新浪微博诉脉脉抓取使用微博用户信息案[2]

该案被称为"大数据引发不正当竞争第一案"，新浪微博的运营方微梦公司主张淘友技术公司、淘友科技公司通过脉脉软件实施的不正当竞争行为包括：非法抓取、使用新浪微博平台用户信息；通过脉脉用户手机通信录中联系人，非法获得并使用这些联系人与新浪微博用户的对应关系。对此，法院认为，互联网中网络平台获取并使用用户信息应遵循的基本原则是"用户明示同意原则＋最少够用原则"。数据的获取和使用不仅能成为企业竞争优势的来源，更能为企业创造更多的经济效益，是经营者重要的竞争优势与商业资源。因此，网络平台提供方

---

[1] 参见：一审：广东省佛山市禅城区人民法院（2016）粤 0604 民初 1541 号民事判决书，二审：广东省佛山市中级人民法院（2016）粤 06 民终 9055 号民事判决书。

[2] 参见：一审：北京市海淀区人民法院（2015）海民（知）初字第 12602 号民事判决书，二审：北京知识产权法院（2016）京 73 民终 588 号民事判决书。

可以就他人未经许可擅自使用其经过用户同意收集并使用的用户数据信息主张权利。互联网中第三方应用通过开放平台例如 Open API 模式获取用户信息时，应坚持"用户授权＋平台授权＋用户授权"的三重授权原则。淘友技术公司、淘友科技公司未经微梦公司授权，获取并使用新浪微博用户的职业信息、教育信息，未经非脉脉用户的新浪微博用户的同意，获取并使用其新浪微博的相关信息，损害了用户的知情权、选择权和隐私权，破坏了新浪微博运营方微梦公司的竞争优势和互联网行业的公平竞争秩序，构成《反不正当竞争法》第 2 条规定的不正当竞争行为。

（三）大众点评诉百度抓取点评信息案❶

大众点评网的运营方汉涛公司主张，百度公司实施的不正当竞争行为系百度公司在百度地图、百度知道中大量使用大众点评网的点评信息，替代了大众点评网向用户提供内容，攫取汉涛公司的市场份额，削减汉涛公司的竞争优势及交易机会。对此，法院认为，市场主体在使用他人的信息时，要遵循公认的商业道德，在相对合理的范围内使用。百度公司商业模式上的创新确实具有积极的效果，而汉涛公司对涉案信息的获取付出了巨大的劳动，具有可获得法律保护的权益，在此情况下应当对两者的利益进行一定平衡。但百度公司通过搜索技术抓取并大量全文展示来自大众点评网的信息，其欲实现的积极效果与给大众点评网所造成的损失并不符合利益平衡的原则，且百度公司明显可以采取对汉涛公司损害更小并能在一定程度上实现积极效果的措施。百度公司的涉案行为已超出了必要的限度，这种行为不仅损害了汉涛公司的利益，也可能使得其他市场主体不愿再就信息的收集进行投入，破坏正常的产业生态，并对竞争秩序产生一定的负面影响。同时，这种超越边界的使用行为也可能会损害未来消费者的利益。

（四）hiQ Labs 与 LinkedIn 数据争议临时禁令案

hiQ Labs 的业务涉及向企业提供基于公共可用数据统计分析的员工信息，它的数据分析业务依赖于 LinkedIn 的公共数据。2017 年 5 月 23 日，LinkedIn 向 hiQ Labs 致信，要求其立即停止抓取未获授权的数据以及其他妨碍 LinkedIn 用户协议的行为。LinkedIn 还表示，已经限制了 hiQ Labs 的公司主页，并将 hiQ Labs 未来任何类型的访问都视为"未经 LinkedIn 允许，未获 LinkedIn 授权"。LinkedIn 进一步表示，已经实施了技术措施，通过检测、监控和阻止抓取行为的系统来禁止 hiQ Labs 访问等。hiQ Labs 针对 LinkedIn 的行为提起诉讼，并提出请求发布临时禁令的动议。针对临时禁令，法院认为，困难平衡因素十分有利于 hiQ Labs，hiQ Labs 已经提出了严重的问题，即 LinkedIn 的行为可能是排除竞争的行为，Linke-

---

❶ 参见：一审：上海市浦东新区人民法院（2015）浦民三（知）初字第 528 号民事判决书，二审：上海知识产权法院（2016）沪 73 民终 242 号民事判决书。

dIn 用户在其公开数据中的实际隐私利益是不确定的，那些选择对公众开放设置的人期望他们的公开形象会被搜索、挖掘、整合和分析，且授予 LinkedIn 等私人实体权利以任何理由阻止访问者在其网站上获得公开的信息，并受到 CFAA 制裁，这会通过互联网对公共话语和信息的自由流动造成威胁。因此，法院认为发布临时禁令更有利于公共利益，故最终支持了 hiQ Labs 有关临时禁令的动议。

此外，有些争议虽然未诉诸司法，但其中体现的问题亦值得关注，比如华为与腾讯的微信数据争议、顺丰与菜鸟裹裹的数据争议等。综观上述案例，司法实践中对于大数据引发的数据信息争议的保护模式已初见端倪。

三、数据信息知识产权司法保护模式的构建

在法学视野下的大数据是一种大规模的数据信息集合。它依托于互联网及相关技术产生，以包含尽可能多的数据种类与数据量为目标，通过对种类繁多和数量庞大的数据信息的排列或关联实现预测与判断的功能，并以此体现有别于传统数据分析的独特价值——可以从纷繁的数据信息中归纳、抽象出潜在的规律或结果，且随着应用内容的变化而创造出迥异的使用价值。❶ 结合理论与上述案例来看，对于具有独创性的数据信息作为作品或者汇编作品通过《著作权法》予以保护，对于商业主体不为公众知悉且能带来经济利益并采取保密措施的数据信息通过商业秘密条款予以保护，对于涉及技术服务合同、许可合同等的数据信息通过《合同法》予以保护，学者在理论与实践中基本达成一致观点，但对于大数据竞争案件中适用《反不正当竞争法》原则条款予以保护仍存有争议。有学者认为："《反不正当竞争法》第 10 条已经规定了禁止盗用商业秘密的条款，为企业数据的保护设定了保护要件，立法者已经就数据权益的保护和市场要素的流通之间谨慎做出了利益平衡，如果允许不满足第 10 条保护条件的企业数据继续享受第 2 条的保护，则必将打破上述平衡从而过度干预市场竞争。"❷❸ 但在大数据产业发展背景下，新的商业模式诞生，虽然公开渠道获得的数据不宜赋予排他性权利，但若不考虑市场竞争利益的平衡而"一刀切"地不予保护，显然也不利于促进创新、公平竞争以及消费者的长远利益。

最高人民法院陶凯元副院长在第四次全国法院知识产权审判工作会议中指出："对互联网、大数据、人工智能等领域，要妥善运用知识产权立法中的兜底

---

❶ 王德夫. 知识产权视野下的大数据 ［M］. 北京：社会科学文献出版社，2018：34 - 35.

❷ 刘维. 谨慎划定数据保护的边界——兼及数据利用秩序的制度供给和适用 ［EB/OL］. ［2018 - 07 - 22］. http://www.hyattorney.com/? p = 336.

❸ 《反不当竞争法》已于 2019 年修正，此处所说的《反不当竞争法》第 10 条指修正后的第 9 条。——编辑注

性规定、《反不正当竞争法》的原则条款、法律目的条款等，适时慎重补充承认新类型创新权益，增强市场主体在未知和风险领域的创业创新活力和投资意愿，催生原创成果和前沿成果。"那么在立法层面尚未就数据信息的竞争权益制定具体条款前，笔者认为，应当妥善运用竞争法的原则条款对数据信息竞争予以规制和保护。

（一）商业数据信息受保护的前提

在大数据时代背景下，数据信息已经成为部分数据信息控制者主要的竞争资源，那么是否所有数据信息的控制者掌握的数据信息都应当受到保护呢？答案当然是否定的，因为商业数据信息受保护有一项最基本的前提——来源合法，即数据信息的收集行为未侵害其他主体的合法权益。该问题主要涉及两个方面：第一，数据信息的收集未侵犯个人隐私或者征得相关个人的同意。《民法总则》已经明确任何组织和个人不得非法收集个人数据信息，因此，倘若该信息收集的行为本身已经违反法律规定的情况下，则数据信息控制者本身就该部分数据就不应认为其存在合法权益。第二，数据信息的收集未侵犯其他商业主体的法定权利，否则该收集行为本身就属于应当被制止的数据利用行为，不存在权益基础。

（二）竞争法角度的数据信息保护

数据信息的使用是非排他性的，因此，对于数据信息的使用行为并不能"一刀切"地认为侵害了数据信息控制者的权益。当前有关数据信息竞争案件的核心争点在于具有竞争关系的商业主体之间数据信息利用行为是否具有正当性。一方面，从保护数据信息控制者竞争权益的角度而言，对于不正当地利用他人数据的行为应当予以制止；但从另一方面而言，竞争法的目的是鼓励竞争而非排除竞争，所以也必须防止过度保护而导致的数据信息垄断。因此，确立合理的数据信息利用秩序，划清数据信息利用行为的边界，对市场主体的行为预期、公共利益的保障以及产业发展均具有重要的意义。

数据信息现尚未被确定为法定的财产权利客体，特别在这些信息处于公开领域中时，他人的使用行为并不能当然地认为具有不正当性。但也不能因为信息使用的非排他性而不加节制地允许市场主体任意地使用或利用他人通过巨大投入所收集的数据信息，否则将不利于鼓励商业投入、产业创新和诚实经营，最终损害健康的竞争机制。

在判断具有竞争关系的主体利用他人数据信息是否具有正当性的问题上，综观我国《反不正当竞争法》所列举的具体不正当竞争行为，这些行为均是通过直接获取他人竞争资源或者破坏他人经营基础来获得不正当的竞争优势。《反不正当竞争法》第2条第1款❶规定，经营者在市场交易中，应当遵循自愿、平等、公平、诚实信用原则，遵守公认的商业道德。可见，我国《反不正当竞争法》规制不正当竞争行为的落脚点在于是否违反"商业道德"。

商业道德本身是一种在长期商业实践中所形成的公认的行为准则。但大数据产业领域中的各种商业规则整体上还处于探索当中，市场主体的权益边界尚不非常清晰，某一行为虽然损害了一些竞争者的利益，但可能同时产生促进市场竞争、增加消费者福祉的积极效应，诸多新型的竞争行为是否违反商业道德，在市场共同体中并没有形成共识。在判断数据信息使用者使用他人数据信息的相关行为是否违反商业道德、扰乱公平竞争的市场秩序时，一方面，需要考虑大数据产业发展需求和互联网环境中数据信息共享的特点。大数据产业是以数据及数据蕴含的信息价值为核心资源所构成的产业形态，其发展必定涉及数据信息的利用，而存在于互联网环境中的数据信息本身亦具有共享性的特点，在保护数据信息控制者基于大数据信息而获得合法权益的同时，也要保障其他主体对这些信息的合理获取和利用。另一方面，要兼顾数据信息控制者、数据信息使用者和社会公众三方的利益，在利益平衡的基础上划定行为的边界。从数据信息控制者的角度来看，数据信息控制者为了数据信息的收集、分析需要耗费大量的人力、物力，特别是以大数据为商业模式的基础的商业主体掌握的数据信息就是其生存之本；从数据信息使用者的角度来看，数据信息的深度共享是大数据时代发展的必然趋势，也体现了自由竞争的需求，数据信息使用者对数据信息的利用也可能将会促使新的大数据产业模式的诞生和大数据时代的进一步发展；从社会公众的角度来看，对于数据信息的使用也将为其生活带来便利。

那么，"边界"应当如何划定？数据信息使用者怎样的利用行为才是正当的？首先，数据信息使用者获取他人数据信息的手段合法。数据信息控制者有权就其享有合法权益的数据信息设置必要的保护措施，倘若数据信息使用者的获取行为是建立在破坏他人保护措施的基础上的，那么该行为很难被认为具有正当性。其次，数据信息使用者利用他人数据信息应当具有积极效果。市场经济鼓励的是效能竞争，而非通过阻碍他人竞争，扭曲竞争秩序来提升自己的竞争能力。如果数据信息使用者是完全攫取他人劳动成果，提供同质化的服务，这种行为对于创新和促进市场竞争就没有任何积极意义。再次，数据信息使用者利用他人数据信息应当在必要的限度内。数据信息的共享并不是完全不受任何限制的，任何行为均应当有其限度，在可以满足自身商业模式发展的同时存在对于他人权益损害更小的方式的情况下，数据信息使用者应当遵循"他人权益受损最小化"的

---

❶ 此为2017年修订前的《反不正当竞争法》。

原则，而非"自身权益最大化"标准，否则亦难以认为其行为具有正当性。最后，数据信息利用行为对市场秩序和公共利益未产生负面影响。《反不正当竞争法》的立法目的是维护自由和公平的市场秩序，任何市场竞争行为均不应建立在对市场秩序的破坏上，更不能因其行为而影响产业发展并使公共利益受损。

综上，只有准确地划定正当与不正当使用信息的边界，才能达到公平与效率的平衡，实现《反不正当竞争法》维护自由和公平的市场秩序的立法目的。这种边界的划分不应完全诉诸主观的道德判断，而应综合考量上述各种要素，客观地审查行为是否扰乱公平竞争的市场秩序。

（本课题系 2018 年上海知识产权法院重点课题）

老字号背景下的商业标识共存及权利边界

上海知识产权法院课题组[*]

随着我国经济社会的快速发展，知识产权对于企业发展的意义日益重要。其中"老字号"作为文化与技艺的传承受到企业与普通消费者的重视，涉及老字号的商业标识权利冲突也随之增多。基于特定历史原因使用同一老字号的不同经营者可以共同享有、开发和利用老字号的品牌资源及价值，但也应当平衡不同权利人在创新发展中的权利边界，从而最大程度地发挥和实现老字号的价值。本文梳理分析了有关这一问题的司法实例及学界观点，在确定老字号含义的基础上，探讨老字号的共存条件及权利边界问题。

一、老字号的内涵界定

（一）规章规定层面

老字号并非法律概念，现有法律中并没有对其有明确规定，仅在部门规章中有涉及老字号保护与发展的相关规定。

2006 年商务部发布的《"中华老字号"认定规范（试行）》及 2008 年商务部等 14 个部门发布的《关于保护和促进老字号发展的若干意见》对老字号作了相同的定义：历史悠久，拥有世代传承的产品、技艺或服务，具有鲜明的中华民族传统文化背景和深厚的文化底蕴，取得社会广泛认同，形成良好信誉的品牌。2011 年商务部发布的《关于进一步做好中华老字号保护与促进工作的通知》对老字号的定义为：中华老字号承载着独特技艺、精深服务理念和商业文化精髓，

---

* 课题组成员：陈惠珍（上海市第三中级人民法院审判委员会专职委员）、凌宗亮（上海知识产权法院知识产权审判第二庭法官）、郝小娟（上海知识产权法院知识产权审判第二庭法官助理）。

是我国弥足珍贵的自主品牌。2017 年商务部发布的《关于促进老字号改革创新发展的指导意见》对老字号的定义为：老字号拥有世代传承的独特产品、精湛技艺和服务理念，承载着中华民族工匠精神和优秀传统文化，具有广泛的群众基础和巨大的品牌价值、经济价值和文化价值。从前述规定可知，老字号是"品牌"，具有"历史悠久""广泛群众基础""传承文化"等特点。此外，从我国相关法律和司法解释的规定中也能捕捉到老字号的概念，大多数参照知名字号的定义，即具有一定的市场知名度、为众多相关消费者所知晓的字号。

（二）理论探讨层面

理论界对于老字号法律内涵的理解也有所不同：一种观点认为，老字号具有知名商号的属性。有的学者认为，传统老字号一般属于知名商号，故传统老字号的保护完全可适用知名商号保护制度；有学者认为，老字号虽有知名商号的属性，但是老字号与知名商号在理解上的侧重点有所不同：考察老字号企业的商号价值更侧重从历史、文化的角度出发，而知名商号则重在突出企业的源头及该企业蕴含的商业价值。另一种观点认为，老字号的背后具有特定的历史内涵，具有与其他一般商号或字号不同的成因及发展背景，并不能简单等同于知名商号。还有观点认为，老字号是字号与文字类商标的统称。学者王莲峰界定其法律内涵的范围更广，延伸至其他具有标识性作用的"商业标识"。由此可总结，老字号往往被界定为驰名商号，但两者也存在差别，不能忽视老字号企业独特的法律内涵。笔者认为，老字号具有多样的形式，如特有名称、企业字号等，老字号的法律内涵应为商业标识。

（三）司法实务层面

结合法院在老字号案件中的法律适用可知老字号在司法实践中的法律内涵，如在"泥人张"再审案中，最高人民法院首先判定了再审申请人对"泥人张"享有何种权益。最高人民法院认为，"'泥人张'称谓在使用过程中已经从对特定人群的称谓发展到对该特定人群所传承的特定泥塑技艺和创作、生产的作品的特定称谓，在将其用作商品名称时则属于反不正当竞争法意义上的知名商品（包括服务）的特有名称"❶。从中可以看出，在司法实务中老字号的内涵远远大于规章规定和理论界讨论的观点，还包括更加丰富的文化内涵。

综上，从上述立法、理论以及司法实践层面对老字号的界定来看，老字号可以定义为具有悠久历史、承载深厚文化底蕴、为社会公众所熟知的商业标识。老字号首先是一种商业标识，其次还是具有历史和文化底蕴的品牌标识。品牌一词来源于古挪威文字 brandr，它的中文意思是"烙印"。当时，西方游牧部落在马

---

❶ 参见：最高人民法院（2010）民提字第 113 号民事判决书。

背上打上不同的烙印，用以区分自己的财产。这是原始的商品命名方式，同时也是现代品牌概念的来源。1960 年，美国营销学会（AMA）给出了对品牌较早的定义：品牌是一种名称、术语、标记、符号和设计，或是它们的组合运用，其目的是借以辨认某个销售者或某销售者的产品或服务，并使之同竞争对手的产品和服务区分开来，是人们对一个企业及其产品、售后服务、文化价值的一种评价和认知，是一种信任。品牌已是一种商品综合品质的体现和代表。当人们想到某一品牌的同时总会和时尚、文化、价值联想到一起，企业在创品牌时不断地创造时尚，培育文化，随着企业的做强做大，其品牌不断从低附加值向高附加值升级，向产品开发优势、产品质量优势、文化创新优势的高层次转变。当品牌文化被市场认可并接受后，品牌才产生市场价值。❶ 在此种意义上，"品牌"不等同于"商标"。商标主要识别商品或服务的来源，按法定程序向商标注册机构提出申请，经审查核准，授予商标专用权。商标受法律保护，任何人未经商标注册人许可，皆不得仿效或使用。品牌的内涵更广一些，商标是品牌的一个组成部分，只是品牌的标志和名称，便于消费者记忆识别；但品牌有更丰厚的内涵，品牌不仅仅是一个标志和名称，更蕴含着生动的精神文化层面的内容，品牌体现着人的价值观，象征着人的身份，抒发着人的情怀。简而言之，具有一定商业价值的商标可以称为品牌，但是并非所有的品牌都是商标。而老字号的内涵比品牌更为深厚，是更具历史性和文化性的品牌。在全球化经济背景下，市场中孕育了很多奢侈、驰名的品牌，诸如 LV、耐克等都可以称为品牌，但明显不能称为老字号，因为现代品牌尚不具备老字号所承载的历史和文化底蕴。而老字号的历史性和文化性也决定了对老字号的保护存在与商标不同的背景和表现。

二、老字号保护的特殊背景及其表现

（一）老字号保护的特殊背景

中国系以农立国，且古时人们多重义轻利、重农轻商，致使商业发展缓慢，商标法制更是迟迟未能萌芽。直至清末，外商入境，为拓展贸易、遏制假冒，清政府才被迫于光绪三十年始颁布《商标注册试办章程》。但是由于种种历史原因，最终未付诸实施，清王朝业已倾覆。只要存在交易活动，就有区分产源的现实需要，因而当时多以字号分之。

新中国成立初期的公私合营、政府引导，加剧了老字号主体的多元化。新中国成立初期异常复杂的国际国内形势，迫使我国必须尽快由新民主主义过渡到社会主义，工商业的社会主义三大改造便提上议事日程。老字号企业不可避免地卷

---

❶ 品牌 [EB/OL]. [2018 – 07 – 12]. https://baike. baidu. com/item/% E5% 93% 81% E7% 89% 8C/235720？ fr = aladdin.

入这一历史浪潮，过去世代承袭的模式被当时的公私合营取代，资产纽带、业务关系随之割断。20世纪八九十年代实行企业改制，老字号企业再度历经现代企业管理制度的洗礼，股东更加多元化，使作为老字号商业标识的主体与真正的历史渊源或传承人之间的关系更为多元复杂。

由于上述特殊的历史背景，老字号的保护存在权属不明、多主体共同使用以及使用方式多元的复杂情况，老字号的商业标识保护中权利冲突问题极为突出。

（二）老字号商业标识权利冲突的表现

1. 注册商标与字号的冲突

在"张小泉"一案❶中，"上海张小泉"成立于1956年1月6日，开业之初名称是上海张小泉刀剪商店，1982年、1988年、1993年先后变更为张小泉刀剪商店、张小泉刀剪总店、上海张小泉刀剪总店。"上海张小泉"在开业之初及1993年以后，在产品及外包装上突出使用"上海张小泉"字样，而在1982~1993年变更企业名称之前，在产品及外包装上突出使用"张小泉"字样。1993年10月，原国内贸易部授予其为"中华老字号"。"杭州张小泉"于1964年8月1日注册，取得张小泉文字与剪刀图形组合的张小泉牌注册商标，1981年5月1日取得"张小泉牌"注册商标，1991年2月28日注册"张小泉"文字商标。1997年4月9日，杭州张小泉剪刀厂的"张小泉牌"注册商标被原国家工商行政管理局商标局认定为驰名商标。该案中"上海张小泉"的权利基础为企业名称，"杭州张小泉"的权利基础为注册商标，两者的权利冲突是老字号"张小泉"在不同主体不同地域采用不同形式合法有权使用导致的。

2. 注册商标与商品名称、服务名称的冲突

在"天津狗不理"一案❷中，"狗不理"文字和图形组合商标于1980年由"天津市和平区狗不理包子铺"进行注册，核定在第30类"包子"上使用，后该商标转让给"天津狗不理公司"。"天津狗不理公司"于1994年10月7日注册"狗不理"文字商标，核定使用类别为第42类"餐馆"上使用。济南市大观园商场饮食商店天丰园饭店开业日期为1973年，全民所有制，主营猪肉灌汤蒸包。济南大观园商场于1986年9月12日向原济南市一商局提交的报告中写道：天丰园饭店经翻建后，拟将一楼、二楼以经营狗不理包子为主，加炒菜和包办酒席。该案中"天津狗不理公司"的权利基础为商标权，而天丰园饭店对"狗不理"的使用实际是作为该类商品名称的使用，两者的冲突为对老字号"狗不理"的不同使用形式的冲突。该种类型的冲突还如"同德福"一案，"重庆同德福"为"同德福"第四代传人余晓华成立的公司，其认为"成都同德福公司"与老字号

---

❶　参见：上海市高级人民法院（2004）沪高民三知终字第27号民事判决书。
❷　参见：山东省高级人民法院（2007）鲁民三终字第70号民事判决书。

"同德福"并没有直接的历史渊源，但将"同德福"商标与老字号"同德福"进行关联的宣传，属于虚假宣传，故请求法院判令成都同德福公司停止对"同德福"知名商品特有名称的侵权行为。

3. 注册商标与通用名称的冲突

在"鲁锦"案❶中，鲁锦公司于1999年12月21日取得"鲁锦"文字商标，核定使用商品为第25类服装等。2006年3月，鲁锦公司被"中华老字号"工作委员会接纳为会员单位。鄄城鲁锦公司认为在1999年鲁锦公司注册"鲁锦"商标之前，"鲁锦"就已成为通用名称，是社会公共财富，历史文化遗产。

4. 字号与商品名称、服务名称的冲突

在"一正"案❷中，"唐老一正斋"及其产品"一正膏"历史悠久，影响力曾到达全国及东南亚地区。20世纪50～80年代，"一正膏"中断，改称"镇江膏药"进行生产和销售，在市场上有相当的知名度。1992年11月27日，唐氏后人唐镇凯投资设立"唐老一正斋公司"。"一正集团公司"设立于2003年4月23日，主要生产片剂、膏剂、颗粒剂等产品。其下辖三个子公司，"一正集团公司"及其子公司注册了"一正""一正春""一正消""一正"汉字或者汉字图形组合商标，并相互许可使用，现均处于有效存续期间。"唐老一正斋公司"认为，"一正集团公司"及其子公司未经其同意擅自使用"一正"作为其企业字号和产品商标名称，会导致与其知名商品特有名称"一正膏"混淆。

在"泥人张"案中，"天津泥人张"为张明山后代中从事彩塑创作的人员和天津泥人张彩塑工作室，其有权在其创作的艺术品上使用"泥人张"名称，并有权将"泥人张"作为企业或机构名称的部分内容使用。该案中原告张锠、张宏岳为张明山后代，原告泥人张艺术开发公司是张宏岳成立并任法定代表人的公司，故三原告有权将"泥人张"作为艺术品名称及企业名称使用，是"泥人张"名称的专有权人之一。"天津泥人张"对于"泥人张"的使用已经从对特定人群的称谓发展到对该特定人群所传承的特定泥塑技艺和创作、生产的作品的一种特定称谓，属于知名商品的特有名称。"北京泥人张"指张铁成以及其成立的北京泥人张博古陶艺厂、泥人张艺术品公司。在"北京泥人张"的网站上有关于该公司的简介，包括"北京泥人张"历史的宣传以及张铁成为"北京泥人张"第四代传人的宣传。"天津泥人张"认为"北京泥人张"将"泥人张"登记为企业名称，并在其网站上进行虚假宣传，构成对其权利的侵犯。

---

❶ 参见：山东省高级人民法院（2009）鲁民三终字第34号民事判决书。
❷ 参见：江苏省高级人民法院（2009）苏民三终字第0091号民事判决书。

三、老字号商业标识权利共存的条件

老字号不同使用形式之间的冲突本质上为不同权利类型的冲突，故老字号的共存条件与不同权利冲突的共存条件有一定的相似性。由于老字号具有悠久的历史，在老字号的共存条件上也有其特殊之处。不能简单地按照处理权利冲突的一般原则进行判断，即根据使用的先后判令由在先使用人一方享有权利，而是应当尊重历史，允许在老字号历史发展过程中的不同使用人共同享有老字号的权利。只要不同使用人主观上均为善意，客观上能够彼此识别，消费者就不会发生混淆，即应允许老字号商业标识的共存。

（一）使用人主观上应为善意

老字号共存首先需要考虑的是不同使用人的主观意图。如果主观意图并非善意，则不论是否会导致混淆以及产生不正当竞争等后果，法律均不应该对恶意使用人进行保护。由于主观意图的善意与否难以直接确认，在判断使用人主观意图的时候，应该考虑标识的注册、使用情况以及冲突标识的知名度等。在考察冲突标识的注册以及使用情况时，应该考察两个冲突标识的使用时间以及使用的地域。如果两个标识使用的地域不同，开始使用的时间相差不多，则使用人恶意的可能性较低。如果两个使用人规范使用标识且有意区别于对方，则攀附他人商誉的概率较低。在考察冲突标识时，还可以结合两者的知名度进行考察。如果两冲突标识的知名度相差较多，则在后使用且知名度较小的一方攀附商誉的可能性较大。

在"张小泉"一案中，"上海张小泉"企业名称登记的时间早于"杭州张小泉"注册商标的时间。法院认为，根据保护在先权利的原则，"上海张小泉"的企业名称不构成对"杭州张小泉"注册商标的侵犯，且"上海张小泉"使用"张小泉"字号已被广大消费者认同，使用已长达数十年之久，在相关消费群体中形成了一定的知名度，其突出使用"张小泉"不具有主观恶意，故不认定其行为为构成对注册商标权侵犯和不正当竞争。在"天津狗不理"一案中，天丰园饭店于1986年开始使用"狗不理"，但并非作为天丰园饭店的服务标识，而仅是其提供的一种菜品的名称。法院认为，天丰园饭店开业以来提供"狗不理猪肉灌汤包"这一食品，并非在上诉人商标注册并驰名后为争夺市场故意使用"狗不理"三字，并没有违背市场公认的商业道德，不存在"搭他人便车"利用"狗不理"服务商标声誉的主观恶意。因此天丰园饭店为在先使用，不存在侵犯"狗不理"服务商标的问题。在"鲁锦"一案中，山东省高级人民法院认为，山东棉纺织业历史悠久，人们一直将民间手工棉纺织品称为"粗布""老土布"，"鲁锦"这一称谓是20世纪80年代中期确定的新的名称，经过多年的宣传与使

用，现已为相关公众所知悉和接受。"粗布""老土布"等旧有名称的存在，不影响"鲁锦"通用名称的认定。故鄄城鲁锦公司在其生产的涉案产品的包装盒、包装袋上使用"鲁锦"两字，仅是为了表明其产品采用鲁锦面料，生产技艺具备鲁锦特点，并不具有侵犯鲁锦公司"鲁锦"注册商标专用权的主观恶意，也并非作为商业标识使用，不会造成相关消费者对商品来源的误认和混淆，属于合理、正当使用，故不构成对"鲁锦"注册商标专用权的侵犯。

（二）客观上不会导致混淆

老字号的使用形式较多，冲突类型较为多样，但是冲突标识能够共存的基础是冲突标识的使用没有导致相关消费者的混淆，且共存后也不会导致混淆。如果冲突标识的使用导致相关消费群体的混淆，则证明冲突标识不能唯一地表征其要指向的商品或者生产商等，冲突标识不能实现其本来用途，相关消费者不能购买到其真实想要购买的商品或者服务，这样会导致市场秩序混乱以及不正当竞争。在考察冲突标识的混淆可能性时应该考虑下列因素：冲突标识指向的商品或者服务的类别；冲突标识所指向的商品或者服务的销售方式、价格、渠道等；冲突标识的知名度、使用时间的长短等。冲突标识混淆的判断与商标混淆认定标准相似，区别在于考察冲突标识是否混淆时需考虑其历史背景。

在"冠生园"一案中，北京市朝阳区法院没有认可江北冠生园公司不侵权抗辩的主要原因为：江北冠生园公司未就其老字号的使用状态进行举证，且没有举证证明其与上海冠生园公司存在的历史渊源，故其没有权利使用老字号"冠生园"。在"同德福"一案中，个体工商户余某某系同德福斋铺传人，"重庆同德福"为"同德福"第四代传人余某某成立的公司。重庆同德福与成都同德福经营范围相似，存在竞争关系；其字号中包含的"同德福"三字与成都同德福的"同德福 TONGDEFU 及图"注册商标的文字部分相同，与该商标构成近似。由于成都同德福公司没有举证证明其商标已经具有相当知名度，故即便他人将"同德福"登记为字号并规范使用，也不会引起相关公众误认。因而不能说明余某某系将个体工商户字号注册为"同德福"具有"搭便车"的恶意。而且，在 20 世纪 20~50 年代，"同德福"商号享有较高商誉。余某某作为同德福斋铺传人，其将个体工商户字号登记为"同德福"具有合理性，不构成不正当竞争。基于经营的延续性，其变更个体工商户字号的行为以及重庆同德福登记公司名称的行为亦不构成不正当竞争。重庆同德福产品的外包装使用的是企业全称，"同德福"三字位于企业全称之中，与整体保持一致，没有以简称等形式单独突出使用等，故也不构成侵犯商标权。重庆同德福标注的"同德福颂"系同德福斋铺曾经在商品外包装上使用过的一段类似文字改编，意在表明"同德福"商号的历史和经营理念，并非为突出"同德福"三个字，"同德福颂"及其具体内容仅属于普通描述性文字，明显不具有商业标识的形式，也不够突出醒目，客观上不容易使消费者对商品来源产生误认，亦不具备替代商标的功能。因此，重庆同德福标注"同德福颂"的行为不属于侵犯商标权意义上的"突出使用"，不构成侵犯商标权。成都同德福在其产品外包装标明其为"百年老牌""老字号""始创于清朝乾隆年间"等字样，其前述行为与事实不符，容易使消费者对于其品牌的起源、历史及其与同德福斋铺的关系产生误解，进而取得竞争上的优势，构成虚假宣传。在"一正"案件中，法院认为，"一正膏"确实享有历史商誉并且具有一定知名度，应当获得一定程度的保护，但"一正膏"的历史商誉因其曾更名生产等因素而中断多年，且目前"一正膏"的生产销售模式限制了其影响力的扩展。一正集团公司注册使用"一正"商标及企业字号的行为并不违反法律规定和商业道德，不影响正当竞争秩序的维护。由于两者的销售渠道等不同，不会造成相关消费者混淆，故不构成商标侵权以及不正当竞争。

此外，老字号的共存与商业标识的共存相比，主要区别在于老字号的历史背景。故在考量老字号能否共存时，除了从标识、实用类别等方面考察是否构成混淆，还应结合历史背景、目前冲突标识的具体使用情况等进行分析。在"张小泉"案件中，法院认为"上海张小泉"使用时间较长，对于"张小泉"的发展作出了贡献。在"冠生园"案中，法院认为江北冠生园无法举证证明其与老字号冠生园的历史渊源。在"一正"案件中，法院考虑了"一正膏"曾经中断使用、商誉减损的情况。司法实践中注重考虑老字号的历史沿革以及冲突标识与老字号的传承关系、冲突标识能否传承老字号的商誉等确定冲突标识能否共存。在具体的判定中，还结合平衡双方的利益，对老字号传承起到作用的冲突标识判定共存的可能性会增大。

四、老字号商业标识共存的权利边界

老字号商业标识的共存应当注重不同商业标识后续创新发展可能产生的权利越界和消费者混淆问题，需要对商业标识权利人以后的使用进行限制，确保不同商业标识能够在市场竞争中"和平共处"。在对共存商业标识进行限制时需要从限制的目的出发，考虑共存标识双方使用人的利益、市场秩序、消费者利益的平衡，避免消费者可能产生的混淆误认。

（一）附加区别性标识的限制

为了防止共存商业标识使用的混淆，在共存标识的使用过程中应当严格规范使用。若规范使用仍然无法避免混淆的可能性，使用人应该依据具体的情况，附加各自商品或者服务的区别性信息，如添加产地、明确企业名称等。使用人还可以将老字号的字体、排版方式等进行调整加以区分。在"鲁锦"案中，法院认为，鉴于"鲁锦"目前仍是合法有效的注册商标，为规范市场秩序，保护公平竞争，鄄城鲁锦公司在今后使用"鲁锦"字样以标明其产品面料性质的同时，应合理避让鲁锦公司享有的注册商标专用权，应在其产品包装上突出使用自己的"精一坊"商标，以显著区别产品来源，方便消费者加以识别。在"一正"案中，法院指出，为了保护"一正膏"与"唐老一正斋"所承载及体现的深厚地域文化特征和鲜明中华文化传统，防止市场主体的混淆和冲突，双方当事人都应当各自诚实经营，各自规范使用其商品名称和商标，必要时可以附加标识加以区别。

（二）使用范围和使用方式的限制

有部分学者认为，在注册商标与未注册标识共存后，为了使共存标识不混淆，未注册标识需在原有范围内使用。对于原有范围，理论界有不同的观点。有的观点认为，原有范围是指原有规模，即未注册标识使用人不能扩大生产规模，不能将其权利许可他人使用。有的观点认为，原有范围是指原有地域，商誉的积累与地域有关，未注册标识的影响力范围为其权利范围，不应该允许未注册标识超过其现有地域使用，否则会使得注册商标权人的权利进一步受损。有的观点认为，原有范围为原有的商品或者服务的类别。此外，共存标识在日后的使用中，应该严格按照法律，注明其产品的标识，例如产品的商标、型号、产地、企业名称等。在必要的时候，可以突出自有的商标、包装、企业名称等或者附加别的标识用以区别老字号。在"张小泉"案件中，法院认为，为避免相关消费者发生混淆，在之后的发展过程中，"上海张小泉"应当充分尊重"杭州张小泉"的注册商标和驰名商标，不得在企业转让、投资等行为中再扩展使用其"张小泉"字号，"上海张小泉"对"刀剪公司"不持有股份时，不得在企业名称中再使用"张小泉"文字。"上海张小泉"应在商品、服务上规范使用其经核准登记的企业名称，以便使普通消费者能够正确区分"张小泉"注册商标和企业名称。在"天津狗不理"案件中，法院认为，为了能够规范市场以及保护"狗不理"驰名商标，天丰园饭店以后不得在企业的宣传牌匾、墙体广告中等使用"狗不理"三字，但仍可保留"狗不理猪肉灌汤包"这一菜品。

由于《商标法》第59条第3款的"原有范围"并没有明确的规定，故在理解老字号商业标识共存背景下的"原有范围"时，应该结合《商标法》该条的立法目的、商标的特征、实际经营的情况来分析。具体而言，应该包含以下几个方面。

1. 共存标识（非注册共存标识）与商品或者服务类别

共存标识的共存基础是两共存标识均经过使用行为有一定商誉或者一定的关联性，故共存后使用也应该限于已经拥有商誉或者关联性的共存标识。该共存标识只能使用于已经产生联系的商品或者服务的类别，否则将会打破目前的平衡，权利的扩张必将导致权利的重叠与冲突，并导致相关消费者的混淆，致使已经共存的冲突标识无法共存。这点与共存的目的相符合，共存是为了维护权利之前的平衡，主要想达到的目标是共存标识自用的合法性，并不是为了创设新的权利。对于老字号来说，这一规定更加符合老字号的特性，老字号为已被公众了解的标识，其共存后的使用必然以老字号这一商业标识以及当前的使用类别为限，否则无须给予共存的保护。

2. 共存标识使用人

共存标识的使用主体应该限于共存标识共存时的权利主体，包括共存标识使用人以及已经被授权许可的使用人。这一要求亦符合权利平衡，保护注册商标的立法目的。给予非注册共存标识保护的目的是让已经有一定消费者基础的老字号保存发展，但保存发展的前提在于不能导致混淆，不能影响已经注册的商标权利人的利益。如果允许非注册共存标识的权利人不断授权扩大其经营规模，则存在影响注册商标权利人利益的可能性。

3. 共存标识后续使用行为

共存标识共存的目的是让共存标识使用人双方都继续经营，以继续传承发扬老字号，故在共存标识的后续使用时，不应该完全限制其使用规模的扩大，否则共存标识的使用人考虑到共存标识的使用空间较窄，会削弱其使用共存标识的欲望，或者由于使用规模的限制，将失去市场竞争力，最终被市场淘汰。

使用规模主要是指销售数量以及区域。销售数量与具体的市场有关，与共存标识使用人的经营状况等有关，无法加以限制。目前存在较大争议的是销售区域可否扩大。对于这一问题，笔者认为，随着科技的发展、网络平台的兴起，网络平台的销售规模日益超越线下商店，导致无法限制商品的销售区域，亦不应限制。在两共存标识均为未注册商业标识的情况下，就更没有限制双方使用规模的必要。

五、结 语

老字号在科技、市场的繁荣下焕发出新的活力，也带来了新的问题，除了文中提及的商业标识的冲突，还有权属纠纷、海外发展遭遇抢注等，有待大家研究分析。本文仅选取了部分老字号冲突的案例进行分析，以期总结老字号共存标识的共存条件以及共存后的权利限制，并进一步讨论了老字号共存标识的后续发展，希望能够为日后相关问题的调研讨论提供材料。

（本课题系 2018 年上海知识产权法院重点课题）

商标在先使用的法律性质及司法适用

上海知识产权法院课题组*

2013 年 8 月修正的《商标法》第五十九条第三款规定："商标注册人申请商标注册前，他人已经在同一种商品或者类似商品上先于商标注册人使用与注册商标相同或者近似并有一定影响的商标的，注册商标专用权人无权禁止该使用人在原使用范围内继续使用该商标，但可以要求其附加适当区别标识。"自该修正的《商标法》于 2014 年 5 月 1 日实施以来，该规定在相关案件中得到了实际适用和落实，有效实现了在先未注册商标使用人和注册商标权利人之间的利益平衡。从具体案件的适用情况来看，司法实践对上述规定的适用条件总体上形成了较为一致的认识，即应当存在在先使用的行为、具有一定的影响以及应当限于原有范围。具体如何认定使用人是否符合上述条件，该规定与《商标法》第三十二条有关恶意抢注的规定有何关系等问题，实践中仍然存在一定的争议，需要作进一步的研究和分析，进而更好地统一《商标法》第五十九条第三款在具体案件中的裁判标准，更加精确地将《商标法》的相关立法宗旨贯彻落实到每一个案件中。

一、商标在先使用的法律性质

司法实践对很多规定或制度的适用之所以存在争议或者适用不统一的问题，很大程度上源于我们对于该规定或制度的本质或者法律性质的认识存在偏差，需要我们追本溯源以探求相关规定或者制度的本质。就《商标法》第五十九条规

---

* 课题组成员：陈惠珍（上海市第三中级人民法院审判委员会专职委员）、凌宗亮（上海知识产权法院知识产权审判第二庭法官）。

定的商标在先使用制度而言，理论及实践中对该制度的法律性质同样存在认识不统一的问题。例如，在中国期刊网以商标在先使用为主题的搜索结果中，有的文章标题称为商标先用权，有的称为商标在先使用抗辩。权利说的观点认为，商标在先使用是一种民事权利，或《商标法》上的权利，于法定权利之外的先用权以及其他民事法律制度保护的合法权益都属于在先权利。❶ 也有学者专门撰文论证"商标在先使用是一项权利，是消极权能与积极权能的统一体"❷。而抗辩说的观点则认为，从修改后《商标法》的立法框架来看，《商标法》第五十九条第三款包含在"注册商标专用权的保护"一章中，第五十七条"侵害注册商标专用权行为"的列举之后。从第五十九条本身的立法逻辑来看，第一款和第二款是关于商标构成要素正当使用问题的规定。由此可见，立法者将先用权问题设置在侵权行为认定条款之后、正当使用抗辩条款之中的目的，显然是将其作为不侵害商标权的抗辩事由之一，而并非授予先用者援引该条款获得排他性保护的权利。❸

我们认为，讨论商标在先使用的性质必须和一般意义上的未注册商标保护相区分，必须在特定语境下分析具体行为的法律性质。《商标法》第五十九条第三款规定的商标在先使用本质上也属于未注册商标的使用，但我们不应将一般意义上的未注册商标保护等同于商标在先使用。对于未注册商标的法律保护，在2013年修正的《商标法》第五十九条第三款增加在先使用的规定后，《商标法》已经形成了未注册商标法律保护的层次体系。第一层级：未注册驰名商标，即《商标法》第十三条规定的"就相同或者类似商品申请注册的商标是复制、摹仿或者翻译他人未在中国注册的驰名商标，容易导致混淆的，不予注册并禁止使用"。第二层级：已经使用并有一定影响的商标。包括《商标法》第三十二条规定的"申请商标注册不得损害他人现有的在先权利，也不得以不正当手段抢先注册他人已经使用并有一定影响的商标"以及第五十九条第三款关于在先使用并有一定影响商标的规定。第三层级：普通的未注册商标，即《商标法》第十五条规定："未经授权，代理人或者代表人以自己的名义将被代理人或者被代表人的商标进行注册，被代理人或者被代表人提出异议的，不予注册并禁止使用。就同一种商品或者类似商品申请注册的商标与他人在先使用的未注册商标相同或者近似，申请人与该他人具有前款规定以外的合同、业务往来关系或者其他关系而明知该他

❶ 易继明. 知识产权的观念：类型化及法律适用［J］. 法学研究，2005：110－125. 邱平荣，张大成. 试论商标法中在先权的保护与限制［J］. 法制与社会发展，2002（3）：74－79. 凌斌. 肥羊之争：产权界定的法学和经济学思考：兼论《商标法》第9、11、31条［J］. 中国法学，2008（5）：170－189.

❷ 倪朱亮. 商标在先使用制度的体系化研究：以"影响力"为逻辑主线［J］. 浙江工商大学学报，2005（5）：74－83.

❸ 佟姝. 商标先用权抗辩制度若干问题研究：以最高人民法院公布的部分典型案例为研究范本［J］. 法律适用，2016（9）：64.

人商标存在，该他人提出异议的，不予注册。"上述保护体系下的未注册商标可以进一步分为两种类型：一是《商标法》第五十九条第三款规定的情况，即虽然存在在先使用的未注册商标，但相同或近似的商标已经被他人合法注册为商标，取得商标权，即未注册商标和注册商标共存的情况；二是仅仅存在未注册商标的情况，即相同或近似的商标一直在使用，但除抢注情况外，没有人注册过，没有其他人享有法定的商标专用权。我们本文所探讨的商标在先使用指的是第一种情况，即未注册商标和注册商标共存的情况。对此，根据《商标法》第五十九条第三款的规定，我们认为无法得出此种语境下的在先使用人享有先用权的结论。首先，此种情况下的商标在先使用人无法将其在先使用的商标进行单独转让或者许可他人使用，而且只能在原有范围内使用，即在先使用人不享有权利人原本应该享有的收益、处分等权能；其次，在存在注册商标专用权的情况下，赋予在先使用人以"权利"，无疑将对商标注册制度造成影响和冲击，因为在商标专用权之外，还存在其他使用人也享有类似的权利，这将影响注册商标专用权人的权利行使。对于仅仅存在未注册商标的情况，我们认为由于并无法律禁止此种语境下的未注册商标使用人进行转让或许可，相关使用人事实上享有类似于注册商标专用权的权利，可以称为未注册商标使用权。因此，正如上文所述抗辩说的观点，《商标法》第五十九条第三款的规定本质上是一种不侵权抗辩，具体而言是对商标权的限制。"对于在先使用的商标，如果因为他人注册相同或者类似的商标而阻断其使用，势必给在先使用者造成损失，在先使用者又没有过错，这样显失公平，因此允许其继续使用。"❶ 因此，《商标法》第五十九条第三款规定的在先使用本质上是基于公平原则对注册商标权的限制，与商标指示性合理使用等商标权限制制度共同组成商标权限制体系。在适用《商标法》第五十九条第三款时比较合理的表述应当是商标在先使用抗辩，而非商标先用权或在先使用权。

二、商标在先使用的适用条件

首先，未注册商标使用人在商标注册申请前已经先于商标申请人使用。这是未注册商标使用人主张继续使用应当满足的时间要件。一方面，在先使用人必须在申请日前实际使用。关于《商标法》第五十九条第三款"申请商标注册前"的理解，客观上可能存在申请日前和商标注册前的理解，我们认为在先使用人应当在申请日前实际使用。如果是在注册商标申请日后、授权之前使用，由于注册商标尚未授权，使用人虽然不构成商标侵权，但在注册商标授权后应当停止使用，否则即构成商标侵权。对此，实践中对该时间点的认识还是比较一致的，并

---

❶ 袁曙宏. 商标法与商标法实施条例修改条文释义（2014年最新修订）［M］. 北京：中国法制出版社，2014：72.

不存在争议。比较有争议的是另一个时间点的问题，即如果注册商标权人在申请商标前也进行使用，在先使用人使用商标的时间是否必须先于注册商标权人实际使用商标的时间。理论和实践中多位学者认为，商标在先使用人必须符合两个"先于"的条件，即不仅要先于注册商标权人申请注册商标的时间，还要先于注册商标权人实际使用商标的时间。❶ 但也有学者认为，要求其使用时间必须同时符合两个"先于"条件，对于在先使用时间只先于注册商标权人商标注册申请日的善意先使用者而言，就可能过于严苛。比如，虽然商标注册申请人使用竞争性商标的时间早于商标在先使用抗辩人，但由于地域阻隔、商标注册申请人商标知名度小等原因，商标在先使用人无从知晓商标注册申请人已经使用竞争性商标的事实，并且因此扩大了营业规模，拥有了自己稳定的交易圈，使用的商标也获得了一定知名度，此种情况下允许注册商标权人对其行使停止侵害请求权和损害赔偿请求权，显然不符合商标在先使用抗辩制度设立的趣旨。❷ 在上诉人北京中创东方教育科技有限公司与被上诉人北京市海淀区启航考试培训学校等侵害商标权纠纷中，北京知识产权法院认为："在《商标法》第五十九条第三款的适用中，虽然从字面含义上看，在先使用行为应早于商标注册人对商标的使用行为，但是因该要求的实质是要通过这个要件排除在先使用人具有恶意的情形，故在把握这个要件时应把在先使用是否出于善意作为重要的考量因素，而不应拘泥于条款本身关于时间点先后的字面用语。具体而言，并非只要商标注册人早于在先使用人对商标进行了使用便当然认定先用抗辩不成立。如商标注册人虽存在在先使用行为，但在先使用人对此并不知晓，且亦无其他证据证明在先使用人存在明知或应知商标注册人对注册商标的'申请意图'却仍在同一种或类似商品或服务上使用相同或相近似的商标等其他恶意情形的，即不能仅因商标注册人具有在先使用行为而否认先用抗辩的成立。"❸

我们认为，原则上只要在先使用人的使用时间先于注册商标的申请日即可。如果在后注册商标权人在申请商标之前也先行进行使用，此种情况下不应简单地以使用时间的先后判断在先使用抗辩是否成立，而应着重考察在先使用抗辩人使用商标时是否存在"搭便车"等不正当竞争目的。如果在先使用人明知或应知注册商标权人已经使用商标的情况下，仍然使用与注册商标相同或近似的标识，那么在先使用人主观上存在过错，其在先使用抗辩自然不应成立。毕竟，我国

---

❶ 曹新明. 商标先用权研究：兼论我国《商标法》第三修正案［J］. 法治研究, 2014（9）：22 页。还可以参见：姚建军. 判断商标在先使用应满足的法律条件［N］. 人民法院报, 2017 – 04 – 27（7）；李燕蓉. 如何保护在先使用的未注册商标［N］. 中国知识产权报, 2015 – 04 – 24（16）.

❷ 李扬. 商标在先使用抗辩研究［J］. 知识产权, 2016（10）：11.

❸ 参见：北京知识产权法院（2015）京知民终字第 588 号民事判决书。

《商标法》实行注册取得制度，未注册商标使用人能够对抗的只有在后的恶意使用人或抢注人。例如《最高人民法院关于审理不正当竞争民事案件应用法律若干问题的解释》第一条第二款特别指出："在不同地域范围内使用相同或者近似的知名商品的名称、包装、装潢，在后使用者能够证明其善意使用的，不构成反不正当竞争法第五条第（二）项规定的不正当竞争行为……"因此，如果两个未注册商标使用人在不知道对方已经使用商标的情况下进行使用，并取得了一定影响，即使其中一个使用人后来申请商标注册，也不应禁止其他使用人的继续使用，否则有违公平。

其次，在先使用的未注册商标应当具有一定影响。出于维护商标使用与注册取得制度之间平衡的需要，《商标法》并不是规定所有的在先使用未注册商标均享有继续使用权，而是规定在先使用的未注册商标应当具有一定影响。"因为先使用权所要保护的就是一定程度上在市场中已经确立的利益，这种利益是由商业信誉带来的，没有一定范围的消费群体对商标的认同就不会产生这种商业信誉，也就没有保护的必要了。"❶ 因此，如何认定"具有一定影响"是司法实践中应当关注和重视的问题。我们认为，首先，应当明确的问题是《商标法》第三十二条、第五十九条第三款规定的"有一定影响"以及新修订的《反不正当竞争法》第六条规定的"有一定影响"之间的关系应当如何理解和把握，不同语境下的"具有一定影响"是否应当作统一的理解。有观点认为，新修订的《反不正当竞争法》第六条予以保护的商业标识"有一定影响"的范围和程度，与《商标法》第三十二条以及第五十九条第三款规定的"有一定影响"相比，范围更广、程度更深，应相当于《商标法》第十三条规定的"为相关公众所熟知"。❷还有观点认为，从知名度的高低看，《商标法》第五十九条第三款的要求要小于《商标法》第十三条规定的驰名商标和第三十二条后半段规定的知名商标。❸ 对此，我们认为，从法律解释的角度看，对于相同的法律概念或术语，在同一部法律或相同主题的法律体系中，应当作相同的理解，除非法律有明确的相反规定。就"在先使用并有一定影响"的界定而言，无论是《商标法》还是《反不正当竞争法》，均是用于划定商业标识的保护门槛，即法律保护的未注册商标、商品名称、包装、装潢等必须满足具有一定影响的保护条件，才可以受到保护。从现有的法律规定无法得出《商标法》第三十二条规定的"有一定影响"的知名度要高于第五十九条第三款的规定，两者应当作相同的理解。

---

❶ 杜颖. 在先使用的未注册商标保护论纲：兼评商标法第三次修订［J］. 法学家，2009（3）：132.

❷ 黄璞琳. 新反不正当竞争法与商标法在仿冒混淆方面的衔接问题浅析［N］. 中国工商报，2017 - 11 - 09（2）.

❸ 李扬. 商标在先使用抗辩研究［J］. 知识产权，2016（10）：11.

再次，在具体认定时，需要结合具体个案的情况进行综合认定，不可能划定统一、固定的标准。对具有一定影响的要求总体上不应过高，应当结合使用人的经营区域进行认定。只要在使用人所在经营区域范围内为相关公众所知晓，即可以认定具有一定影响，不要求在全国范围内或大部分范围内具有影响。当然，未注册商标影响力的范围会直接决定使用人继续使用的区域。影响范围广的未注册商标，其使用人可以在更大范围内继续使用该商标。《最高人民法院关于审理商标授权确权行政案件若干问题的规定》（法释〔2017〕2号）第二十三条第二款规定，在先使用人举证证明其在先商标有一定的持续使用时间、区域、销售量或者广告宣传的，人民法院可以认定为有一定影响。实践中，我们可以参照上述规定，结合在先使用商标的持续使用时间、使用区域、经营规模、广告宣传情况等进行综合判断。此外，关于在先使用人商标使用的方式，我们认为，此处的在先使用应指使用人已经在相同或类似商品上实际使用了与注册商标相同或近似的商标，而且持续一定的时间，不应仅在广告宣传、合同等商品交易文书上使用。

复次，使用人继续使用的范围限于原有范围。《商标法》对在先使用未注册商标的继续使用亦规定了相应的限制，即只能在"原有范围内继续使用"。何谓"原有范围"，《最高人民法院关于审理侵犯专利权纠纷案件应用法律若干问题的解释》第十五条第三款规定，《专利法》第六十九条第（二）项规定的原有范围，包括专利申请日前已有的生产规模以及利用已有的生产设备或者根据已有的生产准备可以达到的生产规模。就《商标法》中继续使用的范围，理论上仍存在争议。有人认为，与专利相比，商标的使用范围除应当限定商品生产规模或服务提供规模以外，还应当限定商品或服务种类。❶ 有人认为，其使用的范围仅限于原来使用的商品和服务，不得扩大到类似的商品和服务上，也不能超出原来的特定地区。也有人认为，商标在先使用人可以扩大生产规模、扩大经营地域，如果商标注册权人限制在先使用人的生产规模，则构成商标权的滥用。❷

我们认为：第一，商标先用权人只能在原有的商品或服务上使用原来的商标，不得扩大到类似商品或服务，当无异议。第二，对于经营规模，我们认为不应作量化的限制，不应限制在先使用人仅在原有的经营规模范围内使用商标。例如，注册商标申请前，在先使用人每年的产量为1000件商品，我们不能限制其在商标注册后也只能生产1000件商品。这与市场经济条件下企业正常的生存权和发展权相矛盾，也与先用权制度的精神和宗旨不符。因为在继续使用原有商标和企业发展壮大之间，先用权人宁愿选择后者。因此，对原有范围的理解应当从质的规定性出发，只要先用权人是在原有的业务范围内或行业范围内使用商标，

❶ 蒋利玮. 新商标法59条3款的理解和适用 [J]. 电子知识产权，2013（12）：100.
❷ 杜颖. 在先使用的未注册商标保护论纲：兼评商标法第三次修订 [J]. 法学家，2009（3）：132.

即使生产规模扩大、产量增加也属于原有范围。日本特许法第七十九条关于专利法中原有范围的规定，即认为先用权人"在已实施和准备实施的发明及生产目的范围内"，对专利拥有普通实施权。对此，日本学者认为："只要事业相同，先用权人可以扩大设备。"❶ 第三，关于经营地域，我们认为，先用权人只能在原有地域范围内继续使用商标，不得到其他地方开设分店或开展特许经营。先用权人可以继续使用的地域范围与其商标知名度或影响力的范围应相适应，其虽然可以扩大生产规模，但不得超出原有的经营地域。当然这里的地域范围是指生产或提供服务的地域，不是指商品销售或流动的地域。只要商品生产是在原有地域范围内，至于生产出的商品销售到何处，先用权人一般没有能力控制，也不应控制，否则与市场自由流通的精神不符。第四，关于使用的主体，先用权人只能自己使用，先用权主体只能随企业的移转或承继而发生变更，不得转让和许可他人使用。"先用权是一项始终和企业紧密相连的权利，先用权只能和产生它的企业一道转让或继承，并随着所属企业的最终停产而消失。如果拥有先用权的企业放弃了继续实施的权利，则先用权也将随之丧失。"❷ 在原告南通远程船务有限公司与被告上海博格西尼企业发展有限公司等侵害商标权纠纷中，法院即认为，被告作为博格西尼服饰公司的继受者有权主张商标先用权抗辩，在先使用的商标在服装、皮包等产品上经过长期使用已经具有一定的影响力，被告使用被控侵权标识未超过原有使用范围，其商标先用权抗辩成立，故判决驳回原告诉讼请求。❸

最后，在先使用人和商标注册人主观上均为善意。一方面，在先使用人使用商标主观上应为善意，不应是故意复制、模仿和翻译他人的驰名商标，也不应是侵害他人的姓名权、著作权或字号权的行为；否则，根据"不洁之手"或"欺诈毁灭一切"的原则，在先使用人不应在侵权行为中获利，本无权使用商标，更不存在继续使用的问题。另一方面，要求商标注册人为善意，是为了与2017年修订的《商标法》第四十四条、第四十五条有关注册商标无效宣告的规定相协调。如果商标注册人系以欺骗手段或者其他不正当手段取得注册的，或者系抢注他人的商标，该商标本可被宣告无效。依据2017年修订的《商标法》诚实信用原则，相关商标权人自然也无权禁止在先使用人使用相同或近似商标的行为，即使没有2017年修订的《商标法》第五十九条第三款的规定，在先使用人也可以直接依据诚实信用原则进行抗辩。因此，新修订的《商标法》第五十九条规定

---

❶ 纹谷畅男. 专利法50讲［M］. 魏启学，译. 北京：法律出版社，1984：257.

❷ 陈子龙. 关于先用权"原有范围"的再思考：兼对"量化标准"提出质疑［J］. 法学，1998（7）：40.

❸ 参见：上海市浦东新区人民法院（2016）沪0115民初45436号民事判决书；上海知识产权法院（2017）沪73民终65号民事判决书。

的继续使用权解决的是在先使用未注册商标与注册商标善意共存的问题。

三、商标在先使用人的附加区别性标识义务

商标在先使用抗辩成立的，在先使用人可以在原有范围内继续使用相关商标，但商标权人可以要求其附加适当区别标识。因此，附加区别性标识是在先使用人负有的法律义务。附加区别性标识的义务在具体案件中具体如何最终体现，是否必须提出明确的诉讼请求，实践中存在不同的做法。在有的案件中，尽管原告没有提出要求被告附加区别性标识的诉讼请求，法院在认定被告在先使用抗辩成立的情况下，在判决理由部分提出被告应当在继续使用过程中附加区别性标识，以便与原告提供的商品或服务相区分。在原告林某某与被告武汉爱迪理想空间家具有限公司、武汉居然之家家居市场有限公司武昌分公司侵害商标权及不正当竞争纠纷中，法院认为，武汉爱迪理想空间家具有限公司通过与案外人富运公司签订"区域特许经营合同"的方式获得授权后，其在宣传手册、名片、台历、店面招牌、店面宣传架上使用的"I&D"与"理想空间"结合的标识没有侵犯林某某的注册商标专用权。同理，武汉爱迪理想空间家具有限公司在销售合同、交款凭证、楼层示意图处单独使用的"理想空间"，也是对其家具产品品牌名称的标注行为，在该品牌名称在林某某取得涉案两个注册商标前就已实际使用并取得一定市场知名度的情况下，也不构成对林某某涉案两个注册商标专用权的侵犯，武汉爱迪理想空间家具有限公司经案外人富运公司授权，可以在其原使用范围内继续使用"理想空间"标识，但应在使用中附加适当区别标识。❶

有的案件中，尽管原告没有提出附加区别性标识的诉讼请求，但是法院在认定在先使用抗辩成立的情况下，仍然在判决主文部分判令被告应当附加区别性标识。在前述启航商标侵权案件中，法院在认定北京中创东方教育科技有限公司无权禁止北京市海淀区启航考试培训学校在涉案商标申请注册后，仍在考研培训领域突出使用"启航考研"，但可以要求北京市海淀区启航考试培训学校对"启航考研"附加适当标识。故判决北京市海淀区启航考试培训学校、启航公司应对经营活动中商标意义上使用"启航考研"附加适当区别标识。❷ 也有的案件，在认定在先使用抗辩成立的情况下，直接驳回原告的诉讼请求，在原告没有附加区别性标识诉讼请求的情况下，在裁判理由部分或裁判主文部分均不对附加区别性标识进行分析。北京康美达科贸有限公司、张某某与毕节市汇江蚕桑开发有限责任公司侵害商标权纠纷中，法院认为，汇江蚕桑开发有限责任公司使用"汇江"商标在前，张某某注册在后，且汇江蚕桑开发有限责任公司一直在原使用范围内

---

❶ 参见：湖北省高级人民法院（2016）鄂民终第 58 号民事判决书。
❷ 参见：北京知识产权法院（2015）京知民终字第 588 号民事判决书。

合理使用，并未扩大使用范围，故汇江蚕桑开发有限责任公司的合理使用未对北京康美达科贸有限公司、张某某的"汇江 HUIJIANG"注册商标构成侵权。北京康美达科贸有限公司、张某某主张汇江蚕桑开发有限责任公司承担商标侵权法律责任的理由不能成立，其诉讼请求不予支持。据此，一审法院判决：驳回北京康美达科贸有限公司、张某某的诉讼请求。❶

我们认为，在涉商标在先使用抗辩的案件中，原告的诉讼起初都是以被告的使用行为构成商标侵权，进而请求法院判令被告停止侵权、消除影响且赔偿损失。在实践中，很少有案件的诉讼请求一开始便是要求被告附加区别性标识。因此，根据民事诉讼"不告不理"的原则，如果原告没有提出要求被告附加区别性标识的诉讼请求，在法院认定在先使用抗辩成立的情况下，可以在裁判理由部分明确被告虽然不构成侵权，但仍负有附加区别性标识的义务，不宜直接在判决主文中判令被告附加区别性标识。当然，为了避免诉累，最大限度地在一个案件中解决纠纷，在案件审理中，法官可以向当事人进行释明，即如果被告在先使用抗辩成立、原告关于商标侵权的诉讼请求得不到支持的情况下，是否主张要求被告附加区别性标识？如果被告在案件中一并主张附加区别性标识，那么在法院认定在先使用抗辩不成立时，可以判令被告在经营活动中附加区别性标识；否则，应驳回原告的诉讼请求。

（本课题系 2017 年上海知识产权法院重点课题）

---

❶ 参见：贵州省高级人民法院（2014）黔高民三终字第 27 号民事判决书。

开放式创新趋势下职务发明法律问题研究

上海知识产权法院课题组[*]

前 言

随着经济转型的持续推进，创新成为经济发展的原动力，技术研发对经济增长的作用日益显著。目前，技术研发越来越依赖集约化管理下的协同工作，企业的技术、经验和设备优势才能支撑高集成度技术研发的资源需求。企业不断加大技术研发投入，知识产权管理水平不断提高，职务发明在专利申请量中的占比逐年递增。2017 年，我国职务发明专利申请共计 30.4 万件，占总数的 92.8%，其中企业、科研院所为我国职务发明的主要来源。目前，传统单一创新主体的封闭式创新已难以符合技术研发需求，如手机、光刻机或飞机等高度集成化产品的各个部件的研发、制造源于不同的创新主体，因此多主体参与的开放式创新成为主流。在开放式创新趋势下，企业、高校、科研机构之间的协同创新活动越来越频繁，科研人员是协同创新的基础，其通过研发获得利益是持续创新的内在动力，职务发明制度作为企业与创新主体之间的创新收益分配机制发挥越来越大的作用。目前，职务发明纠纷案件呈现逐年上升的趋势，矛盾主要集中在发明人与单位之间、发明人原单位与现单位之间专利权权属和职务发明人奖励报酬纠纷。本文以创新模式的转变为切入点，通过分析职务发明纠纷案件中体现的现实问题，对职务发明纠纷案件审理难点和制度完善提出建议。

---

[*] 课题组成员：凌崧（课题主持人，上海知识产权法院知识产权审判第一庭副庭长）、孟晓非（上海知识产权法院知识产权审判第一庭法官助理）、杨青青（上海知识产权法院知识产权审判第一庭法官助理）。

一、现行职务发明制度概况

（一）职务发明制度的创新分配作用

我国职务发明制度构建之初迫于社会经济发展状况，企业的创新能力、技术管理理念和管理水平均处于初级阶段，完全套搬域外职务发明制度并不适合，故如何设计符合我国经济和技术发展水平的职务发明制度成为重要问题。1984 年《专利法》中的职务发明制度，对"全民所有制企业""集体所有制企业""外资企业"和"中外合资企业"进行区分。2000 年《专利法》的修订取消了具有特定时期背景的全民所有制单位"持有"专利权的规定，以不区分企业性质的"单位"统称，并在《专利法实施细则》中加入临时工作单位的规定，之后职务发明制度的相关规定适用至今。从上述我国职务发明制度的变迁可以看出，在改革开放初期，在我国民营企业刚刚兴起，国企、科研机构都处于巨大变革时期之初，《合同法》《劳动合同法》等基础法律体系还不完善，要求本无技术管理经验的企事业单位完全从单位制度和合同约定上明确专利权的归属和奖酬分配要求过高。另外，早期技术研发人员专利意识不强，专业专利管理人才匮乏，多数发明人对于专利制度本身缺乏了解，如果建立以发明人主动报告发明成果为本的职务发明制度也难以贯彻。因此，我国在职务发明制度设计上逐步综合了各国的职务发明分类方法，权利归属上倾向"雇主优先"原则，建立了以"雇主"为核心的职务发明制度。可以说，我国创新水平的不断提高，企业、科研机构的知识产权管理能力的长足进步，特别是研发型企业纷纷设立专门的知识产权部门，高校纷纷成立技术成果转移办公室，都源于各创新主体对职务发明制度的不断探索。现行职务发明制度作为规范单位与发明人之间技术成果分配的基本规范，在明确职务发明权属和激励发明人创新等方面都发挥了积极的作用。

（二）以"雇主"为核心的现行职务发明制度

我国职务发明依据现行《专利法》第六条分为两类：第一类，执行本单位的任务所完成的发明创造；第二类，主要利用本单位的物质技术条件所完成的发明创造。有学者将此两类职务发明归纳为单位任务型职务发明和单位条件型职务发明，本文也以此为区分标准。[1] 我国对职务发明相关权利的分配，将"执行本单位任务完成"的发明权利归属单位，排除了单位和发明人事先就该类职务发明的权属进行约定。发明人对这类职务发明只享有署名权、获得奖励和报酬权、优先受让权。对于"主要利用本单位物质技术条件"完成的发明，将权利默认归

---

[1] 蒋红由，费艳颖. 产学研合作职务发明权属制度的困境与出路 [J]. 法制与社会，2014（4）：53.

属给单位，允许单位和发明人之间约定优先。两类职务发明的界限在于是否属于"职务"范围内完成的发明，从而保障单位主动投入物质技术条件完成的发明成果权利归属于单位；发明人利用单位的物质技术条件，非单位计划内完成的职务发明的权利归属可由单位和发明人约定。此制度安排，使得企业研发投入的产出全部归企业所有，降低了企业与员工发明人的交易成本，从企业趋利性角度最大化促进专利技术的转化。但同时也导致发明人的利益难以得到最大化保护，很多发明人出于个人利益寻找将职务发明转化为具有更大的经济利益研发成果，成为目前涉职务发明专利权权属纠纷的主要原因。

1. 本职工作、分配任务的认定

单位任务型职务发明依据《专利法实施细则》第十二条的规定，应首先判断"本职工作"的范围，即涉案专利与发明人任职期间工作的关联性。关联性的判断主要需要考虑以下几个因素：第一，单位与发明人之间劳动合同、工作计划书、离职证明等中载明的工作内容是否与研发工作有关。第二，涉案专利与发明人在单位工作内容之间的关联性，如涉案专利与发明人在单位的本职工作相关或部分相同，应当认定系发明人在本职工作中作出的发明创造，该发明的申请权以及被授权后的专利权应当属于单位。具体而言，"职务＋职责"是判断发明人工作内容的主要依据，需综合考量发明人在单位承担的本职工作性质和实际执行本单位任务的内容，从接触发明内容可能性角度，分析涉案专利技术是否可以成为发明人的工作产出。从"职务"角度，如发明人在单位中担任高层综合管理岗位和研发管理岗位，即能实际掌控技术方案，则属于本职工作的范围；从"职责"角度主要考量工作内容，从事研发或与研发相关的工作，且工作内容与涉案专利技术相关，则可以认定属于本职工作。对于《专利法实施细则》第十二条第一款第二项需单位对于本职工作之外的任务有明确的指示，如签订技术开发合同，或有书面记录的协议等。主要包括两种情况，发明人的本职工作不是从事研发，但单位基于工作需要赋予其研发职能；发明人的本职工作是研发，但承担合同之外的研发任务，无论属于哪种情况，均应属于职务发明。

在判断涉案专利技术是否属于本职工作或分配任务的范围时，需注意劳动合同、技术开发合同或相关文件中对技术开发内容的限定作用。不能默认发明人的本职工作与技术开发有关，或发明人在完成特定分配的任务后调离研发岗位，则发明人工作期间完成的与本单位研发相关发明成果都是职务发明。在北京某协会与李某系列专利权权属纠纷案件中，李某在与北京某协会签订的"聘用合同"中虽为技术总监，但分配给李某的任务为从事技术支持以及生产工作，不负责研发，李某在工作中也完成对相关工厂建设的生产、认证和销售技术支持。因此，李某完成多项涉及化肥技术专利虽在任职期且也与北京某协会主营业务相关，但

不属于职务发明。❶

2. 从单位离职 1 年内作出的发明创造的认定

《专利法实施细则》第十二条第一款第三项成为发明人原单位与新单位之间对专利权权属争议最大之处。对于专利技术是否属于第三项中"退休、调离原单位后或者劳动、人事关系终止后 1 年内作出的，与其在原单位承担的本职工作或者原单位分配的任务有关的发明创造"，主要有三个要件需要判断：第一，判断专利成果完成日期。1 年内作出与本职工作或者原单位分配任务有关的发明创造的界定应指发明创造的完成日期，而非专利的申请日期。实践中存在为规避认定"职务发明"而将专利申请日延后至 1 年，而法院在审理案件中会根据发明的公开时间等综合判断涉案专利技术的实际完成时间。第二，判断离职日期。在判断发明人离职日期时，是否为公司股东、社保费用的缴纳、工资费用的结算都不能单独对应于劳动关系存续的证明。❷ 离职日期的判断首先需要发明人实际脱离工作岗位，然后综合判断完成离职手续或其他可证明劳动关系终止的证据。第三，判断发明创造与发明人在原单位工作内容之间的关联性。在职务发明认定过程中，判断专利技术与发明人在原单位工作内容之间是否具有关联性时，除了可依据发明人在原单位所从事的本职工作、单位给其分配的任务等证据进行正向判断之外，还可以从发明人在进入原单位工作前所具有的专业知识背景与其所作出的发明创造之间的匹配程度进行反向判断。如果发明人在进入原单位时的学历背景、工作经历，与其所作出的发明创造的技术内容和创新高度并不相符，且发明创造与原单位的研发内容或方向具有相当程度的相关性，则亦可认定该发明创造与发明人在原单位工作内容之间具有关联性，除非发明人能够就此提出相反证据予以推翻。❸

3. 利用单位物质技术条件的认定

各国普遍将职务发明区分为基于"任务"和"雇佣"关系形成的绑定的发明成果和基于"使用"和"利用"单位职务、技术和经验条件形成的约定的发明成果。理解后一种职务发明的权属需要先明确何谓"物质技术条件"。2000 年《专利法》修改时将"物质条件"修改为"物质技术条件"，从而更加强调单位经验、技术累积的作用，因此在《专利法实施细则》中强调"专利法第六条所称本单位的物质技术条件，是指本单位的资金、设备、零部件、原材料或者不对外公开的技术资料等"。在深圳某公司与刘某专利权权属纠纷一案中，涉案发明专利技术特征需要原单位拥有的特定技术环境才能完成，且单位产品技术方案的

---

❶ 参见：江苏省高级人民法院（2014）苏知民终字第 0027 号、第 0182 号民事判决书。

❷ 参见：最高人民法院（2014）民提字第 90 号民事判决书。

❸ 参见：上海知识产权法院（2015）沪知民初字第 232 号民事判决书。

设计、评审、验证以及修改属于单位的业务咨询事项，且与涉案专利具有关联性，因此认定刘某利用了原单位的物质技术条件，涉案专利属于职务发明。❶

为进一步理解"物质技术条件"，可以参考《合同法》中技术合同的相关规定。《最高人民法院关于审理技术合同纠纷案件适用法律若干问题的解释》第三条规定："合同法第三百二十六条第二款所称'物质技术条件'，包括资金、设备、器材、原材料、未公开的技术信息和资料等。"第四条规定："合同法第三百二十六条第二款所称'主要利用法人或者其他组织的物质技术条件'，包括职工在技术成果的研究开发过程中，全部或者大部分利用了法人或者其他组织的资金、设备、器材或者原材料等物质条件，并且这些物质条件对形成该技术成果具有实质性的影响；还包括该技术成果实质性内容是在法人或者其他组织尚未公开的技术成果、阶段性技术成果基础上完成的情形。但下列情况除外：（一）对利用法人或者其他组织提供的物质技术条件，约定返还资金或者交纳使用费的；（二）在技术成果完成后利用法人或者其他组织的物质技术条件对技术方案进行验证、测试的。"以上两条相对于《专利法实施细则》更细化了单位任务型职务发明的认定标准，将"主要"界定为"全部或者大部分"，并要求物质技术条件对于技术成果的形成具有实质性影响，或是基于单位未公开的技术成果。另在上述条款中设置了例外情况，即基于"支付对价"和"用于测试"两种情形，在《职务发明条例草案》中仅设置"支付对价"，"用于测试"则成为判断是否主要利用的标准。

（三）职务发明的奖励报酬制度

1984年《专利法》就对职务发明奖励报酬作出规定：专利权的所有单位或者持有单位应当对职务发明创造的发明人或者设计人给予奖励；发明创造实施后，根据其推广应用的范围和取得的经济效益，对发明人或者设计人给予奖励。可见，从职务发明制度设计之初就确立了职务发明完成和转化实施后两个阶段，职务发明人都有获得奖励报酬的权利。在2000年的《专利法》修正后，将专利转化实施后的奖励、报酬改为"合理报酬"。从现行法律体系来看，现行职务发明奖酬制度主要由两部分构成，一是以《专利法》《专利法实施细则》及司法解释、相应的地方性法规规定为主体和核心的制度规范；二是《专利法》相关之外为补充的职务发明奖酬配套规章制度，如《合同法》《国家科学技术奖励条例》《促进科技成果转化法》《关于国家科研计划项目研究成果知识产权管理的若干规定》《国务院办公厅转发科技部等部门〈关于促进科技成果转化若干规定〉的通知》等相关规定。但上述法律规定基本都是纲领性的，无法解决开放

---

❶ 参见：广东省高级人民法院（2014）粤高法民三终字第1198号民事判决书。

式创新趋势下各合作主体合作实践中遇到的诸多问题，缺乏配套措施与实施细则，或缺乏实际具体的针对实施性。

对于现行职务发明奖励报酬制度无法满足开放式创新模式下的技术研发模式转变需求，已有诸多探讨，如对于专利技术作为出资后职务发明人是否有权获得报酬也存在诸多观点。另在部分案件中，职务发明人多因专利技术转化实施获得较高市场收益，而向单位要求获得报酬，但报酬是否合理，也成为主要问题。在开放式创新模式下，创新过程参与主体多元化，职务发明人获得奖励报酬的途径和法律依据不明确，成为目前引发职务发明奖励报酬纠纷的主因。

（四）合作、委托发明与职务发明的区别

讨论开放式创新下的职务发明，需分析《专利法》第八条合作、委托研究的技术成果与职务发明之间的关系。《专利法》与《合同法》中关于委托发明的相关规定一致，在无约定的情况下，技术成果归属于受委托的个人或单位。在实践中，发明人与委托单位之间常常通过技术咨询协议替代委托开发合同，建立单位与技术人员之间的劳动、人事关系，单位可以此最大程度地将受托发明人研发的技术成果及其衍生成果的权属归于自己所有。故产生以下几方面争议：一是在委托创新中，委托单位与受托发明人之间的纠纷；二是在合作创新中，发明人与单位之间产生权属纠纷时如何分配；三是合作、委托创新时，职务发明人的奖励、报酬之间的纠纷。因此，在开放式创新下的职务发明制度的讨论，关键在于如何最大程度地保护发明人的权益，避免因技术人员法律知识的缺失，其利益受损。

二、开放式创新对职务发明制度提出的挑战

（一）开放式创新下职务发明人的需求转变

在传统研发模式下企业遵循封闭式的内部创新循环：企业直接投资于内部研发，研发成果经由内部转化产生新产品，获益后再投资于企业内部研发。企业仅通过内部经验、技术的不断积累，获得技术上的领先，并通过知识产权对新技术、新产品实施保护，形成市场上的竞争优势，该创新模式被称为"封闭式创新"。❶ 在封闭式创新模式下，创新风险完全由企业自己承担，不但需要负担高额的研发费用，而且对员工、设备建设和内部管理都提出了极高的要求。随着技术复杂度的提高，单个企业很难满足创新中的资金和技术要求，加之企业为争夺主导技术，需要与具有技术优势的企业、大学和研究机构进行合作。20世纪90年代，技术标准联盟和软件开源运用的兴起，开放式创新模式得到广泛推广，逐

---

❶ 胡承浩，金明浩. 论开放式创新模式下企业知识产权战略［J］. 科技与法律，2008（2）：49.

步成为推动技术发展的主流。❶ 开放式创新是相对于封闭式创新而言的，其思维逻辑是建立在广泛的合作和协同创新基础上的，但在合作中企业、高校和科研机构对创新各自有不同的内在需求和驱动模式。在目前多元化经济组织参与协同创新的开放式模式下，企业科研人员、高校老师和科研机构研究人员对技术成果转化的需求存在较大差异。在传统封闭式创新模式下，各自独立的技术成果评价体系都能较好地激励各组织内职务发明人的创新动力，但在不同主体参与下的开放式创新，则必须满足各职务发明人的不同需求，才能使开放式创新的协同效应最大化。

（二）开放式创新中的职务发明专利权属困境

开放式创新中创新收益分配很难跨越利益纷争，及为避免利益纷争而创制的烦琐机制。如完全以合同约定为基础，虽然能保障市场本身的灵活性，但也存在三方面问题：一是提高中小微企业的创新成本，多数中小微企业并无完善的法务和知识产权管理团队，外部服务购买价格过高，建立基于合同约定的技术成果分配机制需要完善的知识管理制度累计和运行经验，制度建立成本过高；二是提高发明人法律成本，多数职务发明人系无法律背景的技术人员，对合同制定并无法律经验，且在雇佣关系中处于弱势，对职务发明法律制度明确有现实需求；三是开放式各创新主体管理模式不同，如高校对技术转化的积极性不如企业，但企业多不愿承担长周期、高成本的前沿技术的研发成本，因此企业研发人员擅长技术的商业化，高校、科研机构的研究员更愿意从事前沿领域研究。由于开放创新模式下的信息披露悖论、占有制度悖论、合约不完备和协同问题，各个创新主体间常常无法形成有效的协同合作。❷

由于知识产权协同管理欠缺或不到位，开放式创新过程中出现知识产权流失现象，通常表现为技术秘密流失，单位资源被滥用，核心成员将技术资料和知识产权进行牟利乃至跳槽。上述现象导致技术研发偏离预设计划，发起企业最终难以获得预期知识产权，投入无法收回等。而在现实纠纷中，职务发明制度缺位导致发明人不当处理知识产权问题而带来的风险较为显著。部分合作创新、开放式创新尽管取得了预期成果，但合同约定不周详等原因导致事后冲突，由此带来企业诉讼负担。相关纠纷主要是专利权属纠纷、合同纠纷等，比较常见的纠纷包括产学研过程中产业方与大学科研单位的纠纷、合作方涉嫌侵犯商业秘密纠纷、职务发明纠纷等。这些问题的出现及处理增加了有关企业的负担。从职务发明角度来看，开展开放式创新的企业主要面临三种风险：第一，协同创新中各参与主体之间知识产权权属不清，导致专利不能转化实施；第二，发明人流动到其他企

---

❶ 高良谋，马文甲. 开放式创新：内涵、框架与中国情景 [J]. 管理世界，2014（6）：157.
❷ 黄国群. 开放式创新中知识产权协同管理困境探究 [J]. 技术经济与管理研究，2014（10）：23.

业，导致技术成果被转移；第三，在专利转化利用后，发明人奖励、报酬分配问题。

（三）开放式创新中职务发明奖酬制度困境

奖励和报酬是发明人所能够获得的主要收益。实践调研结果表明，很多职务发明的发明人仅从单位获得少量奖金，职务发明人的奖酬得不到很好的落实，已成为职务发明创造比重偏低的重要因素之一。对于上述情况，除了当事人对职务发明奖酬的认识有所偏差外，更重要的在于制度上的不完善与配套措施的欠缺。主要表现在：其一，我国职务发明奖酬规范体系不协调。从不同法律文件关于职务发明奖酬的具体规定来看，在奖酬的期限、比例、数额存在不同规定，奖酬基数用语表达不统一且概念不明确，对奖酬约定的限制程度等也不尽相同，政出多门，导致法律适用的不确定性。其二，职务发明奖酬的实体内容存在不合理。首先要考虑的是，以何种权属配置为依据来主张职务发明奖酬。雇主优先、雇员优先与权益共享三种不同权利归属模式使得雇员获得不同的奖酬分享比例与支配程度。其次，在奖酬给付的具体事项上，奖酬自决还是奖酬强制，或是两者兼而有之，需要深入的法理分析和理性选择。最后，成果转化形式的不完善规定、职务发明贡献度原则过于抽象等都会导致发明人的利益不能很好地实现等。其三，发明人与专利成果转化人之间的利益分配问题更加突出。在开放式创新合作模式下，高校与科研院所通常负责专利的研发，企业往往负责专利成果的实施与转化。在大部分情况下，企业将专利实施到何种程度、获得多少收益往往难以被合作的高校与科研院所所知，而作为高校与科研院所工作人员的发明人更难知晓收益结果，事实上其奖励报酬通常是与专利成果转化价值挂钩的。其四，不同主体对奖励报酬的要求不同。在开放式创新合作模式下，发明人对奖励、报酬的要求不同。高校与科研院所的发明人比较注重荣誉，用于未来评职称，企业发明人比较注重物质奖励。但对奖励、报酬的要求并非绝对，在职务发明奖酬制度重构过程中不能忽视企业、科研院所、高校以及发明人的实际需求。

（四）上海知识产权法院职务发明案件审理中反映的问题

基于上海知识产权法院建院以来的职务发明纠纷案件分析，职务发明案件纠纷主要集中在专利权权属纠纷和职务发明奖励报酬纠纷两类，梳理主要存在以下问题：一是企业与发明人之间对职务发明的权属、收益分配未有合同约定或者约定不明。企业在签订劳动合同、劳务合同或技术开发合同时，未明确约定发明人的岗位、职责和工作内容，尤其是对员工完成本职工作中的研发成果和利用单位物质技术条件完成发明创造的归属未约定或约定不明，导致诉讼中单位难以证明，系争专利是否属于员工完成本职工作和是否与员工本职工作有关。二是技术研发过程资料未保存。专利权权属纠纷中多系员工离职后一年内作出的发明创造的归属引发纠纷。法院在审理中发现，部分单位技术资料管理混乱，技术文档未留痕保存，导致在诉讼中权利人对于系争专利的技术方案形成时间、技术研发过程和项目参与人员都无法举证。三是非发明人、设计人署名情况普遍。部分单位未认识到署名权是发明人、设计人的基本权利，且署名的发明人、设计人应对技术方案形成作出实质性贡献，但单位在申请专利时，在实际发明人、设计人之外将高级管理人员或企业负责人等登记署名的情况较为常见。四是职务发明人、设计人没有获得奖励报酬。根据《专利法》及《专利法实施细则》的规定，单位在专利授权或转化实施后应给予职务发明创造的发明人、设计人奖励报酬。但部分企业并未制定职务发明奖酬制度，也并未按照法律给予奖励、报酬，故引发纠纷。五是该类纠纷调解难度大。涉及职务发明创造纠纷案件多系发明人、设计人离职后，就原单位任职期间的发明创造的权属、署名、报酬产生争议，且发明人、设计人的新任职单位多与原单位有竞争关系，故双方和解意愿较低，不愿将系争专利权归对方所有或共同共有。

三、域外职务发明新发展比较研究

严格说来，世界上有关职员发明的法律制度仅有两种典型模式：一是原始地归属于雇员发明人。也就是说，在实行这一制度的国家里，一项雇员发明成果的财产权利从该项发明诞生时起便当然地归属于第一个也就是真正的发明者。二是以大陆法系国家居多的实施"先申请"的制度模式，由于这一制度往往作了专利申请权归属于雇主或者可以归属于雇主的规定，因此这一制度模式实际上是一种雇员发明成果财产权利完全归属于雇主的制度体系，只是其中有雇主"对价支付"与"奖酬给付"的区别而已。折衷的方式往往成为第三条道路、第三种模式，无非是基于前两种模式再结合相应价值取向的融合。

从每种模式的代表性国家来看，无论是美国制度、法国制度还是日本制度，三种制度分别反映了三种不同的立法理念。应该说三种立法理念在不同的立法时期都彰显了各自的分配正义观。美国强调最初权利取得者发明行为的原创性，法国则确认了雇佣契约的优先性。前者的分配正义是基于专利权利的私权保护观，后者的分配正义则是基于人本思想的个人意愿至上观。日本采取折衷模式，虽将职务发明的原始权利归属于雇员，但却又允许雇主通过契约或仅仅是单方规定的方式即可获得职务发明独占实施权或专利权，崇尚既强调维护私权又尊重契约自由的折衷观。

（一）美国的"厚雇员主义"

在美国，关于雇员发明相关权利的归属主要依靠雇主和雇员之间的契约解决。❶ 只有在没有约定的情况下，法院才按照衡平原则来调整。目前形成以下一些规则：（1）如果雇员是为特定的研发目的而被雇用，或者由雇主控制主导研发计划并提供特定资源的发明由雇主所有；（2）雇员被雇用是为进行一般发明或研究，但发明的范围研究计划并未明确，在发明中雇员也使用了雇主的资源，在没有约定的情况下，该发明归属雇主；（3）雇员完成的发明不在其工作范围之内，即使使用了雇主的资源，但如果没有明确事先约定让与该发明给雇主，则该发明的权利应当属于雇员，但是从衡平原则来看，雇主可以主张工场权（shop right），即雇主可以在其业务范围内免费实施该发明，但工场权不能转让，无排他性；（4）雇员在工作范围之外，没有利用雇主的资源，完全由发明人主导进行的独立发明，权利完全属于发明人；（5）雇员离职后，雇员在离职前使用了雇主的资源，但是发明是在研究后完成的，该发明归发明人。如果雇员在离职后仍然接受来自于雇主的资源支持，则雇主可以主张工场权。

在美国，法律鼓励雇主和雇员通过契约的方式来对雇员发明的权利进行分配，在没有约定的情形，法院按照衡平原则在雇主和雇员之间进行利益分配。如果雇员进行发明是其被雇用的目的，在发明过程中也使用了雇主的物质资源，则由雇主所有。如果是雇员主导的发明，且并非在雇员的工作范围内，则由雇员所有，是否使用了雇主的资源并不影响雇员该类发明的所有权。但法律为平衡雇员和雇主的利益，则会赋予雇主工场权。这样的规定可以很好地平衡雇主和雇员的利益，既能使雇主无后顾之忧地进行投资，又能使雇员自由地进行发明。即使雇员使用了雇主的资源，雇主也并非完全受损，雇主可以通过工场权使用雇员的发明。

美国是契约优先的国家。在实践中，雇主和雇员大多通过契约的方式，事先对雇员在被雇用期间完成发明的权利归属进行约定。雇主和雇员虽是不平等的地位，但是，在美国有一个就业市场竞争充分的环境，能够确保雇主不因短视而故意约定苛刻的条件，或者在约定后故意不兑现。雇主从企业长远发展角度，一般都会采取各种激励手段留住科技人才。❷ 因此，即使是雇主和雇员的契约，一般也能起到保障雇员的利益和激励雇员的作用。

另外，美国《专利法》虽然没有直接规定职务发明奖酬权益分享问题，但规定了申请专利必须是发明人而不是其所在的单位。另外，美国联邦法院通过一

---

❶ 张岩. 国外雇员职务发明制度对中国的启示 [J]. 江苏科技信息，2011（3）：14.

❷ 陈信至. 职务发明之权利归属与对价：由美、日受雇人发明制度之比较分析，检讨我国专利法之相关规定（上）[J]. 万国法律，2011（180）.

系列判例和各州的合同法确立了单位可以通过劳动雇佣合同受让职务发明的免费实施权或者所有权，单位获得所有权的，也要保障发明人从实施职务发明获取的收益中获得合理报酬。显然，美国职务发明制度目标强力指向了美国社会创新能力充分挖掘与创新成果迅速转化的国家战略。

（二）法国的"厚雇主主义"

法国将雇员发明则划分为任务发明和非任务发明。❶ 其中，任务发明是指"雇员执行与其实际职务相应的发明任务的工作合同，或者从事雇主明确赋予的研究和开发任务而完成的发明"❷，其余的雇员发明则为非任务发明。而非任务发明还可以进一步区分为"任务之外可归属雇主的发明"和"任务之外不可归属雇主的发明"❸，前者主要是指利用工作便利或工作经验所完成的发明创造，后者则是指雇员自主进行的发明创造。

作为"雇主优先"立法模式的典型代表，法国知识产权法典规定雇主可以原始取得职务发明创造的专利权等相关财产权利。在法国职务发明创造的框架中，任务发明与任务之外可归属雇主之发明的权利归属规则略有不同，其中任务发明直接归属于雇主，而"任务之外可归属雇主的发明"基于雇员执行职务原因、企业经营范围需求以及利用工作经验和工作便利等因素，雇主有权选择要求雇员让与全部或部分工业产权（主要是专利权或申请专利的权利）。此外，只有不属于职务发明范畴的"任务之外不可归属雇主的发明"的专利权才直接归属于雇员。由此看来，在法国"雇主优先"的职务发明制度体系下，雇主占据法律关系的主动，雇员发明人则不得不依附于雇主。

（三）日本的折衷模式

日本科学技术水平发达，年专利申请量世界排名第一。❹ 日本目前已经形成市场驱动技术创新的机制，其主要研发动力集中在企业，研发的经费来自企业，研发的成果则是以谋取市场利益为目标。在这样的机制下，企业以市场为导向进行科技创新，并热衷于申请专利，获得专利权，独占市场，从而弥补前期科研投入的不足，为下一轮科研提供资金。日本的科学技术也在良性循环中得以发展。这一切都与日本的职务发明制度密切相关。好的法律设计能够激励企业积极进行投资，激励企业员工积极从事发明创造，从而推动企业的技术创新，并最终推动整个社会的技术发展。因此，日本的职务发明制度值得我们借鉴。

日本是坚持发明人主义原则的国家。值得一提的是，日本的职务发明制度并

❶ 陈驰. 法国的雇员发明制度及其对我国的启示 [J]. 江西社会科学, 2008 (2): 168.
❷ 参见: 法国知识产权法典第611-7条第1款前段之规定。
❸ 何敏, 肇旭. 职务发明类分之中外比较与研究 [J]. 科技与法律, 2009 (3): 18.
❹ 张岩. 国外雇员职务发明制度对中国的启示 [J]. 知识产权, 2011 (3): 15.

非一开始就是发明人主义，而是经过由雇主主义向发明人主义转变的过程。❶ 现行法律将职务发明的原始权利规定属于发明人，企业享有非独占实施权。但是，雇主可以通过事前（职务发明完成前）契约的方式或者通过单方规定的方式从雇员处获得职务发明的所有权或者独占实施权，但需要向雇员支付合理对价。

日本职务发明制度有其值得借鉴的地方。首先，在立法时，将职务发明的原始权利规定给发明人，雇主虽有非独占实施权，但是如果雇主希望获得独占实施权或整个职务发明权利，则必须与雇员达成协议或者事前单方面规定从雇员处获得职务发明权利的独占实施权或者专利权等。若雇主怠于事先规定或与雇员协商，则雇主不能享有独占实施职务发明或从雇员处获得职务发明专利权的权利。其次，在雇主约定或规定从雇员处获得独占实施权或者专利权时，雇主必须支付合理对价。合理对价的确定由雇佣双方约定，在没有约定的情形下，按照法律规定。而日本法律规定的对价比较高，促使雇主倾向于事前和雇员约定对价，避免适用法律的规定。而雇主和雇员对于该对价的约定不是任意的，为避免雇员权利受损，法律规定了该对价必须达到"合理"的条件，法律对如何认定"合理"也作出了相关的规定❷。

（四）域外职务发明制度发展对我国的启示

虽然美国对于非雇主任务的职务发明以约定优先，但在 Blauvelt v. Interior Conduit v. Insulation Co. 案中引入"工场权"，规定对于非雇主任务的职务发明如雇主提供物质条件也可以获得部分权益。美国职务发明的判例法规则逐步演化为：雇员因雇主任务而完成的发明成果权利归属于雇主；非因雇主任务的发明，若雇主为发明技术方案的完成提供物质条件时，雇主享有免费普通实施许可；非以上两种情况下为自由发明。❸ 虽然，美国的规定与德国"雇主主动主张权利"的模式不同，但美国采用"雇主免费获得普通实施许可"的模式也倾向于维护雇主在职务发明中的权益。这一转变源于目前技术研发模式从独立发明人到公司行为是目前技术发展阶段对资源的需求所决定的，因此职务发明制度的设计目的需平衡单位和发明人之间的利益，从而在鼓励企业技术研发投入和激励发明人技术研发两方面促进专利制度发挥促进创新的作用，也应是职务发明制度设计的价值取向。在技术研发模式转变的背景下，我国应参考各国职务发明制度的最新变化，探索逐步完善符合经济、技术发展水平的职务发明制度。

---

❶ 张玲. 日本专利法的历史考察及制度分析［M］. 北京：人民出版社，2010.
❷ 王凌红. 日本职务发明对价制度及其启示［J］. 法制与社会，2013（2）：274.
❸ 和育东. 美、德职务发明制度中的"厚雇主主义"趋势及其借鉴［J］. 知识产权，2015（1）：116.

四、开放式创新模式下职务发明认定的探索

（一）构建以合同为核心要素的职务发明制度

2000 年 8 月 21 日和 8 月 25 日审议的《全国人大法律委员会关于修改〈中华人民共和国专利法〉的决定（草案）修改意见的报告》中说明，部分常委委员出于两方面考虑修改了单位条件型职务发明的权属：第一，发明人或设计人主要利用本单位的设备、器材等物质条件，但按照事先与单位的约定支付了使用费的，可以不作为职务发明创造，有利于鼓励个人发明创造的积极性，也有利于避免单位物质条件的闲置；第二，对于利用本单位物质条件和技术条件完成的发明创造，应以单位和员工之间的约定优先。之后修订的《专利法》部分采纳了委员的意见，为提高单位物质技术的利用率，也为了鼓励发明人的积极性，将利用单位物质技术条件的发明创造还是认定为职务发明，但此类职务发明可以约定权属归于发明人。还存在另外一种理解，认为《专利法》第六条第三款字面上理解是将职务发明约定为非职务发明，或非职务发明可以通过约定权利归属单位。❶ 该条理解为将职务发明的权利转移给发明人更为妥当，《专利法》第六条规定利用单位物质技术条件的发明创造的财产权应归属于单位，但因该类专利是单位计划之外的研发成果，在单位并无及时转化利用的需求时，为促进专利转化运用，鼓励单位将通过与发明人约定专利权的归属。

当发明人利用现单位物质技术条件却是基于原单位任务完成的技术时权属如何判断，在《最高人民法院关于印发全国法院知识产权审判工作会议关于审理技术合同纠纷案件若干问题的纪要的通知》第六条和《最高人民法院关于审理技术合同纠纷案件适用法律若干问题的解释》第五条都有类似的规定，发明人完成的技术成果，属于执行原所在法人或者其他组织的工作任务，又主要利用了现所在法人或者其他组织的物质技术条件的，应当按照发明人原单位和现单位达成的协议确认权益。不能达成协议的，根据对完成该项技术成果的贡献大小由双方合理分享。故职务发明制度的内在逻辑在于两点：一是对技术创造的贡献，包括智力付出和物质技术条件的付出。在开放式创新下，技术研发越来越依赖于单位的"研发经验"和"硬件设备"。"研发经验"指企业完善的研发计划和技术管理或高校技术研发的累积，个人单打独斗式的创新已难以符合现代技术发展的需求，即开放式创新不断发展的时代背景。如在通信、生物医药或高端制造业，不断成立的技术标准联盟，是技术多主体参与度高、集成度高的表现。"硬件设备"是基于技术研发高投入的客观需求，高校、企业不断完善实验室或研发中心，为技

---

❶ 尹新天. 中国专利法详解［M］. 北京：知识产权出版社，2011.

术研发人员提供良好的研发设备是技术创新的基础。但也由于硬件设备投入巨大，各创新主体的研发投资各有侧重，成果产出也不尽相同。且不同的技术成果对于终端产品的贡献度难以具体量化，故最终利益的分配仅能在市场化环境下通过自主交易达到平衡。这种平衡延伸到职务发明的权益分配，也只有通过各创新主体间的交易实现最终价值。因此，单位与发明人之间职务发明成果的权属和分配，并不宜以统一标准强制规定，应首先遵循双方的约定。单位的制度、劳动合同的约定或技术研发合同都应以职务发明相关条款作为必备要件。法律规定中具体权益的分配规则需让渡于合同，仅从合同制定要件规范角度，要求职务发明相关约定成为合同必要要件，才能满足不同情景下对职务发明制度的不同需求。

（二）以技术传承性作为判断技术权属的核心

在开放式创新趋势下技术人员流动频繁，技术交流成为常态，也导致技术权属纠纷频发。另外，技术更替速度不断加快，研发周期也大大缩短，技术人员离职后到新单位一年内创造专利技术成果也较为常见。上述专利是源于新单位的技术研发还是原单位的研发成果成为纠纷的焦点。基于目前审理的此类职务发明纠纷案件的审判经验，应以技术传承性作为判断的关键。职务发明认定所涉争议发明创造的技术特征并不要求与发明人在原单位履行本职工作所接触技术方案相同，也非简单判断两者技术方案相比是否具有专利授权意义上的创造性，亦无须进行技术特征的一一比对，只要具有一定的关联性即可。在此，关联性判断需综合考虑两者是否属于同一技术领域、解决的技术问题是否相同、技术手段是否具有传承性。因此，需从几方面事实判断专利的归属：第一，专利技术的研发过程，即技术方案形成的时间点，分为原单位任职期间形成、原单位与新单位兼顾或完全是新单位任职期间形成的；第二，发明人是否基于原单位的技术积累而研发的技术，如原单位已有丰富的预研积累，而新单位并无相关研发，则应认定系发明人在原单位的职务发明；第三，各发明人对技术的贡献度，专利技术多存在多个发明人，需综合考虑各发明人对技术方案形成的贡献度判断专利的权属。以上因素都需作为形成法官心证的基础，作为判断专利技术权属的基本要素。一方面，在开放式创新趋势下，对法官判断职务发明的权属提出更高要求，难度也更大；另一方面，约定是效率最高的制度安排，能极大提高专利技术的转化率，降低交易成本。故法律上应引导企业积极制定职务发明制度，形成以约定为核心、诉讼为辅助的职务发明制度。

（三）奖酬制度的功能变化

职务发明奖酬制度首要的功能是实现对发明成果的权益配置，实为知识财产产权界定在职务发明领域的具体体现。职务发明奖酬制度作为知识产权法的重要部分，应体现和遵循知识产权法的基本价值要求。在我国知识产法的价值构成中，既有作为一般法的普适价值，也有作为部门法的特别价值，主要为公平正义、经济效率、创新激励。

在开放式创新趋势下职务发明奖酬制度中，公平正义的价值主要体现为平等主体人格正义、利益均衡分配正义、权利安排的秩序正义。平等主体人格正义的价值内涵在于主体人格之间的地位平等与人格自由、当事人之间权利义务的对等及在救济上受到平等的保护；利益均衡分配正义的价值内涵在协调各方的利益，使得职务发明的利益分享在各主体之间达到均衡，并协调创造者、实施者及使用者之间的利益；权利安排秩序正义的价值内涵在于以权利安排为中心所建立的知识财产创造、流转和使用的法律秩序，包括权利的界定秩序、权利交易制度和权利的保护秩序。其中，权利的保护秩序是秩序正义中最为重要的内容。公平正义的价值取向决定了职务发明奖酬制度应具有的对双方，尤其是处于相对弱势的发明人的实质平等保护之基本功能。

经济效率是知识产权法产生的思想基础，也是其追求的价值目标。在开放式创新趋势下，职务发明奖酬制度的效率价值追求在制度设计方面体现为合理而有效的权益配置，即职务发明所涉各方主体在权利体系中达至一种均衡状态时，各方利益得到最大化满足。均衡是效率目标对产权制度安排的基本要求，其意在于，在各方权利保护与限制中寻找均衡，消除彼此间的利益冲突。在均衡状态的权利配置体系中，创造者权利是第一位的权利，是本源性权利。法律授予创造者与私人产权，为权利人提供了最经济、最有效和最持久的创新激励动力。当然，也不能忽视转化者、使用者权益的合理安排，这些主体利益的兼顾都是提高知识资源使用效率所必需的。经济效率的价值取向决定了职务发明奖酬制度所具有的第二个基本功能，即均衡单位与发明人的双方利益，合理进行权益安排，实现职务发明成果资源的最大化利用效率。

创新激励是知识产权法的价值灵魂。不同时代下特定的法律制度包含不同的价值，而且各自的价值侧重点也有所不同。在当今的知识经济时代，社会发展的动力在于科技创新活动，而创新离不开相应的法律制度的保障、规范和约束，创新激励由此成为开放式创新趋势下职务发明奖酬制度的核心价值。开放式创新趋势下职务发明奖酬制度以职务发明创新所产生的社会关系为调整对象，通过合理、有效的权利义务安排，尊重创新、激励创新、保护创新主体的私权，从而实现其激励创新之制度功能。

（四）注重建立"合理"的奖酬制度

在公平正义、经济效率、创新激励的价值追求下，发明人与所在单位以及合作单位多方利益静态的公平配置和动态的利益平衡作为开放式创新趋势下职务发明奖酬制度的内在机制，对制度的落实起到基础而关键的作用。只有在对职务发明奖酬的内涵、属性及制度设计的价值取向、制度功能等正确认识的基础上，才能对开放式创新趋势下发明奖酬调整模式的奖酬自决还是奖酬强制等现实争议问题作出理性选择。

我国现行的职务发明奖酬制度以公权理念为基础。在职员职务发明成果财产权利分配方面存在绝对单一归属的问题，违背了智力财产私权性的法律原则和"投入决定产出"的经济公理，挫伤了发明人的创造积极性，影响了我国科技发展的进程。而且相较于普通职务发明奖酬，开放式创新趋势下合作主体更加多样，涉及的利益分配更加多元，因此职务发明奖酬分配更加复杂。笔者以为，关于开放式创新趋势下职务发明奖酬制度的优化，首先，遵循约定优先原则。尽管前文所述，完全以合同约定为基础虽然能保障市场本身的灵活性，但同时会"提高中小微企业的创新成本""提高发明人法律成本"以及"影响有效协同合作"，但约定优先更能反映各协同创新主体的实际意愿，是协同创新主体意思自治的体现。在不严重违背公平正义的前提下，应该获得法律的尊重。其次，将"投入"作为权利归属的依据，来构建以财产权利共享、开发风险共担为核心的开放式创新趋势下职务发明奖酬规范体系，按照贡献确定奖励报酬的比例，以利益分享、权利交易作为实现发明人合理报酬的制度前提；同时，既要构建统一和谐的开放式创新趋势下职务发明奖酬体系，又要从具体的细节上对奖酬制度进行推敲，例如统一奖酬的计算基数、明确相应概念、增加职务发明转化情形、科学界定发明贡献度、注重发明人权益的保护救济等。

结　语

职务发明是发明人智力投资与单位物质投资的结合。职务发明制度的本质是创新成果利益分配机制，其设立初衷是最大限度地激发研发人员的创新活力与企业乐于投资创新的意愿，激励双方的创新积极性，为实现创新驱动提供有力的法律制度支撑。

对于我国未来职务发明的规定，有学者认为应将职务发明分为任务发明、职责发明、岗位发明和自由发明四类[1]；参考德国将职务发明分为源自工作任务的"职责发明"和源于借鉴公司的经验或工作的"经验发明"两类[2]；分为职务发明和准职务发明，分别规定职务发明的权属[3]；以"执行职务"为核心来界定职务发明，但究其原本在于不同类型职务发明权属的进一步细化。目前，国内外较

---

[1] 何敏. 新"人本理念"与职务发明专利制度的完善 [J]. 法学, 2012 (9)：69.

[2] 克拉瑟. 专利法（第6版）：德国专利和实用新型法、欧洲和国际专利法 [M]. 单晓光, 张韬略, 于馨淼, 等, 译. 北京：知识产权出版社, 2016.

[3] 蒋逊明, 朱雪忠. 职务发明专利权归属制度研究 [J]. 研究与发展管理, 2006 (10)：118.

为成熟的研发企业对于此类技术研发管理都采用"全程介入"的管理模式。在劳动合同中约定单位条件型职务发明单位享有的权利,如个人提出与单位主营业务相关的非单位任务型专利成果,将签订具体合同约定权利归属;在员工离职时书面明确在职期间完成了哪些单位任务的发明及其权利归属,且保留员工在职期间的所有研发资料,从而最大程度避免职务发明权属纠纷的发生。

2010 年,国家知识产权局启动了《职务发明条例》的定制工作,2015 年 4 月国务院法制办公室公布《职务发明条例草案(送审稿)》,2015 年公布的《专利法修改草案(征求意见稿)》中也对"职务发明"的认定存在较大幅度的修订。其中,最为显著的就是对职务发明的分类参考域外法律规定,并充分吸纳各类法律法规中对职务发明的规定,还尝试在我国建立发明的报告制度。职务发明制度的完善旨在发挥其创新成果分配作用,减少单位与发明人之间的协商成本,提高创新效率。究其根本是引导企业建立完善的技术成果管理制度,从而通过市场自由选择实现单位与职务发明之间的利益最大化。故对现有职务发明制度是否需要从根本上重构,或通过补充解释明确在无约定情况下职务发明的分配,一直存在较大争议。本课题组认为,因职务发明人与单位之间的关系纷繁复杂,且各类职务发明的诉求并不相同。特别在开放式创新趋势下协同合作成为主流,以简单几条法律概之并非合适的选择。目前,在司法审判中,坚持个案公正,合理分配单位与职务发明人之间的利益,再在充分论证和广泛达成一致的基础上探索职务发明相关法律的修订,是最有效率的选择。

(本课题系 2018 年上海市高级人民法院报批课题)

专利诉讼特别程序研究

——专利诉讼中证明妨碍规则的运用与完善

上海知识产权法院课题组[*]

引　言

证明妨碍（举证妨碍）在民事诉讼中一般指当事人妨碍他方正常举证，扰乱秩序常态的行为，其产生的主要（狭义）效果是对妨碍人在待证事实认定上作出不利推定。其适用集中于权利人举证三阶段即权属举证、侵权举证、赔偿举证的后两个阶段。法律适用上主要引用《最高人民法院关于适用〈中华人民共和国民事诉讼法〉的解释》（以下简称《民诉法解释》）第112条及《最高人民法院关于审理侵犯专利权纠纷案件应用法律若干问题的解释（二）》（以下简称《专利法解释二》）第27条，其中对于侵权举证，在权属证明及侵权认定上系适用前者，对于赔偿举证则两者兼有之。因两法条文内容不同，要件及解释也存在不同，故在实践中，主要障碍亦集中于赔偿阶段。本文主要以证明妨碍制度理论基础及立法现状作为基础，收集分析实际案件中法律适用及效果，发现问题、分析原因，并提出适用和改进建议。

一、基础考察

证明妨碍又称证据妨碍，是指不负有举证责任当事人一方的行为致使其持有

---

　* 课题组成员：陆凤玉（课题主持人，上海知识产权法院知识产权审判第一庭法官）、胡宓（上海知识产权法院知识产权审判第一庭法官）、朱永华（上海知识产权法院知识产权审判第一庭法官助理）、吴登楼（上海知识产权法院技术调查室副主任）、范丹杰（上海知识产权法院知识产权审判第一庭法官助理）。

的对证明待证事实具有相当证明意义的证据未能在诉讼中提供、损毁灭失或者丧失证明价值，使待证事实无证据可资证明，导致待证事实处于真伪不明状态时，在事实认定上，法律就负有举证责任当事人的事实主张，作出对其有利的调整。❶ 证明责任的形式主要包括：（1）有证据而拒不提交；（2）毁灭、毁损证据；（3）不配合对方当事人的举证；（4）过失遗失证据。

（一）理论基础

作为一项司法制度，证明妨碍规则的立法目的主要在于实现最接近待证事实、最小化的运行成本和最优化的价值引导，其主要理论基础来自证据学上的证明妨碍理论及事实协助义务和经济学上的诉讼最小成本理论。

1. 证据学：证明妨碍理论及事实协助义务

证明妨碍规则是为了弥补举证责任不足而创设的。在辩论主义之下，由当事人提供证据证明待证事实，否则承担不利后果。但某些情况下，承担举证责任的当事人无法提供证据不是因为没有尽力搜集证据，而是对方当事人实施了证明妨碍行为。此时，如坚持按举证责任规则，由承担举证责任的当事人承担不利后果，不仅对承担举证责任的当事人提出了不可能完成的任务，还阻碍了对案件事实真相的发现。

事实协助义务认为，民事诉讼中不负有举证责任的当事人，也有协助法院发现事实及促进诉讼的义务。妨害举证的行为不仅对事实发现造成障碍，而且对于促进诉讼造成不便，因此是对诉讼上协力义务的违反。

2. 经济学：诉讼最小成本理论

一项法律制度的收益可以用实现该项法律制度的立法目的程度来衡量，因此在证明妨碍规则存在多种可能的解释时，越能促使证据持有人协力提供证据，发现与赔偿数额确定相关的案件事实真相，该种解释的收益就越高，诉讼成本越小。❷故证据妨碍规则，应当以最小的运行成本，实现制度的最优化效果，引导当事人选择最优化的价值取向，获得最接近事实的证据查明。

（二）立法现状——狭义三阶段、双立法及其比较

狭义的证据妨碍规则在立法上主要表现为确定了该规则的构成要件，而广义的证明妨碍规则还包括了法律规则的条文，如导致在公法上的制裁。❸本文仅对证据妨碍规则在私法上即狭义的效果上进行讨论。

专利侵权诉讼中，权利人的举证主要围绕三个阶段展开：第一阶段为专利权属

---

❶ 沈德咏. 最高人民法院民事诉讼法司法解释理解与适用［M］. 北京：人民法院出版社，2015：370.

❷ 刘晓. 知识产权损害赔偿中证明妨碍规则的成本收益分析［J］. 证据科学，2016（5）.

❸ 如我国《民事诉讼法》第 111 条第 1 款规定：伪造、毁灭重要证据，妨碍人民法院审理案件的，人民法院可以根据情节轻重予以罚款、拘留；构成犯罪的，依法追究刑事责任。

证据；第二阶段为被控侵权行为成立证据；第三阶段为在被控侵权行为成立情况下，经济赔偿方面的举证。在现实中，证明妨碍规则主要运用于第二阶段和第三阶段。

证明妨碍的一般规则在《民事诉讼法》的司法解释中一直有规定，从1998年《最高人民法院关于民事经济审判方式改革问题的若干规定》（以下简称《审改规定》）第30条❶，到2001年《最高人民法院关于民事诉讼证据的若干规定》（以下简称《证据规定》）第75条❷，再到2015年《民诉法解释》第112条❸。就专利领域特别规则而言，2016年《专利法解释二》第27条❹针对专利赔偿问题作出了特别规定。由于《民诉法解释》第112条对《证据规定》第75条进行了修改，因此专利领域重点比较《专利法解释二》和《民诉法解释》的规定。两者在构成要件上均为4个，其中3个构成要件可以一一对应，只是在表述上略有差异。区别在于前者规定的第一个构成要件要求权利人尽力举证或者初步举证，后者规定的第二个构成要件要求当事人申请且理由成立，具体参见表1与表2。

表1　证明妨碍规则适用阶段和内容

权属证据阶段	侵权证据阶段	赔偿证据阶段
		《专利法解释二》第27条
《民诉法解释》第112条	《民诉法解释》第112条	《民诉法解释》第112条

---

❶　1998年《最高人民法院关于民事经济审判方式改革问题的若干规定》第30条规定："有证据证明持有证据的一方当事人无正当理由拒不提供，如果对方当事人主张该证据的内容不利于证据持有人，可以推定该主张成立。"

❷　2001年《最高人民法院关于民事诉讼证据的若干规定》第75条规定："有证据证明一方当事人持有证据无正当理由拒不提供，如果对方当事人主张该证据的内容不利于证据持有人，可以推定该主张成立。"

❸　2015年《最高人民法院关于适用〈中华人民共和国民事诉讼法〉的解释》第112条规定："书证在对方当事人控制之下的，承担举证证明责任的当事人可以在举证期限届满前书面申请人民法院责令对方当事人提交。申请理由成立的，人民法院应当责令对方当事人提交，因提交书证所产生的费用，由申请人负担。对方当事人无正当理由拒不提交的，人民法院可以认定申请人所主张的书证内容为真实。"

❹　《最高人民法院关于审理侵犯专利权纠纷案件应用法律若干问题的解释（二）》第27条规定："权利人因被侵权所受到的实际损失难以确定的，人民法院应当依照专利法第六十五条第一款的规定，要求权利人对侵权人因侵权所获得的利益进行举证；在权利人已经提供侵权人所获利益的初步证据，而与专利侵权行为相关的账簿、资料主要由侵权人掌握的情况下，人民法院可以责令侵权人提供该账簿、资料；侵权人无正当理由拒不提供或者提供虚假的账簿、资料的，人民法院可以根据权利人的主张和提供的证据认定侵权人因侵权所获得的利益。"

表2　证明妨碍规则的构成要件比较

《专利法解释二》第 27 条	《民诉法解释》第 112 条
权利人已经提供侵权人所获利益的初步证据	
与专利侵权行为相关的账簿、资料主要由侵权人掌握	书证在对方当事人控制之下
	承担举证证明责任的当事人可以在举证期限届满前书面申请人民法院责令对方当事人提交
人民法院可以责令侵权人提供该账簿、资料	申请理由成立的，人民法院应当责令对方当事人提交
侵权人无正当理由拒不提供或者提供虚假的账簿、资料	对方当事人无正当理由拒不提交

（三）证明妨碍的法律效果

运用证据妨碍规则将产生相应的法律效果。根据《民诉法解释》第 112 条的规定，"认定申请人所主张的书证内容为真实"。《专利法解释二》第 27 条规定，"可以根据权利人的主张和提供的证据认定侵权人因侵权所获得的利益"。结合证明妨碍规则适用的三个阶段，因权利证据阶段权利人掌握相关证据，故其效果主要体现在侵权阶段和赔偿阶段。

1. 侵权阶段：推定侵权事实成立

在权利人提供了初步证据能够证明侵权事实存在，而被控侵权人掌握侵权证据拒不提供的，可以用《民诉法解释》第 112 条规定推定侵权事实成立。

2. 赔偿阶段：适用法律较为复杂

在赔偿阶段适用证明妨碍规则时，原则上既可以适用《专利法解释二》第 27 条，也可以适用《民诉法解释》第 112 条；区别在于，《专利法解释二》第 27 条将适用的范围限制在了侵权获利中，而我国《专利法》分别规定了侵权获利、权利人损失、许可费及法定赔偿四种赔偿确定方式，故对于权利人损失、许可费及法定赔偿无法适用《专利法解释二》第 27 条。同时，因《民诉法解释》第 112 条适用也以存在书证为前提，而绝对的法定赔偿在实际中也无法适用，具体参见表3。

表3　专利案件证明妨碍规则适用可能性

侵权获利	权利人损失	许可费	法定赔偿
《专利法解释二》第 27 条			
《民诉法解释》第 112 条	《民诉法解释》第 112 条	《民诉法解释》第 112 条	

理论上的结论：证明妨碍规则的适用难点在于损失计算领域。

二、适用情况及问题

（一）定量分析——制度适用情况

以"举证妨碍""证明妨碍"为关键词检索中国裁判文书网获得判决的民事案件 87 件，筛选获得知识产权及竞争纠纷案件 26 件，专利案件 15 件❶；以上述关键词检索上海法院 C2J 智审系统获得判决的民事案件 41 件，筛选获得知识产权及竞争纠纷案件 4 件，专利案件 2 件❷。排除重复案件后获得的专利案件 16 件为样本统计分析如下。

1. 总体数量较少，法院发起较多

如图 1 所示，直接适用证明妨碍规则的案件数量较少，仅 16 件。上述案件中，由法院提起较多，共有 15 件，占 93.75%；由当事人提起较少，共有 1 件，占 6.25%。

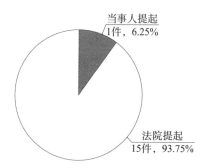

图 1　直接适用证明妨碍规则案件的提请主体分布

2. 赔偿领域多，其他领域少

在适用领域中，推定赔偿金额 12 件，占 75%；推定侵权 4 件，占 25%，如图 2 所示。

---

❶　专利案件案号：（2016）粤民终 1787 号，（2015）浙知终字第 139 号，（2014）粤高法民三终字第 637 号，（2017）粤民终 503 号，（2014）粤高法民三终字第 878、879、935、936、937、938、1033 号，（2013）汕中法民三初字第 29 号，（2014）沪二中民五（知）初字第 3 号，（2014）浙甬知初字第 138 号，（2013）浙金知民初字第 496 号。

❷　专利案件案号：（2016）沪民终 173 号［系（2014）沪二中民五（知）初字第 3 号案件二审文书］、（2018）沪民终 170 号。

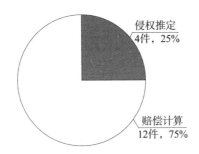

图2 直接适用证明妨碍规则案件的适用领域

3. 结合认定成立多，直接认定成立少

如图3所示，在认定方式方面，不予认定的案件有2件（其中因未完成初步举证责任的案件1件，因未侵权而不予认定的案件1件），占12.5%；法院直接认定侵权赔偿金额的4件，占25%；法院结合其他证据认定赔偿金额的共10件，占62.5%。

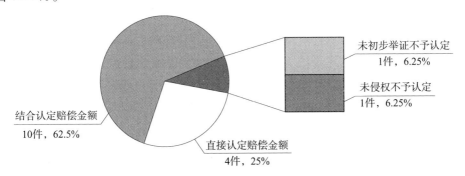

图3 直接适用证明妨碍规则案件的认定方式

（二）定性分析——法条适用情况

1. 《民诉法解释》第112条（《证据规定》第75条）适用实例

关于敖某某诉深圳市航嘉驰源电气股份有限公司、深圳市驰源实业有限公司、宁波百安居装饰建材有限公司侵害实用新型专利权纠纷一案❶，原告明确要求以被告侵权获利计算经济损失，并提供了相关税务局证明等证据。在原告已履行法定证明义务，而侵权相关账簿、资料由被告掌握的情况下，被告拒绝提供相应有关生产、销售数量、金额的财务账册、数据清单，故可以使用举证妨碍制度，适当参考原告的主张和提供的证据，依据具体案情分析认定被告航嘉驰源电气股份有限公司因侵权所获利益应承担的赔偿数额。法院参照被告公司2年侵权

---

❶ 参见：浙江省宁波市中级人民法院（2014）浙甬知初字第138号民事判决书。

时间内的销售额，乘以行业通常的毛利润计算相应的侵权获利，因其金额大于原告主张的赔偿金额，故对其诉请予以支持。

2.《专利法解释二》第 27 条适用实例

关于段某某、邹某某与上海新光化工有限公司侵害发明专利权纠纷一案❶，一审法院认为，原告无法获得相关产品的股东收益，亦未实际生产，因此无法确定原告损失，被告虽提供了包括被控侵权产品在内产品的销售额，但未能区分被控侵权产品与其他产品的具体销售金额，构成举证妨碍。二审法院认为，举证妨碍规则适用前提，一是权利人初步举证期主张的侵权人获利情况，二是相关账簿、资料主要由侵权人掌握。对于第一个条件，原审原告提供的交易记录并非与生产规模有关的直接证据，不符合适用的第一个条件。原审原告已经提供了原审被告相关销售发票，原审被告抗辩认为上述发票包含非被控侵权产品，根据举证原则，原审被告掌握上述发票，故应履行相关证据披露义务，因其未披露上述信息，应当承担举证不能的责任，可以将原审被告未举证证明的部分推定为被控侵权产品的销售金额，因此其未能区分被控侵权产品与其他产品的具体金额不属于适用举证妨碍的情形。

二审法院在该案件中，对权利人初步举证侵权人获利情况的初步证据采取较高的标准，如举证并非与侵权主张相同，则无法适用；同时认为如能通过证据披露义务推定的，也无须使用证据妨碍规则认定。

3. 比较

法院在适用相应的证明妨碍规则过程中体现出以下特点：一是虽然都要求权利人初步举证，但对权利人初步举证的高度要求不一致，《专利法解释二》第 27 条实际适用明显高于《民诉法解释》第 112 条（《证据规定》第 75 条）；二是对于相关账簿、资料主要由侵权人掌握认定标准不同，前者要求排除举证责任规则适用的情况下才能适用，而后者显然没有相关要求；三是在金额的计算中存在差异。

（三）效能分析——实际运行效果

1. 认识错位及法定赔偿适用惯性导致的低适用率

证明妨碍规则的适用需要以侵权获利、权利人损失及许可费用的举证和适用为前提，而在法定赔偿仍为赔偿主流的情况下，证明妨碍规则的适用仍为少数，不能体现专利赔偿金额反映当事人实际损失和获利的内容；有部分案件中适用证明妨碍规则计算金额，并以其金额高于原告主张金额的方式综合认定最终赔偿金额，也是法院适用证明妨碍规则的主流，严格的证明妨碍规则单独认定赔偿金额

---

❶ 参见：上海市第二中级人民法院（2014）沪二中民五（知）初字第 3 号民事判决书、上海市高级人民法院（2016）沪民终 173 号民事判决书。

的案件数量较少。

2. 法律规定不一致增加的适用难度及结果不一致性

在上述两件案件中，当事人面临的情况虽然相似，但法院采用不同的法律条文，对是否使用证明妨碍规则得出不一样的适用条件，且条件较为模糊，对于结果亦产生了重大影响。

3. 适用规则完整性缺位导致的程序瓶颈及规则不明确性

法院在适用举证妨碍规则中，对于发起及程序要求不明确，限制了证明妨碍规则的适用范围。

三、要件内容确定

（一）构成要件的再分析

如前文所述，从《专利法解释二》第27条及《民诉法解释》第112条内容来看，证明妨碍规则均存在4个构成要件，在评判如何解释和适用时，以下三个问题值得深入分析。

1. 权利人已初步举证

体系化解释要求专利特别规定与《民事诉讼法》保持一致，故应当将《专利法解释二》要求的权利人初步举证与《民诉法解释》要求的申请理由成立相对应，即权利人初步举证是申请理由成立的条件。因此，要求权利人初步举证，是为了判断是否有其他证据可以证明待证事实，侵权人掌握的账簿、资料是否对证明待证事实具有不可替代性。如果权利人尽力举证或初步举证后，可以获得证据证明待证事实，则侵权人掌握的账簿、资料并非不可替代，因此无须侵权人提供账簿、资料，申请理由不能成立。只有当权利人初步举证后仍无法证明待证事实，而侵权人掌握的账簿、资料可以证明待证事实，则说明侵权人掌握的账簿、资料对证明待证事实具有不可替代性，侵权人不提供账簿、资料会导致待证事实真伪不明，此时权利人的申请才能成立。

在具体判断中对于各种情况需要分类讨论，第一种是权利人可以获得推算侵权产品的销量、收入或利润所必需的证据，但上述数据的确切数据无法从公开渠道获得，此时权利人就可以证明侵权人掌握的账簿、资料对证明侵权产品的销量、收入或利润等待证事实具有不可替代性，权利人即满足尽力举证或初步举证的要求。第二种是权利人无法获得推算侵权产品的销量、收入或利润所必需的证据，此时权利人可以证明侵权人掌握的账簿、资料对证明侵权产品的销量、收入或利润等待证事实具有不可替代性，权利人同样满足尽力举证或初步举证的要求。故综合以上两种情况，权利人只要证明侵权人通过侵权行为获得销量、收入或利润，但确切的数据无法从公开渠道获得，就可以满足初步举证的要求。

2. 侵权行为相关账簿、资料主要由侵权人掌握

《专利法解释二》规定的这一要件对应《民诉法解释》中的"书证在对方当事人控制之下"。根据体系解释，在判断与侵权行为相关的账簿、资料是否主要由侵权人掌握时，应与《民诉法解释》判断书证是否在对方当事人的控制之下采取相同的标准。对此，权利人要么提供证据证明侵权人实际掌握与侵权行为相关的账簿、资料，要么提出理由或者证据说明侵权人负有保存相关账簿、资料的义务。故对于不同的主体而言，如果侵权人是国家机关、公司、企业、实业单位等组织，根据相关规定，单位负有设置和保管会计凭证、会计账簿、财务会计报表的义务。其中，会计凭证和会计账簿的保管期限为 15 年或 30 年，年度财务会计报告的保管期限为永久。根据相关规定，个体工商户对各种账簿、记账凭证、报表、完税凭证和其他有关涉税资料应当保存 10 年。如侵权人为不符合建账条件的个体工商户或个人，则其并无保存相关账簿、资料的法定义务。对于上述有报关账簿、资料，亦在法定报关期限内的主体，则可以认定系由侵权人掌握，反之则不然。

3. 不提供账簿、资料的正当理由

《专利法解释二》及《民诉法解释》均规定侵权人有正当理由可以不提供其掌握的证据。最高人民法院在解释《民诉法解释》第 112 条的时候，认为如果提交证据将使当事人或者相关人遭受重大不利益的，证据持有人可以拒绝提供，具体要根据个案的情况进行判断。❶侵权人常见的抗辩理由是账簿、资料涉及商业秘密。根据《民诉法解释》第 94 条的规定，当事人可以申请法院调查收集涉及商业秘密的证据。这与当事人申请法院责令侵权人提供证据属于类似情况。根据类似情况类似处理的原则，当事人可以申请法院责令侵权人提供涉及商业秘密的账簿、资料。因此，账簿、资料属于商业秘密不是侵权人可以不提供证据的正当理由。但要求侵权人提供上述信息却是可能泄露商业秘密、激励权利人恶意诉讼获取对手的相关商业秘密。故侵权人可以向法院申请保护措施，降低泄露风险。

（二）金额的具体计算

（1）侵权获利：《专利法解释二》的规定将适用范围限定于侵权获利计算中，故在证明妨碍规则的适用中，账簿、资料则主要用于确定侵权产品的销量、收入或利润，根据"侵权获利 = 侵权产品的销量 × 侵权产品的单位利润"的公式进行计算。

（2）实际损失：在确定实际损失时，侵权产品的销量、收入或利润也可能

---

❶ 沈德咏. 最高人民法院民事诉讼法司法解释理解与适用［M］. 北京：人民法院出版社，2015：372.

是不可替代的证据，也有适用证明妨碍规则的必要。在确定实际损失时，根据司法解释的规定，实际损失的计算公式之一是：实际损失＝侵权产品的销量×权利人产品的单位利润。

（3）许可费：实践中，许多许可合同都约定许可费由固定费用加上销售收入或销售利润提成的方式组成。如果权利人提供此类许可合同且得到法院的认可，此时只有知道侵权产品的销售收入或销售利润，才能确定侵权人本应向权利人支付的许可费，即侵权产品的销售收入或销售利润对确定许可费而言具有不可替代性。

（4）法定赔偿：对于纯粹的法定赔偿，证明妨碍规则并无适用的空间。实践中，法院在采信部分数据的情况下作出法定赔偿的判断，特别是高于法律规定酌定上限的金额判断中，证明妨碍规则仍有适用的空间，相关数据也可以作为重要参考因素，具体计算方法与上述三种金额的计算并无本质区别。

四、程序过程构建

（一）具体程序的明确

1. 申请

举证妨害规则的启动需要法院确认其必要性，针对《专利法解释二》中的情形，应当进行初步的举证；对于《民诉法解释》中的情形，则需要法院确定有启动的必要。具体而言，应当包括：（1）当事人的具体情况；（2）申请提供证据的内容和范围；（3）足以使法院确认的初步证据或其他内容；（4）申请的理由及主张索赔金额相关依据。

2. 辩论与释明

当事人提出申请后，另一方当事人有权围绕本方是否持有该证据展开辩论，法院在这一过程中应当释明该证据的举证责任分配以及举证妨碍行为的认定标准，并根据双方的辩论结果决定是否应当由一方提供相应的书证等内容。

3. 命令

法官当裁定当事人应提交证据时，可以向其送达书面通知，表明涉案证据的名称、类型、范围、提交时间以及逾期不提交的法律后果。

4. 裁决

在当事人拒绝提供证据，又没有正当理由的情况下，法院可使用证据妨碍规则进行裁决。

（二）防止泄密的辅助措施

1. 损害担保

《民诉法解释》第98条规定，证据保全可能对他人造成损失的，法院应当责令申请人提供相应的担保。由于侵权人提供账簿、资料可能会泄露商业秘密，造成损失，因此法院可以参照《民诉法解释》第98条的规定，责令权利人提供相应的担保，促使其谨慎行使诉权，并以此赔偿给侵权人造成的损失。

2. 不公开出示及质证

涉及商业秘密的账簿、资料不得在公开开庭时出示和公开质证，这是《民诉法解释》第103条第3款的要求。

3. 保密责任

诉讼参与人应签订书面保密承诺书，对涉及的商业秘密负有保密义务。

4. 遮盖措施

侵权人可以向法院申请对账簿、资料中与确定赔偿数额无关的部分采取遮蔽等措施后再提供，法院审查后认为合理的，应该同意，以减少侵权人不必要的披露。

（本课题系2018年上海知识产权法院重点课题）

聘任制技术调查官选任、管理、培养机制研究

吴登楼　陈　立*

2017 年 8 月 14 日，最高人民法院印发的《知识产权法院技术调查官选任工作指导意见（试行）》第二条规定："……知识产权法院可以按照聘任制公务员管理有关规定，以合同形式聘任技术调查官。"2018 年 2 月 6 日，中共中央办公厅、国务院办公厅印发《关于加强知识产权审判领域改革创新若干问题的意见》，明确提出要"探索在编制内按照聘任等方式选任、管理技术调查官，细化选任条件、任职类型、职责范围，管理模式和培养机制"。聘任制技术调查官对于目前知识产权法院来说还是一项全新的人事制度。本文结合上海知识产权法院技术调查实践，对聘任制技术调查官的选任、管理、培养机制等方面进行前瞻性研究，探讨技术调查官的职业生涯规划，促进技术调查官队伍健康稳步发展。

一、聘任制技术调查官的选任

1. 聘任制技术调查官的类型

聘任制技术调查官类型主要有两种：一种是具有公务员资格的聘任制技术调查官。该类型技术调查官在合同期内具有公务员资格，享受公务员待遇。合同期满未续聘的，公务员资格自动终止。最高人民法院《知识产权法院技术调查官选任工作指导意见（试行）》中规定的聘任制技术调查官就是这种类型。目前上海知识产权法院正在积极推进相关的聘任工作。另一种是不具有公务员资格的纯合

---

* 作者简介：吴登楼（上海知识产权法院技术调查室副主任）、陈立（国家知识产权局专利局光电技术发明审查部副处长、上海知识产权法院技术调查官）。

同制聘任制技术调查官。这种模式的技术调查官以合同制方式进行聘任和管理，聘任的技术调查官不享有公务员待遇。2017 年，南京市中级人民法院聘任的技术调查官即为该种模式❶。

2. 选任条件

首先，要考虑政治素质。选任技术调查官，要坚持党管干部原则，坚持德才兼备、以德为先，坚持注重实绩、业内认可、以用为本、平等、竞争、择优原则，依照法定的权限、条件、标准和程序进行，并突出知识产权审判工作的专业特点。技术调查官是法官的技术助手，要求处事客观、公正、中立，因此对其品行有较高的要求。技术调查官必须政治素质过关、品行端正。同时，曾因犯罪受过刑事处罚的、曾被开除公职的或者因违纪违法被解除聘用合同和聘任合同的、涉嫌违法违纪问题正接受审查尚未作出结论的、受处分期间或者未满影响期限的等不适合担任技术调查官情形的，均不得选任为技术调查官。

其次，要考虑聘任制技术调查官的文凭和工作经历要求。一般要求聘任制技术调查官具有普通高等院校理工专业本科及以上学历；获得该技术领域中级以上技术资格，拥有 5 年以上相关技术领域生产、管理、研究经验。尽管聘任制技术调查官的文凭要求不宜太高，但我们考查了类似岗位招聘实践❷，实际招聘人员基本具有硕士以上文凭，拥有在相关领域的实践和理论经验，特别是一定工作经历还是非常重要的。刚刚毕业的学生专业知识仅限于书本知识，对专业技术的认识还比较肤浅，缺乏实践经验，难以胜任技术调查官工作。只有经过相关技术领域的实践，对相关专业知识的把握和了解才能更准确，为法官提供的技术服务才更贴近实践与理论标准。对于拥有专业技术背景的法律硕士、专利审查员、专利代理人和鉴定人资格等复合型人才应当优先考虑，有这些专业背景人才的工作经历与技术调查官的工作内容比较接近，可以更快、更好、更高质量地进入角色。

最后，要考虑聘任制技术调查官的年龄段。技术调查官的年龄一般优选在 30～45 岁。这个年龄段的技术人员专业能力强，精力充沛，有利于开展技术调查工作。也有人提出，年龄宜放宽到 55 周岁，临近退休的专业技术人员更安心从事技术调查工作，有利于技术调查官队伍的稳定。但考虑到聘任制技术调查官合同期间享受公务员待遇应符合公务员招聘相关规定，同时，技术调查官需要参加保全、勘验等繁重的工作，年轻的技术调查官在工作中更有优势，因此年龄

---

❶ 南京市中级人民法院 2017 年 7 月公开招聘 6 名技术调查官公告 ［EB/OL］. ［2018 – 10 – 17］. http://www. gaoxiaojob. com/zhaopin/shiyedanwei/20170727/258523. html.

❷ 南京市中级人民法院 2017 年拟聘名单公示 ［EB/OL］. ［2018 – 10 – 17］. http://www. offcn. com/zhaojing/2017/1012/37627. html. 2017 中国（浦东）知识产权保护中心专利预审员招聘公告 ［EB/OL］. ［2018 – 10 – 17］. http://www. zgsydw. com/shanghai/20170922/326279_1. html.

一般不宜过大。

3. 选任对象的专业

受名额限制，技术调查官的专业不可能全面覆盖各个学科，选任时应当结合各个法院知识产权案件的实际需求来考虑。以上海知识产权法院为例，涉及专利侵权纠纷案件和计算机软件纠纷数量较多，而专利侵权纠纷案件中涉及机械领域的案件尤为明显。据统计，上海知识产权法院截至2018年9月底，专利纠纷案件共有1906件，占全部案件（包括一审、二审案件）的26.45%；软件案件共有1218件，占全部案件（包括一审、二审案件）的16.90%。所以，上海知识产权法院首选的专业应当是软件以及与专利相关的机械、电信等专业。客观地讲，每个法院拟选任的技术调查官都跟各个法院的案件构成相关。不同法院根据地区产业和区域优势，主要案件构成类型也不同。所以，要分析当地案件主要构成以及需要解决的主要技术类型，并在征求审判业务庭甚至上下法院机关审判业务庭的基础上，确定拟招聘的技术调查官专业领域，把有限的公务员指标利用好，充分发挥技术调查官的专业技术作用。

二、聘任制技术调查官管理和考核

1. 聘任制技术调查官的管理

根据最高人民法院的相关规定，知识产权法院的技术调查官由技术调查室管理。❶ 审判业务庭和执行部门需要技术调查官出庭或者保全、勘验的，应当书面向技术调查室申请。技术调查室根据案件的专业类型指派专业对口的技术调查官辅助法官查明、保全或者勘验相关技术事实。在紧急情况下，技术调查官可以根据法官的要求先出庭或者辅助法官进行保全、勘验，事后及时补办相关申请。法官在案件审理中需要口头咨询技术调查官相关技术问题的，出于方便审判、服务审判的考虑，不需要法官办理任何手续，法官直接咨询即可，由技术调查官备案登记。聘任制调查官的日常管理原则上由技术调查室负责。

2. 绩效管理与考核

聘任制技术调查官由于其聘任形式，平日的工作表现、考核结果与绩效、薪酬、聘任期限等密切相关，因此它与在编、常驻交流和兼职这三种形式的技术调查官管理考核方式有所不同。聘任制技术调查官既有公务员属性，又有合同制工作人员的属性。为了更好地激励他们，合理设定考核方式、内容以及评价标准就显得尤为重要。

---

❶ 《最高人民法院关于知识产权法院技术调查官参与诉讼活动若干问题的暂行规定》第一条规定，知识产权法院配备技术调查官，技术调查官属于司法辅助人员。知识产权法院设置技术调查室，负责技术调查官的日常管理。

我们认为，聘任制技术调查官考核方式应包括试用期考核、季度考核、年度考核和聘任期满考核。试用期考核是对经过3～6个月试用期的新聘任技术调查官能否胜任本岗位工作职责的考核，据此作出是否正式聘任的决定。季度考核则由技术调查官向技术调查室述职，由技术调查室出具初步考核意见，报政工部门审核，并结合聘任合同的约定与季度奖金的核发挂钩。年度考核由技术调查官在技术调查室述职后，按照年度考核要求，由技术调查室拟定年度考核次级，报政工部门审核，并由法院考核领导小组审定。年度考核要参照公务员考核相关规定，从"德、能、勤、绩、廉"五个方面确定为优秀、称职、基本称职或不称职等次。聘任期满考核是在聘任合同期满时，对技术调查官3年工作绩效进行考核，根据工作需要、技术调查官工作表现以及本人意愿，对技术调查官合同期内的工作进行全面考核，拟初步意见后报政工部门决定是否续聘。

考核的主要内容包括业务技能、出勤情况、纪律作风、工作数量、工作质效、廉洁自律等，突出工作业绩考核。根据以往的经验，由于技术调查官收案数量具有被动性，故单纯地以月、季度或者年度技术咨询的案件数量以及出庭、勘验、保全次数来衡量技术调查官的工作业绩不全面也不科学。每个技术调查官的专业技术领域都不同，参与案件的数量跟法院受理的不同技术领域的案件数量有关。尽管在选任时已经考虑到技术领域的分布，但是在实践中不同领域案件仍然存在数量不均匀的问题。因此对技术调查官工作评价要多角度、多维度进行，既要考虑咨询案件数量、出庭、保全勘验等数据，也要考虑法官对技术调查官参与咨询服务的工作时效和工作态度的反馈，还要对技术调查官的综合性工作、廉洁守纪等情况作出评价。

3. 聘任合同薪酬确定标准

首先，要考虑技术调查官的性质及工作量情况。聘用的技术调查官作为审判辅助人员为审判工作提供稳定、可靠、专门的技术事实查明支持，其工作职责贯穿案件审理的主要过程，最终提出技术审查的书面意见。薪酬水平受其工作职责、工作量及同一地区、同类技术人员的市场薪资水平等因素影响，在预先设定薪酬标准时需要综合考虑以上因素。

其次，要参考同类别技术人员的市场薪酬水平。如果薪酬不具有吸引力，将无法向法院引进社会上较为优秀的技术型人才，不利于建立一支高业务水准的技术调查官队伍。以南京市中级人民法院为例，在确定聘任制技术调查官时，南京市中级人民法院以南京市高层管理人才交流服务中心人才库和智联招聘人才库的人才信息数据作为基础，进行了初步市场调查，调研出同类别技术人员的市场薪资水，并最终确定聘任制技术调查官的年薪标准。具体到知识产权法院，还可以横向参考聘任制公务员或者事业编制的技术人员的薪酬标准。例如，中国（浦东）知识产权保护中心聘任的预审员均来是自某一专业领域的技术人员并从事技术与法律相结合的工作，类似的职位具有较高的参考价值。

最后，要考虑在法院里共同工作的法官、法官助理和其他人员的薪酬水平。如果薪酬水平设定过高，可能会影响一起从事工作的法官、法官助理、书记员的工作热情和积极性。因此，综合考虑以上各方面的因素，技术调查官的薪酬收入以税后的收入设定在法官与法官助理之间为宜。

三、聘任制技术调查官的培养和职业生涯设计

1. 培养机制

从实践来看，技术调查官不仅仅是技术方面的能手，也需要掌握必要的知识产权法律知识，才能更好地适应技术调查官工作。就上海知识产权法院而言，技术调查官可以通过参加上海市高级人民法院每年组织的菜单式培训以及专门法律培训等方式让技术调查官掌握必要的法律知识。尤其是知识产权法院专利案件均集中管辖，如果技术调查官掌握必要的专利知识，特别是如何解读专利权利要求、专利等同认定以及功能性特征的认定等法律知识，会大大提高技术调查官参与专利案件技术调查的质量和效率。

同时，法院也要有一定的途径让聘任的技术调查官适时学习了解相关专业领域的最新技术动态。法院并非技术应用的一线单位，在编技术调查官在此环境中难以及时进行知识更新和实践应用。技术调查官在法院工作后，由于不处在所属专业技术领域的应用一线，可能出现与技术发展脱节的现象，难以一直保持"本领域技术人员"的技术水平要求，不利于发挥技术调查官在技术事实查明中应有的作用。为了避免上述问题，提高协助调查办案的技能，对技术调查官进行及时的培训必不可少，可以定期安排技术调查官参加所在法院以及上级法院举办的法律知识培训，鼓励技术调查官报名参加本地高校开办的某一门专业课程的学习或者到具有专业特点的科研院所进行短期的交流学习，有选择地出席某一领域的专业学术会议，关注该行业最新研究进展和学术研究动向。这些都不失为提升专业技术水平的好途径。当然，技术调查官专业知识的更新更依赖于在工作中学习，在实践中进步。

2. 职业生涯规划和设计

聘任制技术调查官是合同制的，聘期三年。聘期内工作表现良好的可以根据工作需要和个人意愿续聘三年，因此聘任制技术调查官并非传统意义上的"铁饭碗"。为了能够吸引社会上优秀的人才，除在管理过程中坚持贯彻"使用与培养相结合"的机制外，还应兼顾考虑个人的长远发展，合理规划技术调查官的职业生涯。特别是在聘任合同即将到期的那年，对于那些工作表现优秀的技术调查官，可以提前续聘。这样做有利于消除个人对未来的不确定感，解除聘期最后一年可能会出现的"临时工"思想，有利于他们安心做好本职工作。

人的职业生涯有时是动态的。实际上，技术调查官也不排除通过自己的学习通过国家统一法律职业资格考试，朝着法律与技术相结合的复合型人才方向发展。此外，也不排除优秀的聘任制技术调查官转为委任制公务员的可能。通过上级部门的支持与批准，给那些在聘任期间经表现特别优秀的技术调查官转为委任制公务员提供机会，一来有利于建立一支相对稳定的优秀技术调查官队伍，二来有利于充分发挥他们的能力和主观能动性。

《关于加强知识产权审判领域改革创新若干问题的意见》中指出，"加大知识产权审判人才培养选拔力度""在保持知识产权审判队伍稳定的前提下，建立知识产权法院之间、知识产权专门审判机构之间、上下级法院之间形式多样的人员交流机制……可以从工作者、律师、法学专家中公开选拔知识产权法官"。为了更加深入地贯彻创新驱动发展的战略和国家知识产权战略，破解制约知识产权审判发展的机制体制障碍，进一步激发知识产权审判队伍的积极性、主动性和创造性，是否可以更加大胆地设想，培养那些通过国家统一法律职业资格考试、工作成绩特别出色的技术调查官承担法官助理的工作，并将他们朝着知识产权法官的方向培养。

3. 晋级激励机制

聘任制技术调查官的薪酬在签订合同时就已经确定了。除了帮助他们合理规划职业生涯发展方向，提供各类培训的机会，如何激励他们、设计配套的晋级激励制度，也值得我们深思。

由于技术调查官制度设立时间不长，目前并没有针对技术调查官设立特别的职称评定办法。现有的在编人员按公务员年限晋级，与相应的行政级别对应，然而这类职称评定办法的缺点是没有反映出专业技术特点；与之相应的社会上科研单位的工程师、高级工程师职称评定办法虽然能够体现专业特点，但是当前该评定并不对公务人员开放。

聘任制技术调查官虽然按照聘任合同，任期最长不超过 6 年，考虑到未来不同法院设立的技术调查室存在人员流动的可能，以及本人合同期满仍有机会转成委任制公务员继续担任技术调查官的可能，为了充分调动技术调查官的工作积极性，突出知识产权审判工作的专业特点，促进技术调查官队伍稳定可持续发展，我们经过调研认为，可以参照国家知识产权局专利局、专利复审委员会《专利审查员资格评审办法》设立技术调查官等级评价办法是可行的。国家知识产权局专利局审查员资格评审办法将审查员资格分为七级，晋升非领导职务时一般应具有的相应专利审查员资格如表 1 所示。

表1　国家知识产权局专利局审查员资格等级

非领导职务	专利审查员资格等级
巡视员	一级专利审查员资格
副巡视员	二级专利审查员资格
调研员	三级专利审查员资格
副调研员	四级专利审查员资格
主任科员	五级专利审查员资格
副主任科员	六级专利审查员资格
科员	七级专利审查员资格

由于聘任制技术调查官选用的是中级以上技术资格、拥有5年以上相关技术领域生产、管理、研究经验的技术人员，因此不必设计与科员对应的等级资格。此外，巡视员的等级过高，暂时也不必设置。我们的初步方案是将技术调查官资格分为五级，从高到低依次为：一级技术调查官资格；二级技术调查官资格；三级技术调查官资格；四级技术调查官资格；五级技术调查官资格。首次参评技术调查官资格的资历条件为须进入法院技术调查室工作1年以上（含试用期）。建议参评对应的条件如表2所示。

表2　技术调查官资格等级

资格等级	参评条件
一级技术调查官资格	具有大学本科以上学历和二级技术调查官资格5年以上人员
二级技术调查官资格	具有大学本科以上学历和三级技术调查官资格3年以上人员
三级技术调查官资格	具有大学本科以上学历及四级技术调查官资格，在法院技术调查室工作3年以上的人员
四级技术调查官资格	大学本科毕业，参加工作时间7年以上；获得硕士研究生学位参加工作时间4年以上；进入技术调查室工作前具有高级职称
五级技术调查官资格	大学本科毕业，参加工作时间满4年但不满7年；获得硕士学位参加工作时间不满4年；获得博士学位，工作时间满1年

我们建议技术调查官的技术等级与公务员行政级别的对应关系如下：一级对应正副厅（局）级；二级对应正处级；三级对应副处级；四级对应正科级；五级对应副科级。

在进行技术调查官等级评审时，需要综合考虑任职技术调查官的工作年限、工作成效、参与技术调查案件的数量、参与课题研究、发表的文章等。今后发展方向是职称评定与薪酬挂钩，激励技术调查官走专业技术发展方向。从更长远的角度考虑，如果是委任制公务员，这样的晋级激励制度就显得更为重要。当然，这项制度的推行需要进一步的论证和上级主管部门的支持，更详细的技术调查官等级评价标准还有待在实践过程中进一步建立和健全。

四、结　语

随着知识产权案件数量进一步增长，为了提高这类案件技术查明的准确性和高效性，技术调查官队伍逐渐成为一支不可或缺的力量。我们将在实践中不断探索和完善聘任制技术调查官选任、管理模式，设计好技术调查官的职业生涯，进一步稳定和充实这支法庭上的新生力量。

（本文发表于《上海审判实践》2018 年第 4 辑）

网页的著作权与不正当竞争保护界分

杨馥宇*

【摘　要】对于网页的知识产权保护，司法实践中一直存在争议。本文从著作权和不正当竞争两个方面，对网页应如何保护进行了分析。网页如果在内容的选择和编排上体现出独创性，可以作为汇编作品进行保护，但汇编作品是以体系化方式呈现的信息的集合，不能脱离被汇编的内容，仅仅体现独创性选择或编排的网页版式设计不能作为汇编作品进行保护。由于网页的版式设计不属于《著作权法》关于作品类型的规定，故难以获得《著作权法》的保护。但是这些不构成作品的内容，如果对其的抄袭、剽窃行为损害到整体的竞争秩序时，应当被《反不正当竞争法》禁止。判断涉案行为是否属于不正当竞争行为的关键在于涉案行为是否损害经营者、消费者的合法权益以及市场竞争秩序。

【关键词】网页　版式设计　汇编作品　不正当竞争　一般条款

随着信息技术的发展，传统的工作生活方式被逐步改变，互联网已经日渐成为人们获取信息的门户和最为基础的资源。网络经营者日益重视网页设计的美观性，提升用户感受并增加访问量，使网页成为宣传和展示企业形象的重要途径。与此同时，复制的高效率和低成本极大地刺激了网页知识产权侵权，对信息的需求使得一些网络经营者在短短几秒钟之内就可以轻易抄袭他人耗费心力制作的网页并以此获取经济利益，从而引发争议。目前，对于此类纠纷，司法实践中存在以《著作权法》保护和以《反不正当竞争法》保护两种途径。一方面，《著作权

---

* 作者简介：杨馥宇，上海知识产权法院知识产权审判第一庭法官。

法》并没有将网页作为一种作品类型予以规定，网页是否属于著作权法意义上的作品尚存在较大的争议；另一方面，新修订的《反不正当竞争法》将网页作为经营活动的标识以仿冒行为予以规制，对于该条文的法律适用以及其与一般条款的关系问题也值得进一步研究。本文拟对上述两种保护方式进行梳理和评析，探讨网页知识产权合理的保护路径。

一、《著作权法》的保护路径

通过《著作权法》对网页进行保护，关键是网页作品属性的认定。网页作为《著作权法》中何种类型的作品一直备受争议，目前存在计算机软件说、视听作品说、汇编作品说、其他作品说、借鉴数据库保护说几种观点。司法实践中主流的观点有两种：一种是按照汇编作品进行保护；一种是按照《著作权法实施条例》关于作品独创性、可复制性的条件认为网页满足上述要求构成作品，并据此提供保护。

（一）直接认定网页构成作品

实践中，不少法院直接认定网页构成作品，其主要依据是《著作权法实施条例》第二条关于作品的定义，即《著作权法》所称作品，是指文学、艺术和科学领域内具有独创性并能以某种有形形式复制的智力成果。根据该规定，法院将构成作品的要素归纳为：（1）作品是文学、艺术和科学领域内的智力成果；（2）具有独创性；（3）能够以某种有形的形式复制，并认为满足上述三个条件的网页可以构成作品。例如，在中企动力科技股份有限公司等诉潍坊万企—信息科技有限公司侵害著作权及不正当竞争纠纷案中，法院认为："具有独创性和可复制性的网页是可以作为作品受《著作权法》保护的。首先，网页是网站的基本元素，网页制作贯穿于整个网站的建设过程中，其制作流程包括网站策划、美工制作、网页的界面框架制作、后台程序制作、网站测试与发布等。因此，一个制作精美的网页需要凭借软件设计出网页的界面框架，通过编写源程序才能够完成网页的制作。技术含量高的网页制作工作需要消耗制作者相当的精力，为了吸引更多的网民浏览，设计制作者在网页的设计、排版、布局、色彩搭配等方面花费了大量智力劳动，而这一系列创造性智力活动恰恰是作品独创性的体现。其次，网页可以通过多种途径予以保存，亦可以打印在纸张上，网页具备有形复制的属性。因此，具有独创性和被他人所客观感知和复制的网页可以构成《著作权法》上所称的作品，应当受《著作权法》的保护。"❶ 显然，在该案中，法院并没有认定网页属于何种类型的作品，而是认为根据《著作权法实施条例》关于作品定义

---

❶ 参见：山东省潍坊市中级人民法院（2011）潍知初字第343号民事判决书。

的规定，满足独创性和可复制性的要件即可构成作品，而无须考虑是否属于《著作权法》规定的作品类型。

笔者认为，《著作权法实施条例》关于独创性和可复制性的规定是构成作品的必要但非充分条件。也就是说，作品必然具有独创性和可复制性，但并非具有独创性和可复制性的就一定构成作品。因此，在认定一种智力成果是否属于著作权法意义上的作品时，不能仅仅判断其是否具有独创性、可复制性、智力成果等条件，还要结合《著作权法》的基本原理进行综合判断。例如，在上诉人北京中科恒业中自技术有限公司、上诉人杭州西湖风景名胜区湖滨管理处与被上诉人被交警中科水景科技有限公司侵害著作权纠纷案❶中，一审法院以《著作权法》虽无音乐喷泉作品这一类别，但这种作品本身具有独创性应受《著作权法》保护为由认定构成侵权，二审法院则将音乐喷泉作为美术作品进行保护。笔者认为，尽管音乐喷泉和美术作品在事实上存在差异，但至少在该案中法院坚持了作品类型对《著作权法》保护范围的限定，而非仅考虑其独创性。一种智力创造成果要构成作品，除应具有独创性，还需要满足《著作权法》关于作品类型的规定，仅以《著作权法实施条例》的规定直接认定网页构成作品是难以成立的。

（二）对于网页整体以汇编作品提供保护

《著作权法》第十四条规定："汇编若干作品、作品的片段或者不构成作品的数据或其他材料，对其内容的选择或编排体现出独创性的作品，为汇编作品……"《著作权法》将汇编作品规定在著作权归属一节中，该节同时对法人作品、演绎作品、合作作品、影视作品、职务作品和委托作品作出了规定。这些规定均立足于作品著作权的归属问题，与《著作权法》第三条以作品的表现形式进行划分有本质的不同。而该节关于汇编作品的规定既不涉及著作权的归属问题，也不涉及作品的表现形式，属于上述两种分类方式之外的另一分类方式。关于汇编作品与传统作品的关系，王迁教授认为，首先，如果独创性选择或编排形成的是能够独立表现思想或文艺美感的内容，则选择或编排仅仅是创作我国《著作权法》第三条中各类作品的手段，并不产生第三条规定的九类作品之外的汇编作品。其次，如果独创性选择或编排无法形成独立表现思想或文艺美感的内容，无法被归入我国《著作权法》第三条规定的九类作品，则选择或编排的成果只可能作为汇编作品受到保护。从这个意义上说，汇编作品是我国《著作权法》第三条之外的独立作品类型，具有兜底的作用。❷ 对于网页而言，文字与图片是构成一个网页的两个最基本的元素。除此之外，网页的元素还包括动画、声音、视频、表格、导航栏等，其中有些元素可以单独构成作品，有些元素则已进入公有领域，

---

❶ 参见：北京知识产权法院（2017）京 73 民终 1404 号民事判决书。

❷ 王迁. 论汇编作品的著作权保护 [J]. 法学, 2015（2）：35.

不能构成单独的作品，但网页作为一个整体，可以看作对若干作品、作品的片段或者不构成作品的其他材料的汇编，而这种选择和编排的成果并不能够被归入《著作权法》第三条规定的作品类型之中，当这种选择和编排具有独创性时，可以作为汇编作品受到保护。

那么何为选择与编排的独创性呢？《著作权法》上的独创性，"独"是指劳动成果源于劳动者本人，也即劳动成果是由劳动者独立完成的，而非抄袭的成果。❶"创"则是指源于本人的表达是智力创作的成果，具有一定程度的智力创造性。❷ 对于汇编作品而言，"独"和"创"体现在对于内容的选择和编排上，即对现有信息实物编排并非遵循既定的规则，而是进行偏离常规、富有个性化的选择或编排。在上海远播教育科技股份有限公司诉上海熠杨文化传播有限公司著作权侵权及不正当竞争纠纷案中，法院对于网页选择与编排的独创性作出了详细的论述："远播公司根据耀华学校提供的基础元素的材料进行筛选，选取与网页风格最匹配的文字和图片，并根据其多年教育推广经验对相关元素进行编排，使浏览者快捷地获取所需的信息，引导浏览者作出就读该学校的决定，可见远播公司对上述素材的选择与编排并非按照既定的规则或者规律进行，涉案网页以远播公司所认为的合理方式呈现，提供的是远播公司认为的有价值的作品和信息，由此形成的汇编成果能够体现选择与编排上的独创性，能够独立地表现思想或文学艺术美感的内容，属于《著作权法》规定的汇编作品，可以受到《著作权法》的保护。"❸ 因此，以汇编作品对网页提供保护关键在于对网页内容的选择和编排具有独创性，这种选择或编排的结果能够反映汇编者对信息价值和其呈现方式的独特认识。❹

需要说明的是，汇编作品保护的是信息的集合，本身不能脱离被汇编的内容而独立存在。在电子媒介亚洲公司诉全球制造商系统公司案中，原告认为其网站首页的栏目设计及结构布局具有独创性，属于受《著作权法》保护的汇编作品。被告网站中的具体内容虽然语气并不相同，但栏目设置与其一一对应，结构布局亦极其相似。原告主张被告侵犯了其汇编作品的著作权，实际上就是要求保护反映其独创性编排方式的栏目设置本身。对此，法院指出："汇编作品是对作品、作品的片段或者不构成作品的数据或者其他材料的汇编。应注意的是，这一汇编应是指对上述客体所体现的内容的汇编，而其中内容强调的是汇编人所选择或编排的应是汇编材料所提供的信息，而非其他……如最终形成的汇编结果无法使他

❶ 王迁. 著作权法 [M]. 北京：中国人民大学出版社，2015：20.
❷ 王迁. 著作权法 [M]. 北京：中国人民大学出版社，2015：27.
❸ 参见：上海知识产权法院 (2016) 沪73民终33号民事判决书.
❹ 王迁. 论汇编作品的著作权保护 [J]. 法学，2015 (2)：43.

人从中获得具体的信息，则因该汇编无法被认定是对内容的汇编而最终无法构成汇编作品……对于涉案网页中的栏目名称，其仅是对该网站中不同栏目的具体分类，其信息来源于各栏目项下的具体内容，而非栏目名称，他人从栏目名称中亦无法得知具体信息……对于上述要素的选择和编排无法构成《著作权法》保护的汇编作品。"在该案中，法院明确认定包括栏目名称和栏目分类在内的栏目设置本身由于脱离了具体的信息内容，不能够作为汇编作品受到保护。如果侵权者抄袭网页之后保留相关的栏目设置，而将具体信息的内容作简单替换，这种情况显然难以通过汇编作品对权利人提供保护，在进行具体内容的替换之后，很难将两个网页认定为构成实质性近似。

（三）网页的版式设计是否构成作品

网页的版式设计是网页整体布局、栏目设置、色彩搭配等要素或者要素的组合，不包括具体信息内容的网页框架结构。既然网页的版式设计脱离具体信息内容难以认定为汇编作品，那么其本身是否可以单独构成作品呢？司法实践中法院对此持否定态度。

在青岛网星电子商务有限公司诉青岛英网资讯技术有限公司网页著作权侵权纠纷案中，二审法院认为："本案争议的网页，两者网页中的文字、图像以及文字与图像的组合均不相同，近似的是网页版式设计存在部分相似之处，即标题栏、右侧上方图像、右侧超级链接栏目和页面底部的分布存在相同之处。而这种网页版式设计的相似是否构成著作权法意义上的剽窃是当事人争议的焦点……我国著作权法并未对网页的版式设计单独进行保护，究其原因，网页的版式设计通过文字图形等要素的空间组合以取得良好的视觉表现效果，但是网页的版式设计不能脱离了特定文字、图形而独立存在，单独的版式设计不构成我国著作权法意义上的作品。因此，网页版式设计因缺乏构成作品的基本条件即具体的表现形式而不能单独享有著作权。虽然法律规定出版者对其出版的图书、报纸、杂志的版式设计享有专有使用权，但是该项著作邻接权的主体不能作任意扩大解释，在法律没有明确规定的情况下，网页著作权人对网页版式设计不享有该著作权的邻接权利。"❶该案中，法院对网页的法律性质以及网页版式设计是否享有著作权进行了分析。法院认为，尽管版式设计人在版式设计的过程中付出了创造性劳动，可是没有与具体的文字、图形结合，它只能表达创作人的一种创作思维，而《著作权法》并不保护不具备表达形式的思想，而且版式设计邻接权的主体固定，不能随意扩大。笔者不赞成该案中法院的观点，理由在于：首先，网页的版式计并非属于纯粹的思想范畴，网页中栏目的设置、色彩搭配、悬浮框的位置、效果、

---

❶ 参见：山东省青岛市中级人民法院（2002）青民三终字第 2 号民事判决书。

各个栏目的设置顺序等最终均将以外在表达的形式呈现在用户面前，并非不具备外在表达形式的思想。其次，网页版式设计中被选择的颜色、内容等元素可能来自公有领域，任何人都可以选择相同的颜色和素材来制作网页，但是面对相同的素材，不同人设计出来的网页版式必然是不相同的，网页的版式设计融入了设计者个人的理解和判断，带有个性化的色彩，具有独创性。当然，在一些特殊的情况下，如一些搜索引擎网页，其本身的设计十分简单且无法与功能脱离开来，无法获得《著作权法》的保护。

笔者认为，网页的版式设计虽然具有独创性，但仍然不能作为作品受到《著作权法》的保护，理由在于：网页的版式设计并不属于《著作权法》规定的作品类型，法律并未规定网页作品，网页的版式设计也难以归入现有的其他作品类型。与网页的版式设计相近似的是美术作品，《著作权法实施条例》将美术作品定义为绘画、书法、雕塑等以线条、色彩或者其他方式构成的有审美意义的平面或者立体的造型艺术作品，因此美术作品是由线条和色彩等要素构成的。而网页并非主要由线条和色彩构成，虽然在设计网页的过程中不可避免地涉及色彩的搭配等类似于创作美术作品过程中的一些思维活动，这与美术作品的创作过程存在相似之处，但其创作的结果与美术作品存在较大的区别，故网页的版式设计难以被归入美术作品予以保护。此外，《著作权法》第三条规定了法律法规规定的其他构成作品的情形，从表面上看，该款规定是一个兜底条款，但是至今也没有哪一部法律法规规定其他作品的类型。笔者认为，如果一种智力成果构成作品，就一定能够被归为《著作权法》明文列举的作品类别。授权法对作品类别的规定，实际上也是对《著作权法》保护范围的限定。网页版式设计无法归入法定的作品类型，这种情况下就无法作为作品受到《著作权法》的保护了。

有观点认为，《最高人民法院关于审理涉及计算机网络著作权纠纷案件适用法律若干问题的解释》第二条规定："受著作权法保护的作品，包括著作权法第三条规定的各类作品的数字化形式。在网络环境下无法归于著作权法第三条列举的作品范围，但在文学、艺术和科学领域内具有独创性并能以某种有形形式复制的其他智力创作成果，人民法院应当予以保护。"根据该条解释，即使不能被归入现有的作品类型，只要符合作品的构成要件，也可以对作品进行保护。笔者不同意该观点。该法规已被《最高人民法院关于审理侵害信息网络传播权民事纠纷案件适用法律若干问题的规定》废止，其本身已经失效，在制定侵害信息网络传播权条例及相关司法解释的过程中，立法者并没有对该规定进行保留，说明立法者并不希望作品突破现有类型规定的限制，因此不能依据该条款任意扩大作品的类型。

二、《反不正当竞争法》的保护路径

如前所述，网页的版式设计难以通过《著作权法》进行保护。对于侵权者来说，只要复制相关的目标网页之后再进行简单的信息替换就可以达到目标，同样达到利用他人网页设计的目的。在这种情况下，如果不能对网页设计者提供保护，将极大地损毁其创作热情。《著作权法》与《反不正当竞争法》有不同的立法目的：《反不正当竞争法》的立法目的在于规范竞争秩序，而重点不在于特定竞争者的具体权益；《著作权法》虽然通过禁止对作品的复制、发行等行为在客观上也维护了竞争秩序，但其本旨主要在于维护和鼓励文学艺术创作，因此对于受《著作权法》保护的作品有独创性高度的要求。但这并不意味着对于不构成作品的内容就可以被任意地抄袭和剽窃，这些不构成作品的内容只是不能得到《著作权法》的保护，但是如果抄袭、剽窃行为损害到整体竞争秩序，则应被《反不正当竞争法》禁止。具体而言，《反不正当竞争法》可以通过特殊条款和一般条款对网页提供保护。

（一）特殊条款的保护

1993 年《反不正当竞争法》对网页没有明确的规定，司法实践中法院往往将网页认定为知名商品特有包装装潢，适用《反不正当竞争法》第五条第二项，该条规定："经营者不得采用下列不正当手段从事市场交易，损害竞争对手：……（二）擅自使用知名商品特有的名称、包装、装潢，或者使用与知名商品近似的名称、包装、装潢，造成和他人知名商品相混淆，使购买者误认为是该知名商品……"《反不正当竞争法》保护的知名商品包括知名服务，根据该条规定，认定网页构成知名商品或服务的特有名称、包装、装潢的条件是网页具有一定的知名度，且装潢具有特有性。当网页能够起到识别商品和服务来源的功能时，可以通过该条款对网页提供保护。

新修订的 2019 年《反不正当竞争法》第六条明确将网页作为商业标识予以规定，该条规定："经营者不得实施下列混淆行为，引人误认为是他人商品或与他人存在特定联系：……（三）擅自使用他人有一定影响的域名主体部分、网站名称、网页等……"对于该条款，笔者认为：首先，新修订的《反不正当竞争法》扩大了商业标识的范围，以"一定影响"代替了"知名"，但标识本身的法律属性没有改变。"有一定影响"同样强调必须有一定的知名度。其次，新修法虽未明确规定"特有"的要件，但《反不正当竞争法》以"特有"体现显著性，法律规定的特有性是为了使其具有独立的识别意义，强调的是其具有足以识别来源的显著性，故司法实践仍应考虑特有性的要求。根据该条规定，具有识别商品和服务来源的网页可以适用《反不正当竞争法》的特殊条款予以保护，网页法律地位在《反不正当竞争法》上得到了肯定。

（二）一般条款的保护

1. 一般条款与特殊条款的关系

如前所述，利用特殊条款保护网页的前提是该网页具有一定的影响，且造成公众的混淆。在实践中，很多的侵权行为的目的不在于产生混淆，很多侵权者并不是利用整个网页，而仅仅利用了网页的版式设计。由于对相关内容进行了替换，实践中并不会造成消费者的混淆，不会引起对商品和服务来源的误认，对于此类侵权行为是否适用《反不正当竞争法》的一般条款予以保护则存在争议。

有观点认为，凡是《反不正当竞争法》特别规定作出穷尽性保护的行为方式，原则上不宜再适用《反不正当竞争法》的一般条款予以规制。❶根据该观点，由于《反不正当竞争法》的特殊条款对于网页受到保护的条件作出了明确的规定，如果网页本身不具有知名度或影响力，对于网页的抄袭和模仿如果没有引起消费者的混淆误认，即不满足特殊条款规定的条件时，则不可再适用一般条款，否则可能会架空特殊条款的规定，导致原则性条款的滥用。只有在特殊条款对具体的行为类型没有规定的情况下，才可以适用一般条款对此类行为进行调整。

对于一般条款和特殊条款的关系，笔者认为，《反不正当竞争法》特殊条款的立法目的在于规制造成混淆的仿冒行为，其保护的是商业标识的识别性，故按照该条款对网页进行保护需要涉案网页达到一定的知名度并具有识别商品来源的功能和作用。而一般条款保护的是市场竞争秩序，强调行为的正当性和对竞争秩序的维护，体现了《反不正当竞争法》的立法宗旨和目的。笔者认为，特殊条款排除一般条款适用的前提是被保护的利益具有一致性。对于原样模仿抄袭网页版式设计的行为，目的不在于混淆商品和服务的来源，故本身并不属于仿冒行为，而是利用他人劳动成果省却自身劳动以获取不正当利益，即不属于《反不正当竞争法》特别条款调整的行为类型。故此时特殊条款并不能排除一般条款的适用，当该行为有损市场竞争秩序时，仍然可以适用一般条款。

2. 适用一般条款的条件

新修订的《反不正当竞争法》第二条第二款规定："本法所称的不正当竞争行为，是指经营者在生产经营活动中，违反本法规定，扰乱市场竞争秩序，损害其他经营者或者消费者合法权益的行为。"与旧法相比较，该条更加强调对于市场竞争秩序的保护，同时强调对于消费者合法权益的维护。根据该规定，判断涉案行为是否属于不正当竞争行为，关键在于涉案行为是否损害市场竞争秩序以及

---

❶ 参见：最高人民法院（2009）民申字第1065号民事裁定书。

经营者、消费者的合法权益。

在上海远播教育科技股份有限公司诉上海熠杨文化传播有限公司著作权侵权及不正当竞争纠纷案中，法院对于涉案网页抄袭行为构成不正当竞争行为进行了分析，法院认为："对于经营者而言，涉案网页整体布局、栏目设置、色彩搭配等框架结构虽不能构成著作权法意义上的作品，不能受到著作权法的保护，但是上海远播教育科技股份有限公司作为涉案网页的设计者，对于网页的风格选择、整体布局、色彩搭配等付出了劳动，上海远播教育科技股份有限公司通过为学校设计网页并进行招生推广而获取收益，该网页的设计能够满足消费者一定程度的需求，可以为上海远播教育科技股份有限公司带来经济利益，远播教育科技股份有限公司对于该网页的设计产生的合法权益应当受到法律的保护。上海熠杨文化传播有限公司抄袭了上海远播教育科技股份有限公司网页的设计框架和整体布局风格，仅简单对其中具体的信息内容进行了替换，该行为将淡化上海远播教育科技股份有限公司基于该网页享有的竞争优势，损害其合法权益。对于市场竞争秩序而言，虽然公平的市场竞争允许一定程度的模仿自由，但本案是高度抄袭行为，上海熠杨文化传播有限公司在创建自己的教育推广网站时，不是主动对相关素材进行构思、创作，而是将上海远播教育科技股份有限公司网站进行复制后稍加修改即用于自己的网站，这种省却自身劳动、不正当地利用他人的劳动成果攫取竞争优势并以此参与市场竞争活动的行为明显有违公认的商业道德，超出了模仿自由的界限，损害了竞争秩序。推而广之，若允许其广泛存在，必将损害网页设计行业的健康发展，不利于公平的市场竞争。"❶ 需要说明的是，由于涉案侵权行为发生时，新《反不正当竞争法》并未实施，该案仍然适用旧法一般条款的规定，该条款并未规定消费者利益，故法院从涉案行为对经营者合法权益的损害和对市场竞争秩序的损害两个方面进行分析，认定构成不正当竞争。

笔者认为，《反不正当竞争法》一般条款的适用可以分为两种情况：一种情况是《反不正当竞争法》并未明文列举但却足以导致混淆的行为，即混淆导致的不正当竞争；另一种情况是不劳而获的原样模仿行为，对于该类行为《反不正当竞争法》未明文列举，行为本身也不会导致混淆，但该行为有违公认的商业道德。就网页而言，如果抄袭网页的行为虽不足以造成混淆，但该行为对经营者、消费者以及公平的市场竞争秩序造成损害，有违公认的商业道德，则应当适用一般条款予以规制。

---

❶ 参见：上海知识产权法院（2016）沪 73 民终 33 号民事判决书。

合理使用未注明出处的法律性质及责任承担

——兼谈我国《著作权法》的修改

凌宗亮*

【提　要】《著作权法》中注明出处义务关涉的是著作权人的人身权益，并非合理使用的构成要件，而是使用人在使用他人作品时应负有的独立义务。合理使用人未注明出处的，并不导致原本属于合理使用的情形成为侵害著作财产权的行为，但应承担消除影响或赔礼道歉的民事责任。注明出处与署名不同，未注明出处的并不一定属于剽窃。只有使用人使用他人作品超过必要限度，且未署名或注明出处，才构成剽窃，即在合理使用行为与剽窃行为之间存在独立的未注明出处的侵权行为。

【主要创新观点】本文的创新之处在于对注明出处的法律性质、注明出处与署名权、剽窃的关系等进行了分析。关于《著作权法》中注明出处的法律性质，《著作权法》未予明确，司法实践及理论仍有较大争议。本文通过对合理使用和注明出处各自的制度价值以及合理使用构成要件与合理使用人所有义务的关系等角度，论证提出《著作权法》中的注明出处义务并非合理使用的构成要件，而是作品使用人因使用他人作品而负有的独立义务。关于注明出处与署名、剽窃的关系，本文提出，注明出处并不等同于署名，两者均系保护作者人身权益的方式。未注明出处并非一定构成剽窃，只有使用他人作品超过合理的限度且未注明出处的，才构成剽窃。因此，在合理使用与剽窃之间存在独立的侵权行为，即合理使用未注明出处的行为。合理使用人未注明出处的，无须承担侵害著作财产权

---

* 作者简介：凌宗亮，上海知识产权法院知识产权审判第二庭法官。

的民事责任，仅需承担赔礼道歉等民事责任。

《伯尔尼保护文学和艺术作品公约》（以下称为《伯尔尼公约》）第十条第三款规定："前面各款提到的摘引和使用应说明出处，如原出处有作者姓名，也应同时说明。"我国《著作权法》第二十二条亦规定，合理使用人"应当指明作者姓名、作品名称"，对于该规定，笔者称为合理使用人"注明出处"的义务。但对于合理使用人未注明出处应当承担何种法律责任，《伯尔尼公约》第十条之二规定"对违反这义务的制裁由被要求给予保护的国家的法律规定"，但我国《著作权法》并未对此予以明确，导致理论及司法实践对上述问题的认识出现较大争议。这实际上涉及对《著作权法》中注明出处义务法律性质的理解和适用。在《著作权法》正在修订之际，希望本文的分析能够对《著作权法》的修订和完善有所裨益。

一、未注明出处应承担何种法律责任的争议

案例 1：在原告刘某与被告胡某等侵害著作权纠纷案中，被告胡某在编写《演讲与口才实用教程》一书时，有三处引用了原告的作品内容，共计 350 余字，但未指明所引用部分的出处。法院经审理认为，被告胡某在既未指明引用出处，又未进行独立创作的情况下，直接使用了原告的文字，主观上存在过错，认定被告构成剽窃他人作品，判令被告停止销售被控侵权图书，赔偿原告经济损失 500元，并向原告赔礼道歉。[1]

案例 2：在原告王某诉被告周某侵害著作权纠纷案中，被告创作的《宪政解读》一书有 7 处、共计 1398 字引用了原告的作品，没有注明来源。一审、二审法院均认为，被控侵权作品有 7 处与原告涉案作品的表述基本一致，本应注明来源。但考虑到该 7 处总计只有 1398 字，相对于原告论文 4 万余字的总数以及被控侵权图书 22 万字的总数而言，字数较少；且散见于被控侵权图书之中，故根据该案具体情况，不宜认定为侵权。[2]

案例 3：在原告贾某与被告某拍卖有限公司侵害著作权纠纷案中，被告在拍卖过程中对原告享有著作权的国画进行展览，以幻灯方式放映并在拍卖图录中收录，但指明国画的作者时署了第三人的名字。法院认为，被告的行为均系为了便于客户了解拍卖标的而提供的便利手段，原告没有证据证明被告的上述使用行为系出于其他目的，并且被告的行为既没有影响作品的正常使用，也没有不合理地损害原告的合法权益，因此，被告的上述行为并不构成对原告复制权、发行权和

---

[1] 参见：上海市黄浦区人民法院（2012）黄浦民三（知）初字第 126 号民事判决书。

[2] 参见：最高人民法院（2009）民申字第 161 号民事裁定书。

放映权的侵犯。但由于被告没有正确地为原告署名，侵害了原告的署名权。❶

上述三个案例反映了目前对于合理使用人未注明出处应当如何承担法律责任的不同裁判观点。案例 1 将注明出处视为《著作权法》中合理使用的构成要件，未注明出处即构成剽窃他人作品，应承担停止侵权、赔礼道歉和赔偿损失的民事责任。案例 2 则认为注明出处并非合理使用的构成要件，如果使用人确系合理使用，即使未注明出处也不构成侵权。案例 3 也认为指明作者姓名等义务并非合理使用的构成要件，而是独立的民事义务；如果使用人构成合理使用，但未注明出处或注明出处不当，应构成侵害署名权。

司法实践中，上述裁判标准的不统一也反映了理论上对于注明出处法律性质的认识尚未达成一致。有观点认为，即使是为了介绍、评论某一作品或说明某一问题而适当引用他人已经发表的作品，也必须注明引文的作者和原著的出处，只要没有注明作者姓名、作品名称和来源，任何引用均不能看作合理饮用。❷ 有观点则认为，注明出处是《著作权法》上的独立义务，与"合理使用"并无必然关系，如我国台湾学者罗明通教授即认为违反"注明出处"义务不承担民事责任，仅需依照我国台湾地区"著作权法"承担刑事责任。❸ 对该问题的探讨首先应当明确《著作权法》中的合理使用和使用行为不合理的区别。使用他人作品不注明出处肯定是一种不合理的行为，应当承担相应的责任。争议在于注明出处义务是否是合理使用的构成要件。对此，笔者认为注明出处并非合理使用的构成要件，而是一种独立的民事义务。

二、注明出处并非合理使用的构成要件

（一）两者关涉的著作权人的利益属性不同

与合理使用制度旨在限制著作权人财产利益不同，注明出处的义务更多的是保护作者与作品之间的身份关系，保护的是作者享有的人身利益或精神利益。两者涉及的著作权人的利益属性存在明显区别。

根据我国《著作权法》的规定，著作权人享有人身权和财产权等专有权利。但"著作权法规定专有权利的目的并不是使创作者对作品的传播和使用进行绝对垄断，也不是单纯地对创作者加以奖励，而是通过赋予创作者有限的垄断权，保障其从作品中获得合理的经济收入，以鼓励和刺激更多的人投身于原创性劳动之

---

❶ 参见：北京市高级人民法院（2003）高民终字第 985 号民事判决书。

❷ 杨晓鸣. 合理的"合理引用"［J］. 出版科学，2006（5）：24.

❸ 罗明通. 著作权法论Ⅱ［M］. 台湾：台英商务法律事务所，2009：252. 转引自：牛强. 论著作权法中的"注明出处"：兼评我国《著作权法（第三次修订草案）》相关条款［J］. 知识产权，2014（5）：16.

中，促使更多高质量作品得以传播"❶。为此，《伯尔尼公约》第九条第二款规定："成员国法律有权允许在某些特殊情况下（不经作者许可）复制作品，只要这种复制不致损害作品的正常使用，也不致无故侵害作者的合法利益。"各国著作权法遂在赋予著作权人专有权利的同时，亦通过合理使用等方式对著作权进行限制。但合理使用固然表现为著作权人某种权利的无偿"让渡"，但"让渡"的只能是部分财产权，人身权利是不能也绝对不可能让渡的。因为人身权反映了作者的人格，与原作者紧密不可分割。❷ 意大利著作权法第七十条第一款在规定合理使用时，便明确合理使用行为不得与该作品的经济使用权构成竞争。❸

而注明出处关涉的恰恰是作者或著作权人的人身利益，而非财产利益。注明出处的要求实际上体现了作者要求使用人承认其为作者身份的权利。"他人在利用作品时，如果割裂了作者身份与其作品之间的联系，则会侵犯作者身份权，而注明出处则是维系此种联系的纽带。从此种意义上来说，著作权法规定注明出处义务的一个重要目的在于维护作者的精神利益。"❹ 这种精神利益首先表现为自己创作的作品被同行使用或认可而获得的一种满足感。"人们赢得同行尊重的诸多方式之一是自己的创作、创新、洞见、知识和技能等能够得到同行的认可。这对于作家、艺术家、学者们尤其如此，他们除了能在创作中得到满足外，通常渴望自己的创作能够得到认可。这种对声望的追求催生了'归认来源'或者'注明出处'的规则。该规则要求复制者只有在注明来源或指明作者的前提下才可以复制他人的表达或观点。"❺

（二）合理使用构成要件与合理使用人负有的义务不同

注明出处系合理使用构成要件的观点实际上混淆了合理使用构成要件与合理使用人负有义务之间的区别。就合理使用的构成要件而言，我国《著作权法》并未进行明确，而是通过列举的方式规定哪些情形构成合理使用。美国司法实践中在判断特定使用行为是否构成合理使用时，一般考虑四个因素：（1）使用的目的和性质，即使用是出于商业目的还是教育目的；（2）被使用作品的性质，即作品是具有高度独创性还是包含大量公有领域的材料；（3）被使用部分的数

---

❶ 王迁. 知识产权法教程（第五版）[M]. 北京：中国人民大学出版社，2016：217.

❷ 陶范. 合理引用论 [M]. 学术论坛，2006（9）：203.

❸ 意大利著作权法第七十条第一款规定："为了进行评论或者讨论，可以在符合上述目的范围内，摘录、引用或者复制作品的片段或者部分章节并向公众传播，但是，不得与该作品的经济使用权构成竞争；为了教学或者科学研究目的进行使用的，还应当仅限于进行展示且无商业性目的。"

❹ 牛强. 从《著作权法》中的"注明出处义务"看出版物"引注"问题 [J]. 中国出版，2013（21）：23.

❺ GREEN S P. Plagiarism, norms, and the limits of theft law: some observations on the use of criminal sanctions in enforcing intellectual property rights [J]. Social Science Electronic Publishing, 2002, 54（1）.

量和重要性，即被使用的部分占原作品的比例及重要程度；（4）对作品潜在市场或价值的影响，即使用是否会影响原作品及演绎作品的市场销路。❶ 在原告上海美术电影制片厂诉被告浙江新影年代文化传播有限公司侵害著作权纠纷案中，我国法院也认为判断对他人作品的使用是否属于合理使用，应当综合考虑被引用作品是否已经公开发表、引用他人作品的目的、被引用作品占整个作品的比例、是否会对原作品的正常使用或市场销售造成不良影响等因素予以认定。❷ 因此，由于合理使用主要关涉著作权人的财产权益，在判断是否构成合理使用时，一般并不考虑是否注明出处。

但是，即使特定使用行为符合合理使用的构成要件，也不意味着合理使用人并不负有任何义务或者使用他人作品时可以进行随意删减或修改。我国《著作权法》第二十二条有关"指明作者姓名、作品名称，并且不得侵犯著作权人依照本法享有的其他权利"便是对合理使用人使用他人作品所负义务的明确规定。由于我国《著作权法》在同一条款内对合理使用和合理使用人的义务进行了规定，在理解上出现了分歧。对此，德国著作权法的规定很有代表性和说明性，该法第五十一条规定：为引用之目的，只要在此特殊目的范围内利用已发表的著作有正当理由，该法允许复制、发行与公开再现之。而注明出处义务则在第六十三条进行规定，即复制著作或者著作的一部分的，都应当注明出处。德国著作权法的规定很好地说明了合理使用和注明出处的相互独立性。一方面，其分两个条款对合理使用和合理使用人的义务进行规定；另一方面，不论是否属于合理使用，不论是复制他人作品的一部分还是全部，注明出处都是使用人应负有的义务。

既然合理使用的判断和合理使用人负有的义务是彼此独立的，那么未注明出处并不导致原本符合合理使用的行为变成侵权行为。正如在法定许可的情形中，法定许可的判断和法定许可使用人负有的支付报酬义务也是相互独立的。法定许可使用人未向权利人支付报酬的，并不会使原本构成法定许可的情形成为侵权行为。在王某等诉三峡公司、大圣公司、广州音像出版社等侵犯著作权纠纷案中，各被告使用涉案音乐作品制作并复制、发行《喀什噶尔胡杨》录音制品，未征得原告许可，也未支付报酬。最高人民法院再审认为，经著作权人许可制作音乐作品的录音制品已经公开，其他人再使用该音乐作品另行制作录音制品并复制、发行，不需要经过音乐作品的著作权人许可。因此，各被告使用涉案音乐作品制作并复制、发行《喀什噶尔胡杨》录音制品，符合法定许可的规定，不构成侵

---

❶ See 17 U. S. C. 107.

❷ 参见：上海市普陀区人民法院（2014）普民三（知）初字第 258 号民事判决书；上海知识产权法院（2015）沪知民终字第 730 号民事判决书。

权，但应支付报酬，故判决各被告向原告支付法定许可使用费。❶ 同理，就合理使用而言，合理使用人未注明出处的，仅侵害著作权人的人身权益，应承担赔礼道歉等民事责任，并应为原告注明出处。在前述原告上海美术电影制片厂诉被告浙江新影年代文化传播有限公司侵害著作权纠纷案中，法院便认为："海报中虽未对'葫芦娃''黑猫警长'标注作者姓名，但未署名并不当然影响对作品合理使用的认定，仅可能涉及对作者署名权的侵犯，况且指明作者姓名、作品名称的情形，还要结合作品使用方式的特性予以综合判断，不能一概而论。"❷

（三）构成要件说不具有充分的逻辑自洽性

首先，注明出处制度除了涉及著作权人的人身利益外，还涉及作品读者的利益，具有防止读者发生混淆的功能。如果将注明出处视为合理使用的构成要件，无法充分解释在使用不构成作品的材料时，也需要注明出处。《最高人民法院关于审理著作权民事纠纷案件适用法律若干问题的解释》第十六条规定："通过大众传播媒介传播的单纯事实消息属于著作权法第五条第（二）项规定的时事新闻。传播报道他人采编的时事新闻，应当注明出处。"该规定除了系出于对时事新闻采编者工作的尊重，更在于防止读者对时事新闻的来源产生混淆。《著作权法》中之所以规定"注明出处义务"，缘于作品作为一种无形产品，其消费方式具有独特性——利用他人作品的过程也是思想交流、情感体验的过程，而利用人一旦"漏失来源"，不仅损害原作者在其作品上的精神利益，还会使读者混淆原作者身份。❸

其次，构成要件说无法解释在特定情况下无须注明出处的情况。根据《著作权法实施条例》第十九条的规定，当事人另有约定或者由于作品使用方式的特性无法指明的，可以不再指明作者姓名、作品名称。如果注明出处系合理使用的构成要件，那么缺少这一要件，便不构成合理使用。事实上，上述规定印证了注明出处应为一种独立的义务。一般情况下，违反注明出处的规定应承担相应的责任，但有合理理由的除外。

三、违反注明出处规定应承担的法律责任

（一）未注明出处并非侵害署名权

首先，注明出处并不等同于署名。根据我国《著作权法》第十条第一款第二项的规定，署名权，即表明作者身份，在作品上署名的权利。注明出处则是指

---

❶ 参见：最高人民法院（2008）民提字第 57 号民事判决书。
❷ 参见：上海市普陀区人民法院（2014）普民三（知）初字第 258 号民事判决书。
❸ 牛强. 从《著作权法》中的"注明出处义务"看出版物"引注"问题 [J]. 中国出版, 2013（21）：20.

使用人应当注明所使用作品的来源。署名权针对的是整部作品或者实质性内容，但注明出处的要求则不限于整部作品。例如在合理引用时，如果被告在自己创作的一本图书中，仅仅引用了原告作品中的一句话或者少量的内容，使用人仅需通过引注的方式注明所引用内容的作者、作品名称、出版社以及页码等信息。但引注中包含或者指明作者姓名并不等同于署名。毕竟仅仅使用一句话或者少量内容不足以使得原告成为被告所创作图书的作者，被告没有义务，也无权在自己创作的图书上为原告署名。否则，如果被告仅仅因为引用原告作品中的少量内容，而在图书上为原告署名，反而侵害了原告的署名权，特别是原告具有较高知名度的情况下。在原告蒋某诉被告某影视文化有限公司侵害著作权案中，被告在《芈月传》电视剧海报、片花上未为原告署名，我国法院也认为，作品是作者享有署名权的前提和载体，离开作品，就不存在侵害著作权意义上的署名权。为宣传电视剧而制作的海报、片花并非作品本身，不具备全面传达该作品相关信息的功能。故被告在海报、片花中未署名并不侵害原告的署名权。❶ 因此，作品的少量内容并不能和作品本身等同，署名权只能存在于作品整体或者实质性内容。此外，即使合理使用人使用的是原告的整部作品，注明出处的义务也不仅仅限于指明作者姓名，还包括所使用作品原处发表的出版社、网站等信息。事实上，《伯尔尼公约》第十条第三款的"应指明出处，如原出处有作者姓名，也应同时说明"的规定，即明确表明指明出处与署名并非同一概念。我国《著作权法》第二十二的规定，也要求除了指明作者姓名，还包括作品名称，"指明作品名称"显然也不属于为作者署名的范畴。

其次，在不能为创作者署名的情况下，使用人仍应负有注明出处的义务。当使用不构成作品的时事新闻等时，时事新闻的采编者不享有《著作权法》上的署名权，或者如果著作权人在发表作品时不署名，使用人自然也没有办法为其署名。但上述情形都无法免除使用人的注明出处义务。在"安顺地戏"案中，原告认为，涉案电影将特殊地域性、表现唯一性的"安顺地戏"错误地称为"云南面具戏"，构成对其"署名权"的侵犯。二审法院认为，"安顺地戏"作为一个剧种，仅是具有特定特征的戏剧剧目的总称，是对戏剧类别的划分……任何人均不能对"安顺地戏"这一剧种享有署名权。❷ 笔者认为，该案法院判决被告不构成侵害署名权，并不存在问题，因为该案的实质是被告注明出处不当。如果原告主张被告注明出处不当，应当为原告消除影响，获得支持的可能性应该比主张署名权大得多。

---

❶ 参见：浙江省温州市鹿城区人民法院（2015）温鹿知初字第 74 号民事判决书。
❷ 参见：北京市第一中级人民法院（2011）一中民终字第 13010 号民事判决书。

（二）未注明出处并非一定构成剽窃

一般而言，剽窃是指"窃取或仿冒他人的思想或表达，或者在未注明来源的情况下使用他人的创作性成果"❶。但著作权法意义上认定剽窃的前提应是所使用的内容构成作品，即将他人作品全部或部分内容据为己有，让读者认为是剽窃者自己创作的。"剽窃者和著作权的侵权人都是仿制者；他们的区别在于，剽窃者试图将所复制的作品冒充为自己的作品，而侵权人之为侵权人，则只是因为试图侵占由他人财产所产生的价值，亦即著作权所有人在侵权人所复制之文学作品或者其他作品上的价值（如果侵权人声称或者默示其复制件是一个独创性的作品，则其同时也属于剽窃者）。"❷ 因此，著作权法意义上的剽窃不仅侵害著作财产权，还侵害著作人身权。如果使用人使用他人作品的完整或实质性内容，但已经为相关作品的著作权人署名或者注明出处，说明使用人仅仅是希望利用作品的财产价值，应构成对复制权的侵害，不应认定使用人构成剽窃。也就是说，认定著作权法意义上的剽窃应当满足如下条件：一是使用人使用他人作品的内容超过了合理使用的必要限度；二是使用人未正确地署名或注明所使用部分的出处。

未注明出处的使用行为还包括如下情形：（1）使用的内容不构成作品或者已经进入公共领域；（2）使用的情形符合合理使用的条件，无须经过权利人许可，也无须支付报酬。对于该两种情形是否应认定为剽窃，有观点认为，合理使用未注明出处的，也构成剽窃。也有观点认为，在合理使用与剽窃之间存在中间状态，即引用不适当的情形。"一般来讲，凡未按合理引用要求而引用他人版权作品的行为，均构成不当引用的侵权行为；但引用不当是否达到抄袭的程度，则必须在相关两部作品中考察'合理性'标准，只有这样才有助于我们分清引用与抄袭的界限。"❸ 笔者赞同后一种观点，即在合理使用与剽窃之间应存在"未注明出处"的中间状态。如果使用人使用的内容已经进入公共领域，或者使用人符合合理使用的情形，此时并不涉及著作权人财产权的侵害，在使用人未注明出处的情况下，构成"未注明出处"的侵权行为，应承担消除影响或赔礼道歉的民事责任。《最高人民法院关于审理著作权民事纠纷案件适用法律若干问题的解释》第十七条便规定："……转载未注明被转载作品的作者和最初刊登的报刊出处的，应当承担消除影响、赔礼道歉等民事责任。"否则，如果引用人在一部几十万字的著作中仅仅因为一处引用未注明出处而被认定为剽窃，无疑会导致侵权行为与侵权责任承担的不协调，对使用人施加过重的民事责任。

---

❶ GREEN S P. Plagiarism, norms, and the limits of theft law: some observations on the use of criminal sanctions in enforcing intellectual property rights [J]. Social Science Electronic Publishing, 2002, 54 (1).

❷ 兰德斯，波斯纳. 知识产权法的经济结构 [M]. 金海军，译. 北京：北京大学出版社，2016：72.

❸ 王毅. 论抄袭的认定 [J]. 法商研究，1997 (5)：62.

（三）合理使用、未注明出处与剽窃的关系

在判断使用他人作品的行为是否构成侵权、应当如何承担责任时，应当注意区分合理使用、未注明出处与剽窃的关系。

首先，对于能够受到《著作权法》的保护的作品，应判断使用行为是否构成合理使用。如果构成合理使用，则进一步判断使用人是否注明出处；如果使用人注明出处，则使用人的使用行为并不侵害著作权人的任何权利；如果使用人未注明出处，则使用人侵害著作权人有关"注明出处"的人身权益，应承担消除影响或赔礼道歉的民事责任。当然，注明出处应当合理、适当，让读者充分了解所引用部分的来源。如果使用行为不构成合理使用，则进一步判断使用行为是否为著作权人进行署名或者注明出处；如果使用人进行署名或注明出处，根据使用行为的具体方式，使用人仅构成侵害复制权等财产权，承担赔偿损失的民事责任；否则，使用人应构成剽窃，不仅应赔偿权利人的损失，还应为权利人消除影响或赔礼道歉。

其次，对于不能受到《著作权法》保护的内容，包括公共领域的作品或不构成作品的时事新闻等，使用人虽然可以自由使用相关内容，但如果没有对创作者或采集者署名或注明出处，构成侵害署名权或"未注明出处"的侵权，应承担消除影响或赔礼道歉的民事责任。

为此，上述案例1、案例2均属于使用人使用他人作品构成合理使用，但未注明出处的情形，应根据情况承担消除影响或赔礼道歉的民事责任；案例3由于被告未注明出处，也未署名，不仅侵害署名权，如果原告主张被告未注明出处，被告还可能因未注明出处而承担相应的民事责任。

四、我国《著作权法》修改的完善建议

《中华人民共和国著作权法（修订草案送审稿）》（以下简称《著作权法送审稿》）对注明出处义务作了一些修改完善。笔者认为，《著作权法送审稿》关于注明出处是否系合理使用的构成要件、注明出处与署名权的关系以及未注明出处的责任承担仍未予明确，有待进一步修改完善。

（一）明确注明出处并非合理使用或法定许可的构成要件

关于注明出处是否系合理使用的构成要件，现行《著作权法》未进行规定，《著作权法送审稿》在第四十三条有关合理使用的规定中亦未明确，但在第五十条第一款关于法定许可的规定中则明确将"注明出处"作为法定许可的构成要件，即"根据本法第四十七条、第四十八条和第四十九条的规定，不经著作权人许可使用其已发表的作品，必须符合下列条件：（一）在首次使用前向相应的著作权集体管理组织申请备案；（二）在使用作品时指明作者姓名或者名称、作品

名称和作品出处，但由于技术原因无法指明的除外；（三）在使用作品后一个月内按照国务院著作权行政管理部门制定的付酬标准直接向权利人或者通过著作权集体管理组织向权利人支付使用费，同时提供使用作品的作品名称、作者姓名或者名称和作品出处等相关信息。前述付酬标准适用于自本法施行之日起的使用行为"。结合上文的论述，该规定没有正确认识合理使用或者法定许可本身的构成要件与合理使用人、法定许可人所负有义务之间的区别；而且将注明出处规定为"指明作者姓名或者名称、作品名称、作品出处"亦不够简洁明确。为此，一方面，可以将"指明作者姓名或者名称、作品名称、作品出处"统称为注明出处；另一方面，明确规定注明出处系合理使用人、法定许可人在符合合理使用、法定许可时的法律义务，作为一款单独列明。具体可以作如下修改：

第四十三条　在下列情况下使用作品，可以不经著作权人许可，不向其支付报酬：

（一）为个人学习、研究，复制他人已经发表的作品的片段；

……

以前款规定的方式使用作品，不得影响作品的正常使用，也不得不合理地损害著作权人的合法利益。

符合前述两款规定的使用人，应当指明使用作品的出处，并不得侵害著作权人依照本法享有的其他权利。

第五十条　有关法定许可规定中的"必须符合下列条件"可以修改为"必须履行下列义务"。

（二）在著作人身权中增加规定"注明出处"的权利内容

现行《著作权法》规定了发表权、署名权、修改权和保护作品完整权四种人身权利，其中署名权是指表明作者身份，在作品上署名的权利。《著作权法送审稿》第十三条将修改权纳入保护作品完整权，规定了发表权、署名权、保护作品完整权三种人身权利，其中署名权是指决定是否表明作者身份以及如何表明作者身份的权利。无论是《著作权法》还是《著作权法送审稿》，都将署名和表明作者身份等同，而且未明确规定著作权人享有的注明出处的内容。笔者认为，虽然署名是表明作者身份的重要方式，但表明作者身份或者维护作者与作品之间的身份关系并不限于署名权，注明出处也是表明作者身份的重要方式，应成为著作权人人身权利的重要内容。"作者身份的权利"是上位概念；而"表明作者身份"是"作者身份权利"的一部分，是中位概念；"在作品上署名的权利"是下位概念。因此，我国现行《著作权法》关于署名权的规定显然属于"以小盖大"，名不副实。❶ 为此，有的国家在版权法中扩大了署名权的外延，使之明确包括注明出处的内容。例如《匈牙利版权法》关于署名权的规定便包含四个方面的内容：（1）作者有权用姓名来表示作者身份；（2）他人在利用作者时应当标明出处；（3）作者可以匿名，也可以不署名；（4）作者可以阻止他人否定或质疑其作者身份。笔者认为，《著作权法送审稿》可以增加规定"表明作者身份权"作为上位概念。其中，包括署名权和注明出处权，署名权是指是否在作品上署名以及如何署名的权利；注明出处权是指他人在利用作者作品时应当注明出处。

（三）明确规定未注明出处应当承担的民事责任

《著作权法送审稿》第七十二条规定："侵犯著作权或者相关权，违反本法规定的技术保护措施或者权利管理信息有关义务的，应当依法承担停止侵害、消除影响、赔礼道歉、赔偿损失等民事责任"。其中是否包括注明出处并不明确。而根据《著作权法送审稿》第七十七条的规定，如果使用他人作品时未注明出处，应承担相应的行政责任，情节严重的，还可能承担刑事责任。未注明出处的责任承担未规定民事责任，而是行政或刑事责任，责任承担过重。为此，《著作权法送审稿》可以在第七十二条增加违反"注明出处义务"的责任，即"侵犯著作权或者相关权，违反本法规定的技术保护措施或者权利管理信息以及注明出处有关义务的，应当依法承担停止侵害、消除影响、赔礼道歉、赔偿损失等民事责任"。

（本文发表于《知识产权》2017 年第 6 期）

---

❶ 牛强. 论著作权法中的"注明出处"——兼评我国《著作权法（第三次修订草案）》相关条款
[J]. 知识产权，2014（5）：18.

商标性使用在侵权诉讼中的作用及其认定

凌宗亮[*]

【提　要】商标性使用的制度价值在于划定《商标法》的调整范围，明确商标权的权利边界，是区分商标和标志使用的应然结果。因此，在侵害商标权纠纷中，应将商标性使用作为侵权判断的前提，以确定被控标志使用行为是否属于《商标法》调整、是否进入商标权的控制范围。商标性使用与描述性正当使用属于一般与特殊的关系，描述性正当使用属于非商标性使用，但并非所有的非商标性使用行为都属于描述性正当使用。商标性使用的认定属于相对客观的过程，在具体认定时应当避免将其与混淆可能性的判断相混淆，也不应考虑地域性。

【主要创新观点】本文的创新之处在于明确了商标性使用在侵权判断中的制度价值，即在侵权判断中应当首先判断被控行为是否构成商标性使用。这不仅影响商标侵权案件的审理思路，而且在商标权不断扩张的背景下，有利于合理界定商标权的权利边界，特别是对于原告同时主张适用《商标法》和《反不正当竞争法》一般条款的案件，商标性使用的判断有助于确定原告的请求权基础，准确适用法律。同时，本文还对实践中认定商标性使用容易产生的两个误区进行了澄清，提出商标性使用的认定不应考虑是否导致混淆可能性和地域性，从而有利于统一商标性使用的认定标准。

---

*　作者简介：凌宗亮，上海知识产权法院知识产权审判第二庭法官。

一、据以研究的案例

金夫人公司于 2002 年获准注册"金夫人 GOLDENLADY 及图"商标，核定服务项目为摄影、出租婚纱礼服。2015 年，金夫人公司发现米兰公司擅自将"金夫人"设定为百度搜索关键词，虽然在搜索连接和结果页面中均无"金夫人"字样，但金夫人公司认为米兰公司将其商标设定为关键词的行为构成商标侵权及不正当竞争。对此，一审法院认为，金夫人公司与米兰公司向社会公众提供的是同一种类型的服务。消费者如果在"金夫人"的关键词下搜索婚纱摄影服务企业信息时，希望获取的搜索结果应是与金夫人公司存在关联的全部信息，而非在与金夫人公司有关的信息中又混杂了其他企业的信息；与金夫人公司没有任何关联的米兰公司的企业信息，非常显著地出现在"金夫人"驰名商标的信息搜索结果中，容易导致消费者误认为享有涉案驰名商标权利的金夫人公司与米兰公司之间，具有商标许可使用或者属于关联企业等特定联系，侵犯了金夫人公司的注册商标专用权，应当承担停止侵权、赔偿经济损失等民事责任。二审法院则认为，米兰公司将"金夫人"文字设置为推广链接的关键词系在计算机系统内部操作，并未直接将该词作为商业标识在其推广链接的标题、描述或其网站页面中向公众展示，不会使公众将其识别为区分商品来源的商标，不属于商标性的使用。同时，该行为亦未对涉案商标的功能产生损害，其行为未侵犯金夫人公司对涉案商标享有的注册商标专用权。❶

在上述案例中，一审、二审法院之所以出现裁判结果的差异，除了是否存在混淆误认的结论不同，还在于一审、二审法院对于商标性使用在侵权判断中的作用有不同的认识。一审法院在分析是否构成侵权时，并未对被控侵权行为是否属于商标性使用进行分析，而是直接审查被控侵权行为是否属于相同或类似服务、标识是否相同或近似以及消费者是否存在混淆误认；二审法院则首先对被控侵权行为是否属于商标性使用进行分析，其中隐含的审判思路或逻辑在于，商标性使用是进行商标侵权判断的前提，如果被控侵权行为不属于商标性使用，自然不可能构成侵害商标权。而商标性使用在商标侵权判断中是否有存在的必要，应当发挥何种作用，国内外理论及司法实践同样存在极大的争议。

二、商标性使用在商标侵权判断中作用的不同认识

《商标法》第四十八条规定："本法所称商标的使用，是指将商标用于商品、商品包装或容器以及商品交易文书上，或者将商标用于广告宣传、展览以及其他

---

❶ 参见：南京市玄武区人民法院（2016）苏 0102 民初 120 号民事判决书；南京市中级人民法院（2016）苏 01 民终 8584 号民事判决书。

商业活动中，用于识别商品来源的行为。"该规定是否以及如何在商标侵权判断中发挥作用，国内外理论及司法实践均存在较大的争议。"多年来，商标性使用的问题一直是商标侵权责任争论的焦点。学者、法院、商标权人以及相关协会都加入了这场争论，即商标性使用是否应当在商标侵权特别是网络侵权中发挥'守门人'的作用。"❶

支持者认为，商标性使用应是商标侵权判断的前提。商标权人如认为他人的行为侵犯其商标权，必须证明他人的行为属于商标性使用行为，即他人对于商标权人的商标标识的使用"应能够起到区分商品或服务来源的作用"，只有符合该前提条件的行为，才有可能侵害商标权人的注册商标；相反，如果他人对商业标识的使用行为不会起到区分商品或服务来源的作用，即便他人确实将商标文字或图案使用于相同或类似商品或服务上，亦不属于商标禁用权控制的范围。❷ 在上诉人陕西茂志娱乐有限公司与被上诉人梦工场动画影片公司等侵害商标权纠纷案中，北京市高级人民法院认为，判断《功夫熊猫2》电影使用"功夫熊猫"的行为是否侵犯"功夫熊猫及图"注册商标专用权，首先应当确定被控侵权使用"功夫熊猫"的行为是否属于商标意义上的使用行为。❸ 国外一些学者也认为商标性使用是界定商标权边界或商标法调整范围的工具。他们认为"只有特定类型的使用他人标志的行为——商标性使用才可能构成商标侵权，法院通过对商标性使用的要求可以对商标权的权利范围进行一定的限制，从而提高商标侵权诉讼的可预测性。"❹ 而且，法院在诉讼初期便可以判断特定的使用行为是否属于商标性使用，无须通过后续混淆可能性的判断而直接对案件作出裁判。❺

反对者则认为，首先，以商标性使用为注册商标侵权判断的先决条件会不适当地限制注册商标权。商标性使用的法律概念片面地关注"被诉标志"是否侵犯"注册商标"，而忽视真正的法律问题，应是"被诉标识行为"是否侵犯"注册商标权"。在判断商标侵权是否成立时，应从被诉标识行为的整体（被诉标志使用的整个具体商业情景）出发，而不应以商标性使用作为先决条件，不合理地限制注册商标权。❻ 美国第二巡回上诉法院在审理一起关键词广告的商标侵权案

---

❶ DOGAN SL. Beyond trademark use［J］. Journal on Telecommunications High Technology Law, 2010 (8)：135.

❷ 祝建军. 判定商标侵权应以成立"商标性使用"为前提：苹果公司商标案引发的思考［J］. 知识产权, 2014 (1)：28.

❸ 参见：北京市高级人民法院（2013）高民终字第 3027 号民事判决书。

❹ BARRETT M. Internet trademark suits and the demise of "trademark use"［J］. U C Davis Law Review, 2006, 39：371, 395 – 396.

❺ LEMLEY MA, DOGAN SL. Grounding trademark law through trademark use［J］. Iowa Law Review, 2007, 92 (5)：1669 – 1701.

❻ 何怀文. "商标性使用"的法律效力［J］. 浙江大学学报（人文社会科学版）, 2014 (2)：165.

件时认为，美国《兰哈姆法》并没有对构成直接侵权的商标使用行为进行限制性规定。商标侵权判断所要求的"使用"仅取决于被告是否直接使用了某个标志（mark）。这种使用并不需要被消费者所感知，也不需要直接牵涉消费者。商标性使用在商标侵权判断中的地位已不复存在。❶ "采纳商标性使用的理论会防止商标法对新兴信息市场的调整，将侵权责任限定于商标性使用的情形会导致市场调整的不充分和缺失。"❷ 其次，非商标性使用行为是多种多样的，其中很多行为之所以不构成侵权并不是因为不属于商标性使用，而是基于其他理由，例如商标权限制。将所有行为都归入商标性使用的理论，会不适当地遮蔽其他限制商标权的理论，从而影响商标权限制理论的正常发展。最后，很多国家的商标法都有合理使用、正当使用的规定，例如我国《商标法》第五十九条第一款便规定："注册商标中含有的本商品的通用名称、图形、型号，或者直接表示商品的质量、主要原料、功能、用途、重量、数量及其他特点，或者含有的地名，注册商标专用权人无权禁止他人正当使用。"如果商标性使用是商标侵权判断的前提条件，所有的非商标性使用行为——不管是否出于善意以及属于合理使用的范围，都不属于商标权控制的范围。对于上述非商标性使用行为，由于侵权的前提都不成立，合理使用抗辩自然也没有适用的余地。但这明显不符合法律解释的基本规则，否则《商标法》根本没有必要规定正当使用。❸

还有观点认为，商标性使用属于商标侵权判断的条件之一。例如，天津市高级人民法院在其制定的规范性文件《侵犯商标权纠纷案件的审理指南》中即认为："人民法院在判定是否构成商标侵权时，一般应主要审查被控侵权标识的使用是否属于商标使用行为，是否在与注册商标核定使用同一种或者类似商品或者服务上使用了与注册商标标志相同或者近似的标志，是否容易导致相关公众混淆。"在中国蓝星（集团）总公司诉北京中海兴业安全玻璃有限公司侵犯注册商标专用权、企业名称权、不正当竞争纠纷案中，法院也认为，构成商标侵权行为应当符合三个要件：其一，被控侵权标识作为商标使用；其二，使用于同种或类似商品；其三，所使用的商标属于相同或近似商标。❹

三、商标性使用应为商标侵权判断的前提

（一）商标性使用（trademark use）与使用标志（use a mark）的区别

前提论是区分商标性使用与使用标志的应然结果。关于商标权所保护商标的

---

❶ Rescuecom Corp. v. Google, Inc, 562 F. 3d 123.

❷❸ DINWOODIE G B, JANIS M D. Confusion over use: conceptualism in trademark law [J]. Iowa Law Review, 2007, 92: 1597.

❹ 参见：北京市第一中级人民法院（2008）一中民初字第 4592 号民事判决书。

本质，学说上有不同的观点。有观点从信息学的角度认为，既然商标充当的是商标权人和消费者之间信息传递的工具，《商标法》中的商标一般就由两部分组成。首先是商标外在的符号形态。信息传递并非不需要任何媒介物，信息必须附着在一定的媒介物之上，才能够由信源传递到信宿。商标的另一构成成分就是信息。这种信息涵盖内容广泛，其中最为重要的就是该商品来自哪个企业的来源信息。据此，商标的本质就是以外在的可感知的符号形态所负载的信息为主要构成的，企业和消费者之间用以进行信息传递的标识。❶ 也有学者从符号学的角度认为，商标也是由能指、所指和对象组成的三元结构。其中，能指就是有形或可以感知的标志，所指为商品的出处或商誉，对象则是所附着的商品。❷ 无论是信息还是符号，都承认商标并不等同于构成商标的标志本身。笔者认为，商标的本质可以通俗地界定为：一种由使用商标的主体、商标使用的商品或服务以及组成商标的标志相互关联组成的一个结构体。离开其中的任何一个要素都无商标可言。❸ 因此，商标权作为一种财产权，其能够支配的对象并不是一般意义上的标志，而是由标志、商品以及来源或者主体组成的结构体。在此基础上，商标权人能够控制的行为也仅仅限于他人对商标结构体的使用，而不是仅仅使用标志本身。"商标法与版权法、专利法不同，由于商标法并不是为了鼓励创新，因此其并不是授予权利人对于文字或标志本身的垄断权。相反，经营者仅仅在防止擅自使用引起消费者混淆误认的范围内对商标享有财产权。"❹

我国《商标法》在 2013 年进行修改时，在《商标法实施条例》（2002 年）第三条所规定商标使用的基础上，增加了"用于识别商品来源"的内容。上述修改并不是简单的文字增加，恰是认识到商标与标志、商标性使用与使用标志有所不同的结果。《商标法实施条例》关于商标使用的规定，更多地侧重于在哪些商业活动中使用了特定的标志，仅涉及上述关于商标本质界定中的信息论视角下的"可感知的外在形态"或者符号论视角下的能指、对象，并没有包括商标所负载的"信息"或者"所指"，无法称为是对商标的使用，仅是对标志的使用。修正后的《商标法》关于"识别商品来源"的规定，系对商标中的"信息"或者"所指"的补充规定，使得《商标法》关于商标使用的规定更符合商标的本质。将商标性使用作为商标侵权判断前提的观点，正是看到了商标与组成商标的标志之间的区别。仅仅使用特定的标志，并不属于商标权人控制的范围，只有擅自将

---

❶ 姚鹤徽. 商标混淆可能性研究［M］. 北京：知识产权出版社，2015：108.

❷ 彭学龙. 商标法基本范畴的符号学分析［J］. 法学研究，2007（1）：18.

❸ 张玉敏，凌宗亮. 商标权效力范围的边界与限制［J］. 人民司法（应用），2012（17）：84.

❹ BARRETT M. Internet trademark suits and the demise of "trademark use"［J］. U C Davis Law Review, 2006，39：371.

特定的标志用于商品、广告宣传等载体上，且能够识别商品来源的行为，才可能构成对商标结构体的使用，进而进入了商标权的权利范围；相反，如果特定的行为仅仅属于对标志的使用，根本没有进入商标权的权利范围，更谈不上进行商品是否相同或类似、标志是否相同或近似以及混淆可能性判断的问题。最高人民法院在再审申请人浦江亚环锁业有限公司与被申请人莱斯防盗产品国际有限公司（简称莱斯公司）侵害商标权纠纷一案中，即认为："在商标并不能发挥识别作用，并非商标法意义上的'商标使用'的情况下，判断是否在相同商品上使用相同的商标，或者判断在相同商品上使用近似的商标，或者判断在类似商品上使用相同或者近似的商标是否容易导致混淆，都不具实际意义。"❶

（二）《商标法》与《反不正当竞争法》等调整范围的界分

前提论有利于区分《商标法》与《反不正当竞争法》等的法律边界，明确《商标法》的调整范围。每一部法律都有其特有的调整对象和调整范围，在知识产权法律体系下，如何区分《商标法》与《反不正当竞争法》之间的法律边界，《商标法》与《反不正当竞争法》之间究竟是何种关系，实践中仍存在一定的争议。有的观点认为《商标法》相对于《反不正当竞争法》属于特殊法，应当优先适用《商标法》的规定；有的观点则认为《商标法》与《反不正当竞争法》并不存在特殊与一般的关系，两者属于平行关系，权利人可以选择适用何种法律。笔者认为，讨论《商标法》与《反不正当竞争法》之间的关系应当落脚于具体的侵权行为，针对具体的规定去分析《商标法》与《反不正当竞争法》系何种关系。例如，《商标法》与《反不正当竞争法》第五条❷中关于知名商品特有名称的规定，由于侵害商标权的构成要件和擅自使用知名商标特有名称的构成要件并不相同，如果特定的标志注册为商标，他人擅自使用的该标志的行为可能构成侵害商标权，但不一定同时构成擅自使用知名商品特有名称，因为该标志使用的商品可能尚未知名，他人的使用在主观上可能未必系恶意。因此，《商标法》与《反不正当竞争法》关于知名商品特有名称的规定应属于平行关系。但是侵害商标权的行为在广义上应属于不正当竞争，并无争议。为此，《商标法》与《反不正当竞争法》第二条的规定应属于特殊与一般的关系，权利人不能主张被控侵权行为同时构成侵害《商标权》和《反不正当竞争法》的一般规定。只有不构成商标侵权的，才可能存在《反不正当竞争法》一般条款的适用空间。

那么，如何判断对于特定的标志使用行为是适用《商标法》，还是适用《反不正当竞争法》一般条款？关键在于被控行为是否属于商标性使用。如果被控标志使用行为属于商标性使用，权利人应当优先选择适用《商标法》的规定；否

---

❶ 参见：最高人民法院（2014）民提字第 38 号民事判决书。
❷ 《反不正当竞争法》于 2017 年和 2019 年进行了修订，此处对应于修订后的第六条。——编辑注

则，权利人才可以寻求《反不正当竞争法》一般条款的救济。例如，对于将他人商标标志注册为企业名称的行为，《最高人民法院关于审理商标民事纠纷案件适用法律若干问题的解释》第一条第一项规定，将与他人注册商标相同或者相近似的文字作为企业的字号在相同或类似商品上突出使用，容易使相关公众产生误认的，属于给他人注册商标专用权造成其他损害的行为。《商标法》第五十八条规定，将他人注册商标、未注册的驰名商标作为企业名称中的字号使用，误导公众，构成不正当竞争行为的，依照《反不正当竞争法》处理。为什么突出使用与他人商标标志相同或近似的字号，可能构成商标侵权，而全称使用含有他人商标标志的企业名称，只能按照《反不正当竞争法》处理？原因即在于前者构成了商标性使用，进入了商标权的权利范围；而后者则仅仅是对商标标志的使用，没有进入商标权的权利范围。因此，将商标性使用作为商标侵权判断的前提，是《商标法》与《反不正当竞争法》调整对象的不同所决定的，有利于实现《商标法》与《反不正当竞争法》调整的体系和谐。这并不会导致"市场调整的不充分"，因为《反不正当竞争法》仍可以对一些具有不正当性的非商标性使用行为进行规制和调整。在原告路易威登马利蒂公司与被告上海鑫贵房地产开发有限公司侵害商标权及不正当竞争纠纷案中，法院认为，被控侵权广告中虽然出现了"LV"图案，但该图案系"LV"手提包图案的一部分，而该手提包系整体作为模特手中的道具出现在广告中。因此，该图案并非广告商品的商标，对广告商品没有商标性标识作用，故被告的行为不构成商标侵权。但被告明知"LV"手提包有较高的知名度，仍在宣传被告楼盘的巨幅广告中，以近1/3的比例突出模特手中的"LV"包，通过"LV"手提包的知名度来提升其广告楼盘的品位，系故意利用原告资源，不正当地获取利益，构成不正当竞争。❶

（三）商标性使用与描述性正当使用的关系

将商标性使用作为商标侵权判断的前提并不会导致描述性正当使用的规定成为多余，因为商标性使用和描述性正当使用的关系并非如一枚硬币的两面。描述性正当使用由于并非在识别来源意义上使用商标标志，故属于非商标性使用，但并非所有的非商标性使用都构成描述性正当使用。描述性正当使用主要涉及第二含义商标，而非商标性使用的外延远远广于描述性正当使用。关于商标性使用的构成要件，虽然并无明确的法律界定，但一般认为要构成商标性使用应当满足如下条件：第一，使用的标志应当能够为相关公众所感知。如果相关标志都无法为消费者所看到或感觉到，那么也谈不上该标志能够向消费者传达有关商品来源或关联关系的信息。第二，相关标志应当与被告的商品或服务紧密联系。即行为人

---

❶ 参见：上海市第二中级人民法院（2004）沪二中民（五）知初字第 242 号民事判决书。

应当将标志用于商品、商品包装或者容器以及商品交易文书上，或者将商标用于广告宣传、展览等与商品销售有关的商业活动中。"可感知性的要求毫无疑问是为了确保标志与商品或服务之间存在紧密的联系，从而使得消费者看到标志就能将其和被告提供的商品或服务联系起来，进而推断出商品或服务的来源。"❶ 从上文提及的符号学的视角来看，要求标志和商品或服务形成紧密联系，正是为了确保能指、所指以及对象组成的商标结构的完整性。第三，使用的标志应能发挥识别被告商品或服务来源的作用。如果行为人使用他人的商标标志仅仅是为了美化商品、提高商品的美感，并不是为了识别商品的来源，那么便不构成商标性使用。在此种意义上，《商标法实施条例》第七十六条在同一种或者类似商品上，将与他人注册商标相同或近似的标志作为商品名称或者商品装潢使用，误导公众，属于侵犯注册商标专用权的规定，并不符合《商标法》有关"商标性使用"的界定，应予以修正。

因此，所有不符合上述商标性使用构成要件的行为都属于非商标性使用，但并不一定属于描述性正当使用。描述性正当使用只是不符合上述"识别商品或服务来源"的要件，但不符合"可感知性"以及"紧密联系"规定的行为同样不属于商标性使用。在原告辉瑞产品有限公司等与被告江苏联环药业股份有限公司等侵犯商标权纠纷案中，最高人民法院即认为："由于该药片包装于不透明材料内，其颜色及形状并不能起到标识其来源和生产者的作用，不能认定为商标意义上的使用，因此，不属于使用相同或者近似商标的行为。"❷ 综上，描述性正当使用只是对非商标性使用情形的一种特殊规定。如果被控侵权行为属于描述性使用，法院可以直接适用关于描述性正当使用的规定，无须援引商标性使用的规定。但这并不意味着描述性使用可以替代商标性使用的作用。

（四）商标性使用不同于商标权的限制

将商标性使用作为侵权判断的前提并不会影响商标权限制制度的存在和发挥作用。两者的制度目标和价值是不同的。商标性使用的制度价值在于划定《商标法》的调整范围或者说商标权权利范围的边界。在商标侵权诉讼中首先判断被控侵权行为是否属于商标性使用，是为了确定被控行为是否属于《商标法》调整，或者说是否进入商标权的权利控制范围；而商标权限制则是对已经进入商标权权利范围的行为予以豁免。在商标侵权诉讼中，商标权权利限制通常属于被告不侵权抗辩的范畴，即原告已经举证证明被告擅自在相同商品上使用了相同商标，此时被告可以通过权利限制予以抗辩。例如，商标的指示性使用、权利用尽抗辩以

---

❶ BARRETT M. Finding trademark use: the historical foundation for limiting infringement liability to uses "in the manner of a mark" [J]. Wake Forest Law Review, 2008, 43: 893.

❷ 参见：最高人民法院（2009）民申字第 268 号民事裁定书。

及正品销售商在合理范围内对权利人商标的使用等，都属于对商标权的限制。上述行为无疑都属于商标性使用行为，但被控行为人可以进行权利限制的抗辩。

此外，将商标性使用作为商标侵权判断构成要件的观点实际上也没有正确地认识商标性使用划定边界的"守门人"角色，而且混淆了上文分析的商标性使用与使用标志之间的关系。虽然我国《商标法》第五十七条关于"未经商标注册人许可，在同一种商品上使用与其注册商标相同的商标"等侵权行为的规定也包含有"使用"，但该处的"使用"强调的并不是商标性使用，而仅仅是客观上存在使用商标标志的行为，类似于"贴附"的概念，不能因为上述规定存在"使用"的字样就将商标性使用作为商标侵权判断的构成要件。

四、判断是否属于商标性使用应当注意的两个问题

（一）商标性使用的判断不应考虑混淆可能性

在认定被控行为是否属于商标性使用时，一个重要的因素是判断被控行为是否用于识别商品或服务的来源，这离不开对消费者认知的分析。由于混淆可能性的判断也需要判断消费者的认知，因此，实践中在判断是否属于商标性使用时应当注意与混淆可能性判断的区分，不应将两者混为一谈。在 Rock & Roll Hall of Fame & Museum, Inc. v. Gentile Products 案中，美国第六巡回上诉法院认为，毫无疑问，原告应当证明其实际上对涉案商标进行使用，而且被告也应将与原告商标相同或近似的标志作为商标使用。但在判断是否构成商标性使用时，法院认为："换言之，原告必须证明被告使用的标志与原告的商标存在混淆可能性，使得消费者错误地认为被告的商品是由原告生产或原、被告之间存在赞助关系。❶

对此，笔者认为，商标性使用的判断与混淆可能性的判断彼此独立，两者属于不同诉讼阶段应当解决的问题，不应将两者混同，或者将混淆可能性作为判断是否构成商标性使用的因素。"商标性使用和混淆可能性的判断是两个完全独立的问题。商标性使用的判断是相对客观的，并不需要根据个案去审查消费者的实际感知。商标性使用的要求确保被告是以一种向消费者传递商品来源的方式使用争议文字或标志，这种使用通常是将标志通过紧密、直接的方式使用在待销售的商品上而实现的。混淆可能性的判断则是为了确定争议的文字或标志可能传递的商品信息是什么。"❷ 简言之，商标性使用的判断关注被控行为使用的标志是否具有向消费者传达信息的功能；混淆可能性的判断则关注该标志所传达信息的具体内容。商标性使用的判断只需要审查被控行为本身，而混淆可能性的判断则需

---

❶　134 F. 3d 749（6th Cir. 1998）.

❷　BARRETT M. Finding trademark use: the historical foundation for limiting infringement liability to uses "in the manner of a mark"［J］. Wake Forest Law Review, 2008, 43: 893.

要在原告的商标和被控行为之间进行比较才可能得出相应的结论。此外，商标性使用和是否混淆也没有直接的关联。有混淆可能性并不意味着一定是商标性使用，例如在描述性正当使用的情形中，即使存在一定的混淆可能性，但只要被告主观上是善意的，也不会构成商标侵权。美国联邦最高法院在一起商标侵权案中指出："即使混淆可能存在的情况下，法定正当使用（即叙述性使用）之抗辩也能成立，被告在提出法定正当使用之抗辩时，并没有义务否定混淆可能。"❶

（二）商标性使用的判断不应考虑地域性

在认定涉外定牌加工等国际贸易中的标志使用行为是否属于商标性使用时，一些案件的裁判对于应否考虑地域性出现分歧。在上诉人澳柯玛股份有限公司与被上诉人佛山市博鸿经贸有限公司侵害商标权纠纷案中，法院认为："博鸿公司的产品虽在中国境内生产，但产品全部出口至肯尼亚，并不在我国境内市场销售流通。博鸿公司在这些产品上使用涉案标识，不能在我国境内产生标识产品来源的作用，未发挥商标的识别功能，故该行为不属于商标性使用。"❷ 在上诉人斯皮度控股公司等与被上诉人多种运动工商有限公司等侵害商标权纠纷案中，法院认为："商标使用行为是一种客观行为，不应因为使用人的不同或处于不同的生产、流通环节而作不同的评价。在涉外定牌加工行为中，作为生产环节的贴牌行为系典型的将商标用于商品上的行为，属于商标使用行为。"❸

对此，笔者认为，商标性使用的判断不应考虑商品销售的地域。商标权具有地域性，但商标性使用的判断是相对客观的过程，消费者对于特定标志使用行为能否发挥识别来源功能的认知，并不会因为商品的销售地域不同而发生变化；否则，会得出不符合逻辑的结论。例如，涉外定牌加工中的标志使用行为，如果认为在国内市场不会发生识别来源的作用，但一旦出口到国外，反而具有识别来源的作用，这明显是自相矛盾的。而且，我国《商标法》关于商标使用的规定并没有要求必须在国内发挥识别来源的作用，只要在商业活动中使用的标志，可以识别商品来源，不管商品系在国内市场还是在国外市场销售，这种标志使用行为都属于商标性使用。至于商品未在国内销售，影响的并非是否构成商标性使用，而是最终是否构成商标侵权。此外，对于仅从事出口贸易的企业而言，如果在判断商标性使用时考虑地域性的因素，由于出口型企业生产的商品都未在国内销售，不可能在国内发挥识别来源的作用，相关企业注册的商标都可能会因为三年不使用被撤销，这些企业注册商标的意义便不复存在。北京知识产权法院在相关案件中认为："诉争商标在中国已实际投入生产经营中，虽直接出口至国外，未

❶ 张玉敏，凌宗亮. 商标权效力范围的边界［J］. 人民司法（应用），2012（17）.
❷ 参见：广东省高级人民法院（2016）粤 03 民终 7603 号民事判决书。
❸ 参见：浙江省高级人民法院（2014）浙知终字第 25 号民事判决书。

进入中国大陆市场流通领域，但其生产行为仍发生在中国大陆地区。这种行为实质上是在积极使用商标，而非闲置商标。且诉争商标的涉案行为实质上是贴牌加工贸易的体现，是一种对外贸易行为。如果贴牌加工行为不认定为商标使用行为，贴牌加工贸易生产的产品就无法正常出口，而导致该贸易无法在中国继续。"❶

五、结　语

将商标性使用作为侵权判断的前提，要求在侵害商标权纠纷的审理中，应当首先判断被控行为是否属于商标性使用。如果属于商标性使用，则进一步判断商品是否相同或类似、商标是否相同或近似以及混淆可能性，进而判断被告有无商标权限制等抗辩事由；如果不属于商标性使用，则应进一步判断被控行为是否构成不正当竞争，只有那些不构成不正当竞争的非商标性使用行为才是正当的。

（本文发表于《电子知识产权》2017 年 7 月刊）

---

❶ 　参见：北京知识产权法院（2015）京知行初字第 5119 号民事判决书。

注册商标临时保护期内权利人的法律救济

凌宗亮[*]

【摘　要】商标公告期满之日起至准予注册决定作出前的期限称为注册商标临时保护期。对于该期限内的他人使用商标的行为，商标权原则上不具有溯及力。如果使用人为恶意，且相关商标在临时保护期内已经由权利人进行了实际使用，那么权利人有权要求恶意使用人赔偿由此造成的损失。对于临时保护期内的库存商品，权利人不得禁止该商品在商标核准注册后进一步销售。特殊情况下，如果在临时保护期内，善意使用人经过使用使得该商标取得较高的知名度或者驰名的程度，那么出于利益平衡的考虑，可以赋予使用人类似于日本商标法中的"中用权"，即可以在原有范围内继续使用，但应当附加区别性标识。

【关键词】临时保护期　保护条件　停止侵权　赔偿损失

我国《商标法》第三十六条第二款规定："经审查异议不成立而准予注册的商标，商标注册申请人取得商标专用权的时间自初步审定公告三个月期满之日起计算。自该商标公告期满之日起至准予注册决定做出前，对他人在同一种或者类似商品上使用与该商标相同或者近似的标志的行为不具有追溯力；但是，因该使用人的恶意给商标注册人造成的损失，应当给予赔偿。"本文将上述规定中"商标公告期满之日起至准予注册决定做出前"的期限称为注册商标临时保护期。在此期限内的擅自使用行为，注册商标专用权原则上没有溯及力，只有使用人主观上为恶意，商标权利人才有权要求使用人赔偿由此造成的损失。尚不明确的是，

---

* 作者简介：凌宗亮，上海知识产权法院知识产权审判第二庭法官。

第一，如果使用人为恶意，是否不论权利人在临时保护期内有无实际使用，都可以主张赔偿由此造成的损失；第二，如果临时保护期内商标权人的商标已经使用且具有一定影响或者达到驰名的程度，是否必须优先适用《商标法》的规定，还是可以选择适用《反不正当竞争法》的规定获得救济；第三，"不具有溯及力"是仅针对赔偿损失还是包括停止使用，即商标临时保护期内生产的库存商品能否继续销售。本文将对上述问题进行分析，希望能够对商标临时保护期内权利人的法律保护有所裨益。

一、临时保护期内权利人获得保护的条件

临时保护期内的商标本质上为未注册商标。根据《商标法》以及《反不正当竞争法》的规定，未注册商标要获得保护，应当满足以下条件：第一，如果能够证明达到驰名的程度，可以作为未注册驰名商标受到保护，但仅能获得停止侵权的民事救济。《商标法》第十三条第二款规定："就相同或者类似商品申请注册的商标是复制、模仿或者翻译他人未在中国注册的驰名商标，容易导致混淆的，不予注册并禁止使用。"《最高人民法院关于审理商标权民事纠纷案件适用法律若干问题的解释》第二条规定："依据商标法第十三条第一款的规定，复制、模仿、翻译他人未在中国注册的驰名商标或其主要部分，在相同或者类似商品上作为商标使用，容易导致混淆的，应当承担停止侵害的民事法律责任。"❶第二，如果能够证明已经使用并有一定影响，在民事诉讼中可以依据《反不正当竞争法》关于有一定影响商品名称的规定获得救济。2017 年 11 月 4 日修订的《反不正当竞争法》第六条第一项规定："经营者不得实施下列混淆行为，引人误认为是他人商品或者与他人存在特定联系：（一）擅自使用与他人有一定影响的商品名称、包装、装潢等相同或者近似的标识……"第三，如果未注册商标未实际使用，在民事诉讼中无法获得救济，只能在行政授权确权程序中获得一定的保护。例如，《商标法》第十五条规定："未经授权，代理人或者代表人以自己的名义将被代理人或者被代表人的商标进行注册，被代理人或者被代表人提出异议的，不予注册并禁止使用。就同一种商品或者类似商品申请注册的商标与他人在先使用的未注册商标相同或者近似，申请人与该他人具有前款规定以外的合同、业务往来关系或者其他关系而明知该他人商标存在，该他人提出异议的，不

---

❶ 关于未注册驰名商标能否获得损害赔偿的救济，虽然司法解释规定的仅包括停止侵害，但实践中有的案件支持了未注册驰名商标权利人损害赔偿的诉讼请求。在原告拉菲罗斯柴尔德酒庄诉上海保障实业发展有限公司等侵害商标权纠纷中，法院经审理认定原告主张的"拉菲"商标为未注册驰名商标，考虑到被告侵权恶意明显，判决被告赔偿原告经济损失 200 万元。参见：上海知识产权法院（2015）沪知民初字第 518 号民事判决书。

予注册。"因此，就未注册商标而言，要获得民事诉讼中的救济，或者要求已经实际使用且取得一定影响，或者需要符合未注册驰名商标的保护条件，均要求实际使用。

就临时保护期内的商标保护而言，商标权人要求恶意使用人赔偿损失，是否需要以实际使用或具有一定影响为前提。笔者认为，商标临时保护期内权利人获得救济的条件原则上应当满足已经实际使用的要求，如果未实际使用，应当证明使用人的使用行为给其造成其他损失。首先，未实际使用的商标仅仅是一种符号，并不是真正意义上的商标权。在此种意义上，商标临时保护期与《专利法》的相关规定不同。在专利技术方案公开后，社会公众便已经可以知悉技术方案的价值，因此不论专利权人是否实施专利，其他使用人使用该技术方案均应支付相应的使用费。但商标不同，商标的价值在于实际使用，否则，其仅仅是一种符号，并不是真正意义上的商标权。其次，根据《商标法》第六十四条第一款的规定，注册商标专用权人请求赔偿，被控侵权人以注册商标专用权人未使用注册商标提出抗辩的，人民法院可以要求注册商标专用权人提供此前三年内实际使用该注册商标的证据。注册商标专用权人不能证明此前三年内实际使用过该注册商标，也不能证明因侵权行为受到其他损失的，被控侵权人不承担赔偿责任。因此，如果注册商标未实际使用，原则上都不予赔偿，按照举重以明轻的原则，商标权人如果要求恶意使用人在临时保护期内给自己造成损失的赔偿，也应该以其商标在此期间已经实际使用为前提；否则，他人在此期间内的使用行为很难给商标权人造成损失。最后，如果临时保护期内未实际使用，但权利人能够证明使用人的行为确实为其造成其他损失的，仍然可以获得赔偿。例如，临时保护期内未使用，但商标获准注册后已经投入使用或者为使用做好准备，且擅自使用人生产的库存商品在商标授权后仍然存在销售行为，此时，商标权人可以要求使用人继续销售库存商品给其造成损失的赔偿。因此，在临时保护期内，权利人要获得保护，除了要证明使用人具有恶意外，原则上还应满足其已经实际使用的要求。

二、临时保护期内权利人的救济路径

如上文所述，临时保护期内的商标为未注册商标。关于未注册商标，如果达到有一定影响的要求，《反不正当竞争法》亦可以依据"有一定影响的商品名称"提供保护。那么在此情况下，权利人是否必须优先适用《商标法》，还是可以选择适用《反不正当竞争法》。这实际上涉及《商标法》和《反不正当竞争法》的关系问题。对此，理论及实践中一直存在争议。有观点认为，在法律适用上，知识产权法的规定优于《反不正当竞争法》，它们之间是特别法和普通法的关系。❶ 这也是司法实践中大多数案件坚持的观点。在再审申请人广州星河湾实业发展有限公司等与被申请人天津市宏兴房地产开发有限公司侵害商标权及不正当竞争纠纷案中，最高人民法院再审认为，由于该判决已经认定诉争楼盘名称的使用侵害商标权，对"星河湾"商标的合法权益已经予以了保护，根据《商标法》和《反不正当竞争法》专门法和特别法的关系，凡是知识产权专门法已经保护的领域，一般情况下，《反不正当竞争法》不再给予其重合保护。鉴此，最高人民法院对再审申请人请求保护其知名商品特有名称权利的诉讼请求不予支持。❷

已故法学教授郑成思先生则认为，《反不正当竞争法》与知识产权法是交叉关系，"反不正当竞争，作为立法的范围，会在不同角度与其他法律发生交叉，以共同调整市场经济中人与人的关系，诚然，《反不正当竞争法》与这些不同法律各有自己的管辖区域，但却在各有侧重点的同时，也有交叉点，那种认为法律不可能或不应当交叉——非此即彼的观点，是不符合实际的。……但交叉并不意味着可以互相替代。《商标法》重在保护注册商标权人的权利、消费者权益保护法重在保护消费者的权利。它们与《反不正当竞争法》的侧重点是完全不同的。"❸ 于是，有观点提出，《商标法》与《反不正当竞争法》在商标权益保护上，呈并列或同位关系。"两法"之间并无主从关系或一般与特殊关系之别，它们分别有独立的保护对象、规制方式、效力范围和保护重点，各自平行地对商标权益提供不同层面的保护。❹ 在再审申请人苏某某与被申请人香港荣华饼家有限公司等侵犯商标权及不正当竞争纠纷案中，一审法院认为，由于香港荣华饼家有限公司主张的知名商品特有名称与其所主张的"荣华"未注册驰名商标名称相同，在已经认定"荣华"未注册商标为驰名商标并判定构成商标侵权的情况下，没有必要再适用《反不正当竞争法》提供重复的司法救济。二审法院则认为，综合考虑该案的实际情况，无须认定"荣华"文字为未注册驰名商标，而应认定"荣华月饼"为知名商品特有名称。最高人民法院再审认为今明公司在被控侵权商品上使用"荣华月饼"文字的行为具有正当性，并未侵犯知名商品特有名称权。❺ 该案中二审法院的裁判逻辑即认为《商标法》和《反不正当竞争法》

❶ 韦之. 论不正当竞争法与知识产权法的关系 [J]. 北京大学学报（哲学社会科学版），1999（6）：29.

❷ 参见：最高人民法院（2013）民提字第 3 号民事判决书。

❸ 郑成思. 反不正当竞争与知识产权 [J]. 法学，1997（6）：54.

❹ 郑友德，万志前. 论商标法和反不正当竞争法对商标权益的平行保护 [J]. 法商研究，2009（6）：95. 还可参见：钱玉文. 论商标法与反不正当竞争法的适用选择 [J]. 知识产权，2015（9）. 刘丽娟. 论知识产权法与反不正当竞争法的适用关系 [J]. 知识产权，2012（1）.

❺ 参见：最高人民法院（2012）民提字第 38 号民事判决书。

并非特殊法和一般法的关系，而是可以选择的并行关系。最高人民法院亦未认为二审的观点不当，只是认定今明公司使用"荣华月饼"有正当理由，故不构成擅自使用知名商品特有名称的不正当竞争行为。

笔者认为，不应从整体上笼统地谈论《商标法》和《反不正当竞争法》之间的关系，而应该针对具体的法律规定和行为判断《商标法》和《反不正当竞争法》相应规定之间存在何种适用关系。首先，从整体上看，《商标法》与《反不正当竞争法》不存在特殊法和一般法的关系。一般而言，特殊法是指对于法律适用的主体、事项、地域以及时间作出特殊规定的法律。例如，相对于民法，《合同法》是特殊法。因此，属于特殊法规定的行为一定可以由一般法调整，例如签订有效合同的行为一定属于民事法律行为。就《商标法》和《反不正当竞争法》的关系而言，构成商标侵权的行为并不必然构成不正当竞争。因为两者的构成要件存在明显区别，侵害商标权行为并不需要主观上存在过错，但不正当竞争行为的成立应当以行为人主观上存在故意为前提。其次，《反不正当竞争法》在整体上并非对《商标法》的补充，只能说《反不正当竞争法》第二条的规定系对《商标法》的补充。法律之间的补充关系并不同于一般法和特殊法的关系。根据《立法法》第九十二条的规定，同一机关制定的特别规定与一般规定不一致的，适用特别规定。但补充关系主要是辅助规定和基本规定的关系，即在其他法律不能适用时，予补充性地加以适用。因此，《反不正当竞争法》整体上并不是《商标法》的补充，只有《反不正当竞争法》第二条的原则性规定才可以构成对《商标法》的补充。例如，《商标法》第五十八条规定："将他人注册商标、未注册的驰名商标作为企业名称中的字号使用，误导公众，构成不正当竞争行为的，依照《中华人民共和国反不正当竞争法》处理。"实践中，一般均适用《反不正当竞争法》第二条调整企业名称擅自使用他人商标的行为。最后，《反不正当竞争法》关于商品名称等商业标识的规定与《商标法》的规定属于并行关系，权利人可以选择适用。《反不正当竞争法》关于商品名称等商业表示的保护与《商标法》关于注册商标的保护在构成要件方面存在明显不同，构成侵害商标权并不一定属于擅自使用商品名称的不正当竞争行为。因为商品名称的《反不正当竞争法》保护不仅需要使用人主观上具有恶意，还要求具有一定的影响，但侵害商标权并没有相应的要求。因此，关于商业标识的保护，《商标法》和《反不正当竞争法》属于法条竞合，权利人可以选择适用。在不构成侵害商标权的情况下，权利人还可以主张构成擅自使用商品名称的不正当竞争行为。

在原告动视出版公司与被告华夏电影发行有限责任公司等侵害商标权及不正当竞争纠纷案中，法院认为，原告注册了"使命召唤"商标，并不代表原告在电影名称上也获得了"使命召唤"的专有权，原告的注册商标权利范围不能延及电影名称的使用，故华夏公司使用"使命召唤"作为电影名称并未侵害原告享有的注册商标专用权。但是，"使命召唤"游戏名称可以被认定为知名商品的名称受到保护。被告华夏公司为吸引观众以获得高票房收入，未经原告许可，故意攀附原告游戏名称的知名度，擅自将"使命召唤"作为电影名称使用，并通过发布预告片、海报、微博等形式进行大量宣传，使相关公众产生混淆，构成擅自使用知名商品特有名称的不正当竞争。❶

综上，就临时保护期内的擅自使用行为，如果相关商标已经实际使用且有一定影响，权利人应当有权选择适用《商标法》或《反不正当竞争法》，不存在《商标法》优先适用的问题。如果相关商标达到驰名商标的程度，也可以通过未注册驰名商标进行保护，不能因为《反不正当竞争法》已经有关于有一定影响商品名称的规定，而认为认定未注册驰名商标缺乏必要性。需要注意的是，在《商标法》的规定和《反不正当竞争法》关于商品名称的规定构成竞合时，原本应当要求权利人在《商标法》和《反不正当竞争法》之间作出选择，即只能二者选其一。❷ 但是选择并不意味着不能在一个诉讼中一并主张。由于上述竞合仅仅是形式上的或者请求权竞合，最终有可能仅构成商标侵权，或者仅构成不正当竞争，需要经过实体审理才能得出最终的结论。如果在起诉时就要求权利人必须选择《商标法》或者《反不正当竞争法》，那么在《商标法》不支持的情况下，权利人必须再另案起诉。故为了减少当事人的讼累，应当允许当事人在一个案件中一并解决，只不过应当采取预备合并之诉❸的方式，即原告可以在同一案件中先主张适用《商标法》的规定要求赔偿损失，如果得不到《商标法》的支持，可以请求法院适用《反不正当竞争法》，认定使用人构成擅自使用商品名称的不正当竞争行为。司法实践中针对同一侵权或不正当竞争行为确立的"侵害商标权及不正当竞争纠纷"的案由，实际上都属于预备合并之诉，只不过规范的案由应当是"侵害商标权或不正当竞争纠纷"，否则有可能导致对同一行为进行重复评价。

---

❶ 参见：上海市浦东新区人民法院（2016）沪0115民初29964号民事判决书。

❷ 例如《合同法》第一百二十二条即规定在违约责任和侵权责任竞合时，应当让当事人进行选择。《合同法》第一百二十二条规定："因当事人一方的违约行为，侵害对方人身、财产权益的，受损害方有权选择依照本法要求其承担违约责任或者依照其他法律要求其承担侵权责任。"

❸ 根据客观预备合并之诉，在请求权竞合时，原告可以同时主张实体法上规定的数个请求权，综合考量自己对各请求权所掌握的证据情况和熟悉情况，以及不同请求权的构成要件、举证责任与赔偿范围，可以根据胜诉所获利益大小或胜诉概率的大小等将数个请求权排成顺位，请求法院按照先后顺位审判。参见：李磊. 请求权竞合解决新论：以客观预备合并之诉为解决路径［J］. 烟台大学学报（哲学社会科学版），2016，29（4）：23.

三、临时保护期内库存商品能否继续销售

关于商标临时保护期内库存商品能否继续销售的问题，商标司法实践对该问题的探讨较少。专利临时保护期的相关探讨或许能够为该问题的解决提供一些借鉴。在再审申请人浙江杭州鑫富药业股份有限公司与被申请人山东新发药业有限公司等发明专利临时保护期使用费纠纷再审案中，最高人民法院认为："在发明专利临时保护期使用费纠纷中，除了权利人只能就使用费问题主张损害赔偿的民事责任而不能请求实施人承担停止侵权等其他民事责任以外，在其他问题上与一般意义上的侵犯专利权纠纷并无本质不同。"[1] 在再审申请人深圳市斯瑞曼精细化工有限公司与被申请人深圳市坑梓自来水有限公司、深圳市康泰蓝水处理设备有限公司侵害发明专利权纠纷再审案中，最高人民法院认为，在发明专利申请公布后至专利权授予前的临时保护期内制造、销售、进口的被诉专利侵权产品不为《专利法》禁止的情况下，其后续的使用、许诺销售、销售，即使未经专利权人许可，也不视为侵害专利权，但专利权人可以依法要求临时保护期内实施其发明的单位或者个人支付适当的费用。[2] 因此，最高人民法院关于上述案件的观点认为，专利临时保护期内生产的库存商品在专利授权后仍然可以继续使用、销售，专利权人无权主张停止使用、销售等行为。也有观点认为，《专利法》所规定的"制造、使用、许诺销售、销售、进口"是五种相互独立的行为，所以，如果实施申请人的发明创造（制造产品）发生在临时保护期内，而这些产品的使用或销售等行为发生在专利授权之后，应当按行为所处不同阶段承担相应的责任，即临时保护期内的使用行为承担支付临时保护期适当使用费的责任，授权后的使用行为承担侵权责任。[3]

笔者认为，最高人民法院的观点更具有合理性。不论使用人是否恶意，事后获准注册的商标权对于停止侵权或停止使用均不具有溯及力，即权利人无权禁止使用人销售临时保护期内生产的库存商品。第一，根据《商标法》第五十七条的规定，销售行为之所以构成侵权，是因为销售的系"侵犯注册商标专用权的商品"。在商标临时保护期内，权利人申请的商标尚未获得注册，不论使用人主观上是否善意，该期限内生产的商品均不属于"侵犯注册商标专用权的商品"，故在商标获得授权后继续销售的行为也不构成对注册商标的侵害。第二，从商标使用的角度看，在商标准予注册时，库存商品上的商标使用行为已经实施完毕，库

---

[1] 参见：最高人民法院（2008）民申字第 81 号民事裁定书。

[2] 最高人民法院第 20 号指导性案例，参见：最高人民法院（2011）民提字第 259 号民事判决书。

[3] 中华全国专利代理人协会. 发展知识产权服务业　支撑创新型国家建设——2012 年中华全国专利代理人协会年会第三届知识产权论坛论文选编 [C]. 北京：知识产权出版社，2012：517.

存商品的销售并没有实施新的商标使用行为，而仅仅是临时保护期内商标使用行为的延续。在此意义上，生产行为和销售行为并非完全独立的两种行为，而是销售行为依附于生产行为，两者是源与流的关系。因此，在评价销售行为是否侵权时不能与相应的生产行为割裂开来。只有特定商品的生产行为构成侵权时，销售该商品的行为才可能构成侵权。由于临时保护期内使用人的生产行为不构成侵权，后续的销售行为自然也不存在侵权的问题。

因此，商标临时保护期内生产的库存商品在商标注册后可以继续销售，权利人取得的注册商标专用权对此不具有溯及力。当然，由于服务商标的使用行为具有持续性，商标权人在获得授权后有权要求使用人停止使用。例如在店招上使用他人商标发生在临时保护期内，由于该使用行为一直在持续，故在商标获得注册后，使用人不得继续在店招上使用该商标。此外，有的商标授权过程中异议程序后如果经过行政诉讼，可能会导致商标临时保护期较长，有的可能会长达十多年。如果此过程中其他人对商标的使用已经产生知名度，甚至达到驰名的程度，那么待商标授权后使用人是否仍应停止使用？笔者认为，此种情况下使用人并不符合《商标法》关于在先使用的规定，如果使用人确为善意，在其使用行为已经取得较高知名度特别是驰名时，一概要求其停止使用，对于使用人过于严苛，对于社会也是一种资源的浪费。因此，可以借鉴日本商标法中的中用权制度，赋予此种情形中的使用人在原有范围内继续使用的权利，当然使用人主观上必须为善意，而且商标权人有权要求其附加区别性标识。❶

（本文发表于《上海审判实践》2018 年第 4 辑）

---

❶ 日本商标法第三十三条规定，在无效准司法审查请求登录之前，不知道注册商标无效事由的存在，注册商标已经在需要者之间被广泛认知的情况下，即使存在他人相抵触的注册商标，也可以排除注册商标的禁止权，继续使用其商标。

现实语境下药品专利链接制度的必要性研究

陶冠东[*]

陶冠东[*]

【提　要】相比于其他技术领域，药品专利技术创新需要的资金投入和技术成本更为高昂，又由于关乎社会公众的生命健康，药品审查机关的审批手续、专利保护期还要缩减，后期还要面临不可预知的市场风险，因此专利药往往会制定比较高的药品价格，以期在相对更短的时间内尽早地收回投资并获得相应的利润回报。由此而言，药品领域对专利制度的依赖性更强。专利链接制度的出现与药品领域的特殊需求有密切的联系。这一制度最早出现于美国 Hatch－Waxman 法案，我国在 2002 年开始引入。与美国不同的是，我国的专利链接制度只需药品申请人声明即可，并未规定审查等待期、强制诉讼等制度，也就没有带来专利权人滥用专利链接制度，甚至带来了专利权人与仿制药企共谋侵害社会公众利益的反向支付问题。

从形式上来说，专利链接制度引导仿制药企和专利权人在仿制药进入市场早期便解决专利侵权纠纷，在降低专利权人所可能受到侵害的同时，也有利于节省仿制药企的成本，及早规避专利技术，减少未来发生诉讼的可能性。在实际效果上，根据已有的制度实践可以发现，专利权人在专利链接制度中规定的等待期、专利登记等制度，为仿制药企带来了诉讼风险，同时也使得社会公众不能及时享受到市场竞争下的药品。诚然，专利链接制度固然可以鼓励药品企业进行创新，但技术创新尤其是药品领域的技术创新需要制度保护的同时，也需要资金、技术和人才等要素。这些要素都是在建立药品专利链接制度过程中应当考虑的问题。

---

* 作者简介：陶冠东，上海知识产权法院知识产权审判第一庭法官助理。

【关键词】 技术创新　专利制度　专利链接　现实国情

【主要创新观点】本文以药品专利链接制度为题，基于我国的现实国情，结合美国等域外国家和地域的制度实践，对制度效果和我国引入药品专利链接制度的现实必要性进行了研究，主要提出了以下几个方面的创新。

一是药品领域出现专利链接制度的社会原因，指出专利链接制度的出现是专利制度的固有缺陷与药品领域技术创新特殊需要之间的矛盾造成的。

二是我国当前专利制度中对药品领域的特殊规定，指出我国基于对社会公众利益的考虑和本国药企的保护，从而规定了 Bolar 例外[1]规则，并指出了药品申请中与专利相关的规章制度。

三是强制性药品专利链接制度带来的社会问题，指出强制性药品专利链接制度会使得专利权人滥用等待期和强制诉讼制度，在阻碍仿制药企进行药品仿制的同时，会危害社会公众享受低价药的权益。

四是专利制度是药品领域技术创新的必要不充分条件，指出药品领域的技术创新需要专利制度的保护，但同时需要资金、技术和人才等要素的配合，强制性的药品专利链接制度会挤压我国药品企业的市场空间，使其失去技术创新的缓冲期。

药品专利链接制度并非我国首创，也非第一次出现于正式文件中，我国2002年12月施行的《药品注册管理办法（试行）》就已规定了药品专利链接制度。从其内容来看，我国的药品专利链接制度只需提供专利权权属状况说明及不侵权的声明，并不触及实质审查，药品审查机关也不受理和审查专利权人针对上述不侵权声明提出的异议；从其作用来说，我国此前的药品专利链接制度形式大于实质。

一、药品领域创新保护的特殊需求与专利制度

（一）药品领域创新保护的特殊需求与现实

毋庸讳言，药品研发需要高昂的经济投入、不菲的技术投入和大量的人力成本等，在此过程中还会面临巨大的失败风险，同期研发的多款药物最终得以上市并取得预期回报目标的可能只有一款。除此以外，相对于其他技术领域的研发、上市来说，药品研发需要面临更为漫长的专利审核以及后期为时不短的药品审批程序。欧美发达国家开发一款新药通常需要 10 亿美元以上，周期长达 12 ~ 15 年，而且难度有进一步加大的趋势。[2] 当然前期的投入与后期的回报是正相关

---

[1]　Bolar 例外来源于美国，是由 Bolar v. Roche 案催生的专利侵权例外规定，也称为安全港（Safe Harbor）条款。——编辑注

[2]　中国卫生产业网 [EB/OL]. [2017 – 06 – 21]. http://zgwscy.com/content1.asp? id = 3384.

的，而且随着市场的开拓、疗效的广泛知晓和技术的稳定，往往越到后期，药品专利的价值就越凸显。以辉瑞公司1997年上市的降血脂药Liptor（中文名阿伐他汀、立普妥），10年之后即2007年的销售额仍达1000亿元。❶考虑到更高的前期研发专利技术投入，加之药品上市行政审批程序带来的延迟效应，药品领域对专利保护的需求更为强烈，利用专利制度获得市场回报的经济动机也更为强烈。

药品技术对专利制度的需求更强，但是否为药品技术提供保护、提供何种程度的保护甚至是否提供保护并非专利制度所能解决，其背后有复杂的原因，这是由药品本身的属性决定的。药品虽然也是商品，但与人的生命健康息息相关，从而有天然的公共性。其前期投入和市场回报可以通过专利制度得以保障，但安全性和有效性则需要国家专门机关审核进行控制。药品不同于普通商品，是否纳入专利制度予以保护、给予其何种保护以及保护的力度等问题无不体现显著的政策性现实考量，其背后有社会公众利益维护的因素，也有本国医药产业发展的制衡。我国于1985年实行专利制度时，便不对药品提供专利权保护。这与我国当时制药产业的发展水平是有密切关系的，直至1992年《专利法》第一次修正才给予其专利权保护。

这是由专利权本身的制度属性决定的。功利主义主导下的专利理论认为，专利制度是国家代表社会公众与发明人签订的合约，发明人为社会贡献智力成果，社会向发明人提供一定时间的技术垄断。对于大多数发明人来说，这种合约是公平的，专利制度提供的垄断期间足够其收回前期投入并获得可观的经济回报；但对于部分发明人来说，这种合约却是不公平的，专利制度提供的保护期间不能使其获得足够的弥补和回报，这种不公平在各个技术领域都会存在，只是在药品领域这种不公平表现得尤为明显。这是专利制度的缺陷，也是专利制度的无奈。技术领域纷繁复杂，技术问题数以亿万，但专利制度只有一个，只是这种状况表现得明显失衡时，一定程度上的制度救济则成为必然选择，药品专利链接制度也由此而来。

（二）药品专利链接制度的由来、构成及其现实效果

基于药品领域技术保护的特殊需求和医药产业领域的不断推动，美国于1984年通过了《药品价格与专利权恢复法》（Drug Price Competition and Patent Term Restoration Act），又称Hatch-Waxman法，由此确立药品专利链接制度。之所以被称为链接制度，是由其内容决定的。根据相关规定，仿制药上市审查与专利药的专利状态相关联，专利药经药品监管机关审批上市，只要在该专利药的相关专利有效期内，药品监管机关便不再核准新药上市。

---

❶ 辉瑞公司2007年年报［EB/OL］.［2017-06-21］. www.pfizer.com.

专利声明只是美国药品专利链接制度的一个方面，除此以外还包括橙皮书制度、仿制药简化申请制度、数据独占制度以及监管审批机构链接制度，其具体内容分别为：（1）橙皮书制度——需将美国食品药品管理局（FDA）批准的药品名单、药品专利情况和独占期等信息通过橙皮书公布；（2）仿制药简化制度——申报仿制药无须重复进行已证明的安全性和有效性研究，只需进行等效性审批；（3）数据独占制度——给予不同类别的仿制药不同的数据和市场独占期保护；（4）监管审批机构链接制度——加强药品注册审批机构和专利审批机构的沟通。从其制度构成来说，药品专利链接制度是公平的，在降低专利药企侵权纠纷成本、鼓励技术创新的同时，通过仿制药简化制度节省仿制药企的成本，其可以避免未来被专利权人起诉。

平衡专利权人与社会公众的利益关系或许是制度设计者的最初目的，但就专利链接制度施行以后的社会实践而言，实际效果并不尽如人意，形式上的平衡之下却是专利权人对仿制药企及社会公众实质上的不平衡。从形式来说，专利药企的专利药中有一件专利处于有效期内，便可以阻止仿制药上市与其竞争，专利药企便由此可以继续合法地垄断相关市场。而从美国药品专利链接制度的发展实践来说，设置多件专利阻止仿制药上市也是专利药企重要的手段之一，在专利药专利权过期或即将过期时又提出专利，而这些专利往往并不是原专利药成分、配方或用途的核心技术，只是代谢物专利、中间体专利甚至是包装体专利等。❶虽然专利技术并非核心技术，但在阻止仿制药上市方面，其发挥的作用与核心专利技术并无二致。从专利链接制度实行早期直至 30 多年后的今天，这一问题虽然随着美国专利制度的发展有了一定程度的缓解，但实际上并未得到根本性的解决，而专利药企阻止仿制药上市的手段也日趋娴熟和隐秘，专利药企利用专利制度、经济和技术优势等手段，充分利用专利链接制度带来的附加利益，对仿制药企、社会公众利益造成了难以避免的现实侵害。

二、我国当前的药品专利链接制度

（一）药品审批中使用专利技术的司法实践

药品问题关乎公众健康，专利药研发成本高昂、时间持久以及行政审批程序带来的实际保护期延迟等问题并未在我国《专利法》中有所体现。2008 年修改的《专利法》第六十九条第一款第五项中规定了药品审批不视为侵权的例外，亦即 Bolar 例外规则，规定为药品审批所需进行的制造、进口行为不是对专利权的侵犯，而作出这一规定是由此前司法实践中反映问题法律化的现实需要。这一

---

❶ 陈敬，史录文. 美国专利链接制度研究 [J]. 新药研发论坛，2012（22）：2592.

问题最早反映在三共株式会社与北京万生药业公司的侵害发明专利纠纷案中，当时我国尚无明确的法律规定可供被告免除侵权责任，因此法院最终以"制造行为是为了满足国家相关部门对于药品注册行政审批的需要，以检验其生产的涉案药品的安全性和有效性"为由，指出被告行为不属于"生产经营的实施专利的行为"，最终免除了被告的侵权责任。❶ 其实，无论是行政审批的制造、进口还是内部的试验、测试等，都是为仿制药上市所作的准备工作，属于典型的商业行为。❷ 法律规定不能反映司法实践的现实需求，使得此类判决依据缺乏法律上的正当性，由此也带来了专利药企、专家学者以及社会舆论等方面的广泛质疑。❸

从《专利法》的规定和现行法律规定之前以及后期的司法实践来看，我国在专利药企和仿制药企或者社会公众之间的利益选择上，是较为倾向于后者的，为仿制药企减少、避免行政审批带来的上市时间延迟，让仿制药得以尽快上市，可以使社会公众在专利药的专利保护过期以后尽早地买到低价药。从法律上来说，Bolar 例外的规定使得我国与发达国家接轨，明确为药品上市审批进行的仿制行为不侵权，免除了仿制药企的法律风险，也使得我国仿制药企能够尽早地享受到专利技术带来的市场利益，推动药品价格下降。应该说这一规定对于我国的药品企业有非常巨大的作用，受制于经济实力、技术水平和创新能力等方面的原因，我国的药品企业大部分甚至可以说绝大部分都是以仿制药为主，实际研发能力与发达国家的药品企业依然存在不小的差距。

从专利制度带来的效果来说，现行《专利法》的规定对我国仿制药企是比较有利的，而在药品行政审批层面，截至目前，仿制药企还是有较大的制度空间的，能够在制度框架下进行仿制而不必承担超出自身能力的法律风险。关于专利链接制度，我国虽然实质上并未强制性地规定要求药品申报时必须予以执行，但在形式意义上，法律规定还是相对较为全面的。相关法律法规主要有 2001 年修订的《药品管理法》、2002 年施行的《药品管理法实施条例》以及 2007 年生效的《药品注册管理办法》。

（二）现有药品行政审批中专利纠纷解决途径

《专利法》规定的 Bolar 例外使得仿制药企为行政审批所需进行的制造、使用、进口专利技术的行为不必承担专利法意义上的侵权责任。但这只是法律结果，在实际申请过程中仿制药企如何操作才能行使 Bolar 例外赋予的权利，《专利法》没有规定，《药品注册管理办法》或其他法律法规也未提供途径。根据职责

❶ 参见：北京市第二中级人民法院（2006）二中民初字第 04134 号民事判决书。

❷ 其他同类判决参见：北京市第二中级人民法院（2007）二中民初字第 13419 号、（2007）二中民初字第 13420 号、（2007）二中民初字第 13421 号等民事判决书。

❸ 张晓东. 药品专利链接制度研究 [J]. 华东理工大学学报（社会科学版），2012，27（3）：89.

分工，药品审查机关负责药品的安全性和有效性审查，专利行政部门即国家知识产权局负责专利的有效性审查，两者各自独立、互不交叉。《药品注册管理办法》第十八条第二款规定，药品注册过程中发生专利权纠纷的，按照有关专利的法律法规解决。而该条第一款同时规定，他人在中国存在专利的，申请人应当提交对他人的专利不构成侵权的声明。由此来看，仿制药申请的药品行政审批中专利问题的形式意义大于实质作用，对于是否侵犯专利权，药品审查机关根据的是仿制药申请者的不侵权声明，而这一声明的真实与否则在所不论。

单就现有规定的作用来说，药品审查机关并未过多地介入仿制药企与专利药企之间的侵权纠纷，只是宣示性地规定案件由有关专利的法律法规解决，应该说这一做法还是比较贴合我国现实需求的，而且符合部门职能分工和自身能力定位。如上所言，我国药企的研发水平还有待加强，专利侵权与否是由法院和专利行政部门决定的❶，而药品审查机关由于工作业务和人员配备等方面的原因，专利侵权判定亦并非其所长，药品审查机关并非专门的纠纷解决机关，过深地介入专利侵权纠纷与其公平、公正和中立的国家机关形象也是不相符的。药品审批程序中规定专利链接制度，目的在于促进仿制药企与专利权人提前解决专利侵权纠纷，在维护专利权人权益的同时，也使得仿制药企产品上市之后避免纠纷。当然，药品申请过程中遇到专利侵权纠纷，还是以法院和专利行政机关的决定为准。不同于美国的药品专利链接制度，我国并未强制性地规定申请人通知义务，也未规定诉讼后审查等待制度，而这一安排是有现实的合理性的。❷

需要说明的是，Bolar 例外规则下的药品申请是《专利法》明确规定合法的申请，申请人和药品审查机关对其实施的技术方案与专利技术之间的关系有较为清晰的认识，司法实践中即便存在纠纷，其焦点主要是集中于仿制时间和仿制数量的合理性等问题，争议的问题并非侵权与否。Bolar 例外下的仿制药申请对专利权本身并无实质性挑战，仿制药品进入市场的时间也是专利权失效之后，而在申请的时间上，《药品注册管理办法》第十九条规定，申请人可以在该药品专利期届满前两年内提出注册申请。

三、强制性药品专利链接制度下的问题及影响

（一）强制性药品专利链接制度下的社会现实

2017 年 5 月 12 日，药品审查机关发布了《关于鼓励药品医疗器械创新保护

---

❶ 根据二元分立体制，专利行政部门审查专利的有效性，法院判定专利的侵权问题，因此说由二者共同决定。

❷ 在美国专利链接制度中，仿制药企应通知专利权人，专利权人接到通知后 45 天内可以选择提起专利侵权诉讼，一旦进入诉讼程序，FDA 将停止审查，时间最长达 30 个月。具体规则可参见：陈敬，史录文. 美国专利链接制度研究［J］. 新药研发论坛，2012（22）：2592.

创新者权益的相关政策（征求意见稿）》（以下简称《意见稿》），第一条规定的便是药品专利链接制度，主要包括三个方面的内容：（1）药品专利声明。申请人需提交相关权利的声明，挑战专利的需声明不构成侵犯相关药品专利权，并在提出申请后20天内告知相关专利权人。（2）强制诉讼。专利权人收到前述告知后，需在20天内提起专利侵权诉讼；（3）批准等待期，药品审查机关受到司法机关立案证明文件后，可设置最长24个月的批准等待期，在此期间不停止技术审评。超过等待期未有结果的，药品审查机关可以批准药品上市。申请人未声明、专利权人提起诉讼的，药品审查机关也会根据司法机关受理情况将申请列入等待期。❶

应该说，这是我国药品专利链接制度的重大变革，对药品企业尤其是我国药品企业将产生重大影响。从《意见稿》的主题来看，目的在于推动药品企业创新，将更多的经济实力、技术资源投入药品研发，而非药品仿制中，应该说《意见稿》的初衷及其追求的目标是好的。但无比遗憾的是，"我国是医药大国，但非医药强国"，直至2015年我国的仿制药比例依然高达96%，"4700家制药企业多而散、销售额低、利润低""研发投入严重不足"❷。这是可悲的，确实是需要改变的，却又是十分现实的。新药研发投入巨大，对企业经济条件、技术实力和人才队伍等方面都有极高的要求，但即便行业巨头如利润总额全国排名第一的上海医药，2016年的利润也不到200亿元，排名第十的太极集团仅为50亿元。❸仅从经济成本来说，我国药企的盈利能力不足以支撑进行理想中的新药研发，而欧美发达国家的新药研发动辄10亿美元以上，还会面临着研发失败、审批要求以及市场成功率等不可预知的风险性因素，而这些足以让我国药企对新药研发望而却步。

专利制度对技术创新尤其是药品领域技术创新的重要性毋庸多言，只是在追求技术创新的同时还需要资本和实力。在资本不足和实力不够的情况下鼓励技术创新，甚至对非技术创新的企业设置制度性障碍，强制性地驱使其投入资金、技术和人力进行技术创新，最终取得的实际效果是需要审慎研究的。《意见稿》中设置强制诉讼规则，以强制性规定的方式要求申请人通知专利权人，同时又要求专利权人必须起诉申请人专利侵权。姑且不论其是否构成对民事诉讼权利的干扰，从其规定来说，假使专利权人不起诉，是否意味着申请人对专利权的挑战成功、专利权归于无效呢？专利诉讼是否发起很多情况下并不必然地由侵权行为发生与否决定，专利权人还需要考虑经营需要、相互关系、市场反应等多方面的原因。

---

❶ 意见征求已于2017年6月10日截止。
❷ 我国仿制药比例达96%，新药研发现状堪忧［N］. 每日经济新闻，2015 – 07 – 23.
❸ 参见相关公司2016年年报。

（二）药品专利链接的制度实践及其影响

不可否认，就作用来说，专利链接制度在鼓励或者刺激药品企业研发新型药物并申请专利、向社会公众分享技术成果方面取得了一定的成功，美国药品领域的创新活力与专利链接制度固然有一定的联系，但其实际影响也是不可忽视的。在美国 33 年的实践中，专利链接制度主要带来了以下三个方面的问题：第一，等待期的滥用。FDA 和美国联邦贸易委员会（FTC）发现，专利药企会滥用等待期制度，在仿制药申请上市时重新登记多件与专利药相关的专利，但这些专利并不具备实际意义。在 GlaxoSmithKline（GSK）与 Apotex 案中，GSK 在 Apotex 提出挑战帕罗西汀（Paxil）专利仿制药申请时发起诉讼，获得了 30 个月的等待期，后 GSK 对 Paxil 提出 9 件专利，再起诉 Apotex 侵害其中 4 件专利权，最终迟延仿制药上市时间长达 65 个月之久。❶ 第二，专利登记滥用。专利药企在原有药品专利保护期过期或即将过期时提出新专利，其目的仅在于阻止仿制药上市，具体如代谢物专利、中间体专利甚至胶囊专利等。由于专利权人滥用登记制度带来的反垄断诉讼在美国司法实践中也并不少见，在 1998~2001 年挑战专利权的仿制药申请专利侵权纠纷中，75% 的仿制药企虽然会取得胜诉，但其延迟仿制药上市的目的却已达到。❷ 第三，反向支付协议（Reverse Payment Settlement）。这一协议并非单纯的专利问题，而与反垄断法密切相关，具体而言是指仿制药企与专利权人达成共谋即和解协议，专利权人向仿制药企支付一定金钱或者其他利益，换取其一定时间内不进入相关市场，这一协议又称为专利有偿延期（Pay – for – Delay）。❸ 仿制药企与专利权人之间的协议实际上是反垄断法的横向垄断协议，两者达成的共谋侵害了社会公众享受充分市场竞争性低价过期专利权的权利，在此出现之初便受到美国反垄断执法机关和私人执法的诉讼挑战，甚至被称为"典型的限制贸易的本身违法协议"。两者之间的和解协议类型主要有三种仿制：（1）专利药企向仿制药企支付和解金，换取其一定时间内不推出仿制药；（2）专利药企授权仿制药企制造并销售专利药；（3）专利药企授权仿制药企使用其专利技术。❹

在上述三个问题中，如果说滥用等待期和专利登记制度尚可以发现，药品审查机关和社会公众可以通过自有系统或公开信息进行查询，但反向支付协议是专利权人和仿制药企之间达成的和解协议，非当事人不能确切地知道和解的原因和付出的代价，除非内部人士举报，否则便难以发现。就其影响来说，反向支付协

---

❶ FTC. Generic drug entry prior to patent expiration［EB/OL］.［2011 – 11 – 07］. http://www.ftc.gov/os/2002/07/genericdrugstudy.pdf.

❷ 陈敬，史录文. 美国专利链接制度研究［J］. 新药研发论坛，2012（22）：2592.

❸ 万江. 中国反垄断法：理论、实践与国际比较［M］. 北京：中国法制出版社，2015：202.

❹ 黄慧娴. 专利链接：药品研发与竞争之阻力或助力？［J］. 科技法律透析，2009（2）：24 – 37.

议带来的负面影响更为隐秘，后果的危害性也更大。无论是专利权人向仿制药企支付何种形式、多少金额的利益，这种成本最终都会以专利药涨价或市场独占期变相延长的方式转嫁到社会公众身上。

（三）强制性药品专利链接制度的国际观察

药品专利链接制度的建立与推广与国外发达国家药企的推动有密切的关系。作为这一制度的创始者，美国一直极力采取对外经贸措施向其他贸易伙伴扩散这种制度，但效果欠佳，虽然加拿大和韩国接受了这一制度，但是美国最重要的伙伴欧盟却直至 2010 年也未实行药品专利链接制度，只是规定了 Bolar 例外规则，而其他发展中国家也都没有实行相应的制度。❶ 无论是创新实力强于中国的欧盟各国，还是与中国类似的其他发展中国家，都未规定药品专利链接制度，其原因为何，是认识不到这一制度为创新发展带来的益处，还是有其他制度助力创新发展，是需要认真研究对待的。

如果说推动我国医药工业发展应当采取何种制度，笔者认为同样作为"世界药房"的发展中大国印度的经验更值得我们学习借鉴，印度虽然仿制药水平远高于我国，但并未规定药品专利链接制度，甚至直至 2005 年作为与世界贸易组织达成协议的一部分，才开始向药品提供专利权保护。印度医药工业的发达与药品专利链接制度并无关联，可以说是这一制度的坚决抗拒者，形式上的妥协都不曾作出。同时印度还坚定不移地实行药品专利强制许可制度。❷ 我国《专利法》第五十条虽然规定了药品专利的强制许可制度，但直至今天，却未有一项强制许可。而在 2017 年 6 月 12 日，美国联邦最高法院对 Sandoz Inc. v. Amgen Inc. etal 一案作出了判决，从其内容来看，明显是为了鼓励生物仿制药的上市。❸ 在此背景下我国却还要推行具有强制效力的药品专利链接制度，实在是让人匪夷所思。

在作为发源地的美国，当前的司法实践导向已然向仿制药倾斜，即便规定药品专利链接制度的 Hatch - Waxman 法本身，在为专利权人提供制度便利的同时，还是规定了首仿药 180 天的市场独占制度，鼓励仿制药企挑战药品专利。即便其制度的施行过程中出现了滥用等待期和专利登记制度，甚至出现了首仿药企与专利权人共谋侵害消费者利益的情况，但制度规定在专利权人和仿制药企之间的工具天平还是相对平衡的，具有风向标作用的美国联邦最高法院在此问题上的态度也向仿制药企倾斜。如果说我国药品审查机关更有能力应对制度施行过程中出现

---

❶ 汪虹，刘立春. 药品专利链接制度研究 [J]. 中草药，2010（9）：1559.

❷ 印度可以仿制专利药，为什么中国却不行？[EB/OL].[2017 - 06 - 28]. http://api.3g.ifeng.com/house/news? ch = rj_haitxw&vt = 5&aid = 93632100&mid = &all = 1&p = 4.

❸ 梁志文. 专利链接制度是"无牙的老虎"：美国最高法院首次裁定《生物制剂价格竞争与创新法案》中专利链接制度的效力 [N]. 知产观察，2017 - 06 - 16.

的问题，在制度并未实施的当前，又似乎有些言之过早。

四、结　语

作为一项适用于所有技术领域的制度，专利制度必须保持标准的统一性，给予所有技术同样的授权标准、同样的保护力度和同样的保护期限，这是专利制度公平性的体现。但技术领域数以亿万件、创新难度高低不同、市场风险千差万别等问题使得专利制度难免会对部分领域的技术创新保护不周，而这一问题在关乎社会公众生命健康的医药领域表现得尤为明显，给予其一定程度的补偿确实也是合理而必要的。但专利制度具有天然的地域性，对于技术创新是否给予专利保护、采取何种专利保护以及给予多大程度的保护等问题都是各国根据自身国情和发展需要决定的，技术发达国家希望加强专利保护强度，技术弱势国家希望放宽保护力度，这一国际冲突在是否可以给予药品技术专利权保护问题上表现得极为典型。

笔者认为，推行强制性的药品专利链接制度是不合适的。（1）从推动技术创新的需求而言，专利制度可以为创新者提供一定时期的技术垄断，使其可以独享其发明创造的技术市场利益，这是法律规定的，也是任何药品企业都矢志追求的，但现实是药品领域的技术创新除了专利制度带来的利益，还需要面对巨额的资金投入、良好的物资条件和领先的科研队伍等因素，这些都是我国药品企业亟待加强的。（2）从部门职能的分工而言，药品审查部门对社会公众生命负责，审查药品的安全性和有效性，申请人使用的技术是否侵犯专利权人的专利权并非其法定职责。更为重要的是，药品申请中的侵权并非定论，更确切的说法是侵权纠纷，具体结果如何由司法机关和专利行政机关决定，退一步说，即便申请人构成侵权，《专利法》也明确规定了停止侵权和赔偿损失的民事责任。（3）从专利链接的效果而言，具有强制性作用的药品专利链接制度施行至今已有30余年，其制度效果为何，从美国的制度实践可以得到清晰的印证，同时也可以预见我国未来所可能出现的问题。而就其出现的负面效果来说，滥用等待期和专利登记制度，专利权人与仿制药企达成反向支付协议侵害消费者应当享受到通过充分市场竞争的低价药的权利，都具有很强的警示意义。

（本文发表于香港《中国专利与商标》2018 年第 1 期）

知识产权销毁侵权物品问题再认识

陈瑶瑶[*]

【提　要】知识产权侵权物品包括作为知识产权载体的侵权产品，以及用于生产侵权产品的专用模具、设备。在司法实践中，越来越多的权利人在侵权诉讼中除请求侵权人承担停止侵权、赔偿损失等民事责任外，亦同时提出了销毁库存侵权产品、侵权产品专用生产模具的诉请。对于该项销毁诉请，近几年来，我国各地法院的裁判结果大有不同，适法不一现象普遍存在，或以未举证证明存在侵权物品为由驳回诉请，或以不属于我国现行法规定的民事责任承担方式为由驳回诉请，或以销毁侵权物品属于停止侵权民事责任的应有之义为由认为无须另行判决，或以停止侵权已经可以达到保护权利人的利益为由驳回诉请，或判决销毁侵权物品。

上述观点的分歧，源于理论上对于销毁知识产权侵权物品的性质认识不一，主要涉及销毁侵权物品是否属于民事责任承担方式，如认为属于民事责任承担方式，则是否属于独立民事责任承担方式还是被其他民事责任承担方式所吸收。本文拟立足于法释义角度，在对各裁判观点进行分析的基础上，通过对国外立法的比较研究、对我国现有立法的评析、与关联民事责任的比较分析、法适用的双向衡量，分析销毁知识产权侵权物品的性质，得出宜以缺乏法规范依据为由驳回销毁诉请的结论，旨在对当前知识产权司法审判实践有所裨益。

【主要创新观点】虽然销毁知识产权侵权物品属于民事责任承担方式还是民事制裁方式在理论和实践中还存在诸多争议，但司法者对案件作出的裁判应是适

---

* 作者简介：陈瑶瑶，上海知识产权法院知识产权审判第一庭法官。

用既有法律规范的结果，适法不一现象的普遍存在在一定程度上将影响司法的权威性构建。

我国现行立法区分了民事责任与民事制裁，但在民事责任以及民事制裁部分均未对销毁侵权物品予以规定。严格来说，销毁侵权物品并不属于民事责任或民事制裁方式，但究其性质，更类似于民事制裁，与民事责任下的停止侵害更是存在较大区别。故在我国现有法律框架下，从法适用的正向路径来看，销毁侵权物品并不属于法规范中法律效力规范要素的组成，无法推导出适用销毁侵权物品的法效果，权利人诉请侵权人承担销毁侵权物品的民事责任缺乏法规范依据，不应得到支持；而从法适用的逆向路径即后果评价来看，多种民事责任的组合使用一定程度上亦具有销毁侵权物品的功能，能够实现对权利人利益的有效保护，并不会使权利始终处于一种被威胁的状态，亦不存在需对法规范进行重构的紧迫性和必要性，故对于销毁侵权物品诉请应以缺乏法律依据为由予以驳回。

一、问题的提出

知识产权侵权物品包括作为知识产权载体的侵权产品，以及用于生产侵权产品的专用模具、设备。在司法实践中，越来越多的权利人在侵权诉讼中除请求侵权人承担停止侵权、赔偿损失等民事责任外，亦同时提出了销毁库存侵权产品、侵权产品专用生产模具的诉请。对于该项销毁诉请，近几年来，我国各地法院的裁判结果大有不同，主要分为以下几类。

一是以未举证证明存在侵权物品为由驳回诉请。如江苏省高级人民法院（2014）苏知民终字第 00268 号苏州韩京姬科技有限公司等与苏州爱洁雅电器有限公司侵害外观设计专利权纠纷案民事判决、最高人民法院（2013）民提字第 187 号再审申请人广东雅洁五金有限公司与被申请人杨某某、卢某某侵害外观设计专利权纠纷案民事判决、上海知识产权法院（2015）沪知民初字第 75 号中山市飞时电器有限公司诉上海爱茸电子科技有限公司等侵害外观设计专利权纠纷案民事判决等。

二是以不属于我国现行法规定的民事责任承担方式为由驳回诉请。如北京知识产权法院（2014）京知民初字第 41 号傲胜国际有限公司诉苏州春天印象健身器材有限公司等侵害外观设计专利权纠纷案民事判决、上海市第二中级人民法院（2008）沪二中民五（知）初字第 262 号 3M 公司与浙江道明投资有限公司侵犯发明专利权纠纷案民事判决等。

三是认为销毁侵权物品属于停止侵权民事责任的应有之义，无须另行判决。如上海市第二中级人民法院（2012）沪二中民五（知）初字第 44 号朱某诉常州升腾管业有限公司侵害实用新型专利权纠纷案民事判决、（2014）穗中法知民初字第 525 号陈某某诉广州飞科电子科技有限公司侵害实用新型专利权纠纷案民事判决等。

四是以停止侵权已经可以达到保护权利人的利益为由驳回诉请。如上海市高级人民法院（2014）沪高民三（知）终字第 12 号钜泉光电科技（上海）股份有限公司诉深圳市锐能微科技有限公司等侵害集成电路布图设计专有权纠纷案民事判决、广州知识产权法院（2015）粤知法商民终字第 162 号样样好餐饮管理（深圳）有限公司诉广东贡茶投资有限公司等侵害商标权纠纷案民事判决、江苏省高级人民法院（2015）苏知民终字第 00026 号 IRO 有限公司诉无锡洛杰纺织机电制造有限公司侵害外观设计专利权纠纷案民事判决等。

五是判决销毁侵权物品。如广州知识产权法院（2015）粤知法专民初字第 823 号梁某某诉化州市橘州物资经营部侵害实用新型专利权纠纷案民事判决、北京知产法院（2015）京知民终字第 122 号贾某某诉佛山人民广播电台等侵害著作权纠纷案民事判决、广东省高级人民法院（2015）粤高法民三终字第 46 号深圳市基本生活用品有限公司诉东莞市富凯工艺品有限公司侵害外观设计专利权纠纷案民事判决等。

综上可知，目前我国司法实践中对销毁知识产权侵权物品认识不一，分歧较大，各地法院甚至同一法院适法不一的情况普遍存在。

二、各观点的评价

在上述分歧观点中，以举证不能为由驳回诉请，以及以停止侵权已经可以达到保护目的为由驳回诉请的观点实质上并未对销毁知识产权侵权物品的性质进行表态，而其他分歧观点主要涉及销毁侵权物品是否属于民事责任承担方式，如认为属于民事责任承担方式，则是否属于独立民事责任承担方式还是被其他民事责任承担方式所吸收。

一是销毁侵权物品属于民事制裁方式。主要理由有《民法通则》第一百三十四条第三款❶以及《著作权法》第五十二条❷、《最高人民法院关于审理著作权民事纠纷案件适用法律若干问题的解释》第二十九条❸、《最高人民法院关于审

---

❶ 《民法通则》第一百三十四条第三款规定：人民法院审理民事案件，除适用上述规定外，还可以予以训诫、责令具结悔过、收缴进行非法活动的财物和非法所得，并可以依照法律规定处以罚款、拘留。

❷ 《著作权法》第五十二条规定：人民法院审理案件，对于侵犯著作权或者与著作权有关的权利的，可以没收违法所得、侵权复制品以及进行违法活动的财物。

❸ 《最高人民法院关于审理著作权民事纠纷案件适用法律若干问题的解释》第二十九条规定：对《著作权法》第四十七条规定的侵权行为，人民法院根据当事人的请求除追究行为人民事责任外，还可以依据《民法通则》第一百三十四条第三款的规定给予民事制裁，罚款数额可以参照《中华人民共和国著作权法实施条例》的有关规定确定。著作权行政管理部门对相同的侵权行为已经给予行政处罚的，人民法院不再予以民事制裁。

理专利纠纷案件适用法律问题的若干规定》第十九条❶、《最高人民法院关于审理商标民事纠纷案件适用法律若干问题的解释》第二十一条❷系关于适用销毁侵权物品的法律依据。这些法律条款均将没收侵权物品作为民事制裁方式予以规定，而销毁侵权物品较之于没收侵权物品在性质上更为严重，故也应属于民事制裁方式，而不能纳入民事责任方式范畴。

二是销毁物品属于独立的民事责任承担方式。主要理由有：（1）销毁侵权物品虽然可以实现对侵权人的惩戒效果，但该制度更主要的功能还是在于对权利人民事权益的救济，而达到这一目的最好方式系民事责任承担。在此前提下，销毁侵权物品亦存在其他可选择替代方式，如将侵权物品交由权利人处理，《最高人民法院关于审理侵犯专利权纠纷案件应用法律若干问题的解释（二）（公开征求意见稿)》第三十一条中就有类似规定。（2）知识产权区别于物权，侵权物品有其特殊性，载体物与其上所承载的知识产权是不可分离的，而载体物的物权和知识产权分属于不同权利主体，对侵权物品不予处置，权利人的权利始终会处于一种被威胁的状态，故销毁侵权物品应属恢复知识产权圆满状态的知识产权请求权范畴，法院可以依据权利人的请求对侵权物品进行处置。❸

三是销毁侵权物品被停止侵害民事责任所吸收。主要理由有：（1）知识产权停止侵害民事责任，区别于传统停止侵害民事责任，不仅具有制止正在发生的侵权行为的作用，还具有预防将来发生的侵权行为的功能。而销毁侵权物品的功能亦是预防将来发生侵权行为，故将销毁侵权物品理解为停止侵害的内涵之一具有一定的合理性。有学者也认为，对侵权产品原料以及设备的销毁，是制止侵权或者说排除妨害的当然内容，因此，请求侵权人废弃上述物品，是行使制止侵权或者排除妨害请求权的行为，而不是一种独立的所谓废弃请求权。❹（2）最高人民法院司法政策亦将之归为停止侵害的具体方式。时任最高人民法院副院长曹建明在第二次全国法院知识产权审判工作会议上的讲话——求真务实 锐意进取 努

❶ 《最高人民法院关于审理专利纠纷案件适用法律问题的若干规定》第十九条规定：假冒他人专利的，人民法院可以依照《专利法》第六十三条的规定确定其民事责任。管理专利工作的部门未给予行政处罚的，人民法院可以依照《民法通则》第一百三十四条第三款的规定给予民事制裁，适用民事罚款数额可以参照《专利法》第五十八条的规定确定。

❷ 《最高人民法院关于审理商标民事纠纷案件适用法律若干问题的解释》第二十一条规定：人民法院在审理侵犯注册商标专用权纠纷案件中，依据《民法通则》第一百三十四条、《商标法》第五十三条的规定和案件具体情况，可以判决侵权人承担停止侵害、排除妨害、消除危险、赔偿损失、消除影响等民事责任，还可以作出罚款，收缴侵权商品、伪造的商标标识和专门用于生产侵权商品的材料、工具、设备等财物的民事制裁决定。

❸ 陈颖，孙艳. 检视与重构：论知识产权侵权诉讼中侵权物品的处置［J］. 电子知识产权，2015（4）：56.

❹ 段厚省. 民法请求权论［M］. 北京：人民法院出版社，2006：220－221.

力建设公正高效权威的知识产权审判制度（2008 年）中指出，停止侵害的具体形式是多样化的，不是抽象单一的，凡能够制止侵权行为继续实施的具体方式，原则上都可以归入停止侵害的范围。根据当事人的诉讼请求、案件的具体情况和责令停止侵害的实际需要，在判决主文中可以明确责令当事人销毁制造侵权产品的专用材料、工具等停止侵害的具体方式，但采取这些销毁措施应当与侵权行为的严重程度相当，以确有必要为前提，且不能造成不必要的损失。2009 年印发的《最高人民法院关于当前经济形势下知识产权审判服务大局若干问题的意见》中亦有上述相同规定。

三、比较法分析

世界上多数国家均在知识产权法中规定了知识产权权利人的销毁侵权物品请求权。笔者以日本、德国、英国、美国的知识产权法为例，对销毁侵权物品的法律规定进行分析。

日本知识产权法规定了知识产权人的差止请求权。该请求权同时包括停止侵害请求权和预防侵害请求权，而预防侵害请求权即包含销毁构成侵害行为的物品、带来侵害行为的设备等。如日本商标法第 36 条规定，商标权人或专有使用权人对侵害或有可能侵害自己商标权或专用使用权者，可请求其停止或预防该侵害；依前款规定提出请求时，可请求销毁构成侵害行为的物品、销毁带来侵害行为的设备或采取其他预防侵害的必要行为。❶ 日本著作权法、日本专利法中亦有类似规定。

德国知识产权法在不同条款中分别对停止侵害和销毁予以规定。如德国专利法第 139 条规定禁令，第 140 条规定销毁，其中，第 140 条规定，受害方可起诉请求销毁侵权人占有或拥有的为专利客体的产品，以及侵权人拥有的主要用于制造这些产品的材料和器械，或是召回为专利客体的产品或要求无条件将其从分销渠道清除。❷ 德国著作权法和商标法中亦有类似规定。

英国、美国知识产权法的规定与德国类似，亦均在不同条款中规定停止侵害（禁令）等其他救济方式和销毁。如英国商标法第 14、16、18 条分别系禁令等其他方式的规定，而第 15 条系去除侵权标记的命令，即对已被发现侵犯某一注册商标者，法院可令其去除侵权标记，去掉或消除侵权商品、材料或其所拥有、保管或控制的物品上的侵权标记，或若去除、去掉或消除侵权标记不可行，应保证销毁侵权商品、材料或物品。❸ 美国版权法第 502～505 条规定了侵权救济，分别

---

❶ 十二国商标法翻译组. 十二国商标法 [M]. 北京：清华大学出版社，2013：253.

❷ 十二国专利法翻译组. 十二国专利法 [M]. 北京：清华大学出版社，2013：167.

❸ 十二国商标法翻译组. 十二国商标法 [M]. 北京：清华大学出版社，2013：420.

为法院禁令、侵权物品的扣押与处置、损害赔偿与侵权所得、诉讼费与律师费，其中第503条侵权物品的扣押与处置涉及诉讼未决期间，法院可以按其认为合理的条件，命令扣押所有被指控侵犯版权人的专用权而制作或使用的复制品或录音制品及所有可用来制作此类复制品或录音制品的图版、字模、型片、母盘、录音带、底片或其他物品；作为最终判决或裁决的一项内容，法院可以命令销毁或者以其他合理方式处置所有经认定的侵犯版权所有人的专有权而制作或者使用的复制品或录音制品以及所有可用来制作此类复制品或录音制品的图版、字模、型片、母盘、录音带、底片或其他物品。❶

四、以缺乏法规范依据驳回诉请法释义上的评价

（一）法释义的一般规律

同等情况同等对待是法律或者法治赖以生存的根本，也是民众诉诸法律解决争端普遍持有的一种心态，更是对于尊严的法官和正义的法律的期望。❷ 在司法裁判过程中，要求司法者强化同质化裁判思维训练，遵循统一法律适用路径，尽可能限制司法过程中的任意性，保证裁判结果符合法律理性，最大限度实现相同案件裁判结果的统一。

司法裁判作为司法过程中的法律适用，本身即有一定的规律可循，表现为法律适用是一个基于逻辑形式而为的评价，系由案件事实与法律规范的涵摄，推导出法效果的三段论过程。当案件事实与法律规范的涵摄具有直接性且其结果符合一般法律评价时，法律适用可体现为三段论推导；而当涵摄表现为非直接性需借助一定的法律评价时，则会涉及法律解释和漏洞填补。法律解释和漏洞填补运用法释义学方法对法律规范进行重构，进而将案件事实涵摄到相关的规范事实中，法律解释主要针对法律用语概念的模糊性，以及同一案件事实存在可能的规范矛盾；法律漏洞则主要针对特定案件缺乏可适用之法律规则，或者依法律可能的字义，已经包含可供适用的规则，但依规则的意义及目的却不宜适用。此种法律适用的三段论决定着司法裁判的思维进程，在一定程度上限制了法律适用的专断性，保障了裁判结果的稳定性。在此过程中，虽不否认法官裁判过程中的价值评价，但因对该评价本身亦存在评价的标准，如对法律规范进行重构的前提、重构的路径等，以此保障司法裁判结果符合合理预期。

（二）销毁侵权物品的现有立法评析

我国现行法律同时规定了民事责任和民事制裁。《民法通则》第一百三十四条前两款是对民事责任的规定，列举了停止侵害、排除妨碍、消除危险、返还财

---

❶ 十二国著作权法翻译组. 十二国著作权法 ［M］. 北京：清华大学出版社，2013：804.
❷ 管伟. 论司法裁判正当性的考量标准 ［J］. 法律方法，2007（6）：41.

产、赔偿损失等十种民事责任承担方式；第三款系对民事制裁的规定，制裁方式包括训诫、责令具结悔过、收缴进行非法活动的财物和非法所得、罚款、拘留。《侵权责任法》第十五条亦规定了上述十种民事责任中的八种为承担侵权责任的方式，但并未涉及民事制裁。立法机关在制定《侵权责任法》的过程中，对民事责任方式和民事制裁方式进行了区分，如《侵权责任法释义》一书在对《侵权责任法》第十五条解释中明确："侵权责任方式是对受害人民事权益的救济，是一个民事主体对另一个民事主体所应承担的法律后果，民法通则143条3款规定的民事制裁方式是国家对不法行为人采取强制处罚措施，目的在于制裁行为人，不在于救济受害人，依民事制裁方式所取得的财产，也不是交付给受害人而是上缴国库。因此，民事制裁方式不属于侵权责任方式，不宜在此规定。"❶

各知识产权单行法亦对民事责任和民事制裁进行了规定。如《著作权法》第四十八条规定了民事责任，包括停止侵害、消除影响、赔礼道歉、赔偿损失等；第五十二条规定了民事制裁，包括没收违法所得、侵权复制品以及进行违法活动的财物；《最高人民法院关于审理著作权民事纠纷案件适用法律若干问题的解释》规定人民法院根据当事人的请求除追究行为人民事责任外，还可以依照《民法通则》第一百三十四条第三款的规定给予民事制裁。《商标法》《专利法》虽仅规定了民事责任，未有关于民事制裁的规定，但《最高人民法院关于审理商标民事纠纷案件适用法律若干问题的解释》中则规定人民法院在审理侵犯注册商标专用权纠纷案件中，可以作出罚款、收缴侵权商品、伪造的商标标识和专门用于生产侵权商品的材料、工具、设备等财物的民事制裁决定；《最高人民法院关于审理专利纠纷案件适用法律问题的若干规定》中亦规定了人民法院可以依照《民法通则》第一百三十四条第三款的规定给予民事制裁。此外，《著作权法》《商标法》关于侵权行为的行政责任部分均规定了相应行政管理部门可以责令停止侵权行为，没收、销毁侵权复制品（侵权商品），罚款，没收主要用于制作侵权复制品的材料、工具、设备，没收、销毁主要用于制造侵权商品、伪造注册商标标识的工具等。

综上可知，我国现行立法对民事责任和民事制裁予以区分，并均采取列举式规定。从文字表述来看，与知识产权侵权物品关联的仅为民事制裁中的收缴或没收侵权产品以及进行非法活动的财物，包括专门用于生产侵权商品的材料、工具、设备等，也即收缴或没收侵权物品，并不涉及销毁侵权物品。有观点认为，"销毁"和"没收"相比，前者是基于物的灭失而不是所有权消灭，后者则是所有权转移至国库，从性质上看前者比后者更为严重。举轻以明重，既然"没收"

---

❶ 王胜明. 侵权责任法释义［M］. 北京：法律出版社，2013：92.

属于民事制裁方式,没有道理"销毁"反而属于停止侵害项下的一种具体民事责任方式。● 对此,笔者表示赞同,立法在民事责任以及民事制裁部分并未对销毁侵权工具和侵权产品予以规定,严格来说,销毁侵权物品并不属于民事责任或民事制裁方式,究其性质,更类似于民事制裁。该思维路径在知识产权侵权行政责任规定部分亦得到体现,各知识产权单行法均将没收侵权产品与销毁侵权产品作为一类行政责任承担方式予以规定。

(三)销毁侵权物品与停止侵害的关系

首先,如前所述,我国立法区分了民事责任与民事制裁,停止侵害属于民事责任承担方式之一,而没收侵权物品属于民事制裁方式。从性质上看销毁比没收更为严重,举轻以明重,既然"没收"属于民事制裁方式,没有道理"销毁"反而属于停止侵害项下的一种具体民事责任方式。

其次,传统民法理论认为停止侵害针对正在进行的侵权行为,对于已经终止的侵权行为则不适用。而在知识产权领域,普遍观点则认为停止侵害相当于禁令,不仅具有制止正在发生的侵权行为的作用,还具有预防将来发生的侵权行为的功能。虽然停止侵害与销毁侵权物品均具有预防侵权的功能,但两者在内涵与具体适用上仍存在较大差异:一是内涵不同,停止侵害针对的是特定的侵权行为,而销毁侵权物品针对的是特定的物品;二是适用条件不同,停止侵害是目前知识产权侵权案件中适用最为广泛的一种民事责任,对于原告停止侵害的诉请,只要侵权行为存在,一般均会判决停止侵害;而销毁侵权物品,即使认为对该诉请可予支持,也认为应视个案情况而定,并非原则上均会得到支持,包括是否有证据证明存在侵权物品,综合考虑各方利益及其他救济可能性是否有必要予以销毁,有无采取清除标记、交由权利人处理等替代性措施可能等。

最后,在 TRIPS 中,停止侵害规定在第 44 条禁止令部分,而有关销毁侵权商品的内容则规定在第 46 条其他救济部分。2001 年,我国依据上述协议对《著作权法》《商标法》进行了相应修正,增加了没收、销毁侵权复制品和没收主要用于制作侵权复制品的材料、工具、设备,以及没收、销毁侵权商品和主要用于制造侵权商品、伪造注册商标标识的工具的行政责任承担方式,其中,销毁侵权物品均是作为与停止侵权相并列的行政责任方式。其他多数国家亦单独规定了销毁请求权,如前述德国、英国、美国的相关知识产权法,均系在不同条款中规定了停止侵害(禁令)和销毁。即使如日本的知识产权法,在同一条款中规定停止侵害请求权和预防侵害请求权,两者亦是属于知识产权人差止请求权的两个并列范畴。

● 蒋利玮. 没收、销毁侵权工具和侵权产品能否作为侵犯知识产权民事责任承担方式?[EB/OL].[2017-05-30]. www. chinaiprlaw. cn/index. php? id=1294.

（四）以缺乏法规范依据驳回诉请的双向衡量

在知识产权侵权纠纷中，原告指控被告侵犯其知识产权并诉请被告承担相应的民事责任。在此过程中，法律适用的案件事实与法律规范均具有确定性，两者之间的涵摄对应亦具有直接性，核心问题在于销毁侵权物品是否属于法规范中法律效力规范要素的组成，从而推导出适用销毁侵权物品的法效果。首先，从法适用的正向路径来看，民事责任是违反民事义务的当事人向权利人依法承担的责任，知识产权侵权民事责任的法规范包含知识产权单行法以及《民法通则》《侵权责任法》，其中法规范中法律效力规范要素的民事责任包含《侵权责任法》规定的八种民事责任承担方式，其中并不涉及销毁侵权物品。在此过程中，不涉及因存在法律用语概念的模糊性或对同一案件事实存在可能的规范矛盾等情况，能够通过法律解释将销毁侵权物品归为某类民事责任方式之中，亦不涉及存在无适用或不宜适用之法律依据，而需涉及法律解释或漏洞填补，进而对法律规范进行重构的必要。故权利人诉请侵权人承担销毁侵权物品的民事责任缺乏法规范依据，不应得到支持。其次，从法适用的逆向路径即后果评价来看，目前法规范中停止侵害、消除影响、赔偿损失等多种民事责任承担方式可单独使用也可合并使用，尤其是停止侵害，具有预防将来发生侵权行为的功能，只要侵权成立，法院一般会支持该诉请，而该民事责任的承担同时也包含侵权人不得再将侵权产品投入流通渠道，或再次利用侵权工具生产侵权产品，一定程度上亦具有销毁侵权物品的功能，能够实现对权利人利益的有效保护，并不会使权利始终处于一种被威胁的状态。

五、结　语

虽然销毁侵权物品属于民事责任还是民事制裁在理论和实践中存在诸多争论，但司法者对案件作出的裁判应是适用既有法律规范的结果，适法不一现象的普遍存在一定程度上将影响司法的权威性构建。如前所述，在我国现有法律框架下，权利人诉请侵权人承担销毁侵权物品的民事责任缺乏法规范依据，亦不存在需对法规范进行重构的紧迫性和必要性，故对于销毁侵权物品诉请应以缺乏法律依据为由予以驳回。

我国职务发明判定要件研究

杨青青[*]

【提　要】职务发明是发明人智力劳动要素与单位物质要素结合的产物。职务发明制度的本质是创新成果利益分配机制，最大限度地激发发明人员的创新活力与单位乐于投资创新的意愿，激励双方的创新积极性，为实现创新驱动提供有力的法律制度支撑是职务发明制度的立法初衷。我国现行法律将执行本单位任务或主要利用本单位物质技术条件所完成的发明创造规定为职务发明，由于其规定的抽象性及内在逻辑问题饱受诟病。但司法实践通过一系列案件审理对于职务发明认定标准及要件不断予以具体化。适值民法典修订之际，《职务发明条例草案》也已提交审议，新的《职务发明条例》对我国职务发明制度进行诸多修改完善，总结司法实践智慧，对单位任务型、单位条件型不同标准下职务发明认定要件进行梳理，有利于把握立法精髓进行法律适用，并为职务发明制度完善提供有益建议，发挥司法审判助力创新驱动国家战略的重要作用。

【主要创新观点】本文创新之处在于不同于部分学者完全取消单位条件型职务发明之观点❶，本文通过梳理近三年上海、江苏、湖北、广州等法院的典型职务发明专利申请权属、职务发明专利权属纠纷中法院裁判适用法律提出的更为具体化、符合实践经验的观点，以厘清现行职务发明认定要件的实质内涵。同时，本文在介绍域外雇主主义、雇员主义职务发明制度的同时发掘隐藏于其制度背后

　＊　作者简介：杨青青，上海知识产权法院知识产权审判第一庭法官助理。
　❶　新提交审议的《职务发明条例草案》第六条规定，执行本单位任务完成的发明创造为职务发明，对于利用单位物质技术条件完成的发明创造的归属允许发明人或设计人与单位就专利申请权、专利权归属进行约定。

的经济理性，为我国现行经济转型、创新驱动国家战略背景下应有的职务发明立法方向提供建议。

一、我国职务发明制度的立法沿革

我国《专利法》把发明创造分为职务发明创造和非职务发明创造两类。我国职务发明最早的立法规定见于 1984 年《专利法》第六条，其规定：执行本单位的任务或者主要是利用本单位的物质条件所完成的职务发明创造，申请专利的权利属于该单位；非职务发明创造，申请专利的权利属于发明人或者设计人。根据该规定，职务发明的认定主要包括两种情形：（1）执行本单位的任务；（2）主要是利用本单位的物质条件所完成的，确立了职务发明创造两种基本形态。2000 年修正《专利法》，将第六条改为概念式的表达方式：执行本单位的任务或者主要是利用本单位的物质技术条件所完成的发明创造为职务发明创造。其第三款还规定了利用本单位的物质技术条件所完成的发明创造亦为职务发明创造，允许单位与发明人或者设计人订有合同对申请专利的权利和专利权的归属作出约定，并且赋予该约定具有优先效力。2008 年修正《专利法》时第六条规定，执行本单位任务或者主要利用本单位的物质技术条件所完成的发明创造为职务发明创造，并适用至今。《专利法实施细则》第十二条对职务发明进行了细化，其中"执行本单位任务所完成的"发明创造包括三种情形：①在本职工作中完成的发明创造；②履行本单位交付的本职工作之外的任务所作出的发明创造；③退休、调离原单位后或劳动、人事关系终止后 1 年内作出的，与其在原单位承担的本职工作或者原单位分配的任务有关的发明创造。《最高人民法院关于审理技术合同纠纷案件适用法律若干问题的解释》第四条对"主要是利用本单位物质技术条件所完成的发明创造"进行了解释：主要是利用法人或者其他组织的物质技术条件，包括职工在技术成果的研究开发过程中，全部或者大部分利用了法人或者其他组织的资金、设备、器材或者原材料等物质技术条件，并且这些物质条件对形成该发明创造具有实质性的影响，还包括该技术成果实质性内容是法人或者其他组织尚未公开的技术成果、阶段性技术成果基础上完成的情形。并排除了，对利用法人或者其他组织提供的物质技术条件，约定返还资金或者交纳使用费的以及在技术成果完成后利用法人或者其他组织的物质技术条件对技术方案进行验证、测试的两种情况下认定为主要利用本单位物质技术条件的职务发明。

我国关于职务发明的现行规定在理论界饱受诟病：第一，关于职务发明认定的规定过于原则，缺少操作性；第二，"主要利用本单位物质技术条件完成的发明创造"认定为职务发明关于"主要"的程度缺少规则，且与利用本单位物质技术条件完成的发明创造的归属允许发明人与单位作出约定的规定逻辑不清，导致实践理解不一。2015 年公布的《专利法修改草案（征求意见稿）》第六条对职务发明的概念进行了重新界定，仅规定执行本单位任务所完成的发明创造为职务发明创造。该草案并规定利用本单位物质技术条件所完成的发明创造，允许单位与发明人或者设计人订立合同约定专利申请权和专利权归属；没有约定的，申请专利的权利归属于发明人或者设计人。

二、域外职务发明的立法模式及相关理论

就世界各国关于职务发明的规定倾向于保护雇主利益亦是雇员利益，学界将两种模式分别成为雇主主义和雇员主义。具体到职务发明归属的规定模式则分别对应先申请立法模式和先发明立法模式。

（一）雇主主义与先申请立法模式

英国法律将职务发明的权益归属于企业，只有企业享有职务发明的专利申请权。当企业完成专利申请并获得批准后，企业享有该发明创造的专利权。其关于职务发明立法的规定为"如果该职工的发明是在进行自己的正常工作过程中或在履行企业特别交付的任务过程中做出的，那么这项发明成果即可被认定为是职务发明，职务发明权益归属于职员发明人的单位享有"[1]。并且英国实践中，职务发明界定范围扩展为，即使职工在自己的正常工作之外或者在履行企业特别交付的任务之外完成了发明创造，只要该职工的正常工作或者从企业接受的特别交付任务使得这项创造发明的完成是合情合理的，并且职工有促进企业商务的特别义务（比如职工时企业研发部门的主管或者高级工程师），那么此时也认定此项发明创造为职务发明，成果权益由职员发明人的单位享有。[2] 为了发明人或设计人与其单位之间利益平衡，英国职务发明立法中为职员发明人设立了一项财产权利——职工补偿权。当企业就此发明创造申请了专利并且获得了该专利带来的利益后，职员发明人有权向企业主张额外的物质回报。英国法律中的该职工补偿权不会被劳动合同所排除，劳动合同只能通过约定工作任务的范围来事先约定职务发明的范围，但不能对职工补偿权的适用进行排除性的约定。

法国法律考虑到任务发明的成果是雇员执行工作职责而产生的当然产物，企业已经通过工资等劳动报酬的方式给予雇员物质回报，同时在整个研发活动中，企业在立项、投入资本、推进研发进程和实施等一系列过程中占据主导地位，立法规定企业对任务发明有绝对控制力，作出倾向于雇主的权属分配制度设计。

根据雇员是否接受了相应的任务为主要标准将雇员发明分为任务发明和非任

[1] 派克，陈兆霞. 职务发明英国相关法规之简介 [J]. 家电科技，2010（6）：47.
[2] 陈卓. 对我国职务发明制度的探讨及立法建议 [D]. 华东政法大学，2013：10.

务发明。❶ 任务发明包括两种情况：（1）雇员执行包含着与其实际工作职责相对应的研发活动的工作合同时所完成的发明创造；（2）雇员执行明确委派给他的研发任务时所完成的发明创造。因此法国法律确定职务发明的依据有两种：一是工作合同中的研发任务条款；二是明确委派给雇员的研发任务。第一种情况中只有认定了雇员所进行的发明创新性工作是在工作合同中所约定的任务范围内，雇员进行发明创造是在履行其工作职责，才能将雇员的发明成果归类为任务发明，并且雇员的发明活动必须与其实际职责相对应，而不仅仅拘泥于合同条款。第二种情况下，法律要求如果认定雇员的发明创造为任务发明，则必须满足两个条件：（1）企业通过明示方式委派给员工此项任务；（2）此项任务必须是一项研发任务。任务发明的权利直接归属于雇主，雇主对发明创造成果具有绝对控制力。对于非任务发明归属于雇员所有，但三种情况下非任务发明可被授权给雇主，雇主对该发明创造享有全部或部分的权利：（1）发明创造是雇员执行其行政或生产等职能过程中所完成的；（2）企业能够证明雇员所完成的发明创造属于本企业的经营活动领域；（3）雇员在完成发明创造时使用或了解企业特有的技术或设施，或者雇员在发明创造过程中使用或知悉了企业的信息和数据。在该三种情况下，非任务发明就被法律直接授权给雇主。完成任务发明的雇员，企业应当给予额外的报酬，雇主在支付给雇员发明人一笔公平价格的费用后可享有这项发明成果的财产权利。相较于英国的职务发明制度，法国的职务发明范围更小，认定的标准更加明确细化，有利于雇员主张自己的权利，兼顾了企业和雇员的利益。

中国台湾"专利法"规定，职务上之发明、新型或新式样，系指受雇人于雇佣关系中之工作所完成之发明、新型或新式样。因此，相较于我国大陆地区现行职务发明的规定，中国台湾职务发明的范围较小，利用雇用人资源或经验的，属于非职务发明，专利权归属于发明人，用人单位享有的仅是使用权❷。根据中国台湾"高等法院"九十七年智上易字第三号判决内容，职务发明还强调雇用人雇佣受雇人的目的即在于负责从事研发工作，中国台湾"专利法"将受雇人使用雇用人资源和经验的情况下完成的发明、新型或新式样的专利申请权归属于受雇人，但是雇用人支付合理报酬后，可以实施该发明、新型或者新式样，受雇人不得拒绝。在具体的利益分配上，根据中国台湾"专利法"第7条的规定，职务发明专利申请权及专利权归属于雇用人或出资人者，发明人或创作人享有姓名表示权。

---

❶ 陈驰. 法国的雇员发明制度及其对我国的启示［J］. 江西社会科学，2008（2）：168.
❷ 刘路英. 两岸职务发明法律制度比较研究［J］. 法制在线，2011（17）：30.

（二）雇员主义与先发明立法模式

美国法律的职务发明制度协调雇主与雇员之间就创造发明行为产生的权益关系的方法主要是依契约解决。❶ 具体而言，如果雇员进行的是专门的研发活动或企业提供专门资源并掌控研发计划，该发明创造归企业所有；雇员进行的为一般性的研发活动，但是使用了企业的资源，除合同另有约定外，雇员所完成的发明创造归企业所有；对于雇员在工作期间进行研发活动使用了企业资源，但其研发行为并不属于其工作任务范围，同时未默示转让该发明的，则雇员享有此发明创造的所有权，企业获得工场权，即可以在其业务范围内享有该项发明创造的非独占无偿使用权。对于雇员在工作期间外，未使用企业资源，自主独立完成的发明创造以及雇员离职后完成的发明创造，归属于雇员，但若企业在离职后仍然给予资源支持或者离职后完成的发明创造基础源于雇佣关系，企业可以获得工场权。

因此，美国法律倾向于保护雇员的利益，坚持发明人享有原始权利❷，是雇员主义的代表，同时创新性地提出工场权的概念用以平衡双方的利益。同时，美国实践中尊重雇员与企业之间的合同约定，虽然美国法院曾一度认为发明前转让协议实质上是对人脑思维过程的抵押，但这种抵押将约束雇员大脑思维的未来全部产品，是对从业自由的限制。19 世纪末美国法院承认，若发明前协议使得一个没有发挥其才能的天才获得大公司的雇佣从而使其充分发挥才能的发明前协议不能说是违反公共政策❸。

日本职务发明立法确立了雇员"在属于雇主业务范围之内，同时又是从业者现在或过去的职务范围内的发明即为职务发明"❹ 的双重标准，即同时满足企业的业务范围和雇员的职务范围两个条件方可认定为职务发明。在权属分配上，发明创造的专利申请权属于发明者或设计者，专利被批准后发明者或者设计者是专利权人，但是企业有无偿使用的权利。当职员发明人向企业转让发明创造的专利申请权或专利权以及雇主设立独占实施权，企业应当向职员发明人支付合理报酬。

韩国职务发明的条件为（1）是雇员的发明，（2）属于雇主业务范围，（3）与雇员的本职工作有关三个条件。职务发明中作为完成主体的雇员的范畴较民法及勤劳基准法更加宽泛❺。不论合同的种类及内容，实际承担向他人提供劳务义务的人员都包括在内作为发明人，应当为达成发明目的及效果提供具体的方案等，

❶ 张岩. 国外雇员发明制度对中国的启示［J］. 江苏科技信息，2011（3）：14.
❷ Stanford v. Roche, 131 S. Ct. 2188（2011）.
❸ 美国联邦第四巡回法院 Hulse v. Bonsack Machine Co.，65 F 864, 868（4th Cir 1895）.
❹ 芦珊珊. 中日专利法关于职务发明规定的比较研究［J］. 科技进步与对策，2006（3）：67.
❺ 申慧恩. 韩国职务发明制度与中国法的比较［J］. 电子知识产权，2015（7）：46.

对技术性思想的创新行为作出实质性贡献的人❶。雇主业务范围包括正在进行或预计将来准备从事的业务活动。从设想到完成发明的发明行为属于雇员现在或过去的本职工作，也即以过去本职工作为基础所完成的发明也是职务发明，但离职后所完成的发明不属于职务发明。关于何为属于雇员的本职工作，韩国大法院提出"根据雇员等担任的本职工作内容和责任范围可以当然地预计或期待策划并执行发明的，属于本职工作"，因此本职工作不仅包括雇主具体指示的内容，即使是自主性地研究并作出发明的，也可能被认定为职务发明，需综合考虑雇员的地位、工资、职种及雇主的贡献度等因素。在韩国，在完成发明的同时，取得专利的权利原始性地归于发明者，但韩国可以实现约定职务发明的归属。雇员作出的发明是职务发明的，雇员取得专利权或受让该专利申请权的人取得专利权，雇主对于该专利权拥有普通许可使用权，雇员无权请求许可费或补偿金。

三、我国司法实践中职务发明的要件梳理

根据我国《专利法》及其实施细则的现行规定，有学者将我国职务发明归纳为单位型职务发明和条件型职务发明。单位任务型是指执行本单位任务完成的发明创造，即科技人员在本职工作中作出、履行本单位交付的本职工作之外的任务作出或者退休、调离原单位后或者劳动、人事关系终止后 1 年内作出，与其在原单位承担的本职工作或者原单位分配的任务有关的发明创造；单位条件型是指利用本单位物质技术条件完成的发明创造，即利用本单位资金、设备、零部件、原材料或不对外公布的技术资料等物质技术条件完成的发明创造❷。

（一）单位任务型职务发明的实践认定

1."本单位"之前提要件的认定

由于发明人、设计人与单位之间的劳动人事关系，若是基于单位派发的工作任务，作为单位给予其工资福利待遇的对价，完成工作任务是应有之意，因此我国立法一直将职务发明的专利申请权、专利权归属为单位。无论单位任务型职务发明还是单位条件型职务发明，本单位的认定是职务发明得以成立的基础，专利法意义上的本单位包括临时工作单位，但发明人或者设计人与单位之间一定的从属性是劳动人事关系的本质核心，这种从属性主要表现为员工遵守单位各项规章制度，接受单位管理和监督，服从单位工作指令❸。

---

❶ 参见：韩国大法院 2012.12.27 宣告 2011Da67705 判决。

❷ 蒋红由，费艳颖. 产学研合作职务发明权属制度的困境与出路［J］. 法制与社会，2014（4）.

❸ 参见：上海市第二中级人民法院（2014）沪二中民五（知）初字第 197 号判决。该案法院最终认定，发明人只是利用自身掌握的专业技术服务，其与该案主张职务发明的单位之间的关系并不是单位与员工之间的劳动关系，而是技术咨询与服务关系。

2. 劳动人事关系存续前提下的"执行本单位任务"的诠释

根据《专利法实施细则》的规定，发明人与单位劳动人事关系存续期间执行本单位的任务所完成的职务发明创造包括两种情形——在本职工作中作出的发明创造，以及履行本单位交付的本职工作之外的任务所作出的发明创造。本职工作及本职工作之外交付的任务是该两种情况下的难点。此时劳动合同中关于工作内容的约定是确定发明创造人本职工作的主要依据，同时要参考用人单位提供的其他在案证据完成本职工作的个案认定。上海知识产权法院（2015）沪知民初字第388号案中，发明人与主张职务发明的单位之间签订的劳动合同载明发明人的工作内容为设计制作、画图、机械设计、设计。在该案中，法院综合考量了用人单位开具的离职证明上所载的设计部技术主管职位、发明人曾就单位在先申请的相关专利向主管发送过工作邮件认定了发明人本职工作为设计并参与大晨公司对锁紧连接装置技术方案的研发设计。在实践中，劳动合同对本职工作内容的规定不尽详细，但能够提供证据证明个人相应的本职工作参与过程有助于明确本职工作的含义。由于在该种情形下，发明人进行发明设计工作是很大程度上是基于单位提出构思，进行组织，提供物资准备，发明创造从立项至完成单位的贡献程度明显更高，发明人作为完成本职工作所完成的发明创造认定为职务发明符合公平的价值观念。

但若是发明人的本职工作岗位职责中不包含发明创造，此时发明人完成岗位职责过程中完成的发明创造不会被认定为职务发明。在湖北省高级人民法院（2014）鄂民三终字第00101号案中，法院认为如果发明人从事的工作岗位相关职责中并不包含进行发明创造，发明人只要完成了劳动合同中约定、单位依法规定的岗位职责，即已经完全履行了职务。至于其在完成工作职责过程中自主进行创造性智力劳动，作出了发明创造，即使与其本职工作有关，也不属于《专利法实施细则》"在其本职工作中作出的发明创造"。因为若单位与发明人之间签订的劳动合同确定的岗位职责不包括发明创造内容，此时单位支付给发明人的对价中并不包括发明创造，发明创造的完成是基于发明人自主创造性智力劳动，这种发明创造的完成离不开发明人的主观创造性及创造能力。

3. 离职后完成发明创造的"相关性"要件的认定

《专利法实施细则》规定了发明人退休、调离原单位后或者劳动人事关系终止后1年内作出的与其原单位承担的本职工作或者原单位分配的任务有关的发明创造为职务发明，由单位享有就该发明创造申请专利的权利及获得专利权。发明创造与原单位工作职责、执行任务的相关性是该种情况下认定职务发明的要件之一。在江苏省高级人民法院（2015）苏知民终字第00145号案中，诉争专利发明人于2013年1月14日从原告公司离职并投资设立新公司，时隔半年，新公司向国家知识产权局申请诉争发明专利。该案诉争专利发明人与原告单位签订的劳动合同中从事工作一栏为空白，但发明人在其离职申请书载明工作部门为研发部，职务为研发总监，同时原公司向劳动社保局提交备案的用人单位办理退工手续备案表中亦载明发明人的工作岗位为研发总监。该案二审法院认为，在涉及职务发明认定过程中，判断发明创造与发明人在原单位工作内容之间是否具有关联性时，除了可依据发明人在原单位所从事的本职工作、单位给其分配的任务等证据进行正向判断之外，还可以从发明人进入原单位工作前所具有的专业知识背景与其所作出的发明创造之间的匹配程度进行反向审查。如果发明人在进入原单位时所具有的学历背景、工作经历与其所作出的发明创造的技术内容和创新高度并不相符，且发明创造与原单位研发内容或方向具有相当程度的相关性，则亦可认定该发明创造与发明人在原单位工作内容之间具有相关性，除非发明人能够就此提出相反证据予以推翻。该案法院认为现有证据亦能直接证实诉争专利申请与发明人在原单位承担的本职工作直接相关，且是发明人从原单位离职后 1 年内作出的，属于职务发明。❶

（二）单位条件型职务发明的实践认定

在职务发明认定过程中，利用本单位的物质技术条件是指本单位的资金、设备、原材料、不公开的技术资料等在专利技术方案的设计过程中发挥主要作用，而并非仅仅是设计方案完成后发挥产品试制完善的作用。在上海市第二中级人民法院（2014）沪二中民五（知）初字第 197 号案中，原审法院进一步阐释了专利法意义上的"主要利用本单位的物质技术条件"是指本单位的资金、设备、零部件、原材料或者不对外公开的技术资料对完成发明创造技术方案的设计过程中发挥了主要的或者实质性的贡献，在技术方案完成后，仅仅为技术方案成果提供验证和测试并不属于专利法意义上的主要利用本单位物质技术条件的情况。也即单位的物质技术条件在发明创造完成过程中发挥重要的贡献而非仅仅属于一般性的利用才可能将该发明创造认定为单位，权益归属于单位。司法实践已经开始关注人的创造性智力劳动要素在发明创造完成过程的决定性作用。正如湖北省高级人民法院（2014）鄂民三终字第 00101 号案中法官阐明，在技术发明中，起着决定性的是创造性的脑力劳动，专利制度的创设正是为了激励发明人的创新，保护发明人的创造性劳动，《专利法》的立法目的并非保护单位对其生产资料的物权，而是为了激励创新。我国现行《专利法》将主要是利用单位的物质技术条件所完成的发明认定为职务发明，但必须构成"主要利用"，对单位物质技术条件的一般性利用所完成的发明并不构成职务发明。

---

❶ 参见：江苏省高级人民法院（2015）苏知民终字第 00145 号民事判决书。

四、结　语

职务发明是发明人智力投资与单位物质投资的结合，职务发明制度的本质即是创新成果利益分配机制，其设立初衷即是最大限度地激发研发人员的创新活力与企业乐于投资创新的意愿，激励双方的创新积极性，为实现创新驱动提供有力的法律制度支撑。

对于职务发明的认定及归属问题，劳动财产学说坚持劳有所得，认为职务发明应给予发明人智力劳动成果以所有权。❶ 从这一角度而言，对于雇主主义，自然权利角度的批评认为，雇主主义将雇员的发明所有权归属于雇主是对创造者天然权利的剥夺。功利主义的角度批评认为，雇主所有制度将降低对创造者个人的激励。也有学者认为，考虑到雇主与雇员之间的交易成本问题（当发明归属于雇员，而该发明的价值对于雇主而言更重要的话，雇主从雇员手里购买该权利，此时雇员的机会主义将导致符合效率的交易难以达成，多项发明的所有权分散在不同雇员手中，会导致所谓的反公地悲剧），将发明统一归属于雇主则可以避免这一问题。❷ 英国职务发明立法倾向于保护雇主利益也因为英国作为先发资本主义国家，企业具有雄厚的资本，如若其支持研发将促进社会经济的整体进步，当时的职务发明的认定要件及权益归属制度可以有效刺激企业投入更多的物质和技术资本研发活动。美国法律强调人的创造性及人对智力劳动成果享有的权利，故而职务发明认定要件严格。

因此，法律将何种情形下的发明创造认定为职务发明并将利益归属于雇主抑或雇员，在于符合当时社会背景下的经济理性，有利于当时社会背景下最大化地激发发明创造的活力。当前，我国正处于社会经济高速变革发展的关键时期，大众创业万众创新需要重视人的智力创造劳动在发明创造产生的重要作用，作出有利于激发智力创造、鼓励企业等主体积极投入，充分运用创造成果服务经济建设的制度设计。正在提交审议的《职务发明条例》对我国现行职务发明的认定及权益归属作出重大修改，表现在：（1）删除主要利用物质技术条件完成的发明创造为职务发明的规定，将此种情况统一为由单位与发明人合意约定；（2）对于在该种情况下合同没有约定，就该发明创造申请专利的权利归属于发明人或设计人。法律修订是利益博弈的过程，社会利益最大化是立法目标，总结当前司法实践，探索出职务发明认定的细化规则不可忽视。

现行司法实践中认定职务发明需满足以下要件：首先发明人与单位之间的劳动关系构成"本单位"要件是前提，要求发明人与单位具有法律上及事实上的

---

❶ 杜萌萌. 浅谈我国职务发明的归属：以财产劳动说为视角［J］. 法制与社会，2012（11）.

❷ 和育东. 美、德职务发明制度中的厚雇主主义趋势及其借鉴［J］. 知识产权，2015（11）：116.

劳动从属关系，表现在发明人服从单位管理制度，单位就其工作内容支付相应对价。其中认定为单位任务型职务发明，劳动关系存续期间，执行本单位任务要件中的本职工作认定是核心，本职工作之外的工作任务的执行起到重要补充作用；单位型职务发明劳动关系终止后1年内作出的诉争发明创造需要与发明人在原单位的本职工作或执行任务具有相关性，这种相关性的考量综合在案证据除了可依据发明人在原单位所从事的本职工作、单位给其分配的任务等证据进行正向判断，还可以从发明人进入原单位工作前所具有的专业知识背景与其所作出的发明创造之间的匹配程度进行反向审查。若本单位资金、设备、原材料以及不公开的技术资料在发明创造完成过程中发挥主要作用同样可以认定职务发明，此即单位条件型职务发明，此时所依赖的物质技术条件需对形成该发明创造具有实质性影响。笔者认为，将发明创造是否认定为职务发明应充分考量发明创造技术方案形成过程中发明人智力劳动与单位物质技术条件的贡献度，在认定职务发明后可允许当事人就其归属进行约定。法院在主持该项工作应秉承有利于技术运用的理念，以服务经济技术发展大局，在平衡利益的司法技术中激发发明人的创新活力与单位投入物质技术支持技术创新的积极性。

诉中委托调解机制的制度构建与实现路径

曾　旭[*]

【摘　要】本文所研究的诉中委托调解区别于目前广泛适用的诉前委托调解，是在立案之后进行的，对繁简分流的实施有积极作用。同时，诉中委托调解区别于诉中法院调解，调解者与裁判者并非同一人，有利于保持审判中立性，维护司法权威。关于甄别诉中委托调解的案件范围，本文认为诉中委托调解的案件应在法院调解案件的范围基础上作限缩性调整，建议采用"概括式"＋"排除式"的方法确定。关于介入调解的阶段和时间点，本文认为最佳介入的阶段是庭前会议结束后至开庭审理前。当事人在庭前会议之后，对诉讼走向和判决结果能形成更为理性的预期，在该阶段进行诉中委托调解，调解的范围和尺度能进一步明确，对调解合意的达成具有极大的帮助，调解成功概率往往更高。关于诉中委托调解机制的实现路径，本文认为诉中委托调解机制大致分为程序启动、程序开展、程序终止三阶段。通过这三个阶段，基本形成一套可推广、可复制的程序规范。

【关键词】诉中委托调解　繁简分流　域外借鉴　诉调对接

一、诉中委托调解机制的功能实效

本文所称的诉中委托调解，是指对立案以后、结案之前的适合由非诉纠纷解决机制调解解决的案件，经双方当事人同意，法院委托给相关的调解组织或个人

---

* 作者简介：曾旭，上海知识产权法院知识产权审判第二庭法官助理。

进行调解。诉中委托调解作为多元化纠纷解决机制的方式之一，在审判实践中发挥着特有的功能与实效。

（一）保持法官中立性，避免角色混同

在传统的法院调解程序中，法官作为主持调解的唯一主体，一方面随着审判活动的开展逐渐熟悉案件的具体情况，可以及时针对当事人的需求和案件焦点提出切实可行的调解方案；另一方面，法官作为调解者和裁判者的双重身份，可能导致法官角色混同，影响审判的中立性。从当事人方面来说，由于法官是大权在握的裁判者并且在判决案件时拥有一定的自由裁量权，所以都希望能与法官搞好关系，都害怕得罪法官，在诉讼中一般都会尽量避免与法官的意见发生冲突。因此，当调解与判决合于同一程序，当主持调解的法官同时具有对案件的判决权时，当事人会自觉或不自觉地迎合法官的调解偏好，因为任何一个当事人都会合乎情理地担心，如果一味地拒绝调解，可能会使他承担某种不利的后果，特别是在对方当事人已接受调解的场合。❶ 当法官摆出裁判者的身份进行调解时，或明或暗的强制就会在调解中占主导地位，在强制力的作用下，自愿原则不得不变形、虚化。❷ 在司法实践中，正是因为存在法官利用当事人对审判权的威慑而违背真实意愿接受调解的情况，使得当事人无法通过诉讼程序获得本应具有的利益，从而产生对法院和调解的双重不信任，影响司法的权威性。《最高人民法院关于建立健全诉讼与非诉讼相衔接的矛盾纠纷解决机制的若干意见》第十六条第二款规定："开庭前从事调解的法官原则上不参与同一案件的开庭审理，当事人同意的除外。"该条款正是基于法院自行调解可能导致的中立性问题所作的规定。而诉中委托调解机制所强调的是调审分离，实施主体是除法院以外的其他组织或个人，有利于防止调解与审判两种功能和程序的紊乱，避免出现由法官既当裁判员又当调解员的局面，解除当事人被强加调解意志的风险，维护司法的权威性和公信力。

（二）发挥调解员优势，提高调解效率

《最高人民法院关于人民法院民事调解工作若干问题的规定》第 3 条第 1 款规定："根据民事诉讼法第八十七条的规定，人民法院可以邀请与当事人有特定关系或者与案件有一定联系的企业事业单位、社会团体或者其他组织，和具有专门知识、特定社会经验、与当事人有特定关系并有利于促成调解的个人协助调解工作。"从诉中委托调解的实践来看，调解员的组成主要有：（1）公、检、法离退休人员，具有充分的法律知识和长期的调解经验；（2）街道、社区等基层干部，具有丰富的基层社会工作经验；（3）消费者协会、妇联、工商联、律师协

---

❶ 江伟. 民事审判方式改革与发展［M］. 北京：中国法制出版社，1998：206.

❷ 李浩. 民事审判中的调审分离［J］. 法学研究，1996（4）：62-63.

会等组织成员，具有专业知识或技术专长。这些调解员或是具备一定的法律知识与技能，或是在专业领域有所专长，或是具备长期的基层工作经验和丰富的群众工作经验。正是如此，他们容易获得法院和双方当事人的信任，进而接受受诉法院的委托进行调解。❶ 调解员在诉中委托调解机制中的主要义务恰恰是发挥他们所具有的专业优势和人情优势，从法律、道德、公序良俗等方面对当事人进行分析与劝说，结合行业习惯、地方习惯和民间习惯等协助当事人掌握充分的信息并实现有效的对话，积极消除当事人的对立局面，提高调解达成的效率。相比于法院充斥着大量法律专业名词的"刚性"调解，正是调解员本身具备的优势，使得调解更具人情味、说服力和可接受性，手段也更为"柔性"，有利于缓解调解解决民事纠纷的社会需求与因审判人员构成变化导致的调解能力不足之间的矛盾。❷

（三）推进繁简分流，优化资源配置

近年来，随着经济压力加大，社会矛盾纠纷增多，以及立案登记制的实施，法院受理案件数量大幅上升，一线法官长期高负荷、高强度地办理案件，仍难以抑制"案多人少"的突出趋势。法院内部资源配置不合理，审判人员的扩充始终无法跟上案件激增的速度，审判任务繁重与审判力量不足的矛盾愈加明显，亟需通过多元化解、繁简分流等改革办法予以破解。建立诉中委托调解机制，正是为了优化司法资源配置，实现分流案件，减轻法院工作压力，提高司法效率，达到纠纷解决的目的以及追求的社会效应。具体体现在：一是对案件的难易程度进行甄别后，及时使事情清楚、权利义务明确等简单案件进入委托调解程序，科学调配和高效运用审判资源，推动简单案件的快速调解，以较小的司法成本取得较好的法律效果。二是通过案件的分流，在充分考虑法官办案能力、经验及特长等因素的基础上，根据案件的不同类型和繁简程度确定审理类型化案件的专业审判人员，提升人案配比科学性，推动调解成功的概率。三是借助各类调解组织或个人的社会力量，促进诉外分流，让法官将更多的时间与精力集中在复杂疑难案件的审理、审判技术和质量的提升上，使司法资源更合理、高效地利用。

二、诉中委托调解机制的域外和中国台湾借鉴

（一）美国的法院附设调解制度

美国是当代司法替代性纠纷解决方式（ADR）的发祥地。有"诉讼王国"之称的美国，95%的民事案件在法院内附设的强制仲裁或调解等程序达成和解，

---

❶ 林建林. 委托调解制度探析：对法院构建委托调解制度的思考 [J]. 法制与经济，2012 (306)：37.

❷ 杨秀清. 反思法院调解主体的社会化 [J]. 社会科学论坛，2008 (4)：40.

只有不到5%的案件才进入法庭审理阶段。❶ 法院附设调解是在法院的主持与指导下进行的，在诉讼程序的前置阶段以及诉讼中交替使用的一种纠纷解决程序，与诉讼存在制度上的联系但又有本质区别。❷ 该调解制度以当事人双方的自愿采用为基础，调解与审判严格分离，调解仅在开庭审理前进行，庭审过程中不存在调解。双方当事人分别从法院的调解员名册中各选择一名调解员，与双方共同选择或法院指定的另外一名调解员组成调解委员会。调解委员会的大多数成员为律师，属于非营利性组织，本身独立于法院，但必须按照法院的规则进行活动。诉中委托调解是由调解委员会主持，主审法官并不参与调解过程，以避免法官对当事人施加不利影响。首先调解员会向双方介绍调解有关的基本原则，然后由双方对自己的利益和诉求进行首次陈述，其次调解员在第一次全体会面后，分别与当事人单独会谈，并提出解决方案，最后若双方或一方在具体方案中没有让步或妥协，调解员会进行协调，努力尝试找出双方分歧的原因，建议其他可行的方案或办法来促使双方达成一致。❸ 调解方案达成后，法院需要对调解方案予以审查，待审查批准后对双方产生法律效力。若一方当事人未接受调解方案，案件进入审理程序，如果拒绝调解的该方当事人没有得到比调解结果更有利的判决时，则需要承担拒绝调解之后的所有诉讼费用。这种带有惩罚性质的规定一定程度上抑制了当事人滥用诉讼权利，提高了调解的成功率。

（二）日本的调停制度

日本的调停制度源自于"和"的理念，对日本人的行为方式、纠纷解决有很深的影响❹。除当事人合意申请调停外，如果法院认为案件有调停的必要，可依据职权将案件交付调停程序处理。调停委员会是负责调停制度运行的主要机构，一般由一名法官担任主任，还包括两名从院外选任的调停委员，但是，也存在仅由一名法官单独调停的特殊情况。不过，案件的调停法官与审判法官并不由同一人担任。院外选任的调停委员主要由两部分人员组成，一部分是律师、退休法官、大学教授等具有专业法律知识和法律职业资格的人员，另一部分是具有丰富社会经验和较高声望、年龄在40~70岁的人员。在调停制度中，若双方当事人达成协议并记载在笔录上，调停成立，视为撤销诉讼。若双方当事人对事实认定并无根本分歧，仅是纠纷的解决无法达成合意，调停委员会不能作出让当事人满意的决定时，裁判所可以在听取调停委员会意见后，依据职权作出代替调停的

---

❶ 崔明石. 论法院调解的程序价值：兼论我国调解程序的建构 [EB/OL]. [2018 - 06 - 19]. http://www. law - lib. com/lw/lw_view. asp？ no = 4618.

❷ 范愉. 非诉讼纠纷解决机制研究 [M]. 北京：中国人民大学出版社，2001：151，401.

❸ 麦奎尔，陈子豪，吴瑞卿. 和为贵：美国调解与替代诉讼纠纷解决方案 [M]. 北京：法律出版社，2011：23.

❹ 范愉. 多元化纠纷解决机制 [M]. 福建：厦门大学出版社，2005：17.

相应裁决。❶ 这种代替调停的裁决在日本被视为法院对调停方案的最终提示。如果当事人没有异议，则表示同意，纠纷得以解决；如果当事人明确提出反对，则调停失败。

（三）法国的调解制度

法国新民事诉讼法典第六篇（二）第 131 - 1 条规定，在诉讼的任何阶段，受理纠纷的法官在当事人的允许下，指定第三人为调解员，调解员听取当事人的意见，通过比较各自的观点寻求解决双方之间冲突的办法。法国诉中委托调解的主体是除法官之外的第三人，可以是自然人或者是协会。作为调解员的自然人需要具备的条件包括无犯罪记录、未受过纪律或行政处罚、具有调解经验或受过调解培训、调解活动所需的独立性。调解的期间不得超过三个月，特殊情况可以延长一次，延长期限最长三个月。在调解程序中，法官对调解的运行负有监督权和管理权，在征得双方当事人同意的情况下，有权指定调解员、调解期限和启动程序等，在任何情况下可以决定采取相应必要措施，或者在认为调解无法继续进行的情况下决定终止调解。若当事人达成了调解协议，法官根据当事人的申请对该协议进行确认，协议则具有强制执行力；若当事人无法达成合意，调解终止，案件继续进入诉讼程序。在调解员的调解工作结束后，由法官确定调解的报酬数额，并确定由一方或是双方当事人负担该款项。

（四）中国台湾地区的诉中移付调解制度

诉中移付调解是指第一审"法院"将符合"法律"规定的特殊案件移付给调解委员会进行调解。调解委员会实行登记制度，基层法院将辖区内符合担任调解员的人选编辑成名册。调解委员会一般由一至三人组成，需要两名以上调解员时由法院指定其中一名为调解主任。法官通常不参与调解过程，但在当事人意见一致申请法官调解，或调解员根据案件实际情况的判断需要，有望达成调解协议或其他必要情况下，可以将案件交由法官进行调解。在第一审中，经双方当事人同意将事件移付调解，诉讼程序停止进行。调解成立，则诉讼终结；调解不成立或者调解委员会在受理移付后两个月内不能调解成立，诉讼程序继续进行。❷ 在调解成立的情况下，调解委员会出具调解书，法院审核调解书的效力并予以核准后，则产生了与判决相同的法律效力，当事人不能针对同一事件再行起诉。另外，根据中国台湾地区"民事诉讼法"第四百二十条第三款的规定，调解成功后，当事人可以在三个月内，向法院申请退还已缴纳诉讼费的一半。这一规定减少了当事人纠纷解决的成本，也有利于法院实施合理的资源配置。

---

❶ 范愉. ADR 原理与实务 ［M］. 福建：厦门大学出版社，2002：141.
❷ 齐树洁. 民事司法改革研究 ［M］. 福建：厦门大学出版社，2004：214.

三、诉中委托调解机制的制度构建

（一）甄别调解的案件范围

我国现行立法和司法解释对哪些类型的案件适宜委托调解，均没有明确规定，各地法院在实践中存在不同的做法。主要有两种观点，一种观点认为，凡是适用法院调解的案件均可实行诉中委托调解，甚至包括刑事附带民事案件❶；另一种观点认为，诉中委托调解的范围应该参照法院调解适用的范围进行限缩性调整。

笔者认为，诉中委托调解作为社会力量与司法力量相结合的产物，调解主体与运行模式都与法院自行调解存在本质区别。委托调解主体的经验性、专业性决定了调解案件适用于法院调解案件的广泛性，但委托调解赋予当事人更多的是对纠纷解决机制的选择权，并不属于维护社会正义的最后一道防线，若盲目扩大委托调解案件的范围，可能会损害司法在纠纷处理体系的权威性。我国民事诉讼制度对委托调解存在隐性限制，不加限制地一味扩大委托调解的适用范围，将引发其与相关诉讼制度的矛盾与冲突。❷ 所以，诉中委托调解应该在法院调解的案件范围上加以限制，建议采用"概括式"＋"排除式"的方式进行确定。

适宜进行诉中委托调解的案件范围包括：（1）事实清楚、权利义务关系明确、标的额不大的案件；（2）婚姻家庭纠纷、邻里关系纠纷等涉及特殊社会关系的案件；（3）知识产权纠纷、金融纠纷等专业性较强的案件。同时，以下案件应排除在诉中委托调解的范围：（1）适用于督促程序、公示催告程序等特别程序的案件；（2）涉及婚姻关系、身份关系确认的案件；（3）标的额达一定数额以上的案件。值得指出的是，诉中委托调解的案件不仅包括第一审案件，也可以包括第二审案件；在诉前程序已经委托调解过的案件，同样可以再次进行诉中委托调解程序。

（二）介入调解的阶段和时间点

由于诉中委托调解往往指的是从案件立案之后，直至结案之前的整个诉讼程序中的调解，对于第一审案件，通常介入调解的阶段分为三个（如图1所示）：第一阶段，应诉材料发送之后，至庭前会议召开之前。根据《民事诉讼法》第一百二十五条规定，人民法院应当在立案之日起五日内将起诉状副本发送被告，被告应当在收到之日起十五日内提出答辩状。在该阶段内进行委托调解，恰到好处地运用了"诉讼空余"时间。在当事人举证和答辩期间若能使双方达成调解，可以大大节省法官审理案件的时间和精力，减少当事人的诉讼成本和诉累，避免

---

❶ 王婷，傅昌强. 对我国委托调解制度的反思与重构 [J]. 绍兴文理学院学报，2009（6）：71.

❷ 旷凌云. 关于委托调解的适用范围之探讨 [J]. 河北法学，2011（10）：164.

司法资源的浪费。第二阶段，庭前会议结束之后，至开庭审理之前。《最高人民法院关于适用〈中华人民共和国民事诉讼法〉的解释》第二百二十四条规定，依照《民事诉讼法》第一百三十三条第四项规定，人民法院可以在答辩期届满后，通过组织证据交换、召集庭前会议等方式，做好审理前的准备。由于经过庭前会议之后，当事人对诉讼走向和判决结果能形成更为理性的预期，在该阶段内委托调解，调解的范围和尺度能进一步明确，对调解合意的达成具有极大的帮助。第三阶段，开庭审理之后，至结案之前。我国《民事诉讼法》规定，调解可以贯穿于整个民事诉讼程序中。正式开庭过程中，法院会询问当事人的调解意愿，对于双方均同意调解的案件，仍可以委托调解组织进行调解。因为在庭审之后，案件的事实更为清楚、争议焦点更加明晰，双方权利义务更为明确，有助于当事人从自身角度提出和接受更切合实际的调解方案。

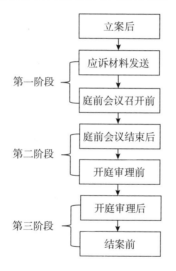

图1　诉中委托调解三阶段示意图

　　笔者认为，上述三个阶段在司法实践中均有运用，也均具有一定的优势，但笔者更倾向于在第二个阶段进行诉中委托调解。庭前会议作为法院受理案件与正式开庭审判的过渡阶段，是为保障当事人诉讼权利、确保庭审顺利开展而存在的。庭前会议之后，当事人掌握的案件信息和证据更加全面，能够更为客观地评估自己在案件中所处的地位、诉讼的风险系数❶，在法官对案情更加了解的基础上委托调解，更有利于促进纠纷的合意解决，此情况下，往往达成调解的概率

　　❶　仇兆敏，杜丽丽．民事诉讼庭前会议实务问题研究［EB/OL］．［2018 - 06 - 19］．http：//article.chinalawinfo.com/ArticleFullText.aspx？ArticleId = 94377.

更高。

（三）法官与调解员的协助配合

诉中委托调解虽然是交由法院以外的调解组织或个人进行调解，但法院对整个调解过程仍然负有不可推卸的责任。法官应该在案件的委托调解环节发挥积极作用。自调解员接受委托时起，至当事人终止调解为止，法官与调解员的协助配合应贯穿整个委托调解的过程。

笔者认为，法官与调解员的协助配合主要体现在以下几方面：第一，委托调解的程序以及调解员的行为应符合法律法规的规定，调解员不得采用欺诈、胁迫、强制的手段进行调解。第二，调解结果不得违反法律强制性规定，不得侵害国家利益、社会公共利益、案外人利益，不得违背当事人真实意思表示。第三，在调解员遇到法律上的疑难问题时，法院应就相关法律问题予以解释，但并不参与到实际调解中。第四，法官应对调解的进程予以关注，督促调解员对案件调解的开展和推进，注意调解不超过一定的期间。第五，法官在委托调解工作中做到"不缺位"的同时，还需要做到"不错位""不越位"，法官与调解员之间是业务上的指导和支持关系，而非上下级的隶属关系，法官不应对调解员发号施令或代替调解员开展工作。

（四）协调诉讼与调解的对接

效力衔接是诉中委托调解机制运作的核心环节。正如有学者提出的：解决人民调解协议效力的关键，不在于从实体上确认它是否属于民事合同，而在于通过程序的设置，使其如何更好地与诉讼相衔接；并在承认人民调解正当性的前提下，如何通过程序装置更好地保护当事人利益。❶ 同样，在诉中委托调解中实现诉调对接，既是保障司法资源最大利用，又是减少当事人诉累的一个重要环节。

经过诉中委托调解的案件，最后会出现调解成功和调解不成功两种结果。根据《最高人民法院关于建立健全诉讼与非诉讼相衔接的矛盾纠纷解决机制的若干意见》第十条规定，经商事调解组织、行业调解组织或者其他具有调解职能的组织调解后达成的具有民事权利义务内容的调解协议，经双方当事人签字或者盖章后，具有民事合同性质。第十五条第二款规定，达成调解协议的，当事人可以申请撤诉、申请司法确认，或者由人民法院经过审查后制作调解书。调解不成的，人民法院应当及时审判。在司法实践中，调解成功的情况下，诉调对接的程序主要有以下两种：一是由法院出具调解书，这是最为常见的方式，一方面固化当事人取得的调解成果，另一方面为一方当事人反悔时主张自身权利提供保障；二是当事人签订和解协议后，原告向法院申请撤回起诉，这种方式可能产生因一方当

---

❶ 江伟，廖永安. 简论人民调解协议的性质和效力［J］. 法学杂志，2003（2）：11.

事人不履行给付金钱义务时，另一方需要再次诉讼的情况。基于对当事人权利的保障和避免司法资源的浪费考虑，笔者建议更多地采取第一种诉调对接的方式。

四、诉中委托调解机制的实现路径

（一）程序启动

根据《最高人民法院关于人民法院民事调解工作若干问题的规定》第三条规定，"经各方当事人同意"可以启动委托调解程序。从实践中法院的具体操作看，凡法院委托调解的案件都应征询当事人的意见，由当事人签字认可后，法院才能出具委托函，似乎自愿启动形式是委托调解程序的唯一启动方式。❶ 而《最高人民法院关于适用简易程序审理民事案件的若干规定》第十四条规定了六类法院应当先行调解的纠纷类型，说明除了当事人明示同意的案件外，法院在特殊情况下也可以依职权启动诉中委托调解程序。

在具体的操作流程上，诉中委托调解的启动包括以下三个环节。（1）引导当事人进行程序选择。除了法院应当先行调解的案件外，对于其他适宜诉中委托调解的案件，法官在告知当事人诉讼成本、举证责任、败诉等诉讼风险的同时，向当事人介绍委托调解机制的内容与优点，使当事人对诉讼风险作出理性的判断。（2）确认当事人作出的程序选择。是否进行委托调解是当事人自由处分权的行使内容，并可能对当事人的程序权利和实体权利产生影响。法院在通过书面或口头方式征得双方当事人均同意进行委托调解程序的情况下，诉讼程序暂时中止，进入调解阶段。（3）制作格式化的委托调解函，并移交有关案件材料。在双方当事人选择确定或同意由法院确定合适的调解组织后，法院发出委托调解函，并将案件相关材料移交给调解组织。委托调解函应载明调解组织的组成方式、调解期限、调解不成功时的案件转移程序等内容。

（二）程序开展

调解程序虽相比于审判程序更加灵活简便，但也应对当事人平等权、自主权以及调解员的中立性提供保障。法官应履行对当事人的权利告知义务和调解员信息披露义务。当事人有权自主选择委托调解的人员名单，有权对法院指定的调解员申请回避，有权在调解员出现违反中立、欺诈、胁迫当事人时申请更换调解员。

调解员根据需要可以采取轮流见面方式（"背对背"）、同时见面方式（"面对面"）、混合式进行调解，也可以在调解过程中听取当事人的陈述，进行事实调查并且要求当事人出示证据。对于在委托调解程序中从当事人处获得的与案件

---

❶ 肖建国. 司法 ADR 建构中的委托调解制度研究［J］. 法学评论, 2009（3）：141.

相关的各种信息，调解员应当遵循保密原则，以避免在调解不成功的情况下对法官后续审理过程的影响，以及因泄密对当事人生活造成的不利或伤害。关于调解期间，《最高人民法院关于人民法院民事调解工作若干问题的规定》第六条规定普通程序的调解在15天内，简易程序的调解在7天内，经当事人同意可以延长。实践中，法官根据案情的复杂程度可以确定不同的调解期间。关于调解地点，既可以选择在法院内进行调解，也可以安排在法院外调解，实践中也出现了采用远程视频进行在线调解的方式，大大提升了诉中委托调解的便捷性。

（三）程序终止

在当事人一方或双方提出调解方案之后，调解员在此基础上给出折中方案或第三种选择，或者调解员在对事实和客观标准进行评估和判断后，直接提出调解方案供当事人参考。经过调解员的解释和说服，以及当事人之间的多次协商、博弈与妥协，当事人最终达成合意，则调解成功。双方当事人在调解协议上签字，由法院审查调解协议的合法性、真实性后，告知当事人可以申请撤诉或申请法院制作调解书对协议内容予以确认，案件由此终结。

当事人一方明确表示不同意继续调解，或超过规定的调解期限仍未达成协议，或出现其他不适宜继续调解的情形时，调解员应当制作和提交终止调解书，并及时将相关案件材料退还法院，诉中委托调解程序终止，案件进入审判程序。在之后的审理过程中，为防止调解失败对审判公正性的影响，当事人不得恶意利用调解过程中的陈述和调解员的意见作为审判中的攻击手段，以贯彻调解和审判相对分离的制度。具体诉中委托调解过程参见图2。

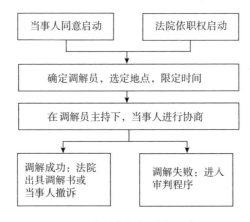

图2 诉中委托调解过程示意图

远程视频开庭的制度审视与完善建议

谢 玲*

【摘 要】运用远程通信技术开展司法审理活动，是互联网时代下人民法院加快信息化建设，将庭审活动与现代科技应用结合，优化审判方式的有益探索，在提高司法救济的便民性与时效性，以及保障诉讼活动参与人人身安全等方面都具有积极的作用。然而，远程审理在司法实践的运用和推广中却面临着法律与具体操作规则缺失的双重挑战，受到了有违诉讼法基本原则、削弱庭审活动权威性和稳定性等观点的质疑。远程审理是智慧法院建设的重要环节，也是以科学技术服务人民群众、服务审判执行、服务司法管理的必然趋势。我国诉讼法应当对远程视频开庭的合法性地位予以明确，规定远程审理的适用条件、适用范围和适用程序。各地法院应建立或统一远程视频开庭的操作规范，在传统庭审活动规则的基础上就远程审理的庭审流程、法庭纪律、身份核对、举证质证、笔录确认等环节作出明确规定和要求，确保庭审程序的合法与严谨。

【关键词】远程审判 制度完善 操作规则

最高人民法院周强院长在智慧法院建设专题座谈会上指出，加快智慧法院建设步伐，推进审判体系和审判能力现代化，促进司法为民、公正司法，不断满足人民群众日益增长的多元司法需求，努力实现让人民群众在每一个司法案件中感受到公平正义的目标。作为诉讼活动最重要的环节，近年来，各地法院都在积极探索运用远程通信技术手段进行开庭审理的新型庭审模式，解决当事人参与庭审

---

* 作者简介：谢玲，上海知识产权法院知识产权审判第二庭法官助理。

"最后一公里"难题，切实增强司法救济的便民性和时效性，有效缩短案件审理周期。远程视频开庭审理，是指法官与当事人以及其他诉讼参与人通过计算机终端、网络、视频、多媒体等技术手段，分别在法庭和远程审理地点，同步完成审理和裁判活动的一种庭审方式。❶ 有别于传统庭审方式，其特点在于通过信息技术手段实现，当事人或其他诉讼参与人和法官在"同一场所"，但不在同一物理空间，当事人陈述、庭审记录等完全电子化。需要指出的是，广义的远程视频开庭不应当仅仅包括正式开庭审理，还包括法院立案后、正式开庭前组织的庭前会议、证据交换、民事调解等环节，均可以通过远程技术的方式实现查明事实、化解纠纷的目的。

一、远程视频开庭具有的制度价值

（一）提高司法救济的便民性

远程视频开庭带来的最明显的益处在于方便当事人行使诉讼权利，节省当事人的诉讼成本和司法活动费用。在传统庭审模式下，当事人在收到法院传票后，必须在指定时间到达法院指定场所参与诉讼活动。在远程审理中，民事案件的当事人只需要在电脑甚至手机等移动客户端安装特定的适用于远程审理的软件，在自选或指定的符合远程审理的场所，即可参与诉讼活动，大大节省了在途时间和交通成本。而在刑事案件中，被告人可以在看押场所或就近的审理地点远程出庭，减少了刑事被告人在押解途中可能存在的逃脱风险，也有效降低了调用法警、出动囚车、提押犯人带来的司法成本，节约了司法资源。

（二）提升司法救济的时效性

一方面，远程视频开庭有效避免了当事人及其他诉讼参与人因身体、路途、人身安全等原因或担忧导致的不能出庭、不愿出庭的情况，尤其针对特殊民事案件如知识产权案件中涉及需要技术专家、鉴定人员出庭以查明案件技术事实的情形，远程技术可以实现多个端口在不同物理场所参与案件审理，有效地提高了当事人及相关诉讼参与人的出庭率，有助于查明案件事实，促进司法公正。另一方面，基于案件事实得以及时清楚查明，法院审理案件工作效率将有所提升，案件审理周期也将相应缩短，案件审理"周期长"的难题将有所缓解。对于部分民事案件，通过庭前会议即可梳理基本事实和各方的争议焦点，亦可以通过信息技术手段远程进行在线调解，实现当事人"足不出户"就可以在法院的主持下化解纠纷。

---

❶ 赵泽君. 民事诉讼快速解决机制的立法研究：以诉讼拖延的成因与治理为视角 ［M］. 北京：中国监察出版社，2011：228.

（三）智慧法院建设的必然要求

智慧法院是人民法院充分利用先进信息化系统，支持全业务网上办理、全流程依法公开、全方位智能服务，实现公正司法、司法为民的组织、建设和运行形态。❶ 开庭审理作为诉讼活动最重要且原则上必不可少的环节，集合了查明案件事实、当事人充分发表意见等多项司法活动，远程开庭技术的覆盖将是必然的趋势，也更有助于实现智慧法院"构建网络化、阳光化、智能化的人民法院信息化体系，支持全业务网上办理"的建设目标。

二、远程视频开庭面临的制度困境

（一）基于法律规定维度的审视

纵观现有对远程视频开庭的研究资料文献，对远程审理合法性提出质疑的理由主要集中在缺少法律明文规定、违反诉讼法直接言辞原则与集中审理原则、当庭举证质证中证据真实性判断受限，以及"隔空"开庭审理无法确保传统法庭审理的仪式感等意见。

1. 缺乏明确的合法性基础

在现有法律及司法解释中，涉及远程视频开庭的直接规定可见于《最高人民法院关于适用〈中华人民共和国民事诉讼法〉的解释》第二百五十九条，该条规定了适用简易程序的民事案件中，经当事人双方同意，可以采用视听传输技术等方式开庭。此外，《最高人民法院关于进一步推进案件繁简分流优化司法资源配置的若干意见》（法发〔2016〕21号）第十条规定，对于适用简易程序审理的民事、刑事案件，经当事人同意，可以采用远程视频方式开庭。尽管最高人民法院在《最高人民法院关于加快建设智慧法院的意见》以及在《人民法院信息化建设五年发展规划（2016—2020）》中都提及了加强法院信息化建设、探索远程审理审判模式等精神和要求，但都仅是司法文件，运用视听传输等信息技术方式实现案件远程视频开庭审理仍缺乏法律上的支持和依据。

2. 有违直接言辞原则和集中审理原则

有学者指出，直接言辞原则旨在使审理者对相关事实形成生动的印象，以促进审理者正确心证的形成。远程审理由于存在空间隔离，无法完全实现"面对面"的开庭审理所欲达到的庭审效果，如质证证人，难以观察到其细微的临场反应；物证鉴真，难以观察到物证的细节，证据的真实性、可靠性因此难以受到庭审的严格检验。❷ 还有律师认为远程审理突破了集中审理原则，尤其是在刑事案件中，被告人的表情、眼神、姿势、手势等形体语言，都无法通过远程视频完全

---

❶ 参见：《最高人民法院关于加快建设智慧法院的意见》第一条。

❷ 熊秋红. 远程庭审有哪些优势与不足［J］. 人民论坛，2016（27）：100.

体现出来，因远程视频拍摄的角度不同，由此对法官产生的视觉效应也有所不同，影响了法官对当事人心理的探究，进而会影响法官对刑事案件事实的认定，影响正义的实现程度。❶

3. 当庭举证质证的时空障碍

远程视频开庭导致了审理人员与案件当事人处于不同的物理空间，也导致了人与物的空间隔离，在庭审中举证质证时，如何确认证据真实性对在线远程开庭审理提出了挑战。诚然，物证、书证可以经数字摄像机拍摄转变为电子证据，但电子证据是较易被人操纵甚至歪曲、伪造，或由意外因素的影响与破坏，不易为人们直接察觉，尤其是对一些需要仔细辨认、触摸来确认的证据无法有效地进行质证，难以确保认证的准确性。❷

4. 无法确保传统法庭审理的仪式感

司法活动特别是法庭审理具有强烈的仪式性和威严感，能够引发当事人的敬畏、崇敬和信赖。在远程视频开庭中，当事人失去了出席法庭审理活动的在场感，减损了法庭行为的严肃性。❸ 此外，虽然远程审理亦可以实现甚至扩大社会公众旁听庭审活动，发挥司法活动的社会教育功能，但实体的法庭已不存在，原本法、理、情交融的庭审活动变成了冷冰冰的电子屏幕隔空对话，这样的观看效果与亲临现场旁听庭审显然无法相提并论。❹

（二）基于现实操作维度的审视

自 2006 年福建省沙县人民法院首次利用 QQ 视频系统远程审理某跨国纠纷案开始，全国各地法院都对远程审理的具体实践与操作作出了积极有益的探索，如上海部分法院制定了《关于案件远程审理工作的若干规定（试行）》等操作性文件❺，建立了中国首家跨省远程审判法庭❻，浙江法院联合阿里巴巴开设了"浙江法院电子商务网上法庭"❼，新设立的杭州互联网法院制定出台了《在线庭

---

❶ 张学政. 对远程视频开庭的质疑和分析 [EB/OL]. [2018 – 06 – 16]. http://blog. sina. com. cn/s/blog_7277e6b30101g7up. html.

❷ 邵天一，黄华，张杨清. 对"网络远程审判模式"的调查与思考 [J]. 中国审判，2010（55）：90.

❸ 全国博士后管理委员会等. 第三届中国法学博士后论坛（2010）论文集 [C]. 北京：中国社会科学出版社，2010：125.

❹ 熊秋红. 远程庭审有哪些优势与不足 [J]. 人民论坛，2016（27）：90.

❺ 上海市第二中级人民法院于 2008 年出台了《民事案件远程审理操作规则（试行）》《刑事二审案件远程审理操作规则（试行）》以及《关于案件远程审理工作的若干规定（试行）》，原上海市闸北区人民法院于 2012 年制定了《关于案件远程审判工作的若干规定》。

❻ 上海市第三中级人民法院于 2015 年 11 月 20 日在沪揭牌中国首个跨省远程审判法庭合肥法庭 [EB/OL]. [2018 – 06 – 21]. http://www. chinanews. com/sh/2015/11 – 20/7633984. shtml.

❼ 浙江法院电子商务网上法庭开庭 [EB/OL]. [2018 – 06 – 21]. http://www. xinhuanet. com/legal/2015 – 05/31/c_127860457. htm.

审操作指南》等。但各地在具体操作做法上存在明显不一致，在远程审理适用范围、适用条件、适用程序和所用平台上均有不同的操作实践。❶

1. 缺少统一规范的实务操作规则

首先，各地适用远程视频开庭的平台各异。例如最早福建法院通过 QQ 视频软件进行开庭，也有吉林省高级人民法院和浙江省高级人民法院各自打造一体化的诉讼服务平台❷，也有个别法院自行开发视频传输软件，还有郑州市中级人民法院通过微信平台进行开庭。不同视频传输软件或平台的稳定性、安全性均不一，对远程视频开庭的效果和效率都会产生极大的影响。

其次，远程视频开庭系对传统庭审模式的创新，但仍需遵循传统开庭审理模式的要求和流程。如在民事案件中，远程视频开庭时宣布的法庭纪律、核对出庭人员身份、核对证据真实性，对庭审笔录进行确认等，都有别于传统现场庭审活动的操作方式。以庭审笔录为例，现有操作中存在依然将笔录的纸质版邮寄给当事人或诉讼参与人签名确认，或者在远程审理时当庭展示后由相关人员口述确认，或者以庭审录音录像直接替代文字庭审记录等多种做法，需要有统一的指导意见。

2. 新兴事物与传统思维之间存在隔阂

有律师指出法院将远程审理技术用于自认为简单的案件，这将不排除办案人员打着"提高效率"的旗号图"省事"，不断被扩大适用范围，最终使远程视频审成为常态。❸ 其实现实情况并非如此。一方面源于司法责任制的威慑，法官对每一起案件的证据都是屡经推敲，对事实是再三查明，法官在现场核实证据和感受当事人的谈吐比远程开庭审理更为方便和直接。另一方面，由于信息基础建设尚不到位，远程开庭前法官往往要花费一定的时间和精力与当事人交流视频软件的操作方法，甚至提前进行试连接等，所以尽管部分地区法院已经就远程技术适用于审判活动先行先试，但司法实务中远程视频开庭审理还只是例外或占比较低，并非普遍绝对受所有法官青睐。

3. 技术风险提高了庭审的不确定性

如前文所述，不同的远程开庭审理软件或平台安全性和稳定性不同，而且还面临网络黑客、病毒攻击等安全问题。一方面，不可预料的技术故障会影响审判活动的正常进行，对于审判活动的效率和当事人权利的行使都有可能造成不利的

---

❶ 陈树芳. 电子诉讼中远程庭审的实证研究 [J]. 江苏科技大学学报（社会科学版），2017（12）：82.

❷ 吉林电子法院全业务覆盖 24 小时服务"不打烊" [EB/OL]. [2018 - 06 - 21]. http://www. xinhuanet. com/legal/2017 - 02/03/c_129464762. htm.

❸ 张学政. 对远程视频开庭的质疑和分析 [EB/OL]. [2018 - 06 - 16]. http://blog. sina. com. cn/s/blog_7277e6b30101g7up. html.

影响。另一方面，技术的发展会改变远程视频开庭的客观条件，当事人对不同技术的熟悉和接受程度会影响审判活动的进行，最终也有可能影响审判结果的公正性。❶

三、远程视频开庭的制度完善

针对远程视频开庭制度面临的法律障碍，笔者认为远程审理的合法性地位确需立法予以明确，举证质证时证据真实性判断的困境亦可以通过操作层面解决。而违背诉讼法的直接言辞原则和集中审理原则，以及缺少传统法庭审理的仪式感并不构成远程视频开庭合法存在且继续深化推广运用的障碍。

首先，远程视频开庭与直接言辞原则和集中审理原则并无明显矛盾，我国诉讼法并未规定当事人各方进行言辞陈述和法庭辩论必须处于同一物理空间。随着互联网技术的发展，法院完全可以通过科学技术手段实现"面对面"，并不会对各方行使诉讼权利、充分发表意见产生影响。❷ 其次，正如杭州西湖区法官所言，法律的权威依赖于其本身是否是良法以及人们的信仰，审判的权威在于法官正确适用法律，法庭的权威在于它能高效公正地维护社会正义，而不在于法院建筑是否雄伟，法庭的布景是否让人感到紧张。❸ 公正高效的司法裁判才是对庄严法律最好的诠释，对人民群众最好的教育与指引。

对于远程视频开庭制度面对的现实困境，笔者认为需要建立统一规范的操作规则，同时加大法院信息网络基础建设，为远程开庭审理提供强有力的技术和安全保障。

（一）合法性依据

人民法院的司法审判活动应当严格遵照法律规定，现有《民事诉讼法》仅对简易程序民事案件规定适用远程开庭，为远程视频开庭审理带来了合法性上的缺陷。建议在我国三大诉讼法中增加"采用视听传输技术等方式进行庭前会议、开庭审理、开展调解等"相关规定，确认远程开庭审理的合法性。

（二）适用范围

就远程视频开庭的适用案件范围有两种意见，一种认为远程视频开庭的适用范围应当覆盖全部案件类型，但是不同类型、不同审理阶段的案件在适用程度上存在差别，❹ 另一种认为受技术水平落后及相关制度缺失的制约仍存缺陷，盲目

---

❶ 全国博士后管理委员会等第三届中国法学博士后论坛（2010）论文集［C］．北京：中国社会科学出版社，2010：126．

❷ 王栋．理想与现实：远程审判制度的构建［J］．法制与社会，2015（2）：119．

❸ 邵天一，黄华，张杨清．对"网络远程审判模式"的调查与思考［J］．中国审判，2010（55）：90．

❹ 付雄，叶三方．论远程审判的适用规则：克服远程审判之不足的制度设计［J］．内蒙古社会科学（汉文版），2011（7）：45．

扩大适用范围可能有损当事人的合法利益，因此其适用的范围应当作出合理界定。❶ 笔者认为应当有所区分，采用远程审理方式进行庭前会议、开展调解等司法活动的，可以扩大到所有类型的案件；对于直接正式开庭审理的，应当限于事实较为清楚、争议多集中于法律适用的案件。对于案件事实复杂、权利义务关系争议较大，特别是对证据真实性存在意义的案件不能适用远程技术直接开庭审理。

（三）适用程序

原则上，当事人是否接受远程视频开庭完全处于自愿，法院不得强迫接受。具体而言，法院应当告知当事人远程视频开庭概念、原则、操作方法和注意事项等，由当事人选择是否申请远程开庭审理。在刑事案件中，由于被告人在看守所或指定远程审理地点接受审讯，远程审理的开展并不依赖于被告人的操作，故法院可以依职权结合具体案情决定是否远程审理。❷ 而在民商事案件中，远程视频开庭往往需要原被告对相关软件及电脑进行操作，在当事人明确表示不愿意接受远程审理的情形下，客观上法院也不得强行进行远程审理，故一般由当事人提出申请并经法院批准，或法院提出远程审理当事人均表示无异议后启动远程视频开庭审理程序。需要指出的是，远程视频开庭与传统审判方式可以互相转换。如在审判过程中发现案件复杂，当事人申请转为传统审判方式经审查有正当理由的或出现技术故障原因在一定期限内无法排除的，均应中止或终止网络审判而转换为其他审判方式，但原则上不能否定已完成的远程审判的效力。❸

四、远程视频开庭的操作规范

（一）关于远程视频开庭的操作原则

一是自愿原则。民事或行政案件的当事人同意或选择使用是进行远程视频开庭审理的前提条件，也有助于庭审活动的顺利进行。二是繁简分流原则。法官可以对具体案件进行初步判断，对于案情事实清楚、法律关系简单的案件可以直接适用远程技术开庭审理，如仅涉及程序问题判断的管辖权异议上诉案件，对于案件事实复杂、权利义务关系争议较大的案件则不宜适用远程技术直接开庭审理。三是分阶段运用原则。法官可以在诉讼活动的不同阶段灵活采用远程技术，如庭前会议时传唤当事人到场以更好地查明案件事实，但在明确权利义务关系后可以通过远程视频技术由当事人围绕法律问题充分辩论，根据案件进展远程在线调解等，法官应在审判活动的不同阶段按需使用远程技术，从而更好地发挥远程技术

---

❶ 申林. 远程审判方式的探索与完善［J］. 法制与社会，2015（11）：109.

❷ 罗书君，叶锋. 论远程审判的现状及其建构［J］. 法制与社会，2010（9）：113.

❸ 赵秉元. 发展互联网法院的司法规制研究［J］. 法制与社会，2017（31）：110.

辅助审判、方便诉讼的作用。

（二）关于远程视频开庭的平台和软件

2017年，全国首家互联网法院在浙江杭州落地，其引人注目的不仅是所有涉网案件集中审理，而且推出了集多功能于一体网上诉讼平台（www.netcourt.gov.cn），完全实现了起诉、立案、举证、开庭、裁判、执行全流程在线化，为远程审理活动提供了强大的技术保障，为其他地方法院提供了可借鉴经验。应当指出的是，基于法院的中立地位，远程视频开庭使用的软件或电子平台应当由法院技术部门自行或者委托专门机构进行开发，并配有严密的通信安全技术。使用QQ、微信、Facetime等社交软件进行远程视频开庭，一方面降低了庭审的严肃性且受制于商业第三方的技术支持，另一方面由于已长期被公众使用，遭受黑客或病毒破坏的可能性更大。

（三）关于远程视频开庭的环境要求

刑事案件的远程视频开庭在特殊的远程审理点进行，故仅对远程审理的技术条件有所要求。但在民事或行政案件中，由于系当事人或其代理律师自行选择场所进行视频连接，为维护庭审活动的正式性和严肃性，对场所环境及出庭人员的着装都应当有一定的要求，如所选场所应私密安静、不受干扰，当事人应着装得体，遵守法庭宣布的纪律等。现在很多地方法院都设置了远程法庭，民事或行政案件当事人可以在就近法院申请使用远程法庭，参与其他案件远程视频审理。这样既解决了当事人对技术要求的顾虑，也提高了远程法庭的利用率，更好地实现便民诉讼目标。

（四）关于远程视频开庭当事人身份的核实

刑事案件中被告人身份可由看守所工作人员核实。在民商事及行政案件中，原被告及代理人在开庭前向法院邮寄提交身份证、律师证等复印件，远程视频开庭中当事人通过屏幕再展示身份证原件当庭进行核对。此外，还可以对远程视频开庭软件或电子平台设置不同密码，当事人通过法院口头告知的唯一密码下载并登入远程视频开庭系统，确保出庭人员的身份真实、可信。

（五）关于远程视频开庭证据真实性认定

在传统庭审中，当事人当庭向对方展示书面证据原件及证物实物，以确认证据的真实性。远程视频开庭中可以通过以下方式确认真实性：一是将证据原件或实物邮寄给法官，法官在远程审理时通过摄像头展示给当事人；二是对于体积较大不适用于邮寄的证据或实物，由法院工作人员现场勘验；三是由法院适用时间戳、区块链等方式确认电子证据的真实性；四是通过公证等方式明确证据的效力。

（六）关于远程视频开庭的法庭纪律

在传统庭审中宣布的法庭记录的依据主要来源于《人民法院法庭规则》，其对远程视频开庭中可能出现的问题并无作出特别规定。对此，可以借鉴《杭州互联网法院网上诉讼平台操作规程》中的有关规定，即在常规法庭记录的基础上增加如下内容："当事人远程庭审须保持上网环境安静，除了查明确属技术、网络故障等原因导致庭审无法正常进行外，若庭审中原告擅自退出的，视为按撤诉处理；被告擅自退庭的，法庭按缺席继续审理。"❶

（七）关于远程视频开庭庭审笔录的确认

目前有法院在传统庭审中已在尝试运用同步语音输入法，如科大讯飞的语音识别软件，代替书记员打字录入形成庭审笔录。法庭审理时当事人可以通过屏幕直接观看文字的同步形成，庭审结束直接在屏幕上点击确认笔录。这种方式在远程审理远程视频开庭中可以直接运用。另外，对于案情简单、案件事实较为清楚的案件，可以探索使用庭审录音录像替代庭审笔录的做法，提高庭审效率。

（八）关于远程视频开庭的组织保障

建立性能良好、通信安全的软硬件设施是推进与完善远程视频开庭模式的前提条件，安全稳定的信息系统、顺畅的视频传输、高清晰的画面质量均有助于提升远程视频开庭的效果与效率。首先，加强信息网络基础建设，加大法院技术部门对远程视讯技术的开发与运用，尽可能在技术保障与支持中发挥主导和支配作用。其次，严格运用数据加密、服务器端加密等技术对远程通信过程加以保障，防止网络黑客及病毒的攻击。再次，除软硬件之外，法院应配备技术人员随时应对庭审中可能出现的技术问题，第一时间解决问题并恢复远程审理活动。最后，应加大法官及审判辅助人员信息化操作的指导与培训，提升运用信息化手段完成审理活动的思想与理念，用与时俱进的思维拥抱司法审判领域的信息技术和数据时代。

五、结　语

远程视频开庭是推进人民法院司法改革的举措之一，也是互联网时代下深化司法便民诉讼的必然要求。运用远程技术审理解决纠纷需要逐步完善，无论是信息技术的软硬件建设，还是法官与当事人的参与度，都有一个逐步提升的过程。但是不可否认的是，在大数据时代下，法院庭审方式的革新将是必然。远程视频开庭在法律上需要立法的确认，在实务操作中应当尽快统一远程视频开庭的规则和具体操作方法。同时，法院应加大信息技术基础设施建设，保障庭审安全，将远程技术于司法审判的便民为民之效发挥到最大。

---

❶ 参见：《杭州互联网法院网上诉讼平台操作规程》第二十二条。

精品案例

（一）专利权

"整体观察，综合判断"在外观设计 专利侵权案件中的具体运用

——上海晨光文具股份有限公司诉得力集团有限公司等 侵犯外观设计专利权纠纷案

徐 飞

案 情

原 告：上海晨光文具股份有限公司（以下简称"晨光公司"）

被 告：得力集团有限公司（以下简称"得力公司"）

被 告：济南坤森商贸有限公司（以下简称"坤森公司"）

晨光公司是 ZL200930231150.3 号名称为"笔（AGP67101）"的外观设计专利的专利权人，申请日为 2009 年 11 月 26 日，授权公告日为 2010 年 7 月 21 日，目前处于有效状态。

2015 年 11 月 30 日，原告在"天猫"网上坤森公司经营的"得力坤森专卖店"公证购买了得力公司生产的得力 A32160 中性笔，即被诉侵权产品。经比对，被诉侵权产品设计与授权外观设计在基本构成、笔杆及笔帽的整体形状、笔杆顶端与笔帽顶端的形状、笔帽相对于笔杆的长度、笔夹与笔帽的连接方式、笔

夹长出笔帽的长度等方面基本相同。具体体现在：（1）两者均由笔杆和笔帽组成，笔帽上设有笔夹；（2）笔杆、笔帽整体均呈粗细均匀的四周圆角柱体；（3）笔杆顶部与笔帽顶部均有正方形锥台突起，笔杆顶部锥台中央有圆孔；（4）笔帽长度约为笔杆长度的1/4；（5）笔夹上端与笔帽顶端锥台弧形相连；（6）笔夹略长于笔帽，长出部分约占笔夹总长度的1/10；（7）主体靠近笔头处内径略小，四周表面中心位置各有一凸状设计，笔头为圆锥状。区别点主要在于：（1）被诉侵权设计的笔杆靠近笔尖约1/3处有一环状凹线设计，而授权外观设计没有凹线设计；（2）被诉侵权设计的笔夹外侧有长方形锥台突起，而授权外观设计的笔夹外侧没有突起；（3）被诉侵权设计的笔夹内侧为光滑平面，而授权外观设计的笔夹内侧有波浪状突起；（4）被诉侵权设计的笔夹下端是平直的，而授权外观设计的笔夹下端为弧形（见图1）。

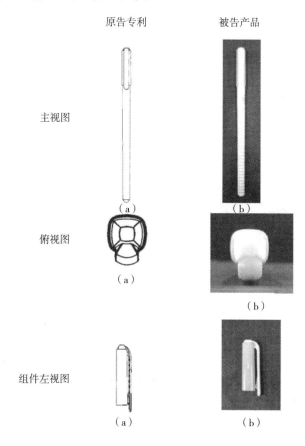

图1 被诉侵权设计与授权外观设计的对比

2016 年 1 月 21 日，晨光公司向上海知识产权法院提起诉讼，认为其从坤森公司所购买的得力公司制造的产品与原告外观设计专利产品属于相同产品，且外观设计近似，两被告的行为构成对原告专利权的侵犯，故诉至法院，请求法院判令：（1）两被告立即停止侵犯原告 ZL200930231150.3 号外观设计专利权的行为，即被告得力公司立即停止制造、销售行为，被告坤森公司立即停止销售、许诺销售行为；（2）两被告销毁所有库存侵权产品以及制造侵权产品的专用设备、模具；（3）被告得力公司赔偿原告经济损失 180 万元及为制止侵权所支付的合理费用 20 万元。

得力公司辩称，虽然被诉侵权产品是其制造并销售的，但该产品与原告专利外观设计不相同也不近似，被告行为不构成对原告专利权的侵犯。即使构成侵权，原告诉请的赔偿数额及合理费用也过高。原告诉请缺乏事实与法律依据，故请求法院驳回原告的全部诉讼请求。

坤森公司未作答辩。

审 判

上海知识产权法院经审理认为，被诉侵权产品与原告专利产品均为笔，系相同种类产品。两者在整体视觉效果上存在一定差异，外观设计并不相同。因此，案件主要争议在于，被诉侵权设计与授权外观设计是否构成近似，即两者在整体视觉效果上是否存在实质性差异。在该问题的判断上，既应考虑被诉侵权设计与授权外观设计的相似性，也应考虑其差异性。应分别考察被诉侵权设计与授权外观设计的相同设计特征与区别设计特征对整体视觉效果的影响，根据整体观察，综合判断的原则进行判定。

就相同设计特征来说，授权外观设计的笔杆主体形状、笔杆顶端形状、笔帽主体形状、笔帽顶端形状、笔帽相对于笔杆的长度、笔夹与笔帽的连接方式、笔夹长出笔帽的长度等方面的设计特征，在整体上确定了授权外观设计的设计风格，而这些设计特征在被诉侵权设计中均具备，可以认定两者在整体设计风格及主要设计特征上构成近似。

对于两者所存在的区别点对整体视觉效果的影响，法院认为：（1）笔夹内侧的平滑设计系惯常设计，且处于一般消费者不易观察到的部位，对整体视觉效果的影响极其有限；（2）笔夹下端的弧形区别，仅是整支笔乃至笔夹的细微局部差别，不足以影响整体视觉效果；（3）笔夹外侧的长方形锥台突起虽然在笔夹上占据了较大面积，但笔夹对于笔的整体视觉效果的影响首先在于它的整体形状、大小、与笔帽的连接方式及长出笔帽的长度比例等，在这些因素均相同的情况下，笔夹外侧的锥台突起对于整支笔的整体视觉效果影响有限，不足以构成实质性差异；（4）笔杆上的凹线设计位于笔杆靠近笔尖约 1/3 处，只是横向环绕在笔杆上，面积很小，属于局部设计特征，对整体视觉效果的影响亦有限。综上，被诉侵权设计与授权外观设计所存在的上述四点区别设计特征，不足以构成对整体视觉效果的实质性差异。

对于被诉侵权设计所采用的与授权外观设计不同的色彩和图案对近似认定的影响，法院认为，外观设计专利权的保护范围以表示在图片或者照片中的该产品的外观设计为准。形状、图案、色彩是构成产品外观设计的三项基本设计要素。该案授权外观设计的简要说明中并未明确要求保护色彩，因此，在确定其保护范围及侵权判定时，不应将色彩考虑在内。此外，从图片或照片中显示的授权外观设计来看，其并不存在因形状产生的明暗、深浅变化等所形成的图案，故在侵权判定时，图案要素亦不应考虑在内。被诉侵权设计在采用与授权外观设计近似的形状之余所附加的色彩、图案等要素，属于额外增加的设计要素，对侵权判断不具有实质性影响。否则，他人即可通过在授权外观设计上简单添加图案、色彩等方式，轻易规避专利侵权，这无疑有悖于《专利法》鼓励发明创造、促进科技进步和创新的立法本意。

综上，法院认为，根据整体观察、综合判断的原则，被诉侵权设计采用了与授权外观设计近似的设计风格，使用了影响授权外观设计整体视觉效果的设计特征，其与授权外观设计的区别点不足以对整体视觉效果产生实质性影响，即不构成实质性差异。因此，被诉侵权设计与授权外观设计构成近似，被诉侵权设计落入原告外观设计专利权的保护范围。原告及被告得力公司均为国内较有影响的文具生产企业，在新产品的自主研发上更应投入更多的精力，对自身产品研发过程中涉及的法律风险也应有较为专业的认知。被告得力公司未付出创造性劳动，通过在原告授权外观设计的基础上，改变或添加不具有实质性区别的设计元素以及图案和色彩，实施原告外观设计专利，构成对原告外观设计专利权的侵犯，应当承担停止侵害、赔偿损失的民事责任。

在适用法定赔偿时，法院结合该案具体情况，主要考虑以下因素：（1）原告专利为外观设计专利；（2）专利有效期自 2009 年 11 月 26 日开始，侵权行为发生时保护期已近半；（3）笔类产品的利润有限；（4）消费者在选购笔类产品时，除形状外，笔的品牌、笔芯质量、外观图案、色彩等，都是其主要的考虑因素，即得力公司使用授权外观设计形状所获侵权利润只是被诉侵权产品获利的一部分，不能将被诉侵权产品的全部利润作为该案侵权获利。根据以上因素，结合该案其他情节，法院酌情确定被告得力公司的赔偿数额。

原告的确委托了律师进行诉讼，并支付了诉讼法律服务费 20 万元。法院尊重包括律师在内的所有诉讼参与人在该案查清事实、分清责任过程中所作出的努力。律师费用的收取系当事人与律师之间意思自治的结果，法院不予干涉。但法律所规定的要求侵权人承担的原告开支，应当限制在合理范围内，超过合理范围的数额不应由侵权人承担，故法院根据该案案件复杂程度、律师工作量、实际判赔数额与请求赔偿额，参考司法行政部门规定的律师收费标准，酌定被告得力公司支付原告律师费用 5 万元。

上海知识产权法院作出一审判决：（1）被告得力公司立即停止制造、销售侵犯原告外观设计专利权产品的行为；（2）被告坤森公司立即停止许诺销售、销售侵犯原告外观设计专利权产品的行为；（3）被告得力公司赔偿原告经济损失 50000 元及制止侵权的合理费用 50000 元。

一审判决后，当事人均未上诉，案件已经生效。

评　析

《最高人民法院关于审理专利权纠纷案件应用法律若干问题的解释》确定了外观设计近似判断的"整体观察，综合判断"方法。但这一方法原则性较强，不同的裁判者，由于个人经验及认知的差异，在是否构成近似的认定上，有时会得出截然相反的结论。该案对于"整体观察，综合判断"方法在具体案件中的运用进行了一定的探索，以在案件审理中减少主观因素的影响，得出相对客观的结论。

首先，分别确定被诉侵权设计与授权外观设计的相同设计特征和区别设计特征。这一步在法庭调查阶段完成。应当注意引导当事人在比对时对相同设计特征和区别设计特征均进行陈述，避免仅仅注意区别设计特征，而忽略了对相同设计特征的归纳。因为如果仅仅关注区别设计特征，在判断被诉侵权设计与授权外观设计在整体视觉效果上是否存在差异时，主观上容易将区别设计特征放大，轻易认定被诉侵权设计与授权外观设计不构成近似。

其次，以一般消费者的知识水平和认知能力，分别分析相同设计特征和区别设计特征对整体视觉效果的影响。在此应注意以下几点：

（1）在分析相同设计特征对整体视觉效果的影响时，首先应将由功能唯一限定或因其他原因已经成为惯常设计的元素排除在外。如汽车轮胎的圆形形状是由功能唯一限定的，不能将该形状对整体视觉效果的影响考虑在内。注意区别惯常设计和现有设计。现有设计中只有被一般消费者所熟知的、只要提到产品名称就能想到的相应设计，才构成惯常设计。例如，提到包装盒就能想到其有长方体、正方体形状的设计。

（2）不能仅仅因为某个设计元素在现有设计中出现过，就排除其对整体视觉效果的影响，除非该元素已经成为惯常设计或被诉侵权设计与授权外观设计的相同点在单一现有设计中都已经存在。在我国当前已授权的外观设计专利中，完全抛弃现有设计而创造出的全新设计是很少的。多数外观设计专利是吸收现有设计中的某些元素，通过组合或是混搭形成新的设计。在该案中，笔杆、笔帽、笔夹上的若干设计元素，在现有设计中都可能找到相同或近似的元素，但不能因某个元素在现有设计中出现过就否定授权专利的稳定性，也不能因此将其排除在对整体视觉效果产生影响的因素之外。

（3）现有设计抗辩应与单独一项现有设计进行比对，不能与多项现有设计共同比对。而且，要将现有设计与被诉侵权产品进行比对，不能将其与授权外观设计进行比对。在被诉侵权产品与现有设计不相同，但有相当程度的近似时，在判断该近似是否构成实质性相同时，可以考虑以下几点：①被诉侵权产品与现有设计的区别是否是细微的、非显著性的；②被诉侵权产品是否是由现有设计转用得到的，且该具体的转用手法在相同或者相近种类产品的现有设计中存在启示；③被诉侵权产品是否是由现有设计或者现有设计特征组合得到的，且该具体的组合手法在相同或者相近种类产品的现有设计中存在启示。如果存在上述情况，则可以认定被告现有设计抗辩成立。

（4）产品正常使用时容易被直接观察到的部位相对于其他部位，对整体视觉效果更具有显著影响；不容易观察到的部位及局部细微的变化，则对整体视觉效果不足以产生显著影响。如笔夹内侧的设计，处于笔夹与笔帽之间的位置，一般消费者不容易观察到，不应认定为对整体视觉效果产生影响。在该案中，被诉侵权产品笔夹内侧波浪状突起的区别设计特征就属该种情况。

（5）区别设计特征在整体设计中所占大小比例可以作为对整体视觉效果是否产生显著影响的参考。如笔杆上的凹槽设计、笔夹上的弧线设计在整体设计中所占比例并不大，因此没有认定其对整体视觉效果产生显著影响。

（6）对于未将色彩、图案纳入保护范围的外观设计，不应将被诉侵权设计的色彩和图案对整体视觉效果的影响考虑在内。否则，他人可通过在授权外观设计上简单添加图案、色彩等方式，轻易规避专利侵权，这无疑有悖于《专利法》鼓励发明创造、促进科技进步和创新的立法本意。

案例索引

一　审：上海知识产权法院（2016）沪73民初113号民事判决书
合议庭成员：王秋良、刘军华、徐　飞

在法院主持下的当事人和解是解决知识产权纠纷的有效途径

——上海科斗电子科技有限公司诉上海圆迈贸易有限公司、杭州古北电子科技有限公司侵害实用新型专利权纠纷案

商建刚　钱　琼

案　情

原　告：上海科斗电子科技有限公司（以下简称"科斗公司"）

被　告：上海圆迈贸易有限公司（以下简称"圆迈公司"）

被　告：杭州古北电子科技有限公司（以下简称"古北公司"）

科斗公司拥有一件专利，专利名称为"红外信号转移系统及其应用的智能家居系统"，专利号为 ZL2013207083487，申请日为 2013 年 11 月 11 日，优先权日为 2013 年 1 月 21 日，授权公告日为 2014 年 9 月 10 日。原告以普通消费者身份购买了博联 RM－home 智能遥控器。根据所收到的发票上显示，销售商为圆迈公司。根据所收到的产品外包装上显示，生产商系古北公司。经过技术比对，原告认为被告二古北公司生产、销售的以及被告一圆迈公司销售与许诺销售的博联 RM－home 智能遥控器技术特征部分包含了原告专利权利要求所要求保护的部分技术特征，落入了原告专利要求 39、41、44、45 的保护范围，构成了对原告实用新型专利权的侵犯。

科斗公司拥有数据传输、智能家居相关的 163 件专利（实用新型和发明），古北公司作为专门致力于智能家居产品和服务的企业，被控侵害科斗公司多项实用新型专利权，上海知识产权法院已立案的就有 10 余件。主审法官在审理其承

办的 7 个案件过程中，在第一次庭前会议的时候，先对圆迈公司即销售商的合法来源抗辩进行审理，并得到原告与生产商古北公司的认可，随后将焦点集中于科斗公司与古北公司。鉴于双方在其他法院也都存在类似纠纷，法官提出双方将类案打包和解的建议，并要求双方必须见面沟通。在法官的建议和要求下，原告先将其他案件进行撤诉，保留其中一个案件，古北公司提起的诉科斗公司因恶意提起知识产权诉讼损害责任纠纷案也根据该案情况而决定是否撤诉。在庭前会议后，法官要求原被告回去梳理其申请并获得授权的专利清单，并要求双方互换联系方式，互相沟通和解方案。一段时间后，双方就希望许可的专利形成共识，但对于许可金额仍存在争议。法官将双方代理人召集至法庭，将双方已经达成一致的内容包括专利数量、权利主体、许可方式、被许可人、许可期限等予以确认，最后让两方各自报出自己的许可费用预期。法官提出两点参考意见：（1）原告的 100 多件专利有被宣告无效风险；（2）被告作为创业型企业，生产的很多产品与原告申请的专利有密切关联，一次性打包许可可以解决可预见的诉讼风险，有利于企业长远发展。在此基础上，双方各让一步最终就许可费用达成共识，原告当场撤诉，被告也当场将另案撤回。由此，该案在法官主持下的当事人和解成功减少了双方当事人的讼累，无形中也避免了可能的侵权案件。

审　判

上海知识产权法院经审理认为：当事人有权在法律规定的范围内处分自己的民事权利和诉讼权利。现原告申请撤诉，于法不悖，可予准许。

上海知识产权法院作出裁定：准许原告上海科斗电子科技有限公司撤诉。

评　析

该案的争议焦点在于被控侵权产品是否落入涉案专利的保护范围，以及如果构成侵权，被告应当承担何种法律责任。在庭前会议中，法庭进行了专利权利要求解释、被控侵权产品比对以及现有技术抗辩的审理，审理后发现第一被告的合法来源抗辩成立，原告与第二被告之间的侵权纠纷需要双方进一步举证比对。而原告与第二被告之间在本院和其他法院存在多起纠纷，诉讼已经对作为新兴创业型企业的第二被告来说造成了极大困扰，是故，法官认为当事人一揽子和解是解决该系列诉讼的最高效的方法。

从审理过程来看，法官在该案当中运用了多项技巧，首先，将两方召集至法庭，通过证据交换和双方的意见陈述，法官在了解案情后帮助澄清事实，确认无争议的事实，帮助当事人集中争议焦点。其次，法官进行早期评估，寻找存在的共同利益，提出和解建议，看双方有无和解意向和和解可能，并建议双方互换联系方式，有利于在心理上接受对方，增大沟通的可能性。再次，不限于该案范围，充分考虑双方可预见的纠纷，在双方有意愿以及有可操作性的情况下，开展共赢沟通，最大程度挖掘双方的共同利益。最后，充分考虑双方的关注点，将双方达成一致意见的部分予以确认，帮助拟定和解协议条款从而规避之后可能发生的风险，在仍然未能达成一致的许可费部分作最后的工作。了解双方可接受范围，以和解共赢为出发点，尽可能缩小双方的差距，从中谋求双方都可以接受的重合点，从而达成最后的打包和解。

从案件结果来看，侵权诉讼中赔偿是解决纠纷的一种方式，但授权许可形式有时候更能达到多方共赢的目的。在该案中，法官就考虑到当事人的长远利益，也为了让专利能够物尽其用，发挥其应有的价值，建议以许可费的方式达成合作而非简单的赔偿方式，让被告得以在今后的生产、销售过程中能够合法正当地使用涉案专利，以供进一步的研发生产。这不仅是对企业本身、对专利权人，对社会也是一种福利。

该案的指导意义在于，成功证明法官主持下的和解是解决知识产权纠纷的有效途径。对于知识产权案件，特别是当事人相同、案情相同的系列案件，对原告来讲，因知识产权受到侵害，希望被告尽早停止侵权，以减少损失；对于被告来讲，也疲于应付诉讼而无法专注正常生产经营，对于双方造成极大讼累。如果能够尽早解决纠纷，对双方都有利。公正的判决可以解决纠纷，但在经济飞速发展的今天，效率是企业更加着重考虑的因素，而在法官主持下的当事人和解不失为一种有效、高效的途径。就如该案中，在一个案件中成功打包和解了十余件案件，并成功消解潜在未提起诉讼的案件，节省了大量的司法成本和社会成本。

案例索引

一　审：上海知识产权法院（2016）沪73民初784号民事裁定书
合议庭成员：商建刚、鲍韵雯、程晓鸣

法院采信单方鉴定结论的条件

——山特维克知识产权股份有限公司诉浙江美安普矿山机械股份有限公司侵害发明专利权纠纷案

胡　宓

案　情

原　告： 山特维克知识产权股份有限公司

被　告： 浙江美安普矿山机械股份有限公司

原告山特维克知识产权股份有限公司向法院提出诉讼请求：（1）被告浙江美安普矿山机械股份有限公司立即停止侵害原告享有专利号为 ZL03820653.6 的"一种粉碎机及粉碎原料的方法"发明专利权，包括停止制造、销售及许诺销售被控侵权产品；（2）被告赔偿原告经济损失 100 万元；（3）被告赔偿原告合理费用 364580 元。事实和理由：原告于 2003 年 8 月 27 日向中国国家知识产权局申请了名称为"一种粉碎机及粉碎原料的方法"的发明专利申请。该发明专利于 2007 年 10 月 10 日获得授权，至今有效。原告于 2014 年 11 月 26 日在上海新国际博览中心举办的"bauma China 2014 中国国际工程机械、建材机械、工程车辆及设备博览会"进行市场调查时发现，被告在该博览会上展出的 GS300 立轴式冲击粉碎机（以下简称"被控侵权产品"）涉嫌侵犯原告享有的上述发明专利权。同时，原告发现被告公司网站（www.mpcrusher.com）上列出的"美安普产品"目录中也载明其销售的产品包含 GS300 立轴式冲击粉碎机。原告对被控侵权产品进行剖析后认为，被控侵权产品完全落入原告专利的保护范围。上海硅知识产权交易中心有限公司司法鉴定所也出具了司法鉴定意见书，认为被控侵权产品对应的技术特征与原告专利的权利要求 1 - 7 的全部技术特征相同。原告认为，被告未经许可擅自使用原告的发明专利制造、销售、许诺销售、使用被控侵权产品，侵害了原告享有的发明专利权，应当承担停止侵权、赔偿损失的民事责任。

被告浙江美安普矿山机械有限公司辩称：被控侵权产品的技术特征中与原告专利的技术特征不完全相同，被控侵权产品使用的转子是四通道的，被控侵权产品的"L型挡板"的角度是 100°而非原告专利所述的 90°。被告请求法院驳回原告的全部诉讼请求。

法院经审理查明：

原告是名称为"一种粉碎机及粉碎原料的方法"发明专利的专利权人，专利号为 ZL03820653.6，专利申请日为 2003 年 8 月 27 日，授权公告日为 2007 年 10 月 10 日。该专利目前处于有效状态。在该案中，原告要求保护的权利要求范围是权利要求 1 - 7。

2014 年 11 月 26 日，经原告申请，上海市长宁公证处公证员与原告的代理人来到上海新国际博览中心举办的"bauma China 2014 中国国际工程机械、建材机械、工程车辆及设备博览会"现场。原告的代理人在标有"衢州美安普矿山机械有限公司"字样的展台处取得宣传册两本、名片一张，原告的代理人使用该公证处照相机对该展台的现场状况、展示物品进行了摄影、摄像。上海市长宁公证处对上述过程进行了现场监督，并制作了（2014）沪长证字第 8107 号公证书予以证明。根据该公证书记载，原告的代理人对该案被控侵权产品的外观和内部构造进行了拍照和摄像。被告确认被控侵权产品是其生产的。

2015 年 11 月 2 日，原告委托代理人向江苏省南京市钟山公证处申请对其查看互联网信息的行为办理保全证据公证。原告委托代理人使用该处电脑通过百度搜索链接到 www.mpcrusher.com 网站，该网站首页有"浙江美安普矿山机械股份有限公司"的字样，该网站上有立轴式冲击破碎机 GS300 的图片及产品优势、工作原理、技术参数等文字介绍。

2015 年 9 月 9 日，汇业律师事务所委托上海硅知识产权交易中心有限公司司法鉴定所对"衢州美安普矿山机械有限公司制造的型号为 GS300 立轴式冲击破碎机是否与山特维克知识产权股份有限公司授权公告号为'CN100341627C'的发明专利的专利权利要求 1 - 7 所记载的全部技术特征相同或等同"事项进行鉴定。鉴定材料包括：（1）CN100341627C 专利授权文本纸质版一份；（2）（2014）沪长证字第 8107 号公证材料一份（内含展会现场取证视频及图片光盘一份）。2015 年 10 月 29 日，上海硅知识产权交易中心有限公司司法鉴定所出具沪硅所〔2015〕鉴字第 011 号侵权司法鉴定意见书，其鉴定意见为 GS300 立轴式冲击破碎机对应的技术特征与 CN100341627C 发明专利的权利要求 1 - 7 所记载的全部技术特征相同。鉴定人叶某某出庭接受质询，该鉴定人明确表示虽然此次鉴定的主要鉴材是照片和视频资料，但可以从中看出被控侵权产品具有 L 形方向导杆，虽然无法看到是否是 90 度，但可以推导出该 L 形方向导杆的技术效果与涉案专利记载的相应技术特征的技术效果相同。

原告提交的证据显示，原告支出了律师费 30 万元、鉴定费 6.3 万元、公证费 1000 元、翻译费 580 元，共计 364850 元。

另查明，经原告申请，法院于 2016 年 1 月 13 日作出（2015）沪知民初字第 748 号民事裁定书，裁定："一、对被告浙江美安普矿山机械有限公司生产、销售的 GS300 立轴式冲击粉碎机产品采取证据保全措施；二、对被告浙江美安普矿山机械有限公司自 2013 年 12 月起至 2015 年 12 月生产、销售 GS300 立轴式冲击粉碎机的生产记录、仓储记录、销售合同、销售记录、报价单、销售发票、财务账册等资料采取证据保全措施。"执行法官未在被告公司现场保全到被控侵权产品，被告也未向法院提交上述财务资料。在该案审理过程中，被告向法院确认上述被控侵权产品已经销售出口至越南。

审 判

上海知识产权法院经审理认为，权利要求 4 在权利要求 1、2、3 的基础上增加了技术特征：L 形方向导杆的水平腿指向转子的旋转方向，这样在具有向上分量和关于转子成切向分量的方向中，由转子产生的任何灰尘将被方向导杆的垂直腿阻挡。经比对，被控侵权产品具有 L 形方向导杆，其水平腿位于六边形内外料斗之间，与转子成切线方向，因此与转子旋转方向一致，其垂直腿与上方形成相对密封结构，故可以阻挡转子产生的灰尘。法院认为，首先，被告没有证据证明被控侵权产品的"L"形方向导杆的角度是 100 度而非 90 度，从原告提供的被控侵权产品的图片和录像资料中也无法看出角度上的明显差异；其次，即使被控侵权产品的"L"形导向杆的角度为 100 度，与 90 度相比，也属于以基本相同的手段实现基本相同的功能、达到基本相同的效果的等同特征，即两者均可以实现"积聚原料形成坡体""阻挡转子产生的灰尘"等功能，被告也没有证据证明使用 100 度的导向杆能产生其他显著不同的功能及效果；最后，根据专利说明书的最后一段记载"然而也可能形成一个例如钢板、瓷砖或者类似板的预制坡体，所述坡体在粉碎机启动之后立即具有一个关于转子的期望切向倾斜度"，L 形方向导杆的角度也未被限定为必须是 90 度。因此，上海知识产权法院认为，被控侵权产品具有权利要求 4 增加的这一技术特征。此外，上海知识产权法院对于被告的现有技术抗辩亦未支持，在赔偿金额的确定方面，法院适用法定赔偿规则，考虑了被控侵权产品出口至越南的合同价格这一因素。据此，判决被告浙江美安普矿山机械有限公司停止侵害，并赔偿原告经济损失 50 万元以及合理费用 12 万元。宣判后，双方当事人均未提出上诉，判决已发生法律效力。

评　析

该案主要涉及两个需要讨论的问题，一是对于单方鉴定（尤其是无实物鉴材），法院应当在何种条件下予以采信；二是在影像资料中无法显示的技术特征如何认定是否落入专利权保护范围。

一、采信单方鉴定（尤其是无实物鉴材）的条件

通常来说，在专利侵权案件的审理过程中，关于技术问题的事实查明，由原告向法院提出申请，再由法院向双方当事人协商确定或者法院指定的有鉴定资格的鉴定机构发出鉴定委托，然后整个鉴定程序会在法院的主持下逐步推进，包括确定鉴材的范围和内容、鉴定人员、召开现场鉴定会以及落实时间进度等，最终由鉴定机构向法院出具鉴定书，法院会在组织双方当事人对鉴定书进行质证后作出是否采信鉴定结论的裁判。近年来，随着专利案件诉讼的日益专业化，不少当事人选择在调查取证阶段就自行委托专业的知识产权司法鉴定机构进行侵权定性方面的鉴定，一方面可以提前判断是否有胜诉的可能性；另一方面也可以在诉讼中将其作为重要证据以支持己方的论点。事实上，从受理专利侵权纠纷案件之初至今，法院对于单方鉴定的态度也发生了阶段性的变化，从一开始基本上排斥，到有选择地接受部分鉴定结论，再到借助技术支持并全面听取原被告双方意见后接纳单方鉴定作为定案证据。这表明在专利审判领域，技术调查官、技术咨询专家、专家陪审员等制度的建立已经给法官在查明技术事实方面带来信心；同时，也减少了不必要的鉴定费用成本，给当事人减轻了负担。

当然，对于单方鉴定的接纳也必须符合一定的条件，不排除某些单方鉴定在鉴定材料、逻辑推理等方面存在问题进而导致鉴定结论令人无法接受。根据《民事诉讼法》以及《最高人民法院关于民事诉讼证据的若干规定》的相关规定，鉴定意见是法定的证据种类之一，其是否能成为定案依据当然需要法院进行审查。"审判人员对鉴定人出具的鉴定书，应当审查是否具有下列内容：（一）委托人姓名或者名称、委托鉴定的内容；（二）委托鉴定的材料；（三）鉴定的依据及使用的科学技术手段；（四）对鉴定过程的说明；（五）明确的鉴定结论；（六）对鉴定人鉴定资格的说明；（七）鉴定人员及鉴定机构签名盖章。"单方鉴定作为一方当事人自行委托有关部门作出的鉴定结论，另一方当事人有证据足以反驳并申请重新鉴定的，人民法院应予准许。在该案中，原告向法院提交的其单方委托鉴定的鉴定报告在上述第（一）（四）（五）（六）（七）等方面均不存在

瑕疵，但在第（二）（三）两个方面，由于实物鉴材的缺失，法院在咨询了相关技术领域专家后对此进行了进一步的评判：（1）一般来说，与外观设计专利不同，在涉发明专利以及实用新型专利的专利侵权纠纷案件中，产品图片不能反映被控侵权产品的技术特征，因此在鉴定中需要以产品实物作为鉴材进行勘验比对，而且该实物鉴材还必须是原、被告认可为被控侵权产品的实物。在该案中，由于客观原因原告无法获取实物鉴材，但提交了以公证形式获取的在展会现场拍摄被控侵权产品内外结构的视频及图片，法院认为，上述公证获取的视频、图片具有客观性，其内容反映了产品实物的大部分技术特征，与被告公司网站上的相关产品资料相互印证，可确认其真实性，因此可以作为实物鉴材的一种替代。（2）虽然视频、图片的内容对于部分技术特征无法作完整呈现，但是鉴定人员结合被告公司网站上的技术参数、产品部件之间的装配关系以及机械学原理，对相关技术特征的比对都作出了符合逻辑的推理。（3）对于原告提交的单方鉴定，被告在当庭质询鉴定人的过程中，并未提出有力的反驳意见以及申请重新鉴定。综上，法院认为，该单方鉴定的依据以及技术手段和逻辑推理具有说服力，最终的鉴定结论也令人信服。

由此可见，除了符合法律规定的一般要求，法院采信单方鉴定的条件还在于：（1）鉴材的真实性与关联性必须经过严格的审查。以公证获取或对方当事人自认的情形为优先，并且通常要求被控侵权产品的实物，在有合理原因无法提供实物的情况下，能清晰显示技术特征的视频或图片也可以作为替代。（2）要求鉴定人员接受法院的技术调查。这是为了防止单方鉴定中的鉴定机构为了迎合委托人的鉴定目的，简单陈述对比结论，得出难以令人信服的鉴定结论。具体表现，法院对推理过程提出更高要求，要求鉴定人进行详细说明、罗列依据，参与法院组织的技术查明程序，回应（口头或书面）法院聘请的技术调查官、咨询专家等的提问（不仅限于庭审程序）。（3）诉讼相对方对于单方鉴定没有提出有力的反驳意见。在不少案件中，大部分被告的应诉态度较为消极，既没有提出有力的反驳理由，也不肯积极参与新的鉴定程序，在这种情况下，采信单方鉴定对于案件的审理是比较重要的。

二、与无法查明的技术特征有关的侵权推定问题

关于无实物证据的侵权推定，主要存在两种情况。

（1）视频、图片资料显示部分技术特征。也即只能在视频资料中看到技术特征的外观但无法测量具体的数值。在该案中，关于 L 形方向导杆这一技术特征，鉴定人在接受庭审质询时明确表示虽然此次鉴定的主要鉴材是照片和视频资料，但可以从中看出被控侵权产品具有 L 形方向导杆，虽然无法看到是否是 90 度，但可以推导出该 L 形方向导杆的技术效果与涉案专利记载的相应技术特征的技术效果相同。对此，法院在进行了专家咨询并且仔细阅读专利说明书后，认可了鉴定人的意见，认为即使被控侵权产品的 L 形导向杆的角度不是垂直的 90 度，但整体仍然呈 L 形，可以实现"积聚原料形成坡体""阻拦转子产生的灰尘"等功能，属于以基本相同的手段实现基本相同的功能、达到基本相同的效果的等同技术特征。

（2）从视频、图片资料中无法看出的技术特征。在该案中，涉案专利权利要求 1 记载包括："第一喂给装置（56，90，96），用于将第一原料流垂直地喂给到转子"这一技术特征，根据专利说明书的记载，56 是内部料斗，90 是滑动节流阀，96 是内部料斗入口，而视频、图片资料中并未显示有"滑动节流阀"。对此，有观点认为，"第一喂给装置"属于功能性技术特征，其结构已经在专利要求书中明确，因此，被控侵权产品不具有"第一喂给装置"这一技术特征。对此，法院在咨询了技术调查官后，认为虽然"滑动节流阀"这一机构未在影像资料中出现，但结合相关法律规定以及专利说明书的记载，仍然可以推定被控侵权产品具有该技术特征，理由如下：1）根据《专利法实施细则》第十九条第四款的规定，权利要求中的技术特征可以引用说明书附图中相应的标记，该标记应当放在相应的技术特征后并置于括号内，便于理解权利要求。附图标记不得解释为对权利要求的限制。因此，滑动节流阀（90）仅是为了与说明书实施例附图相对应，属于一种更优的技术方案，而非必须的选择，也即为了实现将"第一原料流垂直喂给到转子"这一功能，第一喂给装置除了必须具有内部料斗（56）和内部料斗入口（96）以外，还可以（非必须）具有滑动节流阀这一机构。2）关于"第一喂给装置"是否为功能性特征。根据《最高人民法院关于审理侵犯专利权纠纷案件应用法律若干问题的解释（二）》第八条第一款规定，功能性特征，是指对于结构、组分、步骤、条件或其之间的关系等，通过其在发明创造中所起的功能或者效果进行限定的技术特征，但本领域普通技术人员仅通过阅读权利要求即可直接、明确地确定实现上述功能或者效果的具体实施方式的除外。法院在阅读了专利说明书的背景技术以及发明内容后，认为涉案专利的发明点在于第二喂给装置，而第一喂给装置属于本领域的现有技术，因此，不应当将其作为功能性技术特征来理解。在影像资料中显示有内部料斗（56）和内部料斗入口（96），鉴定人亦表示可以看到第一喂给装置，法院对此也予以确认。

综上，法院认为，在无实物证据的专利侵权案件中，即使影像资料无法显示某些技术特征，但法院可以借助鉴定意见、技术调查等技术支持以及对于专利权利要求的解读，最终推定专利侵权事实的存在，作出公正的判决。

案件索引

一　审：上海知识产权法院（2015）沪知民初字第 748 号民事判决书

合议庭成员：胡　宓、徐　飞、陈瑶瑶

职务发明相关性的认定标准

——美题隆精密光学（上海）有限公司诉扬州吉新光电有限公司、周某某、钱某某专利权权属纠纷案

陈瑶瑶

案　情

　　原　　告：美题隆精密光学（上海）有限公司（以下简称"美题隆公司"）

　　被　　告：扬州吉新光电有限公司（以下简称"吉新公司"）

　　被　　告：周某某

　　被　　告：钱某某

　　周某某、钱某某均系美题隆公司前员工，分别系主任工程师和销售经理，后分别于 2013 年 12 月、2012 年 12 月离职。美题隆公司在周某某任职期间进行了荧光粉色轮技术研发，其中涉及的多扇区荧光粉色轮系在一个基板上涂布不同颜色的荧光粉色段，多段式荧光粉环系在单个衬底上将含有不同荧光粉的段组装成环，周某某在该技术研发中具有重要地位。

　　吉新公司成立于 2013 年 10 月，法定代表人系周某某父亲，周某某为吉新公司提供技术支持，钱某某与吉新公司属间接财务投资关系。涉案发明专利"一种荧光粉色轮及其制作方法"的申请日为 2014 年 2 月，专利权人为吉新公司，申请时列的发明人为周某某、钱某某、杨某某、周某一，涉及多扇片荧光粉色轮的制作，主要发明点在于将多片光学功能不同的扇形基板分别加工后再拼装成一个完整的圆形基板。庭审中被告确认涉案专利系构想型专利，钱某某系发明主要构想人，周某某提供数据支持，周某一与杨某某对涉案专利均无技术贡献。

美题隆公司向法院起诉，认为涉案专利系周某某、钱某某在原告处的职务发明，请求确认专利权归原告所有。

审 判

上海知识产权法院经审理认为，涉案专利申请日距钱某某离职已超 1 年，且无证据证明专利技术与钱某某在原告处承担的本职工作或者单位分配的任务有关，不能认定为钱某某的职务发明。周某某在原告公司荧光粉色轮技术研发中具有重要地位，而涉案专利申请日距周某某离职尚未超过 1 年。此外，在案证据确未显示原告公司的荧光粉色轮技术涉及多片扇形基板的拼装技术，但涉案专利技术与原告公司的多扇区荧光粉色轮、多段式荧光粉环均属荧光粉色轮技术领域，旨在解决的技术问题相同，均是实现单个荧光粉色轮的多重功能组合运用，所涉及的原材料如铝基板、玻璃基板、荧光粉等也基本相同，仅是在制作工艺上存在差别，且该制作工艺的差别亦具有一定的传承性，从在一个完整基板上进行光学功能分区到单一衬底外边缘组装不同光学功能的荧光粉环，再到不同光学功能的基板组装成圆，故应认定涉案专利技术与周某某在原告处的本职工作具有较强的相关性。另外，周某某系专利申请时列的第一发明人，被告确认专利申请时列的两个发明人周某一、杨某某对涉案专利均无技术贡献。

上海知识产权法院判决，确认涉案发明专利权归原告美题隆精密光学（上海）有限公司所有。

吉新公司、周某某、钱某某不服，提起上诉，上海市高级人民法院二审判决，驳回上诉，维持原判。

评 析

职务发明认定关涉发明人与公司之间的利益平衡，尤其是离职员工再就业能力与公司利益保护之间的平衡。该案系一起典型的职务发明纠纷案件，美题隆公司主张吉新公司申请的专利系其前员工的职务发明，案件争议焦点和审理难点均在于诉争专利技术与发明人本职工作相关性的认定。

一、该案观点的分歧

该案核心争议是涉案专利技术能否认定为周某某的职务发明，也即涉案专利技术与周某某本职工作是否具有相关性。对此，存在两种分歧观点：

一种观点认为，虽然职务发明相关性认定标准无须采用专利侵权判断中的技术特征相同或等同标准，但仍应考虑涉案专利技术的发明点在本职工作中是否已有体现。该案涉案专利所涉技术领域较为成熟，而专利发明点在原告公司技术中未有体现，两者具体技术特征亦存在较大差异，不应认定具有相关性。

另一种观点认为，职务发明相关性认定标准无须采用专利授权意义上的创造性标准，只要综合所属技术领域、解决技术问题、具体技术手段等因素判断两者具有一定程度的关联性即可。该案两者技术所属技术领域相同，旨在解决技术问题相同，涉及原材料也基本相同，技术工艺亦具有一定的传承性，应认定具有相关性。

二、职务发明相关性的认定标准

职务发明认定依据的法条主要是《专利法》第六条和《专利法实施细则》第十二条，实践中适用分歧较大的是《专利法实施细则》第十二条第一款第三项的规定，也即退休、调离原单位后或者劳动、人事关系终止后 1 年内作出的与其在原单位承担的本职工作或者原单位分配的任务有关的发明创造。该条文系公司主张离职员工职务发明的主要依据，也系职务发明相关性认定的法律依据。从条文本身来看，其采用的是"有关"的表述，文字内涵较为宽泛，此后亦未有相关规定对"有关"进行解释，由此导致了实践中理解的分歧。对此，可从以下几个方面去把握相关性认定：

一是区别于技术特征相同或等同标准。前员工的职务发明规制的是员工离职后利用其掌握的原单位的技术成果完成新的发明创造。鉴于发明创造完成需要一定的时间跨度，立法对 1 年时间的规定已经体现了价值选择的结果，而技术特征相同或等同标准需进行全部技术特征比对，要求全部技术特征在原单位的技术成果中均有体现，无疑系对"有关"内涵的重大限缩。同理，创造性标准要求发明创造的主要发明点在原单位的技术成果中已有体现，亦是对"有关"内涵在质和量上的限缩。

二是区别于领域功能效果标准。员工的本职工作均与一定的技术工作相关，而技术领域相同、解决问题相同、功能效果相同的发明创造在具体技术方案上可能差异巨大，无须进行技术比对而简单适用领域功能效果标准实质上完全脱离了具体技术内容，容易扩大"有关"的内涵，进而不合理限制离职员工的再就业。

三是技术方案相关标准的适用。发明创造的实质系具体技术方案，技术方案相关标准实质上系对领域功能效果标准的进一步限缩，要求对两者的技术方案进行比对，判断两者的技术差距有多大、在技术方案上是否具有传承性等，而非简单判断两者的领域功能效果，同时其又低于创造性标准，无须囿于专利发明点的限制。

四是兼顾非员工发明人。当单位主张职务发明的发明创造具有多个发明人，其中既有单位前员工，又有非员工时，应注意非员工发明人对于发明创造研发的贡献可能性。如非员工发明人同时具有该领域较强的技术研发能力，而专利技术与原单位技术存在较大差异的情况下，不能简单认定专利技术构成原单位的职务发明。

在该案中，涉案专利涉及多扇片荧光粉色轮制作，以实现单个荧光粉色轮的多重功能组合运用，主要发明点在于将多片光学功能不同的扇形基板分别加工后再拼装成一个完整的圆形基板。该发明点在原告单位技术中确未体现。但该技术与原告的多扇区荧光粉色轮、多段式荧光粉环均属荧光粉色轮技术领域，旨在解决技术问题相同，涉及原材料也基本相同，仅是在制作工艺上存在差别，且该差别亦具有一定传承性，从在一个完整基板上进行光学功能分区到单一衬底外边缘组装不同光学功能的荧光粉环，再到不同光学功能的基板组装成圆，故应认定具有相关性。结合周某某系涉案专利申请时列的第一发明人，另三位发明人并无涉案专利技术领域的研发背景，故认定涉案专利系周某某在美题隆公司的职务发明。

案例索引

一　审：上海知识产权法院（2016）沪 73 民初 782 号民事判决书
合议庭成员：胡　宓、陈瑶瑶、张艳培
二　审：上海市高级人民法院（2017）沪民终 281 号民事判决书
合议庭成员：王　静、陶　冶、曹闻佳

职务发明认定应合理考虑非员工发明的贡献可能

——上海微创医疗器械（集团）有限公司诉上海纽脉医疗科技有限公司、虞某某等专利申请权权属纠纷案

陈瑶瑶

案　情

原　告：上海微创医疗器械集团有限公司

被　告：上海纽脉医疗科技有限公司

被　告：虞某某

被　告：王某某

被　告：秦　某

王某某曾系原告员工，任前沿技术部门技工、技术员，工作主要配合工程师要求完成产品的制作、组装、测试等，其参与的原告公司的经导管主动脉瓣膜输送系统包括导管和手柄，瓣膜与内管相连，操作手柄可实现外管的前进和后退，以完成瓣膜的装载和释放；秦某亦系原告员工，任临床总监；两人分别于 2015 年 3 月、2 月从原告处离职，后分别任纽脉公司监事和法定代表人。

涉案发明专利申请名称为"一种心脏瓣膜输送装置"，申请日为 2015 年 7 月，申请人为纽脉公司，发明人为虞某某、王某某、秦某。该技术旨在通过内外管的配合移动来实现瓣膜的稳定连接和快速准确释放，通过手柄能够分别控制内管和外管的移动，外管后撤使瓣膜从外管远端露出，内管后撤触发瓣膜释放。虞某某曾是原告前沿技术部门负责人，也曾参与过原告公司瓣膜项目研发，2010

年8月从原告处离职后一直在医疗科技公司任职。在此期间的多项发明专利申请，也涉及瓣膜输送系统。2015年3月纽脉公司成立后任该公司股东、董事。

原告向法院起诉，认为涉案专利技术属于原告的专有技术，系王某某、秦某的职务发明，请求判令涉案专利申请权归原告所有。

审　判

上海知识产权法院经审理认为，在案证据不能证明涉案专利申请技术与秦某在原告处承担的本职工作或者单位分配的任务有关，原告主张涉案专利系秦某的职务发明不能成立。王某某任职于原告前沿技术部门，属于原告经导管主动脉瓣膜输送系统项目组成员；涉案专利技术系通过微创介入手术放置心脏瓣膜的输送装置，旨在通过内外管的配合移动来实现瓣膜的稳定连接和快速准确释放，通过手柄能够分别控制内管和外管的移动，外管后撤使瓣膜从外管远端露出，内管后撤触发瓣膜释放；而原告技术旨在通过操作手柄实现外管的前进和后退，以完成瓣膜的装载和释放；涉案专利技术与王某某参与的原告公司技术均属微创治疗心脏瓣膜技术领域，旨在解决的技术问题亦相同，均是实现快速、稳定、准确地植入心脏瓣膜，所采用的技术手段亦是通过手柄的控制，应认定专利技术与王某某在原告处的本职工作具有较强的相关性。此外，涉案专利申请列明的第一发明人虞某某具有较强的医疗器械领域技术研发能力，与涉案专利技术领域具有较强的相关性。结合涉案专利申请技术与原告公司技术在具体技术方案上仍存在较大差异，虞某某系涉案专利申请列的第一发明人，而原告在案证据并不足以证明涉案专利申请技术仅系王某某的个人技术成果，与虞某某无关。

上海知识产权法院判决，确认涉案发明专利申请权归原告上海微创医疗器械（集团）有限公司、被告上海纽脉医疗科技有限公司共有。

上海微创医疗器械（集团）有限公司不服，提起上诉，上海市高级人民法院二审判决，驳回上诉，维持原判。

评　析

近年来，专利权权属纠纷案件呈快速上升趋势，其中较为典型的则是员工离职后作出的发明创造的权利归属。该案即涉及上述问题，系一起典型的职务发明纠纷案件，涉及职务发明的认定标准把握。

一、该案观点的分歧

涉案专利技术不能认定为秦某的职务发明，但关于能否认定为王某某的职务发明进而确定专利权的归属则存在以下分歧。

一种观点认为，王某某系原告前沿技术部门成员，涉案专利与王某某在原告处接触的瓣膜输送系统属同一技术领域，旨在解决相同技术问题，即使两者具体技术上存在较大差异，也可认定具有相关性，认定涉案专利为王某某的职务发明，专利申请权判归原告所有。

一种观点认为，王某某系原告前沿技术部门技术员，而非研发工程师，专利技术与原告技术亦存较大差异，发明点在原告技术中也未有体现，在此情况下应从严把握相关性标准；再则，被告虽未提供研发资料，但其提供的证据显示第一发明人虞某某具有较强医疗器械领域技术研发能力，与涉案专利技术领域具有较强相关性。综上，可以认定原告提供的证据不足以证明涉案专利系王某某的职务发明。

一种观点认为，根据《专利法》相关规定虽可认定涉案专利为王某某的职务发明，但该案特殊性在于专利所列第一发明人虞某某在专利所涉技术领域亦具有较强研发能力，结合专利技术与原告技术在具体方案上仍存较大差异，原告不能证明专利技术仅系王某某个人成果，而与虞某某无关的情况下，应认定专利技术为王某某与虞某某的共同成果，专利申请权归双方共有。

上述观点分歧的实质在于当争议发明创造的发明人为多人，其中即有单位离职员工，又有非员工时，如何适用《专利法》职务发明的相关规定。

二、职务发明认定的要件分析

职务发明认定依据的法条主要是《专利法》第六条和《专利法实施细则》第十二条。其中，单位主张离职员工职务发明的主要依据为《专利法实施细则》第十二条第一款第三项，也即退休、调离原单位后或者劳动、人事关系终止后1年内作出的与其在原单位承担的本职工作或者原单位分配的任务有关的发明创造为职务发明创造。

从上述条文来看，员工离职后作出的发明创造只要满足时间性和相关性两个条件，就应当被认定为职务发明，专利申请权归属于原单位所有。但在上述条文适用时同时也应当注意到，《专利法》职务发明相关制度设计系针对争议发明创造仅系离职员工独立完成的情形，并未涉及离职员工与他人共同完成发明创造的情形。当争议发明创造涉及多个发明人，且发明人同时涉及原单位离职员工和非员工时，认定职务发明应当注意以下几点。

一是相关性认定应适用技术方案相关标准。发明创造的实质系具体技术方案，争议发明创造与发明人在原单位履行本职工作所接触技术方案的相关性判断不但需要考虑两者是否属于同一技术领域、解决技术问题是否相同、功能效果是否相同，也要求对两者的技术方案进行比对，判断两者的技术差距有多大，在技术方案上是否具有传承性等。在此，技术方案比对区别于专利侵权比对，不要求技术特征相同或者等同，也不要求争议发明创造的主要发明点在原单位的技术成果中已有体现。

二是应当考虑非员工发明人对于发明创造研发的贡献可能性。如果非员工发明人同时具有争议发明创造所属技术领域的较强技术研发能力，而争议发明创造与原单位技术又存在较大差异，此时不能简单认定争议发明创造为原单位离职员工也即专利所列部分发明人的职务发明，而否认其他发明人的贡献可能性，应当认定发明创造为几个发明人的共同成果，专利申请权归属原被告双方共有。如果其他非员工发明人并无争议发明创造所属技术领域的研发背景，或是被告主动承认其他发明人对于争议发明创造研发并无贡献，则可直接认定该发明创造为离职员工的职务发明，专利申请权归属于原单位所有。

三是举证责任分担上，原单位主张争议发明创造为其离职员工的职务发明进而主张专利权归属时，不但应举证证明涉案发明创造与员工在原单位接触的技术具有相关性，系员工离职后 1 年内作出，同时亦应证明其他发明人对此并无贡献可能性。而否认争议发明创造为职务发明的被告则可主张其他发明人具有相应技术研发能力、单位提供了研发的物质技术条件、相关的研发记录等证据予以反驳。

在该案中，虽然涉案专利申请技术与原告技术在具体技术方案上仍存在较大差异，但根据《专利法》相关规定，仍符合职务发明认定时间性和相关性条件，应当认定构成王某某的职务发明。但同时在案证据也显示涉案专利第一发明人虞某某具有涉案专利领域较强的技术研发能力，原告在案证据并不足以证明涉案专利申请技术仅系王某某的个人技术成果，与虞某某无关，排除虞某某对于涉案专利的技术贡献。被告的证据也不足以排除王某某的技术贡献，所以认定涉案专利申请技术方案为王某某与虞某某的共同成果，归属原告与被告纽脉公司共有。

案例索引

一　审：上海知识产权法院（2017）沪 73 民初 15 号民事判决书
合议庭成员：徐　飞、陈瑶瑶、汤洪波
二　审：上海市高级人民法院（2017）沪民终 324 号民事判决书
合议庭成员：王　静、陶　冶、曹闻佳

专利申请权默示转让的认定

——王某某诉贝达药业股份有限公司等
发明创造发明人署名权纠纷、专利权权属纠纷案

陈瑶瑶

案　情

原　　告：王某某

被　　告：贝达药业股份有限公司（以下简称"贝达公司"）

被　　告：上海倍而达药业有限公司（以下简称"倍而达公司"）

被　　告：张某某

被　　告：谢某某

被　　告：王某二

王某某拥有化学博士学位，长期从事新药研发工作，2000～2010年任 Beta Pharma Inc.（以下简称"美国贝达公司"）技术顾问。张某某系美国贝达公司和贝达医药开发（上海）有限公司（以下简称"上海贝达公司"，系倍而达公司前身）唯一股东。美国贝达公司系浙江贝达药业有限公司（以下简称"浙江贝达公司"，系贝达公司前身）股东，张某某亦曾任浙江贝达公司董事长。

涉案专利名称为"胰高血糖素样肽类似物、其组合物及其使用方法"，申请日为2004年4月14日，申请人为上海贝达公司，发明人为张某某、谢某某、郇某某、查理斯·大卫、王某某及陈某。浙江贝达公司于2007年8月受让取得涉案专利申请权。2009年6月，涉案专利获得授权。该专利说明书包含技术领域、背景技术、发明内容、实施例四部分内容。

王某某提供的经公证认证的英文专利文稿，创建时间 2004 年 10 月 14 日，修改时间 2004 年 3 月 30 日，发明名称为"胰高血糖素样肽类似物、其组合物及其使用方法"（NOVEL GLUCAGON LIKE PEPTIDE ANALOGS, COMPOSITION, AND METHOD OF USE），包含技术领域、背景技术、发明内容、实施例、权利要求五部分内容。其与涉案专利授权文本表述内容基本完全一致，差异仅在于文稿权利要求 2－6 的内容被纳入专利授权文本发明内容部分，而专利授权文本实施例部分新增加了很小部分的测试例内容，授权文本中的权利要求系文稿权利要求的简化。

2010 年 3 月，美国贝达公司与王某某签署的合作协议中约定，王某某将是贝达药业（集团）的首席科学家，将被奖励美国贝达公司和浙江贝达股份等。王某某在 2013 年写给张某某的邮件中表示，浙江贝达公司将其技术申请了专利，张某某对此并未否认，并表示其把整个项目给了浙江贝达公司。

王某某庭审中陈述，涉案专利技术系其任职于第三方公司期间完成的个人发明，因缺乏资金推动该项目，申请专利后没有用途，亦会产生很多费用，故放弃个人申请，而张某某拥有公司，具有研发经费和能力，可以通过公司进行技术产业化，故将该发明成果也即英文专利文稿交给张某某，建议张某某申请美国临时专利和中国专利，双方并无以谁名义申请专利的约定，但有过申请专利产业化后的利润分配约定，张某某将给予美国贝达公司和浙江贝达公司的股份作为补偿。贝达公司、倍而达公司、张某某均确认涉案专利技术由美国贝达公司研发。谢某某 2000～2012 年系美国贝达公司科研人员，庭审中确认其未进行过涉案专利研发。

此后，王某某提起该案诉讼，请求确认其系涉案发明专利的发明人和专利权人。

审　判

上海知识产权法院认为，原告在涉案专利技术领域具有较强技术研发能力，提供的英文专利文稿与涉案专利文本基本一致，修改时间早于专利申请日；被告确认涉案专利由美国贝达公司研发，原告在涉案专利申请期间系该公司技术顾问，其写给张某某的邮件表示浙江贝达公司将其技术申请了专利，张某某对此未否认；倍而达公司（上海贝达公司）、张某某对专利研发未提供任何证据，发明人之一谢某某亦确认未进行过研发。上述证据可以认定原告主张其将涉案英文专利文稿交付张某某的观点能够成立。

鉴于原告主动将专利文稿交付张某某申请专利，而交付技术成果时并未有将来承担专利申请人或专利权人缴费义务的意思表示，此后亦从未支付过专利相关费用，此外，原告与张某某间约定有申请专利产业化后的利润分配。由此可以认定原告鉴于现实因素考量，放弃个人将涉案技术申请专利的权利，将专利申请权进行了转让，在此情况下，再主张专利申请被批准后确认其为专利权人的观点不能成立。据此，判决确认王某某为涉案发明专利的发明人，驳回王某某的其余诉讼请求。一审判决后，各方当事人均未提起上诉。

评　析

该案系发明创造发明人署名权纠纷、专利权权属纠纷，争议产生于发明创造在不同主体之间的流转过程中。如何准确界定发明创造的发明人和专利权归属成为案件的争议焦点和审理难点。

一、原告是否系涉案专利发明人

首先，原告在涉案专利技术领域具有较强的技术研发能力。原告提供的证据显示，其先后毕业于兰州大学和耶鲁大学，拥有化学博士学位，亦曾长期供职于全球知名药企默克制药公司加拿大研发中心，从事新药研发。此后，归国后亦被江苏省引进为高层次创新创业人才，现任中国科学院上海有机化学研究所生物与化学交叉研究中心课题组长。2000～2010年，原告亦为美国贝达公司技术顾问，在"贝达药业（美国）为王某某博士提供的合作条件"中，美国贝达公司亦将聘原告担任贝达药业（集团）的首席科学家。上述证据充分体现了原告在医药化学领域具有较高的科研水平，而涉案专利技术涉及胰高血糖素样肽类似物、其组合物及其使用方法，用于治疗糖尿病和其他与促胰岛素肽相关疾病，以及与胰高血糖素水平相关的胃肠道功能活动性疾病，与原告多年从事的研究领域属同一技术领域。

其次，原告提供的英文专利文稿与涉案专利技术方案基本一致。原告提交的经公证认证的英文专利文稿的修改时间为2004年3月30日，早于涉案专利申请日2004年4月14日；该文稿所保存的文件夹"zw－GLP－1"，其中zw与原告名字缩写相符，GLP－1指胰高血糖素样肽－1，与涉案专利名称相符；该文稿涉及技术领域、背景技术、发明内容、实施例、权利要求五部分内容，将其与专利授权文本内容相比较，两者表述内容基本完全一致，差异仅在于文稿权利要求2－6的内容被纳入专利授权文本发明内容部分，而专利授权文本实施例部分新增加了很小部分的测试例内容。授权文本中的权利要求系文稿权利要求的简化，亦即涉案专利所涉技术内容在原告先前文稿中均已体现。

最后，涉案专利申请权由浙江贝达公司受让自上海贝达公司，而被告贝达公司（浙江贝达公司）、倍而达公司（上海贝达公司）、张某某均确认涉案专利系由美国贝达公司研发。张某某系美国贝达公司、上海贝达公司唯一股东；原告2004年也即涉案专利申请期间系美国贝达公司技术顾问；原告在2013年8月21日写给张某某的邮件中表示，浙江贝达公司将其之前设计的核心技术申请了专利，张某某对此并未否认，还表示其把整个项目都给了浙江贝达公司，如果有真正价值的话，应该和浙江贝达公司谈判。被告倍而达公司（上海贝达公司）、张某某对于涉案专利研发并未提供任何研发证据，而该专利列的发明人之一被告谢某某亦确认其未进行过涉案专利的研发工作。上述证据能够相互印证，原告主张其将涉案英文专利文稿交付于张某某的观点能够成立。

综上，根据在案证据，可以认定原告将涉案英文专利文稿交付于被告张某某，再由上海贝达公司向国家知识产权局申请涉案专利，原告据此主张确认其系涉案专利发明人能够成立。

二、原告是否系涉案专利的专利权人

一般而言，个人独立完成的发明创造，申请专利的权利属于发明人，申请被批准后，该发明人为专利权人。在该案中，原告系涉案专利技术的发明人，能否认定其为专利权人关键在于原告是否已将涉案专利的申请权转让给他人。

首先，原告主动将专利文稿交付被告张某某申请专利。在庭审中，原告明确表示因其没有实体公司，个人缺乏资金推动该项目，涉案技术申请专利后没有用途，亦会产生很多费用，故放弃个人申请，而张某某拥有公司，有研发经费和能力，可以通过公司进行技术产业化，故将该发明成果交给张某某，建议其申请美国临时专利和中国专利，而当时双方之间并无关于申请专利时发明人、专利权人的约定。

其次，原告并未有承担专利申请人或专利权人相关义务的意思表示，亦未实际承担过相关义务。在庭审中，原告明确表示其将涉案专利文稿交给被告张某某，因张某某有公司，故由张某某申请专利，相关费用亦由公司来缴纳，也即原告交付技术成果时并未有将来承担专利申请人或专利权人缴费义务的意思表示，而此后原告亦从未支付过专利相关费用。专利申请过程中及授权后，申请人或专利权人应当向国务院专利行政部门缴纳申请费、实质审查费、登记费、年费等各项费用。该些费用缴纳系专利得以授权和维持的前提和必要条件，也是专利申请人或专利权人应当承担的义务，而原告却从未承担过该项义务。

最后，原告与被告张某某之间存在申请专利产业化后的利润分配约定。庭审中，原告明确其交付专利文稿予张某某申请专利，张某某将给予原告美国贝达公司和浙江贝达公司的股份作为补偿。原告提供的证据也显示，原告与美国贝达公司2010年签订的"贝达药业（美国）为王某某博士提供的合作条件"中约定，美国贝达公司将给予原告 200 万股美国贝达公司股份以及 300 万股浙江贝达公司股份，该证据内容与原告的当庭陈述亦能相佐证。虽然原告称上述承诺并未兑现，但并不能否定原告与张某某之间存在原告交付技术成果由张某某申请专利后双方利润分配的约定。

综上，在案证据显示原告鉴于现实因素考量，放弃了个人将涉案技术申请专利的权利，将专利申请权进行了转让。在此情况下，原告再主张专利申请被批准后确认其为专利权人的观点，不能成立。

案例索引

一　审：上海知识产权法院（2016）沪 73 民初 896 号民事判决书
合议庭成员：徐　飞、陈瑶瑶、张艳培

（二）商标权

在先商标使用人的继受者享有商标在先使用抗辩权

——南通远程船务有限公司与上海博格西尼企业发展有限公司等侵害商标权纠纷案

范静波

案　情

上诉人（原审原告）： 南通远程船务有限公司（以下简称"远程公司"）

被上诉人（原审被告）： 上海博格西尼企业发展有限公司（以下简称"博格西尼公司"）

被上诉人（原审被告）： 上海第一八佰伴有限公司

被上诉人（原审被告）： 广州市锦琳皮具有限公司

远程公司于 2012 年 1 月 10 日申请，并于 2013 年 3 月 21 日经原国家工商行政管理总局商标局核准，在第 18 类手提旅行包（箱）、钱包（钱夹）、背包、公文包、旅行用具（皮件）等商品上注册了 **BOGEA SENI 博格·西尼** 商标。2013 年 10 月 10 日，远程公司公文包、票夹等产品上使用其注册商标。

2001 年 11 月 30 日，上海博格西尼服饰有限公司（以下简称博格西尼服饰公司）经受让取得"博格西尼"和"BOGEA　SENI"两个注册商标，上述两个商标均核定使用在第 25 类服装、衬衫等产品上。博格西尼服饰公司长期在男装、箱包、皮具等产品上使用上述商标。2009 年博格西尼服饰公司与其部分股东及案外人共同出资设立博格西尼公司，并于 2010 年将"博格西尼"商标和"BOGEA SENI"商标转让给博格西尼公司。博格西尼公司在受让上述商标后，并未进行实际使用。

博格西尼服饰公司于 2011 年 8 月、2012 年 8 月先后与第一八佰伴公司签订"联销续签合同"，设立专柜销售博格西尼品牌的男装、皮包等产品。2014 年 6 月，博格西尼服饰公司注销。2015 年 3 月，由博格西尼公司与第一八佰伴公司签订"联销续签合同"，继续在原专柜从事经营活动。该合同所约定的经营地点及所经营的品牌产品与前述合同一致。

远程公司以博格西尼公司在八佰伴商场销售的皮包产品上使用"BOGEA SE-NI"商标侵害其注册商标专用权为由，诉请法院判令停止侵权、消除影响并赔偿损失。博格西尼公司主张商标先用权抗辩，认为其有权在原有范围内继续使用被控侵权标识。

审 判

上海市浦东新区人民法院认为，博格西尼公司商标先用权抗辩成立，遂判决驳回远程公司停止侵权、消除影响并赔偿损失的诉请。远程公司不服一审判决，认为博格西尼公司作为博格西尼服饰公司的继受者，无权主张商标在先使用抗辩，故提起上诉，请求撤销一审判决，维持原判。上海知识产权法院二审认为，根据商标在先使用制度的立法目的，综合考量注册商标权人利益和商标在先使用人利益的情况下，应当允许商标在先使用人的继受者主张商标在先使用抗辩。二审判决驳回上诉，维持原判。

评 析

在远程公司申请涉案注册商标之前，博格西尼公司并未在皮包产品上使用被控侵权标识，在皮包类产品使用在先商标的主体是博格西尼服饰公司，博格西尼公司作为博格西尼服饰公司的继受者。其是否享有商标在先使用权，涉及如何界定商标先用权的主体范围。

一、商标在先使用制度的立法目的和价值

我国《商标法》第五十九条第三款规定，商标注册人申请商标注册前，他人已经在同一种商品或者类似商品上先于商标注册人使用与注册商标相同或者近似并有一定影响的商标的，注册商标专用权人无权禁止该使用人在原使用范围内继续使用该商标。立法者对于该条中的在先商标使用人的范围未作出进一步的限

定，商标在先使用人本人在原有范围内继续使用商标自无异议，但商标在先使用人本人之外的主体是否有权主张商标在先使用抗辩，对于这一问题需要回到我国《商标法》设立商标在先使用制度的目的来进行判断。根据立法者的解释，设立商标在先使用制度是为了平衡商标在先使用人和注册商标专用权人之间的利益，保护那些已经在市场上具有一定影响但未注册的商标所有人的权益。但同时我国是以商标注册制度为主，虽然法律上有必要给予在先使用的未注册商标一定的保护，但保护水准不宜过高，以免冲击注册制这一商标管理中的基本制度。❶ 可见，设立商标在先使用制度并非要赋予商标在先使用人与注册商标权人同等的权利，而是为了弥补商标注册制度的缺陷，适度维护商标在先使用人的利益。对于商标在先使用人本人之外的主体，是否有权主张商标在先使用抗辩同样需要在维护商标注册制度稳定的框架下，对商标在先使用人和注册商标专用权人之间进行利益平衡。

二、商标在先使用抗辩主体范围的界定

商标在先用使用人本人之外的主体主张先用权抗辩，一般包括商标被许可人、受让人以及在先商标使用人的承继者。

通常情况下，在商标注册人申请商标注册之后，在先商标使用人再进行商标许可或商标单独转让，原则上被许可人和受让人无权再主张商标在先使用抗辩。理由在于：允许在先商标的被许可人主张在先使用抗辩，一方面将使得享用商标在先使用的主体范围无限扩大，市场上可能同时存在多个主体使用该商标，导致注册商标权人市场上的对抗力量增大，也使得注册商标权人在一定程度上丧失商标再许可他人的意义。另一方面，无条件地允许在先商标使用人进行许可，可能使其经营规模快速扩张，这种行为实质上规避了《商标法》要求在先商标使用人仅能在"原有范围"内继续使用其商标的规定，对注册商标专用权人的利益造成严重影响，与《商标法》限制在先商标使用人权利的立法目的不符。

但就商标在先使用人的继受人而言，则应允许其主张商标在先使用抗辩。理由在于：一方面，商标在先使用制度既是对善意的商标在先使用人利益的一种适度维护，也是对既存的商标市场秩序的一种维护。当商标在先使用人因各种原因不愿或无法继续经营时，如果不允许商标在先使用人的继受人主张在先使用抗辩，则可能导致市场上没有主体愿意继受在先商标使用人的业务，基于在先商标所积累的经营成果和商誉只能任由其自行消逝，这对商标在先使用人是极不公平的。另一方面，商标在先使用人的继受者本质上并不是对商标在先使用权的受

---

❶ 郎胜. 中华人民共和国商标法释义 [M]. 北京：法律出版社，2013：113 - 114.

让，而是对商标在先使用人实体业务的承继，在此情况下允许继受者主张商标在先使用通常并不损害注册商标权人的利益。在综合考量注册商标权人利益和商标在先使用人利益的情况下，应当允许商标在先使用人的继受者主张商标在先使用抗辩。因此，该案博格西尼公司作为博格西尼服饰公司的继受者，有权主张商标先用权抗辩。

案例索引

一　审：上海市浦东新区人民法院（2016）沪 0115 民初 45436 号民事判决书

合议庭成员：杨　捷、黄燕华、张良瑞

二　审：上海知识产权法院（2017）沪 73 民终 65 号民事判决书

合议庭成员：陈惠珍、何　渊、范静波

催告程序在确认不侵权之诉中的判断

——上海和汇安全用品有限公司与王某某确认不侵害商标权纠纷案

刘　静

案　情

上诉人（原审被告）： 王某某

被上诉人（原审原告）： 上海和汇安全用品有限公司（以下简称"和汇公司"）

涉案第7071430号"tanke""坦克"组合商标由案外人杨某某于2008年11月24日申请，2010年8月王某某受让了在申请注册中的商标，2010年11月该商标被核准注册，核定使用商品为第9类安全头盔等。2014年10月11日，王某某委托律师向和汇公司发函指出和汇公司使用"坦克"的产品宣传行为构成侵权。同月，"淘宝网"接到法定代表人为杨某某的上海威爽贸易有限公司有关和汇公司侵犯王某某商标权的投诉后，将和汇公司网上销售的头盔产品信息予以删除。和汇公司于2015年6月向一审法院提起诉讼，请求确认其在头盔产品等产品的销售、广告宣传及产品包装装潢上使用中文"坦克"不侵犯王某某享有的第7071430号注册商标专用权。

和汇公司于2014年8月25日曾对第7071430号商标向原国家工商行政管理总局商标评审委员会提出无效宣告请求。该委员会于2015年11月作出裁定，认为王某某在安全头盔等五项商品上注册争议商标构成对他人在先使用并有一定影响商标的抢注，裁定争议商标在安全头盔等五项商品上予以无效宣告。针对该裁定，王某某向北京知识产权法院提起行政诉讼，该案二审判决前，行政案件尚在

— 234 —

审理中。

王某某一审答辩和二审上诉所提理由之一为：和汇公司没有书面催告王某某行使诉权，和汇公司启动不侵权之诉不具备法定条件。

审 判

一审法院经审理认为，王某某在发出警告后的合理期限内未撤回警告，也未提起过相关商标侵权诉讼，致和汇公司行为是否构成商标侵权处于不确定状态，和汇公司提起确认不侵权诉讼符合相关法律规定。鉴于和汇公司提供的证据可以证明在涉案商标申请注册前，中文"坦克"对应于"tanked"的使用已经形成并已基本固定，中文"坦克"在这对应使用中也由此产生了一定的影响力，故王某某无权禁止和汇公司在原有范围内的使用。因此，判决确认和汇公司对其头盔产品在我国境内的业务合同和宣传推广上使用"坦克"不侵害王某某享有的第7071430号注册商标专用权。

二审法院经审理认为，王某某不仅委托律师向和汇公司发出警告函，"淘宝网"于同月也收到了有关投诉，该网站因此将涉嫌侵权商品信息予以删除，和汇公司在收到警告且其被控侵权商品网上销售受到实际影响长达近8个月之后，才向一审法院提起该案诉讼。王某某虽然向一审法院提出和汇公司没有进行书面催告的答辩意见，但其在一审审理过程中以和汇公司为被告另案提起侵权之诉的行为，说明其并无撤回侵权警告的意思表示，此后王某某又申请撤回侵权之诉的行为，使和汇公司是否构成侵权仍处于不确定状态，在此情况下，一审法院继续审理该案并无不当。和汇公司对中文"坦克"的在先使用并积累了一定影响力系有证据证明的客观事实，一审法院判决确认和汇公司对其头盔产品在我国境内的业务合同和宣传推广上使用中文"坦克"不侵害王某某享有的第7071430号注册商标专用权，具有事实和法律依据。因此，判决驳回上诉，维持原判。

评 析

确认不侵害知识产权纠纷是指行为人受到了来自特定知识产权权利人的侵权警告，而权利人并未在合理期限内依照法定程序请求人民法院解决有关争议之影响，行为人以该知识产权权利人为被告提起的，请求确认其有关行为不侵犯该知识产权的诉讼。主要包括确认不侵害专利权纠纷、确认不侵害商标权纠纷和确认不侵害著作权纠纷。

对于该类纠纷的起诉或受理条件，迄今为止仅在《最高人民法院关于审理侵犯专利权纠纷案件应用法律若干问题的解释》第十八条作了明确且严格的限定，即"权利人向他人发出侵犯专利权的警告，被警告人或者利害关系人经书面催告权利人行使诉权，自权利人收到该书面催告之日起一个月内或者自书面催告发出之日起二个月内，权利人不撤回警告也不提起诉讼，被警告人或者利害关系人向人民法院提起请求确认其行为不侵犯专利权的诉讼的，人民法院应当受理。"最高人民法院（2011）民提字第48号民事裁定书的裁定理由中明确上述司法解释规定的原则，应适用于涉及其他类型知识产权所提起的确认不侵权之诉。从该规定来看，提起确认不侵权之诉应履行事先书面催告权利人行使诉权的程序。该程序的设定，是为了防止被警告人随意提起确认不侵权之诉，尽可能引导当事人通过侵权诉讼解决争议，在通过书面催告方式确定权利人在合理期限内不启动纠纷解决程序时，才赋予被警告人提起确认不侵权之诉的诉权。

在该案中，被警告人在提起确认不侵权之诉前并未书面催告权利人行使诉权。一审法院以权利人在发出警告后的合理期限内未撤回警告，也未提起过相关商标侵权诉讼，致被警告人行为是否构成商标侵权处于不确定状态为由，认定王某某有关和汇公司起诉不符合法定条件的辩称意见不成立，然该判决理由并未就法定受理条件中催告程序的缺失是否影响案件的受理作出回应。二审法院充分注意到王某某针对受理条件中的催告程序所提出的异议，也关注到和汇公司在收到警告函后近8个月才提起诉讼，从该期间来看，王某某委托律师向和汇公司发出警告后，并未积极通过侵权诉讼寻求争议的解决，存在怠于诉讼之嫌，但王某某在和汇公司提起确认不侵权之诉时，是否还坚持其对和汇公司发出的侵权警告尚难作出判断。二审法院遂围绕确认不侵权之诉受理条件规定的立法本意，综合多方面因素认定在该案中被警告人未履行催告义务不影响一审法院对案件的继续审理与判决，相关因素包括被警告人在"淘宝网"上的销售受到实质影响长达数月，权利人应诉后另案提起侵权之诉说明无撤回侵权警告的意思表示，权利人在该案尚未审结前申请撤回侵权之诉的行为使被警告人是否构成侵权处于不确定状态。该案较好地运用了确认不侵权之诉受理法定条件的规则，保证了当事人之间的利益平衡，对于同类案件具有一定的示范意义。

案例索引

一　审：上海市黄浦区人民法院（2015）黄浦民三（知）初字第75号民事判决书

合议庭成员：金　滢、王维佳、刘美琳

二　审：上海知识产权法院（2016）沪73民终207号民事判决书

合议庭成员：刘　静、吴盈喆、范静波

根据权利商标驰名之前已注册商标，进行延伸注册获得的商标，其注册、使用是否受驰名商标的规制

——宝马股份公司诉上海创佳服饰有限公司、德马集团（国际）控股有限公司等侵害商标权及不正当竞争纠纷案

何　渊

案　情

　　原　告：宝马股份公司（以下简称"宝马公司"）

　　被　告：上海创佳服饰有限公司（以下简称"创佳公司"）

　　被　告：德马集团（国际）控股有限公司（以下简称"德马公司"）

　　被　告：周　某

　　宝马公司系世界知名的汽车制造商，至 2013 年，宝马公司在中国汽车销量已经超过 39 万辆，收入超过 153 亿欧元。宝马公司分别在汽车、服装、箱包等商品上注册有"宝马""BMW"等文字及图形商标。2008 年 7 月，被告周某使用"宝马"和"BMW"作为字号成立被告德马公司。之后，德马公司、周某通过转让及注册获得"BMN"等商标，并授权被告创佳公司使用的方式，与创佳公司共同设立 BMN 品牌加盟，通过将注册商标标识改变为被控侵权标识并组合使用等方式，将被控侵权标识与宝马公司涉案商标相混淆。宝马公司以三被告的行为构成商标侵权及不正当竞争为由诉至法院，请求判令三被告停止侵权、赔偿损失及消除影响。

审　判

上海知识产权法院经审理认为，宝马公司"宝马""BMW"系列商标在2007年已属驰名商标，并持续至今。创佳公司、德马公司、周某明知宝马公司涉案商标属于驰名商标，仍恶意共谋，自行或授权他人使用被控侵权标识，构成商标侵权及不正当竞争。三被告应就其上述共同侵权行为承担停止侵权、消除影响、赔偿损失的民事责任。

评　析

该案是一起极为新颖和典型的"建立体系、全面模仿、立体侵权"的商标侵权及不正当竞争纠纷案件。该案中涉及对权利商标驰名之前已注册商标延伸注册获得的商标，其注册、使用是否受驰名商标的规制；在商标侵权案件中针对不同主体实施有关联的不同行为，如何认定共同侵权；如何在对驰名商标保护的案件中正确区分侵权行为、侵权标识等诸多法律问题。该案亦具有如下明显特征：（1）建立特许经营加盟体系，以合法形式掩盖非法目的。在该类侵权案件中，被控侵权人往往通过转让、注册商标、注册企业字号等方式，建立特许经营加盟体系，显示其标识使用的"合法性"，试图掩盖其侵权行为的本质和目的。（2）全面模仿，侵权行为多样化。在该类商标侵权案件中，被控侵权人通过全面模仿权利人标识的方法混淆视听，在具体经营过程中不仅涉及针对权利人所有主要商标实施的一一对应侵权行为，还涉及字号侵权的不正当竞争行为，甚至是其他侵权行为。（3）不同主体分工合作，共同实施从注册到使用的立体侵权行为。被控侵权人通过分工合作，转让、注册商标、字号，全面模仿权利标识，通过特许经营体系复制侵权等手段，从不同纬度立体的、全方位的实施侵权行为，侵权影响范围大损害严重。

在该案的审理中，被告方主张其"**BMN**"商标系对"*BMN*"商标的延伸注册，故被告对"**BMN**""*BMN*"标识的使用属于对已获注册商标的合法使用不构成侵权。

被告方的上述抗辩涉及延伸注册获得的商标，其注册、使用是否受驰名商标规制的问题。延伸注册并非一个明确的法律概念，在我国现有《商标法》的法律条文中，均没有延伸注册的相关定义。而在现有的相关探讨的文章中，有的将延伸注册定义为"在后申请注册的商标因与在先注册的商标在商标标样、指定使用的商品或服务类别、商标注册人或持有人等方面的关联性而被认定为系在在先商标的基础上取得的注册"❶。有的则认为延伸注册是"企业在市场经营中的横

---

❶　参见：北京市高级人民法院知识产权庭的刘晓军一文——《（法国）欧尚集团诉国家工商行政管理总局商标评审委员会注册商标专用权行政确权纠纷案》。

向扩张，以及市场整体的包容性发展，部分企业需要在经营中通过自身原有商标标识的改变，即包含新元素的添加、旧元素外观的改变或者其他形式的变化，为相关产品增添的商业信息，从而获得更多的竞争优势"❶。对此，笔者认为，广义上的延伸注册应当是指将与之前商标有关联的标识进行新的商标注册行为。而对于根据权利商标驰名之前已注册商标，进行延伸注册获得的商标，其注册、使用是否受驰名商标规制，应当根据被控侵权人是否具有明显的侵权主观恶意，之后注册的被控侵权商标标识的实际使用情况是否存在对之前注册的商标标识的商誉传承，之后注册的被控侵权标识是否与权利商标相同或近似，足以误导公众并可能致使权利人的利益受到损害等因素，判断在权利商标驰名后注册的商标是否属于对驰名商标的复制、模仿，应否停止使用。

在该案中，首先，在案事实表明，三被告共同设立、经营了 BMN 品牌加盟体系，并对该加盟体系中具体企业名称、标识的使用有明显的意思联络。其次，原告宝马公司的"宝马"等商标至少在 2007 年，已经成为驰名商标，对此三被告显然是明知的。但三被告在设立并经营 BMN 品牌加盟体系过程中，通过以"BMW""宝马"作为字号注册成立了被告德马公司；通过改变已注册商标标识颜色并组合使用等方法使用与原告涉案商标近似的标识；实际使用于 BMN 品牌加盟体系中的企业名称及标识，与识别原告及原告商品的三个主要标志具有一一对应关系等行为，使相关公众产生被告 BMN 商品与原告之间有关联关系的混淆和误认。三被告的上述行为具有明显的恶意。再次，没有证据表明，被告转让获得的"𝘽𝘔𝘕"商标在"BMN"商标注册之前曾被使用过，"BMN"商标的注册存在对于"𝘽𝘔𝘕"商标的商誉传承。最后，三被告的上述行为，足以使相关公众产生被告 BMN 品牌与原告之间具有特定联系的混淆和误认。综上三被告注册、使用"𝘽𝘔𝘕"商标的行为，属于在不相同或者不相类似商品上，复制、摹仿原告已经在中国注册的"BMW"驰名商标，误导公众，并致使原告的利益可能受到损害的商标侵权行为，三被告应当就此承担停止侵权、赔偿损失的民事责任。

案件索引

一　审：上海知识产权法院（2015）沪知民初字第 58 号民事判决书
合议庭成员：何　渊、范静波、程　黎

---

❶　参见：北京市高级人民法院的陶钧一文——《延伸注册以在先商誉为判断要素——评析秦皇岛天马酒业有限公司与商标评审委员会商标申请驳回复审行政案》。

商标核定在非具体商品上时的类似商品判断

——北京友宝科斯科贸有限公司等与福州友宝电子科技有限公司等侵害商标权纠纷案

范静波

案　情

上诉人（原审被告）： 福州友宝电子科技有限公司（以下简称"福州友宝公司"）

被上诉人（原审原告）： 北京友宝科斯科贸有限公司（以下简称"北京友宝公司"）

被上诉人（原审原告）： 在线宝科技有限公司（以下简称"在线宝公司"）

原审被告： 上海鑫源物业经营管理有限公司

北京友宝公司系"友宝"文字商标的商标权人。该商标核定使用在第9类投币启动的机械装置、投币启动的设备用的机械装置、自动售货机、自动售票机等。在线宝公司系"UBOX"商标的商标权人。该商标核定使用在第7类自动售货机，以及第9类投币启动设备用机械装置、投币计数启动设备用机械装置、自动售票机上。在线宝公司将"UBOX"商标独占许可给北京友宝公司。北京友宝公司实际生产销售的商品是自动售货机，"友宝"商标在市场中具有一定的知名度。

福州友宝公司在智能快件箱上使用了""""等标识，上海鑫源物业经营管理有限公司所管理的小区安装了标有上述标识的智能快件箱。智能快件箱是设立在公共场合，可供投递和提取快件的自助服务设备。

— 240 —

《国家邮政局就智能快件箱标准向社会广泛征求意见》一文中载明：在国内市场中，有多家快递企业开始尝试使用智能快件箱，其他一些企业以第三方身份投资运行了该产品。但总体而言，智能快件箱仍处于探索阶段。

福州友宝公司还实际注册了"**YouBox** 邮宝智能快递"和"邮宝"两个商标，两商标均核定使用在第 9 类投币启动设备用机械装置、投币计数启动设备用机械装置、自动售票机等商品；"邮宝"商标还核定使用在第 6 类金属箱商品上。福州友宝公司未提供实际使用上述商标的证据。

两原告认为，福州友宝公司在智能快件箱上使用"YouBox 友宝"及"YouBox 友宝电子科技"标识，与原告的注册商标构成近似，且使用的商品与原告核定使用的自动售货机、投币启动类机械装置属于类似商品，其行为构成商标侵权。故诉请法院判令两被告停止侵权，赔偿经济损失及合理费用共计人民币 118 万元。福州友宝公司认为被控侵权商品智能快件箱属于《类似商品与服务区分表》中第 6 类金属箱，与原告商标核定使用的商品不属于类似商品，不构成商标侵权。

审　判

一审法院认为，被控侵权产品智能快件箱属于原告商标核定使用的投币启动类机械装置，且被控侵权标识与原告的注册商标近似，易使消费者产生混淆或认为两者有特定关系，其行为构成商标侵权，判决两被告停止侵权，赔偿原告经济损失及合理费用 85000 元。福州友宝公司不服原审判决，提起上诉，二审法院维持原判。

评　析

在该案中，原告注册商标核定使用范围中的"投币启动类机械装置"并非某一具体产品，而是具有投币启动功能类商品的上位概念。被控侵权产品智能快件箱是一个具体产品，与投币启动类机械装置是否属于相同或类似商品，是该案需要解决的法律问题。

一、类似商品和服务的判断原则

类似商品是指在功能、用途、生产部门、销售渠道、消费对象等方面相同，或者相关公众一般认为其存在特定联系、容易造成混淆的商品。《最高人民法院关于审理商标民事纠纷案件适用法律若干问题的解释》规定，认定商品或者服务是否类似，应当以相关公众对商品或者服务的一般认识综合判断，《类似商品和服务区分表》（以下简称《区分表》）可以作为判断类似商品或者服务的参考。

该司法解释的上述规定，意在强调在商标侵权判断中，类似商品的认定应当更为关注商品的社会属性，而非商品的自然属性，即应以相关公众对商品或服务的一般认识来判断商品或服务是否类似，最终的落脚点是相关公众是否会对产品来源产生混淆或误认。所谓相关公众的一般认识，是指相关市场的一般消费者对商品的通常认知和一般交易观念，不受限于商品本身的自然特性；所谓综合判断，是指相关公众在个案中的一般认识。与商品交易中的具体情形，以及司法解释规定的判断商品类似的各要素结合在一起从整体上进行考量。❶

二、商标核定使用在非具体商品上时类似商品判断的考量因素

《区分表》对于商品和服务的划分，既有以具体的商品进行划分，也有以商品的上位概念进行划分，即将某一类商品的总称作为具体的商品类别。实践中，商标核定使用在具体商品上时，在类似商品的判断上相对容易；但如果商标核定使用的类别是商品的上位概念，由于被控侵权产品是具体产品，在直接比对上存在困难，能否将被控侵权产品纳入于原告商标核定使用的范围，或者认为两者构成类似，需要综合多种因素考量。

在《区分表》中，以商品上位概念作为划分依据主要有两种情形，一种是以商品用途进行划分，例如自行车工业用机器装备、陶瓷工业用机器装备等；一种是以商品的物理化学特征进行划分，如该案中原告注册商标核定使用的投币启动类机械装置，即是以物理特征作为限定的一个产品类别。《区分表》之所以在某些情形下以商品上位概念作为划分，是因为《区分表》本身具有一定的滞后性，其中的具体商品都是在制定前已有的商品，对于《区分表》制定后新出现的产品，制定者难以预见，为避免出现"新产品"在申请注册商标时没有可供选择注册的类别，需要以商品的上位概念作为可供注册的商品类别进行兜底保护。

对于以商品用途作为限定的商品类别，由于商品用途往往与生产部门、销售渠道、消费对象紧密相连，如果原告的商标核定使用在以商品用途作为限定的商品类别，而被控侵权产品具有该用途，则将其纳入注册商标核定使用的范围，或者认为两者构成类似商品的可能性较高。但是，以商品的物理特征作为限定的商品类别，则不能简单地以被控侵权产品是否具有相应的物理特征作为类似商品的判断标准。以下结合该案进行分析。

在该案中，涉案两个注册商标核定使用的产品具体类别均包括投币启动的机械装置、投币启动设备用的机械装置。上述产品类别并非某一具体产品，而是以

---

❶ 孔祥俊．商标与不正当竞争原理和判例［M］．北京：法律出版社，2009：211.

具有投币启动这一物理特征的机械装置的总称。被告使用被控侵权标识的产品为智能快件箱，由于投币启动类机械装置所涵盖的产品种类众多，被控侵权产品与其是否属于相同或类似商品，应当考虑以下几个方面：

首先，两者在物理特征上是否构成类似。原告商标核定使用的投币启动类机械装置是以物理特征为限定的商品类别，被控侵权产品是否具有投币启动这一功能可以作为判断两者是否构成类似是基础。从文义解释的角度，"投币启动类机械装置"是一种需要通过投币方式进行启动的机械装置。被告销售的智能快件箱是通过输入密码的方式进行启动，在启动方式上并不必然通过投币。但是，对于《区分表》中所规定物理特征不能拘泥于文义解释，还需要从商品本质的物理特征和技术、市场发展的角度来考虑。就机械装置的启动而言，通过电子扫描、密码输入等方式启动设备与通过投币方式启动设备具有类似之处，即都是通过某种"输入"方式实现机械装置的瞬时启动。随着技术发展的趋势，许多通过投币启动的机械装置，愈来愈多地更新为通过输入密码、扫描条形码等电子化方式进行启动。例如商场中常见的存物箱，既有通过投币方式启动的，也有通过条形码扫描启动的，以相关公众的一般认识而言，两者显然属于类似商品。智能快件箱是一种新兴产品，国家邮政局官方文件中亦认为该产品目前仍处于探索阶段。因此，在投币机械类装置与智能快件箱是否具有类似物理特征的认定上，要考虑到《区分表》具有一定的滞后性，结合技术、市场的发展综合认定。

其次，被控侵权产品在《区分表》中是否具有明确的分类。涉案注册商标虽核定使用在投币启动类机械装置，但并不意味着所有具有投币启动这一功能的机械装置均归属于其中或与其构成类似商品。实践中，具有投币启动功能的机械装置众多，其中很多产品在《区分表》中具有明确的分类，例如投币式洗衣机、投币启动的音乐装置等。显然，这些产品并不能当然地认定与涉案注册商标核定使用的投币类机械装置构成相同或类似商品，否则，既与相关公众的一般认识相悖，也使《区分表》对此所作的区分失去意义。在该案中，被控侵权产品智能快件箱在《区分表》并没有明确、具体的分类，在该产品类别确定上应当寻找与其最接近的类别来确定。如前所述，智能快件箱在物理功能上与投币启动的机械装置类似，在《区分表》中没有与智能快件箱更为接近的产品类别时，将有助于说明两者构成相同或类似商品。

再次，被控侵权产品的实际使用状态和使用目的是否更接近于注册商标核定使用的商品。商品类似的判断不仅要考虑商品的物理化学属性，更主要的是要关注商品社会属性方面的关联性。被告认为智能快件箱应属于《区分表》第6类金属箱。第6类产品金属箱主要是从材质上对产品进行限制，不排除智能快件箱在物理特征上符合金属箱的条件。但从智能快件箱的实际使用情形来看，其主要使用方式是快递员将物件放置在智能快件箱后，用户通过输入密码打开快件箱取出物件。智能快件箱是对快递物件进行临时存储，以方便用户根据自己时间收取物件的设备，有助于解决投递成本高、快件安全无法保证、客户取货不方便以及派送时间与用户取件时间不一致等问题。而这一目的实现，与快件箱的材质是否属于金属并无必然联系。并且，智能快件箱并非一种纯粹的金属容器，而是一种可以启动的机械装置，其更突出的特征是通过智能方式启动。从智能快件箱实际使用状态以及其所要实现目的的角度来看，其与投币启动机械装置产品更为接近。

最后，考虑所属领域从业者对商品类别的一般认识。由于市场中并不存在投币启动类机械装置这一具体产品，而被控侵权产品智能快件箱是一种具体的产品，以一般消费者的认识来判断两者是否构成类似存在困难。但是，可以将所属领域从业者对该类商品的认识作为一个考量因素，即如果智能快件箱产品生产者要对该产品进行注册，通常会选择哪一类别进行注册。该案被告在被控侵权行为发生之前，曾在第 9 类投币启动类机械装置上注册了两个商标，可以说明被告也认为其智能快件箱产品应归属于投币启动类机械装置。

综合上述因素，该案被控侵权产品智能快件箱与涉案注册商标核定使用的投币启动用机械装置、投币启动设备用的机械装置构成类似商品。

案例索引

一　审：上海市浦东新区人民法院（2014）浦民三（知）初字第 554 号民事判决书

合议庭成员：倪红霞、曹　璐、田有娣

二　审：上海知识产权法院（2015）沪知民终字第 211 号民事判决书

合议庭成员：何　渊、刘　静、范静波

类推适用方法在未注册驰名商标侵权赔偿中的适用

——拉菲罗斯柴尔德酒庄诉上海保醇实业发展有限公司等侵害商标权纠纷案

吴盈喆

案　情

原　告：拉菲罗斯柴尔德酒庄（CHATEAU LAFITE ROTHSCHILD）（以下简称"拉菲酒庄"）

被　告：上海保醇实业发展有限公司（以下简称"保醇公司"）

被　告：保正（上海）供应链管理股份有限公司（以下简称"保正公司"）

原告拉菲酒庄是世界闻名的葡萄酒制造商，在中国消费者群体中具有极高的知名度。1997 年 10 月 28 日，原告在葡萄酒商品上的"LAFITE"商标在中国获准注册。"拉菲"作为"LAFITE"的音译，经过在中国的大量宣传和使用，已经与原告以及其所生产的葡萄酒商品形成稳定、唯一的对应关系。2015 年 5 月，原告发现被告保醇公司、保正公司在进口、销售原告所产葡萄酒的同时，自 2011 年起持续进口、销售带有"CHATEAU MORON LAFITTE""拉菲特庄园"标识的葡萄酒，且保正公司故意为保醇公司的侵权行为提供物流、仓储等便利条件。原告认为，涉案葡萄酒酒瓶瓶贴正标上使用的"CHATEAU MORON LAFITTE"与"LAFITE"商标构成近似；背标上使用的"拉菲特"，与中国消费者广为知晓的"LAFITE"商标的音译"拉菲"构成近似。鉴于侵权行为发生时"拉菲"还未被核准注册，故"拉菲"应被认定为未注册驰名商标。两被告的行为共同侵犯了拉菲酒庄就涉案注册商标"LAFITE"和未注册驰名商标"拉菲"享有的合法商标权益，应承担连带赔偿责任。因此，原告提起诉讼，请求法院判令两被告停止侵权、在《中国工商报》上刊登声明消除影响，并连带赔偿原告经济损失以及为制止侵权行为支付的合理支出共计人民币500万元。

被告保醇公司、保正公司共同辩称：（1）"拉菲"远未达到未注册驰名商标的程度，原告要求认定"拉菲"为驰名商标的主张不能成立，法院对此不应亦没有必要予以认定。（2）被诉侵权葡萄酒瓶贴上使用的"CHATEAU MORON LAFITTE"商标是法国的有效注册商标，该商标与涉案注册商标"LAFITE"既不相同也不近似，不会使消费者对商品的来源产生混淆，故不构成对"LAFITE"商标权的侵犯。（3）保正公司仅为保醇公司提供运输和仓储服务，两被告的业务完全独立，保正公司不存在侵权行为。（4）即使法院认定保醇公司构成侵权，因其实际销售的被诉侵权商品仅为6394瓶，销售亦主要以批发为主，扣除税收、仓储费用、销售成本等，获利极其有限，原告主张的赔偿金额过高。综上，两被告请求法院驳回原告的诉讼请求。

审　判

上海知识产权法院经审理认为，该案被诉侵权行为发生的时间早于原告取得"拉菲"商标专用权的时间，故对于与"拉菲"有关的被诉侵权行为是否成立的相关判断必须以"拉菲"在被诉侵权行为发生时是否属于未注册驰名商标作为事实依据。因此，该案中有必要对"拉菲"是否属于未注册驰名商标予以认定。根据该案相关事实，足以证明我国相关公众通常以"拉菲"指代原告的"LAFITE"商标，并且"拉菲"已经与"LAFITE"商标之间形成了稳定的对应关系，在被诉侵权行为发生前"拉菲"已为中国境内相关公众广为知晓，"拉菲"可以被认定为未注册驰名商标。

被诉侵权葡萄酒酒瓶瓶贴正标上突出使用的"MORON LAFITTE"标识在我国侵犯了原告的"LAFITE"注册商标专用权，保醇公司在酒瓶瓶贴背标上使用的"拉菲特"标识侵犯了原告未注册驰名商标"拉菲"的商标权利。保醇公司进口并销售侵权葡萄酒的行为构成商标侵权，且主观恶意明显。保正公司明知保醇公司的侵权事实，仍为其提供物流、仓储等便利条件，构成帮助侵权。因此，两被告依法应当承担停止侵权、消除影响、赔偿损失等民事责任。

关于侵权赔偿数额。根据《中华人民共和国商标法》（以下简称《商标法》）第三十六条第二款的规定，经审查异议不成立而准予注册的商标，商标注册申请人取得商标专用权的时间自初步审定公告三个月期满之日起计算。自该商标公告期满之日起至准予注册决定作出前，对他人在同一种或者类似商品上使用与该商标相同或者近似的标志的行为不具有追溯力；但是，因该使用人的恶意给商标注册人造成的损失，应当给予赔偿。而该案侵权行为发生的时间早于原告取得"拉菲"商标专用权的时间，《商标法》及其相关司法解释虽未规定未在我国注册的驰名商标受侵害时可以获得赔偿，但保醇公司对"拉菲特"标识的使用主观恶意明显，结合上述《商标法》第三十六条第二款规定的立法本意以及对未注册驰名商标的侵害确实也给权利人造成损失的实际情况，该案中两被告应自其侵权行为发生时起根据《商标法》的相关规定对原告予以赔偿。鉴于原告因被侵权所受到的实际损失、两被告因侵权所获得的利益以及注册商标许可使用费均难以确定，故法院结合原告未注册商标的驰名程度及其显著性，两被告实施侵权行为的主观恶意，两被告的侵权持续时间、侵权规模、侵权葡萄酒的销售情况、进口单价与销售价格之间的差价，以及原告为该案诉讼所支出的合理费用等因素，酌情确定经济损失及合理费用的赔偿数额。

上海知识产权法院作出判决：（1）两被告立即停止对原告享有的第1122916号"LAFITE"注册商标专用权的侵害；（2）两被告立即停止使用与"拉菲"近似的"拉菲特"标识；（3）两被告应于判决生效之日起三十日内在《中国工商报》上刊登声明，消除因商标侵权行为对原告造成的影响；（4）两被告应于判决生效之日起十日内共同赔偿原告包括合理费用在内的经济损失人民币200万元；（5）驳回原告的其余诉讼请求。

一审判决后，各方当事人均未提起上诉。

评　析

该案系上海法院首例认定未注册驰名商标的案件，主要涉及未注册驰名商标认定必要性的判断、认定标准，以及侵害未注册驰名商标是否承担赔偿责任等问题。该案除了对"拉菲"商标属于未注册驰名商标作出准确认定外，在我国《商标法》及相关司法解释并未规定未注册驰名商标受侵害时可以获得赔偿的情况下，类推适用《商标法》第三十六条关于恶意使用准予注册前的商标应当赔偿的规定，判决恶意使用未注册驰名商标的行为人承担赔偿责任。

一、《商标法》及相关司法解释未规定未注册驰名商标受侵害时可以获得赔偿

《商标法》第十三条第二款规定，就相同或者类似商品申请注册的商标是复制、摹仿或者翻译他人未在中国注册的驰名商标，容易导致混淆的，不予注册并禁止使用。第三款规定，就不相同或者不相类似商品申请注册的商标是复制、摹仿或者翻译他人已经在中国注册的驰名商标，误导公众，致使该驰名商标注册人的利益可能受到损害的，不予注册并禁止使用。《最高人民法院关于审理商标民

事纠纷案件适用法律若干问题的解释》（以下简称《若干解释》）第一条第二项规定，复制、摹仿、翻译他人注册的驰名商标或其主要部分在不相同或者不相类似商品上作为商标使用，误导公众，致使该驰名商标注册人的利益可能受到损害的行为属于《商标法》第五十二条第五项（现行《商标法》为第五十七条第七项）规定的给他人注册商标专用权造成其他损害的行为。第二条规定，依据《商标法》第十三条第一款（现行《商标法》为第十三条第二款）的规定，复制、摹仿、翻译他人未在中国注册的驰名商标或其主要部分，在相同或者类似商品上作为商标使用，容易导致混淆的，应当承担停止侵害的民事法律责任。根据上述法律及司法解释的规定，对侵犯驰名商标权的法律责任，以驰名商标是否在我国注册为标准作了区分。对于侵犯已经注册的驰名商标的行为，《若干解释》第一条第二项将其作为侵犯注册商标专用权行为中的一类，因此，行为人承担的法律责任中包括赔偿责任。而对于侵犯未注册驰名商标的行为，《若干解释》第二条仅规定行为人承担停止侵害的民事责任，并未规定适用赔偿损失等其他民事责任。

二、关于《商标法》第三十六条第二款的类推适用

类推适用，是指法官审理的案件在法律上没有规定时，可以采用类似案件的法律规则进行裁判。类推适用的依据在于"两个案件之间存在类似性"。

《商标法》第三十六条第二款系 2013 年修改时新增加的条款，对商标公告期满至准予注册决定作出前的商标专用权的效力予以了规定。根据该条法律规定，对于经审查异议不成立而准予注册的商标，一方面规定商标初步审定公告期满之日起至准予注册决定作出前，对他人在同一种或者类似商品上使用与该商标相同或者近似的标志的行为不具有追溯力。但另一方面又在上述有关不具有追溯力的规定的基础上，规定因使用人恶意给商标注册人造成的损失，应当给予赔偿。该条规定对商标最终是否能被准予注册不确定期间因使用人的恶意给商标注册人造成的损失提供了救济途径，而该期间所涉商标并未准予注册，其性质亦可视为未注册商标。

就该案而言，原告要求保护的"拉菲"是未注册驰名商标，虽然侵权行为发生时该商标属于未注册商标，但经过长期使用及大量商业推广与宣传，该商标在市场上已享有很高知名度并为公众所熟知，其凝集了较高的商业信誉，甚至具有体现使用者身份与地位的功能。而且被告使用侵权标识的主观恶意明显，使用行为亦必然占用了未注册驰名商标的商誉，给原告造成了损失。如果在此种情况下，仍基于《商标法》及《若干解释》关于侵犯未注册驰名商标的法律责任规定，仅判决被告承担停止侵害的民事责任，不承担损失赔偿责任，既

不公平，也不合理。

如前所述，该案所涉未注册驰名商标的性质、被告的主观恶意等均与《商标法》第三十六条第二款所规定的恶意使用未准予注册商标应当赔偿的情形存在类似性，故该条规定所体现的法律规则，可以类推适用于该案，被告应当承担赔偿损失的民事责任。

案例索引

一 审：上海知识产权法院（2015）沪知民初字第 518 号民事判决书

合议庭成员：吴盈喆、刘 静、程 黎

在后注册商标被撤销前使用商标行为的侵权判断

——无锡济民可信山禾药业股份有限公司与南京亿华药业有限公司侵害商标权纠纷案

凌宗亮

案　情

上诉人（原审被告）：南京亿华药业有限公司（以下简称"亿华公司"）

被上诉人（原审原告）：无锡济民可信山东药业股份有限公司（以下简称"济民公司"）

原告济民公司于 1998 年在第 5 类化学医药制剂商品上注册取得"悉能"商标，有效期至 2018 年 9 月 27 日。被告亿华公司于 2004 年在第 5 类医药制剂、人用药、针剂等商品上申请注册"希能"商标，2010 年，原国家工商行政管理总局商标局基于原告的异议裁定被告商标不予注册，原国家工商行政管理总局商标评审委员会（以下简称"商评委"）于 2011 年决定被告商标予以核准注册。之后，北京市第一中级人民法院、北京市高级人民法院分别判决维持商评委的决定。2015 年 7 月，最高人民法院再审撤销了商评委的决定，要求商评委重新作出裁定。2015 年 10 月 28 日，商评委重新作出被告商标不予注册的决定。2011～2016 年，原告分别在河北省石家庄市，江苏省南京市、苏州市，福建省福州市，山西省太原市等多家药店购买外包装标注有被诉标识的头孢丙烯干混悬剂（规格为 0.125g×4 包/盒或 0.125g×6 包/盒），生产者均注明为被告。

原告认为，被告在未获得核准注册的情况下，自 2005 年起即将被诉标识大规模使用在其生产的涉案药品上，涉案药品产量巨大，销售范围遍及全国各地，尤其是被告恶意侵权、重复侵权、规模化侵权等行为，对原告造成的损害后果十分严重，宜依法加重其赔偿责任。故起诉要求法院判令被告停止侵权、消除影响并赔偿损失。

被告辩称，被诉标识系其依法申请并经原商标局核准注册的商标，即便法院认定权利商标确与被诉标识存在现实冲突，亦属于注册商标间的纠纷，依法不属人民法院的受案范围。基于商标注册制度的公示、公信原则及法不溯及既往的裁判规则，北京市高级人民法院作出维持商评委准予被诉标识核准注册决定的二审判决后至最高人民法院作出提审判决前，亿华公司是在享有注册商标专用权的前提下，合法、正当地使用被诉标识。故请求驳回其全部诉讼请求。

审　判

上海市徐汇区人民法院经审理认为，最高人民法院的提审判决应为终局性裁判。鉴于该判决明确撤销了商评委作出准予被诉标识核准注册的复审裁定，故被诉标识应视为至今未获准注册，自始不具有注册商标专用权。鉴于亿华公司已在其生产的涉案药品上使用被诉标识，足以导致相关公众误认、混淆，其行为已构成对济民公司所享权利商标注册专用权的侵害。故判令被告停止侵权、消除影响并赔偿包括合理费用在内的经济损失 550 万元。一审判决后，被告不服提起上诉。

上海知识产权法院经审理认为，注册商标被撤销或宣告无效的，对于撤销或无效之前的商标注册权人的使用行为原则上没有溯及力，但因商标注册人的恶意给他人造成的损失，应当给予赔偿。被告在相同商品上使用与权利商标近似的标识，主观上存在恶意，客观上容易导致混淆，构成对权利商标的侵害。故判决驳回上诉，维持原判。

评　析

该案系典型的商标行政、民事交叉案件。被告于 2004 年申请并使用被控侵权标识，该标识虽然经行政诉讼认定应以核准注册，但最终被最高人民法院再审判决撤销。由此产生的问题是原告能否主张被告于商标撤销前的使用行为构成侵权，商标民事侵权诉讼与行政授权确权诉讼中关于混淆误认的判断是否存在区别。

一、该案是否属于两个注册商标的争议

首先，被告对于被诉标识在 2007 年 3 月 28 日起确曾取得注册商标专用权。

根据《商标法》第三十六条第二款的规定，经审查异议不成立而准予注册的商标，商标注册申请人取得商标专用权的时间自初步审定公告三个月期满之日起计算。该案中，被诉标识初步审定公告后，原告提出异议，该异议经北京市高级人民法院二审判决后，商评委关于被诉标识准予注册的复审决定已经生效，故亿华公司自初步审定公告三个月期满之日起即 2007 年 3 月 28 日取得被诉标识商标专用权。其次，被告对于被诉标识的商标专用权因最高人民法院于 2015 年 7 月 1 日作出的行政判决而被撤销。2015 年 7 月 1 日，最高人民法院再审撤销了相关被诉标识准予注册的行政判决以及商评委的复审裁定书，并责令商评委重新作出裁定，商评委重新裁定亦认为被诉标识不予核准注册。截止该案审理时，并无证据表明被诉标识已经获得注册。故被告不再享有被诉标识的注册商标专用权，该案不属于注册商标之间的争议，一审法院有权对该案进行审理。

二、注册商标被撤销后对之前使用行为的溯及力

《商标法》第四十七条第二款规定，宣告注册商标无效的决定或者裁定，对宣告无效前人民法院作出并已执行的商标侵权案件的判决、裁定、调解书和工商行政管理部门做出并已执行的商标侵权案件的处理决定以及已经履行的商标转让或者使用许可合同不具有追溯力。但是，因商标注册人的恶意给他人造成的损失，应当给予赔偿。该规定并未明确宣告注册商标无效的决定或裁定，对宣告无效前商标注册人自身使用商标的行为是否具有追溯力，即在先的注册商标权人是否可以据此主张在后注册商标无效前的使用行为构成侵权。我们认为，原商标局或商评委关于准予商标注册的决定对于商标权人在内的社会公众均具有一定的公信力，因信赖商标注册部门的决定而实施的相关商标使用、许可、转让或者保护等行为应当受到保护，不能因为注册商标之后被撤销或无效而使得原本合法的行为转变为侵权行为，否则基于注册商标而进行的各种市场活动将缺乏稳定性和可预期性，不利于市场主体的交易安全。但是，《商标法》第七条第一款规定，申请注册和使用商标，应当遵循诚实信用原则。如果商标注册人在申请商标注册时或者使用注册商标时，主观上存在恶意，即明知其申请注册或使用的商标侵害他人在先权利，那么上文提及的商标注册人值得保护的信赖利益便不复存在。不论注册商标是否被撤销或者宣告无效，在先的权利人均可以主张在后的商标使用行为构成侵权。因此，通常所理解的"两个注册商标之间的争议，人民法院不予处理"的规定，应当指两个合法有效注册商标之间的争议，如果在后注册商标的申请或使用存在恶意，人民法院应当予以处理。同理，商标不予注册、被撤销或无效的决定、裁定等对于注册商标撤销或宣告无效前的使用行为是否具有溯及力，也应取决于注册商标权利人申请或使用商标是否具有恶意。即注册商标被撤销或宣告无效的，对于撤销或无效之前的商标注册权人的使用行为原则上没有溯及力，但因商标注册人的恶意给他人造成的损失，应当给予赔偿。

三、行民交叉案件中混淆误认的区别与判断

被诉标识注册商标被撤销前的使用行为是否构成侵权，取决于两个方面的判断，一是被告主观上是否存在恶意；二是被告使用被诉标识的行为是否容易导致混淆误认。对于前者，行政授权确权诉讼和民事侵权诉讼的判断并无不同。在该案中，被告与原告同处于江苏省，且生产、销售的产品为疗效近似的抗生素药品。在原告使用权利商标多年后，被告在基本相同的商品上申请注册并使用与权利商标近似的标识，且不能对采用"希能"作出合理的解释，故主观上可以认定存在恶意。但需要引起注意的是混淆误认的判断。有观点认为，在商标授权确权行政诉讼中，相关法院已经作出了被诉标识的注册容易与原告商标产生混淆误认的判断，故民事诉讼中应当作出相同的认定。但我们认为，行政授权确权案件与民事侵权诉讼中对混淆可能性的认定存在区别。前者应当考虑被异议商标核定使用的所有商品类别，只要在任一商品上存在混淆可能性，被异议商标便不应准予注册；后者则仅考虑被诉标识实际使用的商品类别。因此，行政授权确权案件中对于混淆误认的判断要严于侵权民事诉讼。即存在行政诉讼中认定存在混淆误认，但民事侵权诉讼中认定实际使用的商品不会与原告混淆误认的可能性。在该案中，被诉标识核定使用的商品包括医药制剂、人用药、针剂、片剂、水剂等，但实际使用的商品为"头孢丙烯干混悬剂"；故该案中不宜直接根据最高人民法院的再审判决认定被诉标识实际使用的商品也容易使相关公众产生混淆误认，在民事诉讼中仍应根据实际使用的情况判断被告的使用行为是否容易导致混淆误认。考虑到被诉标识与权利商标所使用的商品均为医药制剂类，属于相同商品；被诉标识与权利商标的发音相同，二者运用文字的方式和风格非常接近；而且涉及的商品属于药品，与人们的生命健康息息相关，在认定是否容易导致混淆误认时应当施加较为严格的标准。最终认定被告实际使用被诉标识的行为容易导致混淆误认，故被告的行为构成侵权。

案例索引

一　审：上海市徐汇区人民法院（2015）徐民三（知）初字第 1321 号民事判决书

合议庭成员：孙　谧、于　是、韩国钦

二　审：上海知识产权法院（2017）沪 73 民终 299 号民事判决书

合议庭成员：何　渊、凌宗亮、黄旻若

在先使用并有一定影响的标识可继续使用

——泉州市泉港区春回大地电子科技有限公司与 上海电影股份有限公司侵害商标权纠纷案

刘　静

案　情

上诉人（原审原告）： 泉州市泉港区春回大地电子科技有限公司（以下简称"春回大地公司"）

被上诉人（原审被告）： 上海电影股份有限公司（以下简称"上影公司"）

春回大地公司于 2014 年 4 月 14 日申请注册"SFC"商标，核定使用服务项目为第 41 类录像带发行、娱乐、配音等，有效期至 2025 年 7 月 20 日。

上影公司成立于 1994 年 10 月，注册资本 2.8 亿元，经营范围为电影发行、放映管理、票务服务等。"SFC"是其英文名称 Shanghai Film Corporation Ltd. 的首字母，并在经营中对应使用。

相关证据显示，上影公司于 2012 年 7 月注册 sh－sfc.com 网站域名，其与子公司或关联公司自 2012 年 12 月起在影院开业庆典、影片结尾、同期的电影票或兑换券上均使用有"SFC"标识；《环球时报》《广州日报》《Shanghai Daily》和大众点评网、美团网上也陆续载有含"SFC 上影"字样的广告标题或点评内容。另据上影公司发布的招股说明书记载，其 2013～2015 年票房均位列城市院线前列。

春回大地公司认为，上影公司在其主办并实际运营的 www.sh－sfc.com 网站相关页面标注有 " " " " " " " " 标识，在网站"关于我们"和"影院投资"栏目相关文字介绍中提及"SFC 上影影城""SFC – EPR",办公场所前台墙面上方亦标有"SFC"标识等行为,均侵犯了其对"SFC"注册商标专用权,故诉至法院请求判令立即停止侵权并赔偿合理开支1.1 万余元。

2016 年 9 月,原国家工商行政管理总局商标评审委员会(以下简称"商评委")对涉案商标宣告无效,认为春回大地公司在多个类别上申请注册了四百余件商标,明显超出其经营所需和能力范围,具有不正当抢注和囤积注册商标以营利的目的。春回大地公司不服提起的行政诉讼在二审判决前仍在进行中。

审 判

上海市徐汇区人民法院经审理认为,在案证据可以证实上影公司在涉案商标申请日前,已经在经营活动中大量使用"SFC"商标,并具有较高知名度,其主观上无攀附意图,亦不会与春回大地公司产生混淆。故驳回春回大地公司的诉讼请求。一审判决后,春回大地公司提起上诉。

上海知识产权法院经审理认为,上影公司提供的大量证据能够证明其及关联公司在涉案商标申请日前在经营和对外宣传中长期、广泛和持续地使用含有"SFC"的标识,"SFC"已经在影院服务市场与上影公司建立起直接的对应关系,并成为该领域具有一定影响的标识。上影公司将其企业名称英语翻译各单词首字母的组合作为商标使用具有合理性;相反,春回大地公司对于选择"SFC"注册为商标的确定过程陈述过于牵强,难以采信。因此,"SFC"是上影公司在先使用并有一定影响的商标,春回大地公司无权禁止上影公司在原使用范围内继续使用该标识。二审法院遂判决驳回上诉,维持原判。

评 析

该案涉及商标在先使用抗辩成立与否的判断。根据《商标法》第五十九条第三款的规定,有证据证明在注册商标申请注册前,他人已经在相同或者类似商品或服务上使用与注册商标相同或近似的被控侵权标识,并且已具有一定影响力,注册商标专用权人无权禁止该善意使用人在原使用范围内继续使用。此外,在商评委已裁定宣告涉案商标无效但该裁定尚未生效的情况下,法院根据具体案情未因行政程序而中止诉讼,直接判决驳回商标权人的诉讼请求,即当依据《商标法》有关在先商标继续使用的规定可以认定被诉侵权行为不成立时,则不必等待行政诉讼程序中对注册商标有效与否的判断。该案体现了知识产权司法保护的司法主导政策,对于司法实践中如何处理好知识产权民事程序和行政程序的关系具有一定的指导作用。该案亦有效保护了早已在市场上具有一定知名度但未注册的商标当事人的权益，充分发挥了司法保障营商环境建设的职能作用。

案例索引

有别于典型的涉外定牌加工案件中侵权
判定需考量的因素

——福建泉州匹克体育用品有限公司与无锡市振宇国际 贸易有限公司、伊萨克莫里斯有限公司侵害商标权 纠纷案

刘　静

案　情

上诉人（原审原告、反诉被告）：福建泉州匹克体育用品有限公司（以下简称"泉州匹克公司"）

被上诉人（原审被告）：无锡市振宇国际贸易有限公司（以下简称"振宇公司"）

被上诉人（原审被告、反诉原告）：伊萨克莫里斯有限公司（ISAAC MORRIS LTD.）

1994 年 2 月 7 日，案外人泉州丰登制鞋有限公司在核定使用商品为第 25 类"鞋，服装"上注册" ▲ PEAK "商标，注册号为 676992。2005 年 7 月 14 日，商标注册人变更为福建匹克集团有限公司（以下简称"福建匹克集团"），2007 年 8 月 7 日泉州匹克公司受让该注册商标。2005 年 9 月，"PEAK"牌旅游鞋被授予"中国名牌产品"称号。2009 年 4 月，" ▲ PEAK "商标在运动鞋上被原国家工商行政管理总局商标局认定为驰名商标。

2009 年 9 月 28 日，泉州匹克公司还在第 25 类"服装，鞋"等核定使用商品上注册"**PEAK**"商标，注册号为 5087689。

相关报道记载：2005 年 12 月，福建匹克集团与姚明效力的休斯敦火箭队签约，成为第一个进入 NBA 赛场的中国运动品牌，其还是同时赞助 NBA、欧洲篮球联赛和中国男子篮球联赛的中国体育用品企业；2007 年 9 月，伊拉克奥委会与福建匹克集团建立战略合作伙伴关系，将赞助伊拉克代表团征战 2008 北京奥运会，为其提供奥运会所有运动装备；自 2009 年起，"匹克"开始赞助新西兰奥委会；2011 年底，"PEAK"美国韦斯菲尔德专卖店开始试营业；2012 年 2 月，"PEAK"在美国的第二家专卖店开幕，并签约迈阿密热火队；2012 年 12 月，"匹克"宣布成为多伦多猛龙队官方合作伙伴……

2014 年 8 月，上海外港海关查获振宇公司申报出口美国的针织男式 T 恤 8424 件。泉州匹克公司于同年 11 月 21 日向一审法院提起诉讼，并提出诉讼保全，扣押该批出口货物。涉案服装"PEAK SEASON"商标标识"**PEAK**"由上、中、下三部分构成，分别为 PEAK、SEASON 以及 BY ISAAC MORRIS LTD.，PEAK 字体较大。该批货物的订单系由美国的伊萨克莫里斯有限公司所发送，T 恤上使用的标识设计图亦由该公司提供。在一审审理中，伊萨克莫里斯有限公司和振宇公司均称，由于涉案货物被扣押，伊萨克莫里斯有限公司取消订单未向振宇公司支付货款。

伊萨克莫里斯有限公司在美国申请注册的"PEAK SEASON"商标于 2010 年 11 月 2 日由美国专利商标局核准，注册号 3869976，国际分类 25，商标主要注册范围为针织类、T 恤衫等。商标证书上注明：标记由标准字符组成，没有要求任何特定的字体、样式、大小或颜色。

2016 年 3 月的公证保全内容显示：进入网页内容主要以中文呈现的"亚马逊中国"官方网站（http://www.amazon.cn），搜索"peakseason"后，在搜索结果中可以找到服装领口标签上的标识文字、排列与该案被控侵权商品上的标识完全相同的服装，商品详情页载有商品价格（包含运费和进口关税）及"由美国亚马逊销售及发货"等内容。

在一审审理中，泉州匹克公司申请追加委托加工方伊萨克莫里斯有限公司为一审共同被告。伊萨克莫里斯有限公司应诉后以泉州匹克公司滥用诉权给其造成商业损失为由，提出反诉。

审　判

一审法院经审理认为，振宇公司出口服装的行为系受伊萨克莫里斯有限公司的委托生产，并在服装上贴附"PEAK SEASON"商标，且所生产的服装全部销

往美国，国内市场的相关公众没有机会接触到该批服装，故涉案服装标贴
"PEAK SEASON"标志在国内市场上不会起到标识商品来源的作用。在并非商标
使用的情况下，判断在相同商品上使用近似商标是否导致混淆，不具有实际意
义。伊萨克莫里斯有限公司和振宇公司并未侵犯泉州匹克公司的注册商标专用
权。对于反诉，一审法院认为，泉州匹克公司清楚涉案货物系贴牌加工并出口至
美国，不是商标法意义上的商标使用，其申请扣押涉案货物存在过错，应按照该
批货物的报关价值酌情赔偿伊萨克莫里斯有限公司的损失。因此，判决驳回泉州
匹克公司的诉讼请求，并判决泉州匹克公司赔偿伊萨克莫里斯有限公司损失13
万元。

二审法院经审理认为，首先，该案有别于典型的涉外定牌加工。振宇公司接
受伊萨克莫里斯有限公司委托，生产并出口的服装上贴附的"PEAK SEASON"
标识与伊萨克莫里斯有限公司在美国注册的"PEAK SEASON"商标虽然文字相
同，但两者相比较，在样式和字体大小上均有变化，且明显突出"PEAK"，从而
使"PEAK"成为该标识的主要识别部分，与泉州匹克公司的注册商标构成近似，
从视觉效果上易使相关公众产生混淆。其次，根据泉州匹克公司在二审中提供的
公证保全证据所呈现的消费模式，国内消费者通过"亚马逊中国"官方网站可
以搜索在美国市场的商品并进行网购，"亚马逊"上传的照片可以放大，从而较
为清晰地看到商品标识。伊萨克莫里斯有限公司亦确认其在美国是"亚马逊"
网站的客户，可能将从中国等地加工的服装卖给"亚马逊"，由"亚马逊"进行
分销。由此可见，即便出口商品不在境内销售，也难以避免通过各类电子商务网
站使国内消费者得以接触到已出口至境外的商品及其标识，必然涉及是否会造成
相关公众混淆和误认问题。最后，"PEAK"品牌在全世界范围内的知晓度自
2005年起逐步提升，泉州匹克公司亦持续维护"PEAK"在国内外市场的影响
力，故难以排除伊萨克莫里斯有限公司的主观故意。据此，二审法院认为，伊萨
克莫里斯有限公司在相同商品上使用近似商标的行为构成对泉州匹克公司涉案商
标专用权的侵害。基于"PEAK"商标的知名度，振宇公司未尽到谨慎的注意和
审查义务，应就其帮助侵权行为，与伊萨克莫里斯有限公司承担连带责任。伊萨
克莫里斯有限公司提出的反诉诉讼请求缺乏事实基础。因此，二审法院撤销原审
判决，改判振宇公司、伊萨克莫里斯有限公司立即停止对泉州匹克公司注册商标
专用权的侵害，伊萨克莫里斯有限公司赔偿泉州匹克公司合理开支2万元，振宇
公司承担连带赔偿责任。

评　析

近年来，理论界和实务界始终在积极探索和研究涉外定牌加工商标侵权问

题，在各地亦存在不同结果的判决，但所涉案情均不完全相同。故对于此类案件不能简单套用某一判决的理由或观点，而应根据实际案情进行分析与判断。具体到该案，双方当事人的争议焦点在于该案是否属于典型的涉外定牌加工，以及全部出口至境外的服装标识在国内市场上是否会起到识别商品来源作用。

该案虽然也涉及境外委托方委托境内加工方按照其所提供的商标进行服装加工，且所加工商品全部出口的行为，但有别于典型的涉外定牌加工。其区别主要体现在涉外定牌加工委托方向加工方提供的标识通常与其在境外注册的商标相同，而该案委托方提供的贴附标识与其在美国登记的商标在文字排列、样式和字体大小上均不同，突出使用部分却与权利人的国内商标极为近似。结合法院对权利人注册商标在国内外影响力的认定，难以排除境外委托方在选择并确定委托加工服装上所贴附标识样式时的主观故意。尽管商标权具有严格的地域性，在商标侵权案件中也需要考虑商标识别功能问题，但权利人在二审中补充提供的证据可以证明，在"亚马逊中国"网上能够直接购买显示由美国销售和发货的商品，且从网站公示的"亚马逊海外购使用条件"来看，中国消费者能够通过"亚马逊中国"网站向亚马逊海外实体进口商品。更为重要的是，伊萨克莫里斯有限公司确认其"在美国是'亚马逊'的客户，可能将从中国等地加工的服装卖给'亚马逊'，由'亚马逊'进行分销"。上述事实表明电子商务网站为国内消费者提供了得以接触到已出口至境外的商品及其标识的渠道，伊萨克莫里斯有限公司的确认亦表明涉案服装出口后有返销回中国市场的可能。鉴于被控侵权标识突出使用部分与泉州匹克公司的注册商标极为近似，不可避免地易使国内消费者对在"亚马逊中国"网站上搜索到并准备购买的服装来源产生误认或认为其来源与泉州匹克公司注册商标的商品有特定联系，此种情况下不能再以非商标法意义上的商标使用为由认定境外委托方和国内加工企业的行为不构成侵权。二审法院对该案的处理充分考量了被控侵权标识与境外商标是否完全相同、与国内商标的近似程度、国内商标的知名度、境外委托方的主观故意以及国内加工企业应尽到的审慎注意义务等。基于案情的差异，该案的判决理由和裁判结果与最高人民法院作出的（2014）民提字第38号"PRETUL"商标侵权案判决并不存在冲突。

案例索引

一　审：上海市浦东新区人民法院（2014）浦民三（知）初字第1131号民事判决书

合议庭成员：孙　黎、蔡婷婷、周志勇

二　审：上海知识产权法院（2016）沪73民终37号民事判决书

合议庭成员：陈惠珍、杨　韡、刘　静

出口商品的商标在先使用判定

——浙江鼎丰贸易有限公司与安徽亮亮电子科技有限公司侵害商标权纠纷案

杨 鞾

案　情

上诉人（原审原告）：浙江鼎丰贸易有限公司（以下简称"浙江鼎丰公司"）

被上诉人（原审被告）：安徽亮亮电子科技有限公司（以下简称"安徽亮亮公司"）

杭州亮亮电子照明电器有限公司（以下简称"杭州亮亮公司"）成立于2002年12月30日，股东为汪某某等。安徽亮亮公司成立于2011年10月10日，股东为杭州亮亮公司及汪某某等。两公司法定代表人均为汪某某，经营范围均为LED节能灯生产等。

自2006年9月起，杭州亮亮公司在其生产的节能灯产品上以及相关的产地证、销货清单、发票及报关单、产品出境标记号码、产品清单、报价单等上使用"TORCH"商标。自2008年11月起，杭州亮亮公司在节能灯产品上开始使用"T●RCH"标识。

自2007年起，杭州亮亮公司因良好的经营连续获得多项企业荣誉，系临安市的龙头企业，生产的节能灯品牌"TORCH"荣获杭州市出口品牌。

2009年10月22日，杭州亮亮公司就节能灯包装盒、包装箱申请7项外观设计专利。2010年7月14日，获得外观设计专利授权。上述外观设计专利均有"T●RCH"标识。

安徽亮亮公司成立后，杭州亮亮公司授权安徽亮亮公司在其生产的节能灯产品上使用"T🔆RCH"商标。安徽亮亮公司的产品均用于出口。

浙江鼎丰公司成立于 2007 年 4 月，系第 7909575 号"TORCH"注册商标权利人。该商标于 2009 年 12 月申请注册，2011 年 12 月 14 日获准注册，核定使用商品为第 11 类电灯、灯、白炽灯、日光灯管等，注册有效期至 2021 年 3 月 27 日。

2011 年 4 月至 2013 年 10 月期间，浙江鼎丰公司在授权书、相关订货单、发票记账联、发票联、报关单、销货发票上记载货物品时标注为"TORCH"节能灯。

2014 年 7 月，上海海关发现安徽亮亮公司申报出口阿联酋的节能灯上标有近似"TORCH"的"T🔆RCH"标识，根据浙江鼎丰公司的申请将上述货物予以扣留。

后浙江鼎丰公司以安徽亮亮公司侵害其"TORCH"注册商标专用权为由，向法院提起诉讼，要求停止侵权、赔偿损失。

审　判

上海市浦东新区人民法院经审理认为：涉案"T🔆RCH"商标与浙江鼎丰公司的"TORCH"注册商标均含有"T"和"RCH"英文字母，且顺序相同，"🔆"图形为圆形，与字母"O"形状近似。从整体看，两者差异不显著，且该差异对文字发音影响不大，易造成消费者混淆，故构成商标近似。现有证据足以证明安徽亮亮公司的股东杭州亮亮公司在 2006 年后就使用"TORCH"和"T🔆RCH"标识，在浙江鼎丰公司申请注册"TORCH"商标前，杭州亮亮公司的"TORCH"品牌节能灯在同行业中已经具有一定的影响力，杭州亮亮公司对涉案标识享有在先权利。而杭州亮亮公司是安徽亮亮公司的股东，安徽亮亮公司经其许可在节能灯上继续使用涉案商标，属于在原范围使用，故根据《商标法》第五十九条第三款规定，浙江鼎丰公司无权禁止安徽亮亮公司在原使用范围内继续使用涉案商标。据此判决：驳回浙江鼎丰公司的诉讼请求。

一审判决后，浙江鼎丰公司向上海知识产权法院提起上诉，其主要理由为：安徽亮亮公司提交的证据无法证明在浙江鼎丰公司使用"TOUCH"注册商标前，该商标已被杭州亮亮公司在先使用并具有了一定影响。同时，《商标法》五十九条第三款规定的在先使用抗辩主体仅限于"使用人"，范围限于"原使用范围"。一审法院错误认定杭州亮亮公司先用权成立的前提下，将"使用人"扩大解释至杭州亮亮公司作为股东之一的安徽亮亮公司，将"原使用范围"仅定义为"商品类别"，属于适用法律错误。请求二审法院撤销原审判决，改判支持其一审全部诉讼请求。

上海知识产权法院经审理认为：尽管安徽亮亮公司生产的节能灯产品系出口产品，但在案证据能够证明在浙江鼎丰公司申请注册"TORCH"商标前，安徽亮亮公司的股东杭州亮亮公司的"TORCH"品牌节能灯在同类生产企业和出口企业中已经具有一定的知名度，可以认定该商标具有一定影响。涉案商标在先使用的主体虽是杭州亮亮公司，但杭州亮亮公司为安徽亮亮公司的股东，两公司的法定代表人为同一人且为两公司的共同股东，基于两公司存在的关联关系及商标许可使用的事实，安徽亮亮公司可以成为在先使用抗辩的主体。安徽亮亮公司将涉案商标使用在节能灯产品上，其使用的商标标识及范围与杭州亮亮公司在先使用的商标标识、范围并无不同，故安徽亮亮公司对涉案商标的使用仍在杭州亮亮公司原有使用范围内。综上，安徽亮亮公司使用行为属于《商标法》第五十九条第三款规定的情形，其主张的在先使用抗辩成立。据此判决：驳回上诉，维持原判。

评　析

该案涉及出口商品的商标在先使用问题如何评判的问题。

我国《商标法》第五十九条第三款通过设立商标在先使用抗辩制度，在注册商标与未注册商标之间产生权利冲突时，给予有一定影响的未注册商标在先使用人不侵权抗辩权，以平衡注册商标权人和在先未注册商标人之间的利益。根据该款规定，在判定在先使用抗辩是否成立时，须考量下列要件：（1）是否是在同一种或类似商品上使用了与注册商标相同或近似的商标；（2）是否具有在先使用商标的行为；（3）在先使用的商标是否具有一定影响力；（4）是否在原使用范围内使用。在该案中，当事人对同一种商品上使用的商标构成近似均无异议，但浙江鼎丰公司对涉案商标使用在先且具有知名度以及安徽亮亮公司有权承继其股东公司的商标权益不予认可。由于该案所涉商品为出口商品，因此，判断该案在先使用抗辩是否成立的关键在于对出口商品的商标在先使用、商标的一定影响、在先使用抗辩行使主体以及原有范围等如何予以判定。

一、出口商品的商标在先使用判定

未注册商标受法律保护，但受保护的前提必须是已实际具有识别作用，而不仅仅是具有识别商品或者服务来源的显著性和可能性。❶ 未注册商标在先使用的构成要件为：对未注册商标的使用必须是在他人申请注册商标前的使用；该使用必须是在中国境内的商标意义上的使用。安徽亮亮公司在该案中提交的在先使用涉案商标的证据使用时间确在浙江鼎丰公司注册商标申请日前，但由于所涉商品

---

❶ 孔祥俊. 商标法适用的基本问题［M］. 北京：中国法制出版社，2012：123.

均出口至国外，商品的终端用户均在国外，那么出口商品上的使用行为是否属于商标意义上的使用？《商标法》第四十八条规定商标使用行为为将商标用于商品、商品包装或者容器以及商品交易文书上，或者将商标用于广告宣传、展览及其他商业活动中，用于识别商品来源的行为。据此，商标意义上的使用行为是指能够实现商标识别功能的行为，未进入商品流通环节的商标使用行为，不属于商标意义的使用行为。该案所涉商品虽出口境外，但向进口商销售出口商品的行为是发生在中国境内的，出口商通过发货、报关、运输等完成向进口商的销售，而涉及销售的相应凭证上及商品上均有涉案商标。同时，进口商在选择中国出口产品时，亦是通过商标来识别商品来源，并选择最终的交易对象。因此，涉案商标随着涉案商品的出口，在中国境内发挥了识别商品来源的作用，涉案商标在先使用成立。需要指出的是，出口商品行为与定牌加工行为存在实质差异，出口商品上商标所有人为国内企业，国外进口商在选择出口商品时，商标起到区分商品来源的作用；而定牌加工是委托加工的行为，商品贴附的商标是境外委托人所有，不必然产生识别商品来源的作用。

二、出口商品的商标有一定影响的判定

未注册商标人在先使用的商标具有一定影响力是在先使用抗辩成立的基础。评判在先使用的商标是否具有一定影响，须根据商标使用时间和商标所产生的影响程度综合予以判断。从时间上看，在先使用的商标具有一定影响的时间应当早于注册商标申请日。从影响程度看，由于《商标法》第十三条第二款明确了对于未注册驰名商标的保护，因此，在先使用商标无须达到驰名程度，只要在中国境内为一定范围内的相关公众所知晓的商标，即应当认定为属于有一定影响的商标。出口商品的用户在境外，如何评判商标有一定影响呢？我国是制造业大国，为顺应国家鼓励出口，创造外汇，提升中国制造影响力，出口企业已经成为一个关乎经济发展的特殊群体，关乎部分地区的财政收入。由于在先使用商标的知名度只要一定范围的相关公众知晓即可，因此，对于出口商品一定范围内的相关公众应界定在出口企业和相关的同业企业。在案证据能够证明安徽亮亮公司的股东杭州亮亮公司在浙江鼎丰公司申请商标注册前，其生产的节能灯品牌"TORCH"荣获杭州市出口知名品牌等荣誉，在杭州地区、临安地区出口企业和灯具生产企业中享有一定的知名度和美誉度，因此，可以认定涉案商标具有一定的影响。

三、关联企业可否行使商标在先使用抗辩权

由于我国实行的是商标注册制，对在先使用商标的主体范围应当予以一定的限制，以保护商标注册人的利益。一般而言，对在先未注册商标的使用人应限于

先使用人自己以及在先已获得商标授权许可的被许可使用人。但商标先用人的业务继受人也可以享有商标的先用权。在该案中，安徽亮亮公司与杭州亮亮公司并非一般的商标授权许可使用关系，杭州亮亮公司是安徽亮亮公司的股东之一，两公司的法定代表人为同一人且为两公司的共同股东，两公司存在的关联关系、商标许可使用关系以及相关业务的承继关系，因此，安徽亮亮公司可以成为在先使用抗辩的主体。

四、在先使用商标原使用范围的判定

在先使用抗辩中，商标专用权人无权禁止的是在先使用人在原使用范围内的使用行为，那么，如何界定原使用范围？由于《商标法》第五十九条第三款未就使用范围内涵作出规定，使得原使用范围界定存在一定争议，是仅涵盖商品范围还是须延伸到地域范围、生产经营规模等？

商标的基本功能是识别功能，《商标法》对注册商标核定商品使用范围的规定、近似商标及类似商品的界定、混淆可能性的判断等都是以商标识别功能为基石的，故使用商品范围确定为原使用范围，符合《商标法》的立法本意。《商标法》对于注册商标撤销的规定，对于三年未使用注册商标的侵权赔偿的限制，说明《商标法》鼓励对商标的实际使用，而限制未注册商标的使用地域或规模，不利于促进商标的使用，不利于保护未注册商标所承载的商誉，亦会导致在先使用人无法在竞争市场生存。同时电商的发展和网络购物的兴起，使得地域概念日益模糊，难以界定地域空间。《商标法》第五十九条第三款亦明确了可要求在先未注册商标使用人附加适当区分标识，其目的亦在于解决区分商品来源的问题，亦产生了商标共存的结果。因此，在先使用商标的原使用范围应界定为原商品使用范围。基于安徽亮亮公司是在杭州亮亮公司的原商品使用范围内使用涉案商标，因此，认定其属于在原使用范围内使用商标，符合法律规定。

综上，安徽亮亮公司的抗辩，符合我国《商标法》第五十九条第三款的规定，法院对其不侵权抗辩予以支持。

案例索引

一　审：上海市浦东新区人民法院（2014）浦民三（知）初字第 1093 号民事判决书

合议庭成员：倪红霞、孙宝祥、李加平

二　审：上海知识产权法院（2016）沪 73 民终 104 号民事判决书

合议庭成员：杨　䡎、吴盈喆、范静波

（三）著作权

手机转码相关服务的网络著作权侵权认定
——上海玄霆娱乐信息科技有限公司与广州神马移动
信息科技有限公司等侵犯信息网络传播权纠纷案

徐 飞

案 情

原 告（上诉人）：上海玄霆娱乐信息科技有限公司（以下简称"玄霆公司"）

被 告（上诉人）：广州神马移动信息科技有限公司（以下简称"神马公司"）

被 告（被上诉人）：广州市动景计算机科技有限公司（以下简称"动景公司"）

原告玄霆公司是起点中文网（域名为：www. qidian. com）的运营商，亦是《完美世界》《莽荒纪》《大主宰》等13部小说信息网络传播权的权利人。被告神马公司是"神马搜索"（域名为：sm. cn）的运营商。被告动景公司是UC浏览器的运营商。动景公司是神马公司的股东。

2015年3月，在戴尔平板电脑上打开UC浏览器，点击"神马搜索"图标，进入神马搜索网站。点击首页"频道导航"中的"小说"，并点击该页面上"男生爱搜"一栏中的"更多男生小说"后，页面显示有"本周""本月""连载"

"完结"的排行榜。其中"本周"排行榜的前三位分别是涉案的《完美世界》《莽荒纪》和《大主宰》，各小说分别配有封面图片、小说名称、作者、部分简介、"连载中"、更新于何时、多少人在搜等信息并有"开始阅读"和"加入书架"按钮。点击《完美世界》的"开始阅读"，进入阅读界面，依次点击阅读序章、第 1 章、第 1189 章等章节内容。阅读时点击屏幕中央，则在屏幕上方出现一行网址及"转码声明"四字；屏幕下方出现目录、换源、设置等按钮，点击目录后显示全部章节标题，目录最后一章标题下方显示"更新时间：2015 – 03 – 17 – 00：48"。点击第 1 章阅读界面时出现的网址为"http://read. qidian. com/ BookReader/2952453，47370768. aspx#_m_142580."，第 1189 章出现的网址为"http://"www. bxwx. cc/65/65251/17062867. html # _ m _ 1426527290"。点击第 1189 章中出现的网址后，弹出一个对话框，内容为"退出转码阅读模式，确认去往本章来源：http://www. bxwx. cc/65/65251/17062867. html#_m_1426527290"，点击"确认"则跳转到《完美世界》第 1189 章在名为"新笔下文学"的网页的阅读界面，该网页栏目设置与"神马搜索"页面不同，小说内容的排版亦与"神马搜索"不同。

在苹果 IPAD MINI 上打开 UC 浏览器，通过与前文类似的路径进入"男生爱搜"栏目，"本月"排行榜前两位为《完美世界》和《莽荒纪》。点击《完美世界》，并点击第 1 章阅读界面的屏幕中央时出现的网址为"www. readnovel. com"，第 1053 章出现的网址为"www. dajiadu. net。点击第 1053 章的网址弹出内容为"访问来源网站：www. dajiadu. net/files/article/html/16/16702/5982407…，离开智能小说模式"的对话框，点击"离开智能小说模式"则跳转到与"神马搜索"网站页面不同的网页，网页内容为《完美世界》第 1053 章的内容，但与"神马搜索"中的排版不同。

2015 年 6 月，在"神马搜索"中搜索三部案外小说，点击阅读界面屏幕中央后出现的网址，弹出对话框，内容为"访问来源网站：……，离开智能小说模式"，点击该对话框后所跳转的页面显示"您访问的页面不存在或已删除！"或"出错啦！"。

2015 年 2 月，鉴定机构曾受神马公司委托，在"神马搜索"代码程序功能作用下，针对起点网、纵横小说网两个网站小说免费章节内容进行测试，结论为对该部分内容"神马搜索"只提供目录链接，并不从该代码程序所在服务器向移动用户提供小说正文内容。

神马公司与动景公司之间存在业务合作，UC 浏览器在"神马搜索"的推广方面发挥了一定作用。只有通过 UC 浏览器登录"神马搜索"中才能下载涉案作品。作品下载后，用户可以通过 UC 浏览器的本地文件入口，直接阅读存储在本地空间中的涉案作品。

审 判

上海市浦东新区人民法院一审认为，玄霆公司享有涉案 13 部作品的信息网络传播权，"神马搜索"将涉案 13 部作品进行了热搜推荐，并提供了在线阅读及预读部分章节或缓存整本服务，构成对玄霆公司信息网络传播权的侵害。网络用户在"神马搜索"中点击阅读相应作品时，阅读界面并未出现跳转；点击阅读界面的屏幕中央后可查看来源网站地址并可在点击后跳转到第三方网页，该网页与涉案小说在"神马搜索"中的页面相比，小说内容相同，但界面设计及小说内容的排版均不同。可见，涉案小说在"神马搜索"上的阅读页面并非第三方网页，实为第三方网页的一个复制页，该复制页的相关内容并非存储于第三方网站服务器上。因此，"神马搜索"提供的上述服务并非链接服务。在实时转码技术下，当被转码的网页无法登录或相关内容被删除时，提供转码技术的服务商将无法向网络用户反馈相应内容。根据玄霆公司的举证，在"神马搜索"中可正常阅读多部案外小说，而点击该小说中所标注的第三方网址时，或无法登录，或虽可登录但显示页面不存在或已删除，这与实时转码的技术特征不符。神马公司与动景公司的鉴定意见中的操作过程并非正常的搜索及点击阅读过程，而系在事先选择好目标网页后，直接输入目标网页的网址登录并进行分析测试，难以证明在正常搜索及阅读情况下的技术过程，不能证明相关内容未存储在"神马搜索"服务器上。综上，现有证据证明神马公司未经许可，将玄霆公司享有信息网络传播权的涉案作品放置在其服务器上，通过信息网络向用户提供，构成对玄霆公司信息网络传播权的侵害。

关于动景公司与神马公司是否构成共同侵权，一审法院认为，涉案小说的在线阅读及下载功能均系在"神马搜索"中实现，UC 浏览器并未介入上述过程。用户下载的相应内容存储在移动设备的本地存储空间中，下载行为结束后，作品提供行为也随之结束，UC 浏览器仅仅提供了一个通向"神马搜索"书架页面的入口，难以证明 UC 浏览器的经营者动景公司与"神马搜索"的经营者神马公司就涉案作品共同实施了提供行为。因此，虽然动景公司与神马公司存在一定的合作关系，但尚不足以据此认定两公司构成共同侵权。

综上，一审法院判决：（1）神马公司自判决生效之日起立即停止侵害玄霆公司对文字作品《完美世界》《莽荒纪》《大主宰》《异世邪君》《夜天子》《剑神重生》《九星天辰诀》《星辰变》《武极天下》《星战风暴》《武炼巅峰》《宝鉴》《武神空间》享有的信息网络传播权的行为；（2）神马公司自判决生效之日起十日内赔偿玄霆公司经济损失 48 万元；（3）神马公司自判决生效之日起十日内赔偿玄霆公司为制止侵权行为所支付的合理开支 6 万元；（4）驳回玄霆公司的其余诉讼请求。

一审判决后，玄霆公司及神马公司均向上海知识产权法院提起上诉。玄霆公司认为：动景公司为"神马搜索"设置专门的本地文件入口，神马公司将涉案作品上传到服务器，使得公众能够在个人选定的时间和地点阅读存储在本地空间中的涉案作品，应认定两公司以分工合作的方式共同提供作品。动景公司投资设立神马公司，且为"神马搜索"小说频道设置专门的本地文件入口，其理应对"神马搜索"小说频道传播的内容是否侵权负有更高的注意义务。侵权行为不仅提高了"神马搜索"的点击量，也提高了 UC 浏览器的用户使用量，为动景公司带来了收益。因此，请求二审法院改判动景公司与神马公司共同承担侵权责任。

神马公司上诉认为：（1）其仅提供搜索、链接及网页实时转码服务，没有实施著作权法意义上的提供行为。转码后的页面仍然是原来的网页，不是复制页。涉案作品未存储在神马公司的服务器上。一审法院对于鉴定报告解读错误；其根据页面未跳转及排版的差异认定"神马搜索"并非提供链接服务，亦属于事实认定错误；因神马公司取证的时间差否定神马公司的证据有失公平。（2）神马公司仅提供互联网服务，并不直接提供内容，不应认定为直接侵权。（3）神马公司设置了便捷的侵权投诉通道，玄霆公司在起诉前未向神马公司发送任何侵权通知，神马公司已经尽到了合理的注意义务，即使存在侵权行为，也不应当承担赔偿责任。

上海知识产权法院认为，二审争议焦点为：（1）被诉侵权内容是否存储在"神马搜索"的服务器上；（2）能否认定神马公司构成直接侵权；（3）动景公司应否与神马公司承担共同侵权责任。

争议焦点一针对的是事实问题。二审法院认为，玄霆公司在取证时并未抓取相应的数据包，没法确定数据来源。一审法院据以认定侵权内容存储在"神马搜索"服务器上的公证系在该案侵权公证近三个月后进行的，公证作品并非该案涉案作品；玄霆公司也没有进一步举证页面打不开是因为第三方网站的暂时网络问题，还是因为第三方服务器中的小说确已不存在。玄霆公司对同一作品同一章节所进行的两次公证所显示的网址不同；神马公司的鉴定报告亦显示，调取来源于起点网和纵横网免费章节的内容时，服务器系向来源网站请求数据。根据以上情况，难以认定涉案作品存储在"神马搜索"的服务器上。网页界面差异系因将适合计算机阅读的 WEB 页面转换成适合手机阅读的 WAP 页面转码导致的必然结果，不能因此认定数据存储。神马公司的鉴定虽系直接输入目标网页的网址进行阅读，但无论点击搜索结果进行阅读，还是直接输入目标网页的网址进行阅读，最终目的都是对某个特定页面的内容进行查看，并分析测试。一审法院以此否定测试结果，确有不当。但该鉴定并非对涉案作品的数据调取情况进行的测试分析，其对案外作品的分析亦局限在来源于起点网和纵横网两个网站的内容，并且仅仅针对的是免费公开的章节。对于来源于其他网站内容并未进行测试分析，该鉴定不能全面、客观反映实际情况，故亦不能证明被诉侵权内容未存储在"神马搜索"的服务器上。综上，玄霆公司及神马公司关于涉案作品是否存储在"神马搜索"服务器上的证据均不是在侵权当时取证，亦非针对侵权作品，且取证方式及取证范围等存在瑕疵，在此情况下，认可一方证据而否认另一方，均有失公平。双方证据均未达到高度盖然性的证明标准，亦未形成明显的证据优势。涉案作品是否存储在"神马搜索"服务器上这一争议事实处于真伪不明的状态，法院将依据举证责任分配规则及相关法律规定作出裁判。

关于争议焦点二，二审法院认为：神马公司通过"神马搜索"主动向公众提供涉案作品的阅读及下载服务，该行为构成通过信息网络向用户提供作品的行为。首先，涉案作品在"神马搜索"上的传播是神马公司基于自己的意志主动选择的结果。其次，神马公司的行为使公众可以在自己选定的时间和地点通过信息网络在"神马搜索"上直接获取涉案作品。神马公司编辑、整理了涉案小说的简介、章节目录，作品各章节的内容亦由其从不同网站获得后直接提供给用户。神马公司主张其仅提供搜索、链接及实时转码服务，玄霆公司在起诉前没有向其发送任何侵权通知，神马公司已经尽到了合理的注意义务，即使构成侵权也不应承担赔偿责任。对此，二审法院认为，搜索、链接及转码技术本身都是中立的，但"技术中立"并不意味着只要使用了某个技术就不构成侵权。服务商提供搜索、链接服务免除承担赔偿责任的前提是，该搜索、链接行为是服务商根据用户指令，为了查找、定位信息而实施的。在该案中，神马公司主动、直接地整合不同网站的内容，转码后逐章提供给用户，用户不能自主选择到哪一个网站进行阅读。整个过程并非根据用户指令进行，而是神马公司有目的、有意识地选取作品并提供内容。所谓的搜索、链接及转码只是神马公司向公众提供作品时使用到的技术手段，不能因此免除承担赔偿责任。

此外，根据举证责任分配规则，神马公司亦应为"神马搜索"上传播的涉案作品承担侵权赔偿责任。《最高人民法院关于民事诉讼证据的若干规定》第七十三条规定，双方当事人对同一事实分别举出相反的证据，但都没有足够的依据否定对方证据的，人民法院应当结合案件情况，判断一方提供证据的证明力是否明显大于另一方提供证据的证明力，并对证明力较大的证据予以确认。因证据的证明力无法判断导致争议事实难以认定的，人民法院应当依据举证责任分配的规则作出裁判。根据《最高人民法院关于审理侵害信息网络传播权民事纠纷案件适用法律若干问题的规定》第六条的规定，在权利人提供了初步证据的情况下，网络服务提供者仅提供网络服务的举证责任由网络服务提供者承担。"神马搜索"的服务器在神马公司的掌控之下，要求神马公司对涉案作品是否存储在其服务器上、其是否仅提供了网络服务承担举证责任，既符合法律规定，也更公平，更具有可操作性。玄霆公司提供的证据可以证明涉案作品可以在神马公司经营的"神马搜索"中进行阅读和下载，已构成了初步证据。虽然其不足以证明涉案作品存储在"神马搜索"的服务器上，但神马公司的证据亦不能证明相反事实。在双方证据未达到高度盖然性的证明标准且未形成明显的证据优势的情况下，上述事实真伪不明的不利后果应由神马公司承担。

关于争议焦点三，二审法院认为，动景公司不应与神马公司承担共同侵权责任。玄霆公司要求动景公司承担共同侵权责任，该主张涉及动景公司的两个行为：一是与"神马搜索"合作，使得用户只有通过 UC 浏览器进入"神马搜索"才能下载涉案作品；二是通过为"神马搜索"设置专门的本地文件入口，使得用户可以阅读存储在本地空间中的涉案作品。

对于第一个行为，二审法院认为，"神马搜索"中所有小说的在线阅读和下载均系在"神马搜索"中实现，提供作品的行为由神马公司实施，下载作品的行为由用户实施。动景公司只是提供了具有下载功能的浏览器。双方的合作并非针对侵权作品。从性质上讲，动景公司只是提供了一种工具，并未实施共同提供侵权作品的行为。因此，玄霆公司关于"动景公司与神马公司以分工合作的方式共同实施了作品提供行为"的主张，不予采纳。至于动景公司的行为是否构成帮助侵权，则应根据其主观过错进行判断。在该案中，动景公司所经营的 UC 浏览器只是提供了浏览和下载的工具，该浏览器具有实质性非侵权用途，动景公司不可能对使用 UC 浏览器下载小说的所有行为进行一一审查，也没有证据证明其知道或应当知道涉案作品侵权；其与神马公司系两个独立的法人，与神马公司之间的投资关系并不足以认定其可以从神马公司的侵权行为中直接获利，亦无法证明其主观过错，故不能认定动景公司构成帮助侵权，其不应与神马公司共同承担侵权责任。玄霆公司的上诉主张不能成立。

对于第二个行为，二审法院认为，在该案中，玄霆公司主张信息网络传播权。根据我国《著作权法》的规定，信息网络传播权是以有线或无线方式向公众提供作品，使公众可以在其个人选定的时间和地点获得作品的权利。可见，侵害信息网络传播权行为，需通过有线或无线的信息网络实施。涉案小说被下载到本地空间后，用户通过 UC 浏览器为"神马搜索"设置的本地文件入口在离线状态下进行阅读，这一过程无须通过有线或无线的信息网络来实现，因此，不存在信息网络传播行为。动景公司的行为未侵犯玄霆公司的信息网络传播权，不应承担侵权责任。玄霆公司的上诉主张不能成立。

综上，上海知识产权法院驳回玄霆公司及神马公司的上诉请求。

评　析

该案为手机转码阅读引发的新类型侵犯信息网络传播权案件。其中既涉及存储、链接、转码等技术问题，又涉及服务器标准、浏览器帮助侵权的认定、"实质性非侵权用途"、链接避风港规则的适用等诸多法律问题。因篇幅有限，在此仅对转码的相关技术及法律问题进行评析。

一、手机转码中数据存储及链接的事实认定

判断作品是否存储在某个服务器上，最直接的方式是对服务器进行勘验。但在侵权案件中，原告是没有条件直接到被告的服务器上进行勘验的。在这种情况下，最具有证明力的方式是使用网络抓包工具，对用户通过网络从被告网站或APP上获得作品的过程进行监控，抓取数据包，而后对抓取的数据包中的相关信息进行分析，得出作品的来源 IP 或者 host，以此判断涉案作品所存储的服务器。因此，无论是手机转码案件、聚合视频平台案件，还是其他涉及数据存储判定的网络著作权案件中，证明数据存储在被告服务器上最直接、最有证明力的证据是抓包分析数据。因此，如何解读这些数据，何种情况下的抓包分析能够得出数据存储的结论？在没有抓包分析的情况下，当事人提交的间接证据能否认定数据存储便成为案件首先需要解决的问题。

首先，抓包数据分析需要针对涉案作品，至少抓包分析的过程应与涉案情况类似。在该案中，被告提供了鉴定机构的抓包分析结论，但该数据分析并非对涉案作品的数据调取情况进行的测试分析，其对案外作品的分析亦局限在来源于起点网和纵横网两个网站的内容，并且仅仅针对的是免费公开的章节，对于来源于其他网站内容并未进行测试分析。而玄霆公司的证据显示，"神马搜索"所传播的涉案作品并非仅"来源于"上述两个网站，且亦未局限于免费章节。因此，该鉴定不能全面、客观反映实际情况，不能证明被诉侵权内容系链接至第三方网站。

其次，抓包过程可以通过搜索并点击观看或阅读的方式进行，也可以直接输入目标网页的网址登录进行。无论哪种方式，最终目的都是对某个特定页面的内容进行查看，并分析测试。上述两个途径的选取不影响对数据来源的认定。

再次，侵权证据保全未进行数据抓包的情况下，手机转码的作品可以在被告网站上直接阅读、转码后的页面排版与第三方网站不同均不足以认定相关内容存储在被告服务器上。当前的手机转码阅读主要是通过 WAP 转码，将适合计算机阅读的 WEB 页面转换成适合手机阅读的 WAP 页面。而且，由于手机的功能配

置、浏览要求等与计算机不同，在转码过程中，WEB 网页中的二维信息、以 Flash 形式存在的内容等会发生变化或丢失。因此，转码后的 WAP 页面与 WEB 页面在排版上会有所变化，部分 WEB 页面上的内容亦可能丢失。这是转码技术的必然结果，并不能据此认定涉案小说并非存储在第三方网站的服务器上。而且，通过链接，手机转码可以实现页面不跳转而直接在转码页面上进行阅读，不能因此认定相关内容存储在提供转码服务的服务器上。

最后，关于点击所谓来源网站而来源网站并不存在某个作品的证据应针对涉案作品，或至少与涉案情况类似。在该案中，玄霆公司针对"神马搜索"上的案外人作品进行的证据保全公证显示，在阅读三部案外人作品时，点击跳转到所谓来源网站，来源网站上无法阅读涉案作品，玄霆公司据此主张涉案作品存储在"神马搜索"的服务器上，而非链接至第三方网站。但由于该公证系在该案侵权公证近三个月后进行，公证作品并非该案涉案作品，取证的第三方网站也非该案所涉网站。故并不足以证明该案情况，不能据此认定被诉侵权内容存储在"神马搜索"的服务器上。

二、手机转码中数据存储及链接的法律适用

在无法确定数据是否存储在被告服务器上的情况下，能否认定被告构成直接侵权呢？可以从以下几个方面进行考虑：

首先，涉案作品在被告网站或 APP 上的传播是基于被告自己意志主动选择的结果还是依照用户的意志在技术上被动响应的结果。该案中，神马公司编辑、整理了涉案小说的简介、章节目录，作品各章节的内容亦由其从不同网站获得后直接提供给用户。虽然阅读哪些作品系用户的选择，但"神马搜索"上传播哪些作品却是神马公司自己的选择。"神马搜索"上设置"男生爱搜""女生爱搜"栏目看似是根据搜索的频繁程度进行的排名，但实际上网站是不清楚搜索用户的性别的，所谓的"男生爱搜""女生爱搜"实为神马公司自己设置的。

其次，公众能否在自己选定的时间和地点通过信息网络在被告网站或 APP 上直接获取涉案作品。该案中，根据现有证据，难以判断神马公司向第三方调取数据后是否存储在自己的服务器上；亦不能排除涉案作品的部分章节存储在其服务器上而部分章节仍直接从第三方调取的可能。但是，无论神马公司向第三方网站调取数据之后，是否在自己的服务器上存储，是全文存储还是部分章节存储，是临时存储还是永久存储，是否存储在缓存区，缓存时间多久，下一个用户访问时是从第三方网站调取数据，还是从神马公司的服务器上调取，亦是从缓存区调取……这些均可由神马公司通过技术手段来实现。如果仅从涉案作品是否存储在神马公司的服务器上这一技术角度来判断其行为是否构成网络提供行为，并仅仅

因为无法判定涉案作品是否存储在神马公司的服务器上，就认定其不构成作品提供行为，在硬件水平不断提升、云技术不断发展的今天，将很轻易地被服务商规避。故，即使难以认定涉案作品存储在"神马搜索"的服务器上，本院亦可基于上述理由，认定神马公司实施了通过信息网络向公众提供作品的行为。

案例索引

一　审：上海市浦东新区人民法院（2015）浦民三（知）初字第 909 号民事判决书

合议庭成员：倪红霞、叶菊芬、李加平

二　审：上海知识产权法院（2016）沪 73 民终 146 号民事判决书

合议庭成员：胡　宓、徐　飞、鲍韵雯

自创书法笔体构成书法作品

——张某某、北京华章世纪教育咨询有限公司与厦门字强不息文化传播有限公司著作权侵权及不正当竞争纠纷案

胡 宓

案　情

上诉人（原审原告）：张某某

上诉人（原审原告）：北京华章世纪教育咨询有限公司（以下简称"华章公司"）

上诉人（原审被告）：厦门字强不息文化传播有限公司（以下简称"字强不息公司"）

张某某、华章公司一审诉称，其创作的《神笔练字小学生楷书基础篇》（以下简称《神书》）、《神宫格小学生同步练字教程》（以下简称《小学生系列》）图书中的汉字书法构成美术作品，应当受到《著作权法》的保护。因此，向一审法院提出诉请，请求判令字强不息公司停止销售等一切侵犯张某某、华章公司作品署名权、复制权、发行权、信息网络传播权的行为，赔偿张某某、华章公司经济损失 893606 元（其中，就著作权侵权行为赔偿 65 万元，就不正当竞争行为赔偿 243606 元）及为制止侵权行为所支付的合理费用 106394 元（律师费 10 万元，公证费 5500 元，侵权商品购买费 894 元），共计 100 万元等。一审法院对张某某、华章公司认为其相应汉字书法构成美术作品的主张未予支持。

张某某、华章公司遂上诉请求：（1）撤销一审判决第二项，改判字强不息

公司赔偿张某某、华章公司经济损失 893606 元（其中著作权侵权行为赔偿 65 万元，不正当竞争行为赔偿 243606 元），为制止侵权行为支出的合理费用 106394元，共计 100 万元；（2）撤销一审判决第四项，改判字强不息公司立即停止侵害上诉人对涉案美术作品享有的著作权。

事实和理由：张某某、华章公司主张《神书》《小学生系列》图书中的汉字书法构成美术作品，并应当受到《著作权法》的保护。在《神书》和《小学生系列》图书中的张某某汉字书法经过其几十年的研习、修炼，独立构思并创造完成，创作难度高于该案获得一审法院支持的摄影作品。张某某书法别具一格，具有较高的美学价值，与现有公知字体区别明显。张某某、华章公司的书法作品属于《著作权法》保护的美术作品，符合法律规定的构成要件，具有独创性，能以某种形式复制，是具有审美意义的平面造型艺术。该书法作品特点如下：长横：起笔有明显的顿笔，行笔线条由细到粗，起笔尖，末端圆；短横：起笔尖，收笔圆，线条由细到粗，特征明显；垂露尖：起笔有明显顿笔，末端形如露珠；悬针竖：起笔有明显顿笔，出尖之前线条饱满圆润；点画：为水滴形状；短撇：起笔有明显顿笔，行笔为斜向左下方的直线；斜撇：线条由粗到细，向左下方顺势出尖，如风中柳条；撇画：向右下方行笔，线条由细到粗，停住之后，向右方平出尖，形如刀刻；折画、勾画、转折之处，棱角明显。以上这些特征使得神笔体与普通的硬笔书法区别开来。书法中的篆书、隶书、草书、楷书、行书等是字体，而欧体、颜体、柳体等不是字体而是书体，字体是固定的，而书体是无穷尽的。

一审法院认为楷书属于公有领域，对书法艺术不了解，从而导致判断错误。楷书等是书法的最上位概念，如果楷书属于公有领域，则法律中所有保护的书法作品将等同于虚设。书法作品受《著作权法》保护的要素是直接体现为构成表达的汉字线条（笔画）和结构。书法艺术受表达方式的限制，书法家能在前人的基础上形成自己特色的艺术风格非常不易。该案中的张某某是公认的青年书法家，涉案图书中的书法作品凝聚着其智慧和创造性劳动。字强不息公司的侵权作品完全复制了张某某的书法作品，张某某经营书法培训教育以及销售字帖类图书获得巨大成功的根本原因在于，书法作品实质性形似的不可能性，而这也是字强不息公司侵权获利的主要原因。一审法院对文字作品和摄影作品给予了《著作权法》的保护，而对书法作品认为未构成具有独创性的美术作品，未给予《著作权法》的保护，是对《著作权法》理解的偏差，也是对书法艺术的不了解而导致的错误认定。

字强不息公司辩称，（1）字强不息公司已将涉案争议产品下架，不存在停止侵权的情形；（2）字强不息公司与张某某、华章公司签有合作协议，并已为此支付对价，后来双方虽然出现矛盾，但字强不息公司的相关行为已得到对方认可，不存在侵权基础；（3）字强不息公司销售金额不足 10 万元，一审法院判赔 7 万元，数额过高；（4）字强不息公司与张某某、华章公司签有合作协议，双方仍有合作，一审法院不应适用赔礼道歉的责任承担方式。请求二审法院驳回张某某、华章公司的上诉请求。

审 判

上海市浦东新区人民法院经审理认为，该案争议焦点在于：（1）原告主张的相应内容是否构成作品；（2）被告在其网站上发布相应内容的行为是否构成不正当竞争；（3）若被告行为构成侵害著作权或不正当竞争，应承担何种民事责任。

关于第一个争议焦点，即张某某、华章公司主张的相应内容是否构成作品，张某某、华章公司主张《神书》及《小学生系列》图书中的相应文字介绍构成文字作品，相应配图构成摄影作品，相应汉字书法构成美术作品，上海市浦东新区人民法院认为，上述图书中的文字介绍、配图构成文字作品及摄影作品，应当受到《著作权法》保护。而关于上述图书中张某某自创的"神笔体"是否构成美术作品，上海市浦东新区人民法院认为，张某某、华章公司主张的"神笔体"汉字书法，系在较小的四方格内书写得较为工整的汉字，从其笔画与结构特征来看，与公有领域的楷书极为相似，神书的标题中亦称其系"小学生楷书基础篇"。虽然张某某就其"神笔体"中的单字进行了一定的设计，付出了一定的劳动，且该"神笔体"汉字与其他人以楷书书写的同一汉字在线条及结构上会有一定区别，但其并不具有明显区别于公有领域字体的显著特征，难以构成具有独创性的美术作品。因此，对张某某、华章公司认为其相应汉字书法构成美术作品的主张，一审法院未予采纳。

关于第二个争议焦点，字强不息公司在其网站上发布相应内容的行为是否构成不正当竞争，上海市浦东新区人民法院认为，字强不息公司网站上关于该两项活动的文章内容系对客观事实的真实记录，其中对"张法"和"神笔"的使用属叙述性使用，并不会导致相关公众对商品或服务来源误认，故不构成张某某、华章公司所指控的擅自使用他人姓名、擅自使用知名商品特有名称及虚假宣传的不正当竞争行为。字强不息公司的法定代表人与张某某签订的合作框架协议内容包括由字强不息公司的法定代表人销售、推广张某某的神笔练字系列教材及发展加盟校，而字强不息公司亦与华章公司一起主办了相应推广活动，张某某作为主训人员参加了相应培训。可见，字强不息公司在其网站的"渠道优势"中宣传"神笔全国 500 家加盟校"的行为亦不构成虚假宣传。综上，对于张某某、华章公司认为字强不息公司行为构成不正当竞争的主张，法院不予支持。

关于第三个争议焦点，字强不息公司应承担的民事责任，上海市浦东新区人民法院认为，字强不息公司就其侵犯张某某、华章公司署名权、复制权、发行权、信息网络传播权的行为，应承担停止侵权、赔偿损失、赔礼道歉、消除影响等民事责任。关于赔偿数额的确定，鉴于张某某、华章公司因字强不息公司侵权行为而遭受的实际损失及字强不息公司的违法所得均无法查明，法院根据该案的具体情况，考虑到多项因素后综合确定赔偿金额为 5 万元；张某某、华章公司为该案诉讼支付的公证费及购买侵权产品的费用，属于张某某、华章公司为制止侵权行为支出的合理开支，应予支持。张某某、华章公司还主张 10 万元律师费，法院结合相关的律师收费标准，该案案情及张某某、华章公司代理律师在案件中的工作量等因素酌情支持 1.5 万元。据此，上海市浦东新区人民法院作出判决：（1）字强不息公司于判决生效之日起立即停止侵害张某某、华章公司对涉案作品享有的著作权；（2）字强不息公司于判决生效之起十日内赔偿张某某、华章公司经济损失及合理费用 71394 元；（3）字强不息公司在公司网站的显著位置连续十日刊登声明（内容须经该院审核）向张某某赔礼道歉并消除影响；（4）驳回张某某、华章公司的其余诉讼请求。

上海知识产权法院经审理查明，一审法院认定事实属实，予以确认。二审争议焦点在于：（1）张某某、华章公司主张的《神》及《小学生》系列图书中的汉字书法，即张某某自创的"神笔体"，是否构成美术作品；（2）字强不息公司在其公司官网上发布相关网页内容及照片是否构成不正当竞争；（3）一审法院判决字强不息公司承担的民事责任是否有事实与法律依据。

关于第一个争议焦点，上海知识产法院认为，系争"神笔体"书法作品具有一定的独创性，构成美术作品，应当获得《著作权法》的保护。

关于一审法院认为"神笔体"汉字与公有领域的字体相比不具有显著特征故而难以认定其构成具有独创性的美术作品，上海知识产权法院认为，一审法院事实上已经注意到了"张某某就其'神笔体'中的单字经过了一定的设计，付出了一定的劳动，该"神笔体"汉字与其他人以楷书这一字体书写的同一汉字在线条及结构上会有一定区别"这一事实，但由于对独创性标准把握过严，造成在法律认定上的错误。上海知识产权法院对此予以纠正，并在认定字强不息公司在《小明的初练》及相关商品介绍中复制上述"神笔体"书法作品构成侵害著作权行为的基础上，对于一审判决中的第一项判决予以维持。

关于其他争议焦点，上海知识产权法院同意一审法院的认定结论，均予以维持。最终，上海知识产权法院作出判决：（1）维持上海市浦东新区人民法院（2016）沪 0115 民初 23611 号民事判决第一、三、四项；（2）撤销上海市浦东新区人民法院（2016）沪 0115 民初 23611 号民事判决第二项；（3）变更上海市浦东新区人民法院（2016）沪 0115 民初 23611 号民事判决第二项为"被告厦门字强不息文化传播有限公司于判决生效之起十日内赔偿原告张某某、北京华章世纪教育咨询有限公司经济损失人民币 80000 元、为制止侵权行为支出的合理费用人民币 21394 元，合计人民币 101394 元"。

评 析

在该案中，双方当事人之间的主要争议焦点在于由张某某自创的"神笔体"书法是否构成《著作权法》所保护的美术作品中的书法作品，对此一、二审作出了截然相反的判断。

关于汉字书法获得著作权保护的认定，根据《著作权法实施条例》第四条第八项规定，美术作品，是指绘画、书法、雕塑等以线条、色彩或者其他方式构成的有审美意义的平面或者立体的造型艺术作品。据此，汉字书法能否受《著作权法》保护，必须判断其是否具有一定审美意义的艺术作品。我们认为可以从主客观两个方面对其独创性予以考量。

从客观方面来看，由于汉字书法作品在书写结构、笔画方面受到限制，因此其创作空间主要体现在笔画间架结构的搭配、线条粗细、弯度转折等方面。即除去固定的书写结构，汉字能否体现出不同于公有领域通用字形的视觉审美。同时也要注意到字体与书体的区别，书写同样的楷体字体，不同的书法家可以创作出不同的书法作品（书体），也即书体是可以体现作者个性的，不能因为字体均是楷体而忽视书体的区别。在该案中，系争图书中的"神笔体"书法（215 个汉字）是张某某独立创作书写完成的，与市面上其他硬笔书法字帖中的楷书字体或者办公软件字库中的楷体字体相比，存在明显的区别，字形整体具有劲健挺拔、瘦硬严谨的独特外观，具有一定的美感。在以往关于书法作品保护的司法实践中，对于独创性的要求并不高，尤其是对由个人手写完成的书法作品，只要达到一定的审美水准，均可以获得《著作权法》保护。因此，上海知识产权法院认为，系争的"神笔体"书法作品具有一定的独创性，构成美术作品，应当获得《著作权法》的保护。

从主观方面来看，系争汉字书法是否由作者独立创作完成，这主要是排除作者存在抄袭复制的行为；同时也要考察被控侵权者是否直接复制了作者的书法作品。在该案中，系争神笔体汉字均由原告独立创作完成，而被告直接复制系争汉字书法，应当认定其构成著作权侵权。

案例索引

一 审：上海市浦东新区人民法院（2016）沪 0115 民初 23611 号民事判决书

合议庭成员： 倪红霞、叶菊芬、李加平

二　审：上海知识产权法院（2017）沪 73 民终 22 号民事判决书

合议庭成员： 胡　宓、徐　飞、陈瑶瑶

网络游戏整体画面可构成类电影作品

——上海壮游信息科技有限公司与广州硕星信息科技股份有限公司等著作权侵权及不正当竞争纠纷案

陆凤玉　秦天宁

案　情

上诉人（原审被告）：广州硕星信息科技股份有限公司（以下简称"硕星公司"）

上诉人（原审被告）：广州维动网络科技有限公司（以下简称"维动公司"）

被上诉人（原审原告）：上海壮游信息科技有限公司（以下简称"壮游公司"）

原审被告：上海哈网信息技术有限公司（以下简称"哈网公司"）

《奇迹 MU》是韩国（株）网禅公司开发的一款网络游戏。壮游公司经授权获得中国地区的独占运营权及维权权利。2013 年，硕星公司未经授权开发网页游戏《奇迹神话》并独占性授权维动公司运营。经比对，在地图的名称和等级限制方面，《奇迹神话》360 级之前的全部地图名称与《奇迹 MU》的相应地图名称基本相同；在地图的俯视图及场景图方面，两者的俯视图在颜色搭配、显示的路线图方面相同或相似；在角色及其技能方面，两款游戏均有剑士、魔法师和弓箭手三个角色，除魔法师的毒炎技能描述不同外，其他技能描述相同或者基本相同。在武器和装备方面，将两者 29 个武器及 105 个装备比对，线条、颜色、轮廓均基本相同；在怪物及非玩家角色（NPC）方面，将两款游戏的 47 个怪物进行对比，造型、颜色、效果均基本相同，《奇迹神话》提供的 6 个 NPC 造型中的 5 个与《奇迹 MU》的相应 NPC 造型基本相同。壮游公司认为《奇迹 MU》游戏整体画面构成类电影作品，被诉游戏侵犯其著作权。维动公司在运营宣传中使用引人误解的内容，与硕星公司共同构成虚假宣传的不正当竞争，壮游公司遂起诉至法院，请求判令硕星公司、维动公司停止侵权及不正当竞争行为，赔偿经济损失1000万元及合理费用10.5万元并刊登公告消除影响。

审　判

一审法院经审理认为，《奇迹MU》游戏整体画面构成类电影作品。经比对，《奇迹神话》游戏整体画面与《奇迹MU》构成实质性相似，故硕星公司、维动公司构成著作权侵权。同时，维动公司在游戏宣传过程中使用易引人误解的内容，与硕星公司共同构成虚假宣传的不正当竞争行为。"奇迹"构成知名商品特有名称，被诉游戏名称与其近似，构成擅自使用知名商品特有名称的不正当竞争行为。一审法院据此判决硕星公司、维动公司停止侵权和不正当竞争行为，赔偿壮游公司经济损失500万元及合理费用10万余元并承担消除影响的民事责任。硕星公司、维动公司不服，提起上诉。

二审法院经审理认为，《奇迹MU》游戏整体画面符合我国《著作权法》规定的作品的构成要件，属于著作权法意义上的作品。类电影作品的特征性构成要件在于其表现形式由连续活动画面组成，涉案网络游戏整体画面在运行过程中呈现的也是连续活动画面，玩家不同操作会产生不同画面，但这是操作不同而产生的不同选择，未超出游戏设置的画面，不是脱离于游戏之外的创作，因此具有独创性的网络游戏整体画面具备类电影作品的实质构成要件，属于类电影作品。硕星公司、维动公司的宣传内容易引人误解为被诉游戏与《奇迹MU》存在关联，构成虚假宣传的不正当竞争。鉴于壮游公司二审中撤回关于知名商品特有名称的不正当竞争之一审诉请，因此对赔偿数额酌情调整，变更硕星公司、维动公司赔偿壮游公司经济损失400万元及合理开支10万余元，其余维持原判。

评　析

网络游戏是近年来快速发展的数字文化娱乐类智力成果，与之相关的知识产权司法保护需求亦日益强烈。该案在现有法律框架内对网络游戏的司法保护作出了积极探索，系全国首例涉及认定网络游戏整体画面构成类电影作品的案件。

一、网络游戏整体画面构成独立作品

根据我国《著作权法》规定，作品是指文学、艺术和科学领域内具有独创性并能以某种有形形式复制的智力成果。该案《奇迹MU》游戏整体画面，在等级设置、地图名称以及地图、场景图的图案造型设计、职业角色设置及技能设

计、武器、装备的造型设计等方面均具有独创性，且游戏画面可以有形形式复制，符合上述法律规定的作品的构成要件，属于著作权法意义上的作品。即使个别角色、地图名称之前曾被使用，亦不影响游戏整体画面的独创性。

二、网络游戏整体画面属于类电影作品

网络游戏画面构成著作权法意义上的作品，就其作品类型而言仍应根据《著作权法》的规定加以分析认定。《著作权法》对于作品按照表现形式进行了文字作品、音乐作品、美术作品等分类，其中亦规定了电影作品和以类似摄制电影的方法创作的作品。《著作权法实施条例》第四条规定，电影作品和以类似摄制电影的方法创作的作品，是指摄制在一定介质上，由一系列有伴音或者无伴音的画面组成，并且借助适当装置放映或者以其他方式传播的作品。可见，我国《著作权法》关于作品的分类以其表现形式为基础。类电影这一类作品的表现形式在于由连续活动画面组成，这亦是区别于静态画面作品的特征性构成要件。网络游戏在运行过程中呈现的亦是连续活动画面，具有类电影作品的表现形式。

另外，我国《著作权法》规定的"电影作品和类似摄制电影的方法创作的作品"，其中"类似摄制电影的方法创作"，是对创作方法的规定，不仅是制作技术的规定，更应包括对各文学艺术元素整合的创作方法。从此意义上来讲，网络游戏也是采用对各文学艺术元素整合的创作方法。因此，《奇迹 MU》游戏整体画面构成类电影作品。

三、玩家的操作并非创作网络游戏画面的行为

网络游戏与传统类电影在表现形式上存在区别，即网络游戏的连续活动画面是随着游戏玩家的操作进行的，具有双向互动性，而且不同操作会呈现不同的画面。而传统类电影作品的连续活动画面是固定单向的，不因观众的不同而发生变化。对此判决认为，类电影作品特征性表现形式在于连续活动画面，网络游戏中连续活动画面因操作不同产生的不同连续活动画面，其实质是因操作而产生的不同选择，并未超出游戏设置的画面，不是脱离游戏之外的创作。因此，该连续活动画面是唯一固定，还是随着不同操作而发生不同变化并不能成为认定类电影作品的区别因素。

该案判决依据现行《著作权法》的规定，认定了网络游戏整体画面的作品类型，评析了游戏玩家的操作不是创作行为，不会因此另外产生著作权权利，并认定游戏整体画面相似构成侵权。该案的审理系在现有法律框架下，对网络游戏作品类型的司法认定及其侵权判定作出的有益探索。在网络游戏侵权频发的背景下，该案的办理对于提升网络游戏司法保护的成效具有一定的积极意义。

案例索引

一　审：上海市浦东新区人民法院（2015）浦民三（知）初字第 191 号民事判决书

合议庭成员：倪红霞、叶菊芬、黄文雅

二　审：上海知识产权法院（2016）沪 73 民终 190 号民事判决书

合议庭成员：陆凤玉、陈瑶瑶、高卫萍

美术作品著作权侵权中"实质性相似"的认定

——迪士尼企业公司、皮克斯与厦门蓝火焰影视动漫有限公司、北京基点影视文化传媒有限公司、上海聚力传媒技术有限公司著作权侵权及不正当竞争纠纷案

徐　飞　姜琳浩

案　情

上诉人（原审被告）：厦门蓝火焰影视动漫有限公司（以下简称"蓝火焰公司"）、北京基点影视文化传媒有限公司（以下简称"基点公司"）

上诉人（原审原告）：迪士尼企业公司（以下简称"迪士尼公司"）、皮克斯

原审被告：上海聚力传媒技术有限公司（以下简称"聚力公司"）

原告迪士尼公司及皮克斯是系列电影《赛车总动员》的著作权人。"闪电麦坤""法兰斯高"为其中的动画形象。上述电影取得了较好的票房，并获得多个奖项或提名，也进行了广泛的宣传。国产电影《汽车人总动员》使用了与"闪电麦坤""法兰斯高"近似的动画形象，并且在电影海报上用轮胎将"人"字进行了遮挡。迪士尼公司及皮克斯遂将三被告即电影出品方蓝火焰公司、发行方基点公司及在网站上传播了该片的聚力公司诉至法院。

审　判

上海市浦东新区人民法院审理认为，"闪电麦坤""法兰斯高"动画形象通过拟人化的眼部、嘴部以及特定色彩的组合，构成独创性表达，而《汽车人总动

— 285 —

员》电影及海报中的"K1""K2"动画形象使用了"闪电麦坤""法兰斯高"具有独创性的表达，两者构成实质性相似，侵犯了迪士尼公司和皮克斯的著作权。《赛车总动员》电影名称经过权利人的大量使用、宣传，构成知名商品特有名称，《汽车人总动员》的电影海报将"人"字用"轮胎"图形遮挡，在视觉效果上变成了《汽车总动员》，与《赛车总动员》仅一字之差，容易使公众产生误认，故构成擅自使用知名商品特有名称的不正当竞争行为。一审法院判决三被告停止侵权；蓝火焰公司赔偿原告经济损失100万元，基点公司对其中80万元承担连带赔偿责任；蓝火焰公司与基点公司共同承担原告制止侵权的合理开支35万余元。

上海知识产权法院作出判决认为，将汽车进行拟人化设计属于思想范畴，不受《著作权法》的保护，但是拟人化的具体表达方式则属于表达范畴，可以受到《著作权法》的保护。著作权侵权认定中的实质性相似的判断，要考虑两组动画形象的相同点是否是《著作权法》所保护的具有独创性的表达。上海知识产权法院在比对了"K1""K2"与"闪电麦坤""法兰斯高"动画形象的相同点与不同点后认为，"K1""K2"动画形象在具体表达方式的选择上均与"闪电麦坤""法兰斯高"动画形象基本相同。该些汽车拟人化的具体表达方式体现了迪士尼公司、皮克斯具有独创性的设计，属于《著作权法》所保护具有独创性的表达，且其表达相似程度已经达到了以普通观察者的标准来看不会认为两组动画形象中前者是在脱离后者的基础上独立创作完成的，故构成实质性相似。蓝火焰公司、基点公司、聚力公司侵犯了迪士尼公司、皮克斯"闪电麦坤""法兰斯高"美术作品的著作权。此外，《赛车总动员》作为迪士尼公司、皮克斯的系列电影名称，具有一定的显著性和较高的知名度，构成知名商品特有名称。电影海报、媒体报道对于公众决定是否观看某部电影有重要影响，"轮胎"图形遮挡"人"字的涉案海报不仅在影院被张贴，还在网络等媒体宣传中被使用，在观众拿到电影票之前，可能产生的混淆及混淆结果已经发生，电影票上的名称不影响对于混淆的认定。蓝火焰公司及基点公司在涉案海报的制作及使用上存在混淆的故意，也实际产生了混淆的结果，其行为构成擅自使用知名商品特有名称的不正当竞争行为。该案著作权侵权与不正当竞争行为本身各自独立，侵权结果也不同，不正当竞争行为的侵权结果没有被著作权侵权的侵权结果所吸收，一审法院确定的赔偿数额考虑因素较为全面，并无不当。综上，上海知识产权法院判决驳回上诉，维持原判。

评　析

一、著作权侵权中"实质性相似"的认定

在著作权侵权认定中，判断涉案作品与被诉侵权的表达是否构成实质性相似，关键看诉争相同点是否是实质性的。对于"实质性"的认定，既要考虑相同点的数量，也要考虑相同点的质量。数量主要考虑相同点是否达到一定数量；质量则主要考虑相同点是否是《著作权法》所保护的具有独创性的表达。在该案中，"K1""K2"动画形象在涂装色、眼睛、鼻子、嘴部乃至眼珠、眼睑、牙齿等细节方面的表达均与"闪电麦坤""法兰斯高"动画形象基本相同，数量达到一定程度。而且，这些基本相同的表达，即汽车拟人化的具体表达方式，均体现了迪士尼公司、皮克斯具有独创性的设计表达，属于《著作权法》所保护的具有独创性的表达。此外，"K1""K2"动画形象在具体表达方式的选择上均与"闪电麦坤""法兰斯高"动画形象基本相同，其表达相似程度已经达到了以普通观察者的标准来看两组形象，无论如何，不会认为前者是在脱离后者的基础上独立创作完成的。因此，足以认定"K1""K2"动画形象与"闪电麦坤""法兰斯高"动画形象构成实质性相似。

二、如何认定擅自使用知名商品特有名称的不正当竞争行为

根据《反不正当竞争法》第五条❶规定，经营者不得采用下列不正当手段从事市场交易，损害竞争对手：擅自使用知名商品特有的名称，或者使用与知名商品近似的名称，造成和他人的知名商品相混淆，使购买者误认为是该知名商品。为此，构成擅自使用知名商品特有名称的不正当竞争行为需满足三个条件：一是该名称构成知名商品特有名称；二是被诉侵权名称与知名商品特有名称相同或近似；三是相关公众产生混淆或误认。

关于条件一，在该案中，《赛车总动员》作为迪士尼公司、皮克斯的系列电影名称，具有一定的显著性，且经过长期使用，累积了较高的知名度，构成知名商品特有名称。关于条件二，涉案海报上写的是"汽车人总动员"，用轮子遮挡，并不影响一般公众辨识出轮胎背后的"人"字。《汽车人总动员》海报的"人"字被轮胎遮挡后，视觉效果上变成"汽车总动员"，其与《赛车总动员》仅一字之差，故两电影名称构成近似。关于条件三，《赛车总动员》具有较高的知名度，蓝火焰公司作为制作动画电影的同业竞争者，基点公司作为从事电影发

---

❶　此处为《反不正当竞争法》2017年修订前的条款，对应于2019年修正后的《反不正当竞争法》的第六条。

行的专业公司，在为影片定名及宣传时均不可能不知道《赛车总动员》系列电影的知名商品特有名称，可见，其对《赛车总动员》这一名称是知晓的。涉案电影最初的备案名称为《小小汽车工程师》，却在放映之前的几个月更名为《汽车人总动员》，蓝火焰公司的法定代表人卓建荣更是将《汽车总动员》作为电影名称在微博中进行宣传，所附图片中使用的名称也是《汽车总动员》；电影海报亦将《汽车人总动员》中的"人"字用轮胎遮挡，以在视觉上形成《汽车总动员》的效果，据此，足以认定两上诉人存在混淆的主观故意。

此外，混淆可能性的判断应结合产品或服务的种类及相关公众的消费习惯进行认定。对于电影行业而言，电影海报、媒体报道等对公众决定是否观看某部电影有重要影响。轮胎遮挡"人"字的涉案海报不仅在影院被张贴，还在网络等媒体宣传中被使用，已经使相关公众产生涉案电影名称为与《赛车总动员》相近似的《汽车总动员》的印象，加之《赛车总动员》也曾被译为《汽车总动员》，涉案海报上的动画形象也与《赛车总动员》相近似，极易使相关公众对涉案电影与《赛车总动员》系列电影产生混淆。虽然涉案电影的电影票上明确载明《汽车人总动员》，但观众的观看意愿是在购票前产生的，也就是说，在观众拿到电影票之前，可能产生的混淆及混淆的结果已经发生，电影票上载明了电影名称这一事实不影响对于混淆可能性的认定。而且，从迪士尼公司和皮克斯提交的证据来看，实际上，确有相当数量的公众误以为《汽车人总动员》是迪士尼公司的电影而购买了电影票，可见实际上也产生了混淆。

综上，《赛车总动员》构成知名商品特有名称，在涉案海报的制作及使用上，蓝火焰公司及基点公司存在混淆的故意，也实际产生了混淆的结果，其行为构成擅自使用知名商品特有名称的不正当竞争行为。

三、如果著作权侵权和不正当竞争行为成立，赔偿数额如何认定。

在该案中，《汽车人总动员》电影、预告片及电影海报中的"K1""K2"动画形象构成对迪士尼公司、皮克斯"闪电麦坤""法兰斯高"美术作品著作权的侵犯；用轮胎遮挡"人"字的海报构成擅自使用迪士尼公司、皮克斯《赛车总动员》知名商品特有名称的不正当竞争。从行为本身来看，涉案著作权侵权与不正当竞争行为是各自独立的；从侵权结果来看，前者产生复制、发行、展览、信息网络传播他人作品的法律后果，后者产生擅自使用知名商品特有名称导致相关公众混淆误认的法律后果，且不正当竞争行为给蓝火焰公司、基点公司带来了著作权侵权之外的获利。因此该案中的著作权侵权和不正当竞争行为彼此独立，产生不同的法律后果，则可分别予以赔偿。

案例索引

一　审：上海市浦东新区人民法院（2015）浦民三（知）初字第 1896 号民事判决书

合议庭成员：朱　丹、徐　俊、邵　勋

二　审：上海知识产权法院（2017）沪 73 民终 54 号民事判决书

合议庭成员：黎淑兰、凌　崧、徐　飞

成衣能否作为美术作品保护的关键是艺术性是否超越实用性

——上海陆坤服饰有限公司与上海戎美品牌管理有限公司、苏州日禾戎美商贸有限公司著作权权属、侵权纠纷案

胡　宓

案　情

上诉人（原审原告）：上海陆坤服饰有限公司（以下简称"陆坤公司"）

被上诉人（原审被告）：上海戎美品牌管理有限公司（以下简称"上海戎美公司"）

被上诉人（原审被告）：苏州日禾戎美商贸有限公司（以下简称"苏州戎美公司"）

陆坤公司和上海戎美公司、苏州戎美公司都是经营服装服饰相关内容的公司。苏州戎美公司和上海戎美公司是关联公司，其中苏州戎美公司主要负责生产，上海戎美公司、苏州戎美公司共同销售。

陆坤公司认为，其是涉案"瓷生"系列白色蕾丝棒球服的著作权人。上海戎美公司、苏州戎美公司未经陆坤公司许可，生产了该涉案棒球服并在其淘宝金冠店销售，还直接使用了陆坤公司授权经销商案外人静甫公司旗下网店使用的服装介绍图文信息，让消费者误以为该服装为上海戎美公司和苏州戎美公司设计。两者的行为侵犯了陆坤公司服装实物作为立体美术作品的署名权、发行权、复制权、信息网络传播权，也侵犯了其样板作为图形作品著作权中的复制权，故诉至

法院，请求法院判令上海戎美公司、苏州戎美公司停止侵权行为并连带赔偿原告经济损失人民币 20 万元。

上海戎美公司、苏州戎美公司共同辩称，陆坤公司服装成衣是惯常设计的组合，即使有美感也不能与实用功能相分离，不构成作品，更不构成立体美术作品；陆坤公司样板并未公开发表，上海戎美公司、苏州戎美公司不存在接触可能性，没有著作权侵权基础；上海戎美公司、苏州戎美公司的产品也是自己的设计、自己的样板、自己的成衣。

审　判

上海市黄浦区人民法院经审理认为，首先，服装行业发展至今，早已脱离了单纯遮体避寒的实用功能，而或多或少带有一定的美感。服装成衣要得到《著作权法》的保护，必须是其艺术美感能够在物理或观念上独立于使用功能而存在。涉案服装设计者在作具有美感的设计过程中无疑要有功能性考虑，比如光泽感缎面口袋具有一定的搁置物品功能；比如金属质感的拉链，也具有方便穿脱的考虑；比如里外层面料的搭配，也增强了服装的遮蔽功能。故涉案服装的美感与实用功能是不可分割地交织缠绕在一起，其所谓美感无法与服装的实用功能从物理上相分离而独立存在。涉案服饰因其美感不能独立存在，功能性部分应当受到工业产权法的调整，故仅系实用品，不能作为美术作品受到《著作权法》的保护。其次，即使涉案服装的美感能与其功能从观念上予以分开，但涉案服装要得到《著作权法》的保护，仍必须满足美术作品对于作品艺术性的最低要求。结合被告举证的与原告涉案服装相似的设计元素已存在，服装面料系市场可以购得，服装批量生产等情形，原告所述的涉案服装成衣具有独创性、艺术美感的内容仍是服装设计的通用元素，原告设计师利用了服装设计中的一些惯常元素组合设计出了涉案服装，这种组合并未构成原告所独创的艺术表达形式，并不足以使一般公众将其视为艺术品。遂判决驳回原告上海陆坤服饰有限公司的诉讼请求。

上海知识产权法院作出二审判决：驳回上诉，维持原判。

评　析

在《著作权法》中，服装设计并未被列为一项单独的作品形式，从作品的性质、形式等角度分析，服装成衣的设计应当归入美术作品。但需要注意的是，服装可以分为两种，一种是以成衣业为标志的实用性服装，这类服装以实用性为基本特征，即使存在独特的美学设计也不会脱离实用功能；一种是以服装设计师作为潮流示范的方式推出的，强调的是艺术性，成品也不多，以舞台展示为主，可以视为以艺术性为主的服装。在该案中，法院认为涉案服装仍属于前者，也即一般的日常成衣而非表演性服装。

法院关于涉案服装艺术性高度的评判，不可避免地会涉及审美意义的判断，对此，可以适用"艺术共同体"理论，对审美判断提供一种比较客观的法律标准。首先，法院应根据当事人的主张来确定涉案作品所涉及的艺术形式类型；其次，在此基础上，确定该艺术形式的"艺术共同体"，包括博物馆、美术馆、艺术家、艺术评论家、收藏家和主要受众（读者）等；最后，以该艺术共同体的一般审美能力来判断涉案作品是否具备该艺术形式应当具有的审美意义，并且判断哪些属于该艺术形式在审美上的共性特征或须遵守的艺术规律，哪些又属于涉案作品对该艺术形式在审美上所作出的特有贡献。❶

因此，在该案中，法官合理运用了上述理论，在尊重艺术共同体通常审美能力的基础上，对涉案服装的艺术性作出了判断。法院认为，根据《著作权法实施条例》第四条规定，美术作品，是指绘画、书法、雕塑等以线条、色彩或者其他方式构成的有审美意义的平面或者立体的造型艺术作品。服装成衣是否可以作为美术作品受到《著作权法》的保护，在独创性方面必须达到一定的标准，也即涉案服装成衣的造型、结构和色彩组合而成的整体外形是否体现了作者具有个性的安排和选择，其艺术性部分是否超越了实用性部分。

关于对涉案服装艺术性、独创性的判断，虽然不免涉及个体审美方面的主观判断，但也有一定的客观标准可予参考：（1）作品载体。在该案中，涉案服装是一款以蕾丝为主要面料的棒球服。棒球服款式、衣服口袋设计、袖口以及衣服下摆处的弹力罗纹拼接等服装造型类设计元素，无论是从单独元素还是从元素组合来看均属于常规设计。蕾丝面料以及真丝欧根纱里布等面料图案类设计元素，其中里布的选择并不具有独创性，蕾丝面料本身属于服装市场上的常见面料，蕾丝面料中单个的蕾丝图案也并非原告自行设计，整体面料来源于市场上非专供的第三方。因此，法院认为，综合涉案服装的整体造型和图案面料等设计要素，以蕾丝图案为主体面料的运动风格服装，也并非原告所独创。涉案服装在蕾丝图案的搭配方面可能体现了作者一定的创意，但从整体造型上看，涉案服装在设计方面的独创性及艺术性尚未达到立体美术作品所要求的高度，也即涉案服装的艺术性并未超越实用性，其依然属于主要体现实用价值的普通成衣。（2）作者意图。涉案服装系原告通过授权经销商淘宝店销售的批量生产的女装成衣，因此，涉案服装的设计意图并非是用于展示或者表演，而是用于普通人的日常穿着，其体现的所谓"女人味、随性、精致"的服装风格，也并未脱离日常穿衣的需求。（3）作

---

❶ 梁志文. 版权法上的审美判断［J］. 法学家，2017（6）.

品受众。从淘宝店铺的评价来看，涉案服装的消费群体并没有将涉案服装当作一件立体美术作品，原告所提交的证据中也缺乏来源于第三方或者外界针对涉案服装设计的艺术高度的客观评价。综上所述，法院认为，从总体上来说涉案服装的价值更接近实用性而非艺术性，涉案服装在设计方面的独创性并不足以使其构成立体美术作品。

案例索引

一　审：上海市黄浦区人民法院（2016）沪 0101 民初 27689 号民事判决书

合议庭成员：徐婷姿、刘美琳、裘秋霞

二　审：上海知识产权法院（2017）沪 73 民终 280 号民事判决书

合议庭成员：胡　宓、徐　飞、易　嘉

按图施工的行为是否侵害图形作品
著作权之判定

——华某某与刘某著作权侵权纠纷案

杨　犇

案　情

上诉人（原审原告）：华某某

被上诉人（原审被告）：刘　某

2016 年 12 月，被告刘某为装修涉案庭院而与原告华某某口头达成花园石材供货意向，由华某某向刘某提供涉案庭院石材及安装事宜，华某某应刘某要求设计庭院石材装修方案。2016 年 12 月 29 日，华某某将最终形成的"南庭院方案一""南庭院方案二""北庭院石材" 3 份设计图纸的 PDF 电子稿通过微信发送给刘某。随后，华某某针对上述方案提出报价。后因华某某、刘某双方未能就合同价款达成一致意见，刘某另行购买了石材并请案外人对涉案庭院进行了石材铺装。华某某认为，刘某是依据其提供的设计图纸进行的庭院石材铺设，刘某的行为侵害了其对工程设计图纸享有的著作权，故诉至法院，要求刘某停止侵权并赔偿经济损失及合理费用。

被告刘某辩称，华某某所提交的图纸是根据其庭院布局及其将邻居已经装修好的庭院情况口述后绘制成图纸。图纸内容非常简单，不具有独创性和艺术美感，不构成作品。其未侵权，请求驳回华某某的诉请。

在一审审理中，经比对，涉案庭院中的南庭院阳光房和花园的地面，北庭院小门及庭院内人行步道、车库通道、入户玄关等处石材的整体布局及局部细节、铺装方式等分别同华某某设计的"南庭院方案二""北庭院石材"图纸一致，所采用石材的品种、颜色、尺寸规格等与华某某的庭院石材成本核算单也大体相同。

审 判

上海市浦东新区人民法院经审理认为，涉案庭院石材设计方案为3张黑白图纸，华某某通过点、线、面等绘制元素，具体描绘了涉案庭院不同区域铺设的石材材质、尺寸。上述图纸体现了一定的科学、严谨的美感，具有一定的独创性，构成图形作品。刘某涉案庭院的地面用不同颜色、大小、质地的石材拼接、铺装而成，富有美感，具有一定的独创性，构成作品。在案证据显示，刘某涉案庭院地面铺设的石材与华某某主张权利的设计图纸在石材的铺设位置、石材品种和尺寸规格等方面基本一致，两者构成实质性相似。刘某按照涉案设计图纸委托案外人进行施工的行为，属于对设计图纸"从平面到立体"的复制，侵害了华某某对其设计图纸所享有的复制权，构成著作权侵权。判决刘某停止侵权、赔偿华某某经济损失和合理费用。

上海知识产权法院经二审认为，刘某接触了涉案设计图纸，涉案庭院地面石材的铺设构成了著作权法意义上的作品，且与设计图构成了实质性相似。一审法院认定刘某侵害了华某某对涉案设计图纸享有的复制权，构成著作权侵权并据此判决其承担停止侵权、赔偿损失的民事责任，于法有据。判决驳回上诉，维持原判。

评 析

图形作品是指"为施工、生产绘制的工程设计图、产品设计图，以及反映地理现象、说明事物原理或者结构的地图、示意图等作品"。我国《著作权法》之所以保护工程设计图和产品设计图，是因为上述设计图通过点、线、面和几何图形等分布、组合，产生了和谐、对称、精确、严谨的科学意义上的美，符合《著作权法》关于独创性的标准。但是《著作权法》的基本原则是不保护技术方案和实用功能，因此，如果他人未经允许按照工程或产品设计图建造或制造了工程和产品，一般而言，这种建造和制造行为并不会被认为是著作权法意义上的从平面到立体的复制行为，因此，该工程或产品并不受《著作权法》的保护，除非按图建造的工程或产品的艺术美感和实用性能够分离，已经构成著作权法意义上的作品。从该案看，根据工程设计图建造的庭院石材铺设通过使用不同颜色、大小、质地的石材拼接、铺设，产生了一定的艺术美感，具有了独创性，构成了作品。而上述庭院石材的铺设与涉案工程设计图展现的石材铺设位置、石材尺寸规格以及各种石材品种的布置位置等基本一致，构成了实质性相似。因此，涉案施工行为属于著作权法意义上对设计图从平面到立体的复制，刘某的建造行为侵害了华某某对其工程设计图纸享有的复制权，构成了著作权侵权。该案判决将图形作品与依图建造的对象进行了区分，依图建造的对象，在符合一定条件的情况下即按图建造的对象的艺术美感和其实用功能能够分离的情况下，建造行为可以被视为从平面到立体的复制，从而构成对图形作品著作权的侵害；反之，则不构成侵权。该两分法的裁判思路对同类案件的审判具有一定的参考价值。

案例索引

一　审：上海市浦东新区人民法院（2017）沪 0115 民初 39469 号民事判决书

合议庭成员：宫晓艳、李加平、孙宝祥

二　审：上海知识产权法院（2018）沪 73 民终 53 号民事判决书

合议庭成员：杨　黼、吴盈喆、岳琦苗

创业团队所完成创新成果的知识产权归属认定

——上海初生网络科技有限公司诉上海熙际市场营销策划有限公司、第三人刘某等计算机软件著作权权属纠纷案

凌宗亮

案 情

原　　告：上海初生网络科技有限公司（以下简称"初生公司"）
被　　告：上海熙际市场营销策划有限公司（以下简称"熙际公司"）
第三人：张某某
第三人：刘　某
第三人：鲁　某
第三人：邓某某

2012 年，第三人鲁某（初生公司法定代表人）与邓某某（初生公司主要股东）策划建立一个移动交友平台。经自主完成创意设计、功能策划和图标设计后，鲁某委托案外人马某某编写涉案软件程序，并最终形成"The L"ios 1.0 的移动应用程序（以下简称"涉案软件 1.0 版"）。该版本于 2012 年 11 月在苹果应用商店上线。嗣后，鲁某邀请邓某某、张某某（熙际公司主要股东）共同参与"The L"软件（以下简称"涉案软件"）运营，其中鲁某负责产品功能策划和视觉设计，邓某某负责程序开发，张某某负责市场和公关，鲁某、邓某某共同负责涉案软件更新与升级。2013 年底，鲁某邀请案外人张某某加入，负责涉案软件安卓版的开发。2014 年初，涉案软件经历 1.0.4 版、1.0.6 版、1.1 版后，提升至 1.2 版。2014 年 3 月 12 日，鲁某、邓某某、张某某设立初生公司，由初生公

司承继涉案软件的研发成果和后续运营权。2014 年 4 月 17 日，初生公司与张某某签署"离职协议书""离职补偿协议书"，确认张某某于 2014 年 3 月 19 日离开初生公司，并不得再以初生公司名义进行商业活动，应将涉案软件相关文件、文档和合同文本等归还初生公司，并承诺在张某某遵守约定前提下，给予其离职补偿费人民币 10 万元（以下币种相同）。张某某离开初生公司后，利用在初生公司处获得的涉案软件 1.2 版申请计算机软件著作权登记，登记于熙际公司名下。

原告认为，涉案软件 1.2 版系邓某某、鲁某在涉案软件 1.0 版基础上逐步更新和升级完成，相关权益由初生公司承继，据此，涉案软件 1.2 版的著作权应归初生公司所有。故初生公司起诉至上海知识产权法院，请求确认登记在熙际公司名下的登记号为"2014SR047436"的 the L LBS 拉拉交友软件（iOS 版）的计算机软件著作权归初生公司所有。

被告辩称，涉案软件 1.2 版著作权属于熙际公司、张某某、刘某、邓某某、鲁某共有。熙际公司委托马某某进行涉案软件 1.0 版前端编写，并委托张某某向马某某支付了 4 万元费用，故马某某编写后的涉案软件 1.0 版著作权归熙际公司所有。之后，就涉案软件 1.2 版的开发、运行、发布，熙际公司提供了相应物质条件，应享有涉案软件 1.2 版著作权。

第三人张某某、刘某诉称，刘某于 2013 年 3 月加入涉案软件开发团队，参与了涉案软件 1.0 版之后版本的客户端编写，并在代码文件中以"Tracy"署名。因涉案软件对外发布、推广、运作等都由张某某负责，2014 年 2 月熙际公司将涉案软件 1.2 版向中国版权保护中心申请软件著作权登记。涉案软件 1.2 版在熙际公司运营和运作下，已拥有了数十万在线用户。2014 年 3 月，鲁某单方面修改了苹果应用商店、服务器后台管理账号的密码，并和邓某某成立了初生公司，擅自侵占涉案软件 1.2 版。故请求确认张某某、刘某为涉案软件 1.2 版著作权的共有人。

审 判

上海知识产权法院经审理认为，并无证据证明案外人马某某所创作部分的计算机软件系由熙际公司委托，亦无证据证明熙际公司与马某某之间存在著作权归熙际公司的约定，故熙际公司对于马某某所创作部分的计算机软件并不享有著作权。初生公司与张某某签订的"离职协议书"约定："甲乙双方不存在直接或间接的经济纠葛和产权归属问题，凡涉及甲方的所有产品，商标、版权、财务等事务以此为断。"故即使张某某的确参与了涉案软件的创作，但基于"离职协议书"的约定，张某某不再对涉案软件享有任何的权利。刘某在涉案软件开发中的主要职责在于根据张某某、鲁某、邓某某等人的修改意见对涉案软件进行维护和修改。故刘某完成的工作，不属于为涉案软件提供实质性创造贡献，应属于涉案软件开发所需的辅助性工作，刘某不应视为参与了涉案软件的创作，不应对涉案软件1.2版享有著作权。现有证据表明，邓某某直接参与了涉案软件的创作、鲁某参与了涉案软件的设计且对马某某创作部分享有著作权，故涉案软件1.2版的原始著作权应归鲁某、邓某某所有；根据鲁某、邓某某出具的"声明"，初生公司于鲁某、邓某某处受让取得涉案软件1.2版的著作权，故涉案软件1.2版的著作权应归初生公司所有。一审判决后，熙际公司、刘某等不服提出上诉，上海市高级人民法院经审理判决驳回上诉，维持原判。

评　析

　　该案系因创业团队对创新成果的归属产生争议的计算机软件著作权权属纠纷。在"大众创业、万众创新"的大背景下，越来越多的个体以创新创业团队的形式加入创新的浪潮中。团队成员分工负责，协同配合，极大提高了创新的效率和质量。但由于创业团队法律地位的不明确，在缺乏明确约定的情况下，创业团队所完成的创新成果应当如何确定知识产权归属，成为创新成果有效转化必须解决和面对的问题。实践中，在创新成果转化过程中，因创新成果归属产生的争议时有发生。创新团队是否可以视为法律上的"其他组织"，此类创新成果是否属于职务发明或者职务作品，是否任何一名团队成员都可以主张创新成果的权利，成为此类案件的审理必须解决的问题。

一、创业团队并不属于职务作品规定中的"其他组织"

　　我国《著作权法》第十六条规定："公民为完成法人或者其他组织工作任务所创作的作品是职务作品，除本条第二款的规定以外，著作权由作者享有，但法人或者其他组织有权在业务范围内优先使用。作品完成两年内，未经单位同意，作者不得许可第三人以与单位使用的相同方式使用该作品。有下列情形之一的职务作品，作者享有署名权，著作权的其他权利由法人或者其他组织享有，法人或者其他组织可以给予作者奖励：（一）主要是利用法人或者其他组织的物质技术条件创作，并由法人或者其他组织承担责任的工程设计图、产品设计图、地图、计算机软件等职务作品；（二）法律、行政法规规定或者合同约定著作权由法人或者其他组织享有的职务作品。"因此，要准确判断涉案计算机软件著作权的权属，前提是应当明确该案中张某某、鲁某、马某某等组成创业团队的法律地位；如果能够认定创业团队属于其他组织，那么该案中争议的计算机软件作品则可能构成特殊职务作品，从而归属于创业团队所有。但根据现有规定以及该案的情况，创业团队很难认定为《著作权法》职务作品认定中的其他组织。《最高人民法院关于适用〈中华人民共和国民事诉讼法〉若干问题的意见》第四十条规定："民事诉讼法第四十九条规定的其他组织是指合法成立、有一定的组织机构和财产，但又不具备法人资格的组织"。虽然创业团队成员之间也存在一定的分工协作，有的负责组织宣传工作，有的负责研发，但是该案中，并无证据证明创业团队具有相对固定和独立的组织结构，也没有独立的财产，尚无法称为"组织"。

二、创业团队所完成创新成果的归属判断

由于创业团队并不能称为"其他组织"，故创业团队所完成的创新成果并不属于职务创作成果，那么对于此类成果应当如何确定归属，仍然需要进一步明确。我们认为对于创业团队所完成创新成果，首先应当根据各方的约定确定创新成果的权利归属。包括著作权在内的知识产权本质上属于私权，因此，著作权等的权利归属应当遵循"有约定，优先按照约定"的原则；其次，在没有明确约定的情况下，创作团队所完成的创新成果不应按照"谁创作、谁享有权利"的原则确定归属。根据《著作权法实施条例》第三条的规定，著作权法所称创作，是指直接产生文学、艺术和科学作品的智力活动。为他人创作进行组织工作，提供咨询意见、物质条件，或者进行其他辅助工作，均不视为创作。如果简单按照该规定确定创业团队所完成创新成果的归属，该案中由于张某某并没有实质性参与涉案计算机软件的研发工作，仅仅负责创业团队的组织协调工作，但这些工作不能视为创作。故涉案计算机软件著作权只能归属于实际参与研发工作的鲁某、马某某等人。但该结果对于张某某创业团队中未实际参与研发工作的成员并不公平。一方面，他们虽然没有参与具体的研发工作，但这只是基于团队成员之间的分工不同所导致的。就整个团队而言，张某某亦对于创业团队的正常运作发展作出了应有的贡献。另一方面，仅仅将创新成果确定为归属于实际参与研发工作的成员，亦不利于创新成果的转化。事实上，不同的个体之所以不采取个体创新，而是采取组成团队的方式共同进行研发，正是看中了不同团队成员之间的优势和特长，汲取团队成员的各自长处共同促成创业的成功。例如该案中，张某某虽然没有从事研发工作，但鲁某、马某某之所以愿意与之组成团队共同创业，正是看中了张某某在组织协调、市场推广等方面的特长和资源优势。因此，对于此类创新成果的归属应当考虑研发者是在创业团队的背景下进行创新，要考虑不同团队分工配合对于创新成果的贡献。因此，我们认为，对于创业团队所完成创新成果的归属应当认定为共同共有，由团队成员共享创新成果的权利归属。在该案中，鲁某等在张某某退出团队时与其签订的"离职协议书"与"离职补偿协议书"也可以反证虽然张某某没有参加具体的研发工作，但鲁某等人仍将其视为成果的共有人，并给予其10万元补偿，作为张某某不再主张涉案计算机软件权利归属的对价和补偿。而涉案软件启动页面的署名也不是鲁某等个人，而是"the L team ALL Rights Reserved"。从署名情况也可以看出，团队成员将涉案计算机软件视为归团队共有。

三、团队成员身份的确定及其权利判断

在该案中，刘某以独立请求权第三人的身份提起诉讼，要求确认其对涉案计算机软件著作权亦享有权利。要明确刘某是否享有著作权，首先应当明确其是否属于团队成员；其次，在不是团队成员的情况下，其是否对于涉案软件作出了实质性贡献。在该案中，首先，刘某并不是涉案创业团队成立时的创始成员，而是后来加入团队中。关于刘某是否属于团队成员，鲁某、马某某等人均予以否认，认为刘某仅仅系基于对于涉案软件的兴趣爱好，自愿加入团队中从事辅助性的工作。其他成员并未表决同意其成为正式的团队成员。考虑到创业团队确实存在核心成员和工作人员的区别，在刘某未举证证明其系团队成员的情况下，只能认定其为一般的工作人员；其次，刘某并未对涉案软件的研发作出实质性智力创作劳动。根据该案查明的事实，其仅仅负责对涉案软件修改、完善，仅属于为涉案软件的研发提供辅助性工作，故亦不能认定刘某所作的工作系直接产生文学、艺术和科学作品的智力活动。因此，对于刘某要求确认其为涉案软件著作权的主张，也不能得到法院的支持。

案例索引

一　审：上海知识产权法院（2016）沪73民初569号民事判决书

合议庭成员：何　渊、凌宗亮、张艳培

二　审：上海市高级人民法院（2017）沪民终368号民事判决书

合议庭成员：张本勇、徐卓斌、朱佳平

同服务器跨平台转发他人作品的侵权判断

——程某某与广州网易计算机系统有限公司
侵害作品信息网络传播权纠纷案

刘　静

案　情

上诉人（原审被告）：广州网易计算机系统有限公司（以下简称"网易公司"）

被上诉人（原审原告）：程某某

2014 年 3 月 21 日，程某某通过 Canon EOS 5D Mark Ⅱ 拍摄图片一幅，拍完即传入"视觉中国"图片库。该图片内容为一带栏杆石板小径伸向远方小山，左侧为海洋，右侧为草地，上方为天空白云。但随后，程某某发现该图片在未经其授权的情况下被网易公司在域名为 163. com 网站上的"荐新闻"栏目中使用。该栏目项下显示标题为"一部 iphone6S 的钱够你走多远？"的文章中包含有程某某拍摄的图片，文章标题下标注"2015 - 10 - 10　19：18：25 来源：碎悦"字样。在一审庭审中，经查询"碎悦"微信公众号，发现其内有"一部 iphone6S 的钱够你走多远？"文章一篇，发布日期为 2015 年 10 月 10 日，文中包含与涉案图片相同的图片。网易公司主张"碎悦"微信公众号的账号主体南京微积分文化传播有限公司亦为网易订阅媒体开放平台的用户。该公司在网易公司网站的相关栏目名称即为"碎悦"，该公司在进行注册过程中，阅读和同意了《网易号媒体开放平台注册协议》。该协议中明确要求用户对其发布的作品享有著作权或具有相关授权，并约定网易公司有权在网易相关产品中注明出处后转载用户发布的作品。

程某某认为网易公司侵犯其作品的信息网络传播权，向一审法院提起诉讼，要求判令网易公司停止在其网站上使用图片，并要求网易公司支付赔偿金及合理费用 1 万元。网易公司辩称，其网站中包含被诉侵权图片的文章来源为微信公众号"碎悦"，系用户"碎悦"先行将文章上传至涉案网站媒体开放平台"网易号"后，再由网易公司工作人员转载至同一网站的"荐新闻"栏目中。

审 判

上海市杨浦区人民法院经审理认为，根据涉案文章及图片在网易公司网站页面信息，虽可认定网易公司系转载，但提供文章和图片的主体也是网易公司，其并非提供信息存储空间服务，而系提供了内容。即便涉案图片的传播未跨服务器，网易公司仍应对其所发布内容是否侵害他人的合法权益负有注意义务，所以网易公司的行为存在主观过错，侵害了程某某对涉案作品的信息网络传播权，应承担停止侵权、赔偿损失的民事责任。据此，一审法院判决网易公司赔偿程某某经济损失及合理费用 3000 元。

上海知识产权法院经审理认为，从上诉人网站的经营模式来看，其既有为用户提供信息存储空间服务的媒体开放平台，又有自行发布新闻、娱乐等内容的自有频道。在该案中的"荐新闻"属于后者，在自有频道中发布文章的行为系内容提供服务，其侵权构成与否判断标准有别于信息存储空间服务提供者。至于上诉人在"荐新闻"中发布的文章源自何处，以及是否在同服务器内转载，均不影响上诉人作为直接侵权者对发布文章中使用的图片应尽的审核义务，上诉人的行为已构成对被上诉人信息网络传播权的侵害，应承担相应的侵权民事责任。二审法院遂判决：驳回上诉，维持原判。

评 析

在信息网络传播权纠纷中，电子商务平台经营者所应承担的知识产权审查义务，与其为何种类型的平台密切相关。平台类型的不同影响到对于电子商务平台经营者是否直接实施了提供行为的判断。网易公司经营的 www.163.com 网站经营模式属于混合业务经营，即同一主体在同一网站上经营不同性质的平台，其中该案涉及的自有频道"荐新闻"系自营型信息发布平台，而"网易号"则系媒体开放平台。由于该两个平台内容的发布者不同，也就是提供行为的实施者不同，故对于网易公司侵权责任的认定会有所区别。主要区别在于：媒体开放平台"网易号"的发布者多为该平台的注册用户。通常情况下，网易公司不直接参与信息的发布，由用户依照平台预设的规则上传相关内容，网易公司对于此类平台提供的是信息存储空间服务。一般情况下，其对"网易号"上的信息不负有严格的主动事前审查义务。对于其中的被诉侵权内容，网易公司若与内容上传者不存在主观上的意识联络，亦不存在对于作品的共同提供以及共享利益等客观情况，且在被通知涉嫌侵权时及时采取措施予以移除，则不需承担侵权赔偿责任。亦即该平台经营者可以适用"避风港"规则进行抗辩，如果抗辩不成立，则构成帮助侵权而应承担赔偿责任。自营型信息发布平台"荐新闻"系通过收集、选择、整理、编排等方式为公众提供信息的平台。网易公司对该类平台所发布的信息管控力较强，且该平台提供的已不是信息存储空间服务，相对于网络用户而言，其即为内容提供者，应按直接侵权认定标准判断其是否构成侵权。

在该案中，网易公司抗辩该案被诉行为实质上包含两个连续行为，一是用户"碎悦"入驻开放平台后，将包含被诉侵权图片的文章上传至开放平台的行为；二是网易"荐新闻"栏目再依据用户"碎悦"的授权上传使用的行为。网易公司认为，在前述两个连续行为中，后行为使用涉案作品是基于前行为中"碎悦"的授权，并主张后行为只是前行为在同服务器内的传播扩散，故其对连续发生的两行为保持同一审核注意义务，整个过程仅需遵守"通知－删除"规则，即"避风港"规则。可见，该案的特殊性在于，网易公司在其自有频道"荐新闻"上提供的被诉侵权内容源自媒体开放平台"网易号"中由注册用户发布的文章，而不是网易公司的原创或改编文章。然而，该事实并不能改变对网易公司审核注意义务的确定。因为尽管是在同服务器不同平台的相同被诉侵权内容，但在自有频道"荐新闻"上发布信息的主体是网易公司而非平台注册用户，且所发布的信息是通过人工收集和选择的而非自动链接，网易公司对该平台所发布的信息具有控制侵权发生的权利和能力，在此过程中，网易公司对其直接向公众推介的内容是否可能侵犯他人知识产权问题应尽到审慎的审查和注意义务。故其以所转载的内容已得到注册用户授权为由，主张针对自有频道的被诉侵权行为也适用"避风港"规则，并不成立。事实上，其转载行为无疑扩大了注册用户在媒体开放平台发布内容涉嫌侵权的范围。由于权利人在该案中明确仅针对网站"荐新闻"栏目使用涉案图片的被诉侵权行为，而不主张用户在网站媒体开放平台"网易号"发布文章的行为，故法院着重对网易公司在自有频道上实施的行为性质进行了分析与认定。

案例索引

一　审：上海市杨浦区人民法院（2017）沪 0110 民初 19865 号民事判决书
独任审判员：徐芳芳
二　审：上海知识产权法院（2018）沪 73 民终 50 号民事判决书
合议庭成员：刘　静、杨　韡、黄旻若

（四）其他

在先商业秘密纠纷诉讼中原告主观恶意的认定标准

——华奇（中国）化工有限公司诉圣莱科特化工（上海）有限公司因恶意提起知识产权诉讼损害责任纠纷案

胡　宓

案　情

原　告：华奇（中国）化工有限公司

被　告：圣莱科特化工（上海）有限公司

原告华奇（中国）化工有限公司向上海知识产权法院提出诉讼请求：（1）判令被告赔偿原告因恶意提起知识产权诉讼而给原告造成的经济损失300万元，包含原告因此花费的律师费、公证费等合理开支；（2）判令被告在《人民法院报》《橡胶工业》杂志和被告经营的网站（http://sisl.siigroup.com）首页连续6个月就侵权行为刊登声明、消除影响。

事实和理由：原告为亚洲规模最大的橡胶及轮胎行业酚醛树脂及间苯二酚树脂生产厂家之一。原告自主研发了烷基酚热塑树脂生产的改进工艺的技术，并于2008年8月11日向国家知识产权局提出专利申请，申请号为CN200810041551.7。2008年12月，被告以原告侵犯其商业秘密为由向上海市公安机关报案，经过长期调查，公安机关认为原告没有犯罪事实，遂于2009年9月4日作出不予立案决定。

2010 年，被告向上海市第二中级人民法院提起诉讼，诉称原告侵犯其商业秘密以及专利申请权权属应归属被告所有，但在庭审中始终未提及被告有相关侵权的事实。同时，被告于提交民事诉状的同一天还向原告的客户发公开信，采用误导性语言威胁客户，企图达到有利于自己的商业目的。2010 年 4 月 9 日，被告向国家知识产权局提出申请中止原告上述专利申请程序，国家知识产权局中止了原告该专利申请的有关程序，中止期间为自 2010 年 4 月 9 日至 2011 年 4 月 9 日。2011 年 3 月，被告撤回在上海市第二中级人民法院对原告的诉讼，当天，被告又以相同案由再次向上海市第二中级人民法院提起诉讼，同时增加被告的母公司作为共同原告，法院再次受理此案。2011 年 4 月 9 日，被告再次向国家知识产权局针对原告的上述专利提出中止程序请求，国家知识产权局再次中止了原告该专利申请的有关程序，中止期间为 2011 年 4 月 9 日至 2012 年 4 月 9 日。2012 年 3 月 27 日，被告向国家知识产权局申请延长中止期限的请求，国家知识产权局再次同意被告的请求，将中止期限延长至 2012 年 10 月 9 日。2012 年 10 月 17 日，被告继续向国家知识产权局针对原告的上述专利提出中止程序请求，国家知识产权局没有同意。2013 年 5 月 28 日，被告及其母公司再次向上海市第二中级人民法院提出撤诉申请，准备撤诉后再次起诉，上海市第二中级人民法院裁定不予准许。2013 年 6 月 17 日，上海市第二中级人民法院作出判决，驳回被告及其母公司的诉讼请求。2013 年 10 月 17 日，上海市高级人民法院作出终审判决，驳回上诉维持原判。原告认为，被告明知自己主张的商业秘密中有 16 个秘点不同，4 个相同的秘点是公知技术，且公知技术中有被告自己申请的专利，其主观恶意明显。此外，被告利用诉讼拖延时间，连续向国家知识产权局申请中止原告的专利申请程序，导致原告在长达两年半的时间内无法取得专利证书，并利用诉讼事实给客户造成心理压力使原告的经营受阻，给原告造成了巨大的经济损失，应当承担赔偿损失、消除影响的民事责任。

被告圣莱科特化工（上海）有限公司辩称：（1）关于原告诉称被告起诉原告商业秘密侵权纠纷是恶意诉讼，被告认为被告的诉讼行为是基于充分的法律依据和事实实施的正当维权行为，且该维权主张在双方与美国进行的 ITC 调查程序中已查明事实，原告自认存在被控侵权行为，并最终败诉。原告提及的在中国的诉讼现正在最高人民法院再审申诉中，因此被告并非是恶意诉讼。（2）关于原告诉称被告起诉原告专利申请权权属纠纷属于恶意诉讼，被告认为原告申请的专利中确实含有被告的商业秘密信息，原告是将其披露在专利说明书和实施例中，鉴于该专利当时处于已公开但未进入实质性审查阶段，如当时不及时提起专利申请权权属民事诉讼，被告将会承受极大损失。（3）关于原告诉称被告的多次撤诉属于恶意诉讼，被告认为事实情况是在上海第二中级人民法院审理的案件中，由于原告拒绝提交证据导致审限出现问题，被告为了配合法院工作，以使法院有充分时间查明事实，才向法院撤回起诉。关于申请专利延期审查，也是被告依据法律进行的合法行为。（4）关于原告专利中的哪些部分涉及被告的技术秘密，被告认为这节事实已经在上海市第二中级人民法院的案件审理中查明，并在判决书中记载，原告对此也充分知晓。（5）原告主张的有关公开信的事实已经由江苏省张家港市人民法院另案审理，该事实不应纳入该案审理范围，此外，原告主张的律师费也在上述案件中提出，不应在该案中予以考虑。综上，被告认为原告的诉请没有任何事实和法律依据，请求法院驳回原告的全部诉讼请求。

审　判

上海知识产权法院经审理认为，被告提起系争知识产权诉讼的目的在于正当维权，不构成恶意提起知识产权诉讼的侵权行为，不应承担损害赔偿、消除影响的民事责任，故对原告的诉讼请求不予支持。据此，依照《中华人民共和国民法通则》第一百零六条第二款、《中华人民共和国侵权责任法》第六条第一款、《中华人民共和国民事诉讼法》第十三条之规定，判决驳回原告华奇（中国）化工有限公司的诉讼请求。

一审判决后，华奇（中国）化工有限公司不服提起上诉，上海市高级人民法院审理后，二审判决驳回上诉，维持原判。

评　析

该案作为一起因恶意提起知识产权诉讼损害赔偿责任纠纷案件，案件审理主要适用的法律规范是《侵权责任法》，其目的是规制以损害他人合法权益为主要目的而提起知识产权诉讼的民事侵权行为。恶意诉讼是指当事人以获取非法或不正当利益为目的而故意提起一个在事实上和法律上无根据之诉，并致使相对人在诉讼中遭受损失的行为。因恶意提起知识产权诉讼损害责任认定的构成要件包括：（1）一方当事人提起了知识产权诉讼；（2）提起诉讼的一方当事人主观上具有恶意；（3）该诉讼行为给另一方当事人造成了实际的损害后果；（4）该诉讼行为与损害后果之间具有因果关系。其中最重要的是"当事人主观上具有恶意"这一要件。这种恶意是一种主观故意，即一方当事人明知其诉讼行为缺乏法律上的依据和事实上的根据，以损害对方当事人利益或为自己谋取不正当利益为诉讼目的。

在该案中，原告认为体现被告存在主观恶意的具体行为包括：（1）变更商业秘密秘点。原告认为被告在 48 号案（专利申请权权属纠纷）、50 号案（商业秘密纠纷）中主张的 20 个秘点，与其在之前已撤诉的 38 号、39 号案中主张的

10 个秘点不同，且没有相关的事实依据；（2）被告明知其主张的秘点早已被自己申请的专利公开，与原告涉案专利的内容不相同，仍然恶意提起诉讼；（3）被告在其主要证据（上科咨询中心鉴定报告）不能证明自己主张的情况下仍然不断起诉原告；（4）被告向国家知识产权局申请中止审查原告专利，具有明显恶意；（5）被告具有恶意利用诉讼程序行为，具体表现为在公安局不予立案后仍然提起民事诉讼，撤回 38 号、39 号案，在之后重新提起的 48 号、50 号案中又撤诉以及拒不到庭应诉等行为；（6）被告发函威胁客户停止购买原告的产品。

法院认为，判断被告提起在先的知识产权诉讼（商业秘密纠纷、专利权属纠纷）是否基于损害他人合法权益的恶意，所依据的考量因素应当包括以下方面。

1. 权利基础

根据《反不正当竞争法》的相关规定，商业秘密是指不为公众所知悉、能为权利人带来经济利益、具有实用性并经权利人采取保密措施的技术信息和经营信息。他人不得通过不正当手段获取商业秘密或违反保密义务而擅自披露商业秘密，否则需承担相应的民事责任。由此可见，商业秘密是通过权利人自己保护的方式而存在的权利，也即当事人可以自行归纳商业秘密的具体内容并向法院起诉要求获得保护，而无须事先经过有权机关审批并公示。在 48 号、50 号两案中，被告提起诉讼的基础均是其拥有的商业秘密，并明确归纳了秘点。关于原告认为被告存在变更秘点以及明知部分秘点为公知技术等主观恶意，法院认为，首先，原告所称的变更秘点是指被告在 38 号、39 号案中主张的秘点与其在 48 号、50 号案中所主张的秘点不同，被告在不同的案件中主张不同的诉请，是被告作为起诉方享有的诉讼权利，即便被告主张的秘点与其提交的某些重要证据内容不完全相同，被告也有权向法院提出自己的主张并自行承担相应的法律责任。其次，原告所称部分秘点为公知技术的主要依据是两案中工信鉴定所的"司法鉴定意见书"。该份鉴定意见书是案件审理过程中法院经被告申请启动鉴定程序后形成的证据，该鉴定意见也是司法鉴定人根据法院提供的鉴材进行分析后得出的结论，虽然鉴定结论所依据的鉴材包括了美国圣莱科特的专利申请文件，但结论依然是需要通过比对分析得出而非显而易见的。正由于原、被告双方对技术问题存在不同认识，法院才会借助鉴定程序对技术问题进行事实查明，这表明该两案涉及的技术问题是复杂的、存在争议的。最后，该鉴定意见认为被告主张的 20 个秘点中还有 9 个秘点属于非公知技术，法院对该结论也予以采纳，即被告就该部分秘点的权利基础最终也获法院认可。综上，法院认为，在涉及商业秘密的民事诉讼中，确定商业秘密的权利内容是一个复杂的过程，没有明确的权利文本可参照，除了需当事人提出主张外，还要通过诉讼程序加以确认，并不能苛求当事人在诉讼之初就完全无误地确定，因此不能以最终法院确认的商业秘密秘点与当事人的诉请有所不同，就认定被告具有明知自己不享有相关权益却提起诉讼的主观恶意。

2. 事实依据

关于原告认为被告明知其提交的上海市科技咨询服务中心（以下简称"上科咨询中心"）鉴定报告无法证明侵权行为存在且该报告未被上海市公安局经济犯罪侦查总队（以下简称"上海经侦"）采信却仍以此作为起诉依据属于主观有恶意，法院认为，根据《最高人民法院关于审理不正当竞争民事案件应用法律若干问题的解释》第十四条的规定，当事人指称他人侵犯其商业秘密的，应当对其拥有的商业秘密符合法定条件、对方当事人的信息与其商业秘密相同或者实质相同以及对方当事人采取不正当手段的事实负举证责任。在48号、50号两案中，被告为证明自己的主张提交了包括上科咨询中心鉴定报告在内的100多项证据，试图证明商业秘密的具体内容以及符合法定条件、涉案发明专利文件中存在商业秘密秘点以及对方当事人违反保密义务等相关事实，在审理过程中被告又向法院提出了技术鉴定申请，至少表明被告愿意承担举证义务，具有通过诉讼维护自己合法权益的意图。此外，关于48号、50号两案生效判决中"上海经侦以没有犯罪事实为由对上海圣莱科特的报案不予立案的事实，客观上亦表明上海经侦对上科咨询中心的上述相关鉴定结论不予采信"的认定。法院认为，虽然上科咨询中心鉴定报告的鉴定结论被法院认定为"依据明显不足"未予采信，但从证据表面看，该鉴定报告确实有原、被告产品属于同一产品、两者的生产工艺基本相同的鉴定结论，且双方对于技术问题的争论贯穿于系争两案的一、二审及再审程序，因此不能从中推出被告明知原、被告双方的技术完全不同这一结论。上海经侦未予立案的理由是没有犯罪事实，不能以此认为被告丧失了通过民事诉讼解决纠纷的权利。据此，法院认为被告的起诉行为具有一定的事实依据。

3. 诉讼行为

关于原告认为被告在诉讼程序进行中向国家专利局申请中止审查涉案专利的行为属于主观具有恶意行为，法院认为，根据《专利法实施细则》第八十六条、第八十八条的规定，当事人因专利申请权或者专利权的归属发生纠纷，已请求管理专利工作的部门处理或者向人民法院起诉的，可以请求国务院专利行政部门中止有关程序。自请求中止之日起1年内，有关专利申请权或者专利权归属的纠纷未能结案，需要继续中止有关程序的，请求人应当在该期限内请求延长中止。中止有关程序，是指暂停专利申请的初步审查、实质审查、复审程序，授予专利权程序和专利权无效宣告程序……。因此，被告在与原告产生专利申请权权属纠纷并提起诉讼之后有权依法向国家知识产权局申请中止涉案专利的相关审查程序，并无违法行为。关于原告认为被告撤回38号、39号案以及在重新提起的48号、

50 号案中无故撤诉以及拒不到庭应诉等行为属于主观具有恶意行为，法院认为，根据《民事诉讼法》第一百四十五条的规定，宣判前，原告申请撤诉的，是否准许，由人民法院裁定。人民法院裁定不准许撤诉的，原告经传票传唤，无正当理由拒不到庭的，可以缺席判决。首先，在 38 号、39 号案中被告以就案件相关事实和理由需要增加当事人及证据并重新起诉为由向法院申请撤回起诉，法院依法裁定予以准许；在 48 号、50 号案中，被告向法院申请撤回起诉，法院依法口头裁定不予准许，并在被告拒不到庭的情况下依法缺席判决。上述行为均符合《民事诉讼法》的相关规定，当事人有权处分自己的诉讼权利而是否被准许最终需由法院裁定。其次，关于被告在 48 号、50 号案中的撤诉及拒不到庭应诉的行为，92 号、93 号二审裁判文书中对此评价为有违诚实信用原则的拖延诉讼行为，但被告在进入诉讼后不当行使诉讼权利的行为不足以推定其最初的诉讼目的具有恶意，且该不当诉讼行为由于未获得法院准许也未造成实际损害。综上，法院认为，仅凭被告在案件审理过程中的不当诉讼行为不足认定其具有恶意提起知识产权诉讼的主观故意。

由此可见，根据原、被告双方之间发生的多起在先诉讼所展现的事实，被告提起诉讼的行为并没有超出正当维权的范围，具有基本的事实和法律依据，不能仅以之前诉讼的结果不利于被告而反推其具有主观恶意，因此，法院最终判决驳回了原告的诉讼请求。

案例索引

一　审：上海知识产权法院（2015）沪知民初字第 391 号民事判决书
合议庭成员：胡　宓、凌　崧、徐　飞
二　审：上海市高级人民法院（2016）沪民终 501 号民事判决书
合议庭成员：马剑锋、徐卓斌、孔立明

软件开发委托方违反协助和指导安装义务能否导致合同解除

——亚力山顿贸易（上海）有限公司诉探谋网络科技（上海）有限公司计算机软件开发合同纠纷案

凌宗亮

案　情

原　告：亚力山顿贸易（上海）有限公司

被　告：探谋网络科技（上海）有限公司

原、被告于 2015 年 3 月签订"美国红酒在中国设立销售推广网站 AMwines.com 合同"，约定被告为原告开发、设计域名为 AMwines.com 网站，并约定了相关功能。在合同签订后，原告依约向被告支付了 90% 的合同款项和云托管租赁及云端服务支持费用共计 283115.4 元。但被告对网站的设计和开发并不完全符合合同约定，原告遂于 2015 年 10 月 21 日向上海知识产权法院起诉并被法院受理（679 号案件）。该案审理中双方达成和解，被告向原告交付涉案网站的源代码，原告向被告支付合同尾款及第一季度的维护费用共计 39463.8 元。但被告向原告交付的源代码无法进行安装。

原告诉称，由于被告提交的源代码无法进行安装，由于被告开发软件运用了特殊的开发技术，行业内一般软件开发人员无法知道安装涉案软件的方法。由于被告拒绝为原告提供安装指导，导致涉案软件根本无法使用，故请求法院判令：（1）被告向原告返还已经支付的合同款项 322579.2 元；（2）被告向原告承担违约责任 70780 元。

被告辩称，其已经完全履行了涉案合同约定的义务，原告委托的技术外包方提出网站源代码存在问题，被告建议其前往被告处核对源代码，但一直没有回应。被告并没有交付不合格源代码的故意，故原告无权要求被告返还已经支付的合同款项并承担违约责任，请求法院驳回原告诉讼请求。

审　判

上海知识产权法院经审理认为，被告作为软件开发者在向原告交付软件时应当一并交付安装所需的相应技术资料，其亦应在原告表示无法安装涉案软件时提供协助或指导。特别是双方已经于在先案件达成和解的情况下，被告更应积极促成和解协议的履行，但被告拒绝为原告安装涉案软件提供协助、指导，有违诚实信用原则，违反了其作为软件开发者应当负有的合同义务，导致涉案网站源代码无法正常安装并投入运行。考虑到原告已另行委托案外第三人开发网站，这意味着被告所开发的软件成果对亚力山顿贸易（上海有限公司）而言已失去商业价值。故可以认定被告违反协助、指导义务的行为导致涉案合同的目的无法实现，原告有权要求解除涉案合同，并要求被告返还已经支付的合同款项。

一审判决后，当事人不服，提起上诉。上海市高级人民法院经审理后判决驳回上诉，维持原判。

评　析

在该案中被告作为软件开发的受托方交付的软件本身并无质量问题，符合合同约定的功能。当事人争议的是对于原告在安装涉案软件过程中遇到的问题，被告未给予及时的协助和指导，导致原告一直无法对涉案软件进行安装使用。被告违反上述协助和指导义务是否足以导致合同解除，该案的裁判对于此类案件的审理具有一定的借鉴意义。

1. 软件开发合同中受托方的合同义务

《中华人民共和国合同法》（以下简称《合同法》）第六条规定："当事人行使权利、履行义务应当遵循诚实信用原则。"第六十条规定："当事人应当按照约定全面履行自己的义务。当事人应当遵循诚实信用原则，根据合同性质、目的和交易习惯履行通知、协助、保密等义务。"就计算机软件开发合同而言，除非有相反的约定，作为受托方的开发者负有的合同义务可以分为以下三个方面：一是主合同义务，即应当按期交付符合合同约定的计算机软件及文档。这是计算机软件开发合同中受托方所固有的、必须具备的义务，否则受托方自然构成根本违约。二是从合同义务，即受托方应当交付运行软件成果所必需的运行环境、安装说明或使用手册。委托方安装、使用计算机软件，必须知悉软件的安装运行环境、安装说明，复杂的软件还需要使用手册，这都是确保实现计算机软件开发合同目的需要具备的内容。三是附随义务。即受托方在合同履行过程中，基于诚实信用原则的要求，负有的通知、协助、指导等义务。这些义务并不需要在合同中有明确约定，而是基于合同性质、目的或者交易习惯，当事人应当履行的义务。在该案中，被告即错误地认为附随义务必须以合同有明确约定为前提，进而拒绝为原告安装涉案软件提供免费的协助和指导。

2. 受托方违反了其负有的附随义务

首先，被告应当向原告交付涉案网站运行的软硬件环境。原、被告签订的"和解协议"第一条明确约定，"被告提交的源代码不含恶意程序，且符合合同约定的第三条网站范围的实质性功能"。而源代码要实现合同约定的"实质性功能"，前提是进行安装及调试，这需要被告向原告提供能够安装的软硬件环境或安装说明。其次，现有证据以及被告庭审中的陈述等表明，依据被告第一次提交的安装说明，原告聘请的技术外包方无法实现对涉案网站源代码的安装。第三，在原告聘请的技术外包方请求被告予以协助时，被告并没有积极为原告提供进一步的安装指导，直到该案纠纷发生后应鉴定机构的要求才向鉴定机构提交了可以实现安装的技术说明。而且在原、被告沟通过程中，被告明确表示"在生产环境中安装这种机器，我们可以提供这种服务。但是这超出了已经约定的范围，而且我们会就该服务另外收取服务费用"。因此，法院认为，双方已经达成和解的情况下，被告本应积极促成和解协议的履行，但被告的上述做法有违诚实信用原则，违反了其作为软件开发者应当负有的合同义务以及双方签订"和解协议"的约定，导致涉案网站源代码无法正常安装并投入运行，构成违约。

3. 违反附随义务可能导致合同目的无法实现

一般认为，义务人不履行给付义务，债权人得解除合同；不履行附随义务，债权人原则上不得解除合同，但并不排除违反附随义务导致合同解除的情况，例如附随义务是否履行直接影响主给付义务能否实现。对于计算机软件开发合同而言，委托方对于计算机软件如何安装和使用通常并不十分了解和精通，更多地需要依赖受托方的协助和指导。特别是受托方依据非通用的开发技术进行软件开发时，更是如此。在该案中，被告开发涉案软件便运用了非定制开发的规则，导致原告即使委托第三方专业人员安装涉案软件也无法正常安装。在此种情况下，被告是否给予协助和指导会直接影响涉案软件能否安装和使用。但被告在原告请求予以协助的情况下，未履行应有的附随义务，而且考虑到原告已另行委托案外人开发网站，故法院认定被告的行为已经造成原告签订涉案合同的目的无法实现，涉案合同应予解除。

案例索引

一　审：上海知识产权法院（2016）沪 73 民初 112 号民事判决书

合议庭成员：何　渊、凌宗亮、范静波

二　审：上海市高级人民法院（2017）沪民终 7 号民事判决书

合议庭成员：马剑峰、徐卓斌、孔立明

合同约定两倍违约金是否过高

——上海耶里夏丽餐饮管理有限公司与北京北大纵横 管理咨询有限责任公司等技术服务合同纠纷案

凌宗亮

案　情

上诉人（原审原告）： 上海耶里夏丽餐饮管理有限公司（以下简称"耶里夏丽公司"）

被上诉人（原审被告）： 北京北大纵横管理咨询有限责任公司（以下简称"北大纵横公司"）

原审第三人： 钱某某等

2013 年 11 月 1 日，耶里夏丽公司（甲方）就其餐饮连锁经营管理体系咨询项目与北大纵横公司（乙方）签订"技术服务合同书"一份，约定乙方如违反该合同第七、八条的约定，甲方有权要求乙方按照该合同总金额的二倍向甲方支付违约金等。嗣后，钱某某，即上述合同约定的乙方项目总监之一，按约参与了涉案技术服务项目。2013 年 11 月 27 日，2014 年 4 月 8 日、5 月 30 日、6 月 17日，耶里夏丽公司依约分别向北大纵横公司支付了咨询费 45 万元、20 万元、15万元和 7.5 万元。

2014 年 9 月 13 日，北大纵横公司通过电子邮件向耶里夏丽公司完整提交了合同约定的全部"最终成果"。耶里夏丽公司在此期间发现钱某某参与投资的就这样公司在涉案合同履行期间已由原来经营铁板面转型主营新疆菜，且其经营的新疆菜以及相关的经营方式也与耶里夏丽公司及北大纵横公司提供的"最终成果"中建议耶里夏丽公司调整发展的经营方式基本相同。

涉案合同的模板最初系北大纵横公司提供，其中第九条关于"乙方如违反本合同第七、八条的约定，甲方有权要求乙方按照本合同总金额的二倍向甲方支付违约金"的约定系原合同模板中未约定，双方另行协商添加的条款。

2015年12月28日前，第三人钱某某投资的"楼兰古丽新疆菜"微信公众号中显示以"楼兰古丽"命名的餐厅共有10家；截至该案庭审时，搜索西安大众点评网，另有4家以"楼兰古丽"命名的餐厅。以"上海耶里夏丽"在上海大众点评网搜索，显示共有15家店铺。

耶里夏丽公司诉称，北大纵横公司违反了涉案合同第八条约定，其员工钱某某向其投资的就这样公司透露耶里夏丽公司内部情况以及涉案合同约定的"最终成果"，故请求法院1. 判令北大纵横公司停止违约行为，并销毁所有与耶里夏丽公司有关的文件、邮件、档案、材料、记录介质等，不再将所掌握的耶里夏丽公司内部情况及合同所约定实现的成果以任何方式向社会和第三方透露；2. 判令北大纵横公司向耶里夏丽公司支付违约金225万元。

北大纵横公司辩称，钱某某在西安等地经营的新疆菜馆，其经营方式等均是由市场公开信息及自身阅历经验等所形成，并非北大纵横公司透露了耶里夏丽公司内部情况及合同约定的"最终成果"，北大纵横公司无任何违约行为。故请求法院驳回耶里夏丽公司的诉讼请求。

审　判

上海市黄浦区人民法院经审理认为，北大纵横公司违反了涉案合同第八条约定，构成违约，按约应当承担相应的违约责任。鉴于耶里夏丽公司未提供其因北大纵横公司违约造成的实际损失以及相应的预期利益损失，而合同约定的违约金数额又系合同总金额的两倍，明显高于正常商业风险的合理范围，相较于对北大纵横公司违约行为的惩罚来说也过于严厉。故根据公平原则和诚实信用原则，综合涉案合同的履行情况、当事人的过错程度、双方缔约地位的强弱，并考虑到涉案被"透露"成果部分在整个咨询报告中的占比情况等因素酌情予以调整，判令北大纵横公司承担违约责任30万元。

一审判决后，耶里夏丽公司认为违约金调整不当，提起上诉。上海知识产权法院经审理认为，综合考虑涉案合同、约定违约金的性质、合同双方的地位、当事人过错程度、违约行为造成的损害以及市场预期利益等因素，涉案合同约定的违约金不应予以调整，改判北大纵横公司承担违约金225万元。

评　析

该案的争议焦点在于合同约定的两倍违约金是否过高，应否调整。一、二审法院在举证责任分配以及合同约定违约金是否过高的判断上作出了不同的裁判，这也反映了当前司法实践对于上述问题仍存在认识不统一、标准不明确等问题。

一、违约金是否过高的举证责任分配

一审法院认为，违约方对于守约方因违约造成的实际损失，往往很难掌握，故守约方需要证明约定违约金的合理性，即因违约方的违约行为导致的实际损失和其遭受的可得利益损失总额及必要的交易成本。因此，耶里夏丽公司应举证证明其损失情况。我们认为，违约金过高应以当事人明确提出请求为前提，应由请求方举证证明违约金过分高于实际损失。这不仅符合"谁主张，谁举证"的基本原则，也是平衡当事人利益的基本要求。

首先，对过高的违约金予以调整，本质上属于对合同约定条款的变更，而变更属于积极事实，应由主张变更方承担举证责任。《最高人民法院关于适用〈中华人民共和国民事诉讼法〉的解释》第九十一条第一项即规定，主张法律关系变更、消灭或者权利受到妨害的当事人，应当对该法律关系变更、消灭或者权利受到妨害的基本事实承担举证证明责任。

其次，由违约方承担违约金过高的举证责任，有利于平衡双方当事人的利益。违约金是合同当事人在合同中事先约定的，在一方违约时向另一方支付一定数额的金钱或者计算损害赔偿数额的方法。一方面，从守约方的角度看，其之所以在合同中事先约定违约金，目的之一在于一旦发生违约，可以避免证明损害和计算损害的困难，直接按照合同约定获得赔偿。如果在纠纷发生后，仍应由守约方举证证明其损失情况或者证明合同约定的合理性，那么其当初在合同中约定违约金的目的就会部分落空，违约金所具有的避免举证困难的功能也失去意义。另一方面，从违约方的角度看，违约金调整规范原本就是对违约方在合同之外的特殊救济，违约方作为获益者承担相应的举证责任也符合公平的基本理念。毕竟，合同中约定的违约金条款系当事人意思自治的结果，如无相反证据，应当推定合同约定是公平合理的，一旦发生违约，原本应当按照合同约定确定违约赔偿数额。现《合同法》赋予违约方不按照合同约定计算损害赔偿的权利，自然应由违约方承担"这一权利"相对应的举证义务，否则当事人之间的利益平衡就会被打破。

二、判断违约金是否过高的具体考量

在该案中，被告虽然提出合同约定违约金过高予以调低的请求，但并未提交证据证明违约金过分高于实际损失。此种情况下，法院应当根据公平和诚实信用原则，综合案件具体情况判断合同约定的违约金是否过高。具体而言，可以从合同约定违约金是否具有必要性和合理性两个方面进行考量和判断。在该案中，综合考虑涉案合同以及约定违约金的性质、合同双方的地位、当事人过错程度、违约行为造成的损害以及市场预期利益等因素，二审法院认为，涉案合同约定的违约金不应予以调整。

首先，判断合同约定的违约金数额是否具有必要性，是否系确保合同履行所必需的金额，主要可以结合合同的性质、违约金条款的功能等方面进行判断。在该案中，涉案合同的性质为管理咨询类的技术服务合同，该类合同的履行要求委托方必须将自身的内部情况以及商业秘密等内容全面开放给对方，因此，委托方往往特别重视合同履行中的保密问题，需要对受托方施加较高的保密要求，防止受托方擅自披露在履行合同过程中掌握的委托方的内部信息。就该案而言，耶里夏丽公司主要通过约定较高的违约金予以实现。因此，涉案合同约定的违约金不仅仅是为了事先约定一方违约时的损失计算方式，以赔偿非违约方的损失，更是一种履约的保障以及对违约的惩戒，确保北大纵横公司能够切实遵守其保密承诺，督促北大纵横公司在合同履行期间能够采取切实有效的措施防止耶里夏丽公司的内部信息被泄露。或者说，正是由于涉案合同存在二倍违约金的约定，耶里夏丽公司才愿意将涉案项目交由北大纵横公司履行。在此种意义上，涉案合同约定违约金是否过高的判断不应仅仅考虑违约给耶里夏丽公司所造成的实际损失，还应考虑违约金约定所具有的保障合同履行的功能。在违约金具有赔偿损失、保障履行以及惩罚违约等多种功能的情况下，不宜仅仅以违约金过分高于损失便对违约金予以调整，否则合同当事人对违约金所赋予的其他功能便可能落空。

其次，判断合同约定的违约金是否具有合理性，主要可以结合当事人的缔约地位、违约金条款是否经过充分协商、合同标的的价值、当事人主观过错、预期利益等方面进行判断。在该案中，第一，从合同当事人缔约地位看，涉案违约金的约定系双方当事人意思自治的结果，即使不调整，并不违反公平原则和诚实信用原则。在该案中，双方当事人均为理性的商事主体，缔约地位平等，从现有证据来看，合同订立并不存在欺诈和其他有违诚信的情形。而二倍违约金的约定更是确保北大纵横公司切实履行保密义务。在违约行为发生前，耶里夏丽公司基本按照合同约定支付了咨询费用，其签订涉案合同的目的是获得北大纵横公司提供的咨询服务，并不希望该案违约行为的发生，更无意从中牟取暴利。第二，从北大纵横公司的主观过错看，北大纵横公司在知道钱某某在餐饮行业亦有投资的情况下，仍指派钱某某参与涉案合同履行，并未采取切实有效的措施防止钱某某披露涉案合同的成果，存在明显的过错。第三，从违约行为给耶里夏丽公司可能造成的损失或者违约行为给第三人带来的获利看，涉案违约行为不仅使得耶里夏丽公司委托北大纵横公司所提供咨询报告的价值被第三人知晓，而且第三人所投资的新疆餐厅在两年多的时间内迅速发展十余家店铺。这不仅对耶里夏丽公司的市场发展可能造成冲击，而且违约行为也使行为人从中获取了较为可观的利益。

综上，涉案合同约定的两倍违约金主要是为了确保北大纵横公司切实采取措施保护耶里夏丽公司的商业秘密，且系经双方充分协商的结果。无论是从合同金额，还是违约行为可能产生的损失看，涉案违约金数额的约定都未超出合理范围，故应当尊重当事人对违约金的约定，不应对约定违约金的数额进行调整。

案例索引

一　审：上海市黄浦区人民法院（2015）黄浦民三（知）初字第 128 号民事判决书

合议庭成员：金　滢、韩　敏、时　美

二　审：上海知识产权法院（2017）沪 73 民终 32 号民事判决书

合议庭成员：杨　韠、凌宗亮、冯彦霄

互联网环境下软件干扰行为是否构成
不正当竞争的判断

——上海载和网络科技有限公司、载信软件（上海）
有限公司与浙江天猫网络有限公司不正当竞争纠纷案

范静波　陈蕴智

案　情

上诉人（原审被告）：上海载和网络科技有限公司（以下简称"载和公司"）

上诉人（原审被告）：载信软件（上海）有限公司（以下简称"载信公司"）

被上诉人（原审原告）：浙江天猫网络有限公司（以下简称"天猫公司"）

天猫公司系天猫购物平台的经营者，载和公司运营"帮5买"网站，载和公司委托载信公司开发了"帮5淘"购物助手。"帮5淘"购物助手功能包括为用户提供网购的全网搜索、比价、包邮等服务。该案被控行为主要表现为用户安装运行"帮5淘"购物助手软件后，出现以下两种情形：一是在天猫平台页面顶部地址栏下方插入横幅，该横幅上有相应的"帮5买"网站广告促销标识、搜索框等内容，该横幅可经过点击而收缩；二是在天猫商城中具体的商品信息页面中插入"帮5买 扫一扫 立减1元"图标和"现金立减"等按钮，点击该些按钮则跳转至"帮5买"网站的宝贝详情页，用户在"帮5买"网站上下订单购买该商品，购物款交付至"帮5买"网站，然后"帮5买"网站代替用户向天猫商户购买商品，再由天猫商城商户向网络用户发货。天猫公司认为载和公司、载信公司运营的"帮5淘"购物助手的行为违反诚信原则和商业道德，对其经营造成巨大损失，构成不正当竞争，诉请法院判令立即停止不正当竞争行为，消除影响，并赔偿经济损失。载和公司、载信公司认为，购物助手是合理满足消费者需求并市场化的一种服务，其功能确实可能导致消费者流量的去向产生更多的不确定性，但该商业模式本身并无不当。"帮5淘"购物助手提供的服务未违反诚实信用原则和公认的商业道德。故请求法院驳回天猫公司的全部诉讼请求。

审 判

上海市浦东新区人民法院经审理认为，载和公司、载信公司的行为会降低天猫公司网站的用户黏性，给天猫公司造成损失。该购物助手具有明显的"搭便车"特点，同时会造成混淆服务来源、售后不良等后果，故认定载和公司、载信公司的行为构成不正当竞争，判决其承担赔偿损失110万元和消除影响的民事责任。载和公司、载信公司不服一审判决，提起上诉。上海知识产权法院判决驳回上诉，维持原判。

评 析

该案被控不正当竞争行为主要表现为载和公司、载信公司未经天猫公司同意在其网站上插入信息。该行为实际上是对天猫商城网站运行进行某种程度的干扰。就市场竞争中的干扰行为而言，是否违背公认的商业道德，需要将该行为放置在《反不正当竞争法》促进竞争、鼓励创新，实现竞争公平与自由的立法目的下进行判断，防止脱离《反不正当竞争法》的目标进行泛道德化评判。

首先，被控行为是否对原告的正常经营造成过度妨碍。市场竞争是对资源和交易机会的争夺。尤其在互联网这样一个竞争充分，且各种产品往往具有一定互相依附、关联的市场领域，要求经营者之间固守自己的领域提升业绩而不进行干扰是不切实际的，竞争者需要容忍适度的干扰。更为重要的是，创新更多地来自于经营者技术或商业模式之间激烈的撞击，而非各自在自己"地盘"上互不干扰的和平共处。在该案中，就插入横幅的行为而言，该横幅宽度有限且位于页面顶部而非页面中心，并未遮挡天猫商城网站页面中的内容，加之该横幅可以进行收缩，该行为总体上未对天猫商城正常经营造成过度妨碍。但就在具体商品详情页面插入相应标识和按钮而言，该些标识和按钮直接嵌入了网站页面的显著位置，且通过插入的按钮引导消费者至其网站进行交易，用户对此无法选择关闭。该行为已严重破坏天猫商城页面的完整性，使得天猫公司无法按照自己的意愿正常展示信息，已属于过度妨碍的行为。

其次，被控行为是否具有正面的市场效应。互联网领域很多所谓的干扰行为，在技术上往往有一定的创新之处，既可能给其他经营者的利益造成损害，但同时也会为消费者带来福利或提升公共利益的保障水平。《反不正当竞争法》所要保护的法益具有多元性，除了要保障经营者的合法权益之外，还蕴含着通过规制不正当竞争行为保护消费者利益乃至公共利益。在其行为是否违反商业道德的判断上，还需从更广阔的市场环境、更多的利益主体去看待。就涉案软件所提供的帮购、比价等服务而言，一方面，其能够方便消费者在购物时进行价格比较，作出最优的交易决定，也能通过帮购服务使消费者以更低的价格购买到产品，具有提升消费者利益的积极效应。另一方面，涉案软件运行后在天猫商城中心位置页面中插入图标和按钮，并引导消费者至其网站交易的行为，足以使相关消费者对提供服务的主体产生混淆。

最后，综合考量各方当事人及消费者利益，以及被控行为对市场竞争秩序所产生的影响。载和公司、载信公司在页面中插入相应标识和按钮，并引导消费者至其网站完成交易的行为已属过度妨碍行为，其对天猫公司所造成的损害与其欲实现的正面效应显然不符合比例原则。并且，载和公司、载信公司提供比价、帮购等服务并非必须要通过该手段来实现，从利益平衡的角度，其应当通过更为适当的方式开展相应的服务。从对市场竞争秩序的影响来看，互联网环境下的比价、帮购等服务的开展是在相关电子商务网站的基础上进行的，电子商务网站整体的经营状况与比价、帮购等服务的开展是一种正相关的关系。只有在保证电子商务行业整体的正常经营和蓬勃发展的情况下，相关的比价、帮购等服务产业才能持续发展。在该案中，虽然载和公司、载信公司的行为会给消费者带来一定的福利，但其过度妨碍天猫公司正常经营不仅有损天猫公司的利益，长此以往也会给电子商务网站的商业投入和创新带来负面影响，进而破坏电子商务和比价、帮购等服务共存的生态，消费者也难以获得长期持续的利益，有损公平竞争的市场秩序。

案例索引

一　审：上海市浦东新区人民法院（2015）浦民三（知）初字第 1962 号民事判决书

合议庭成员：徐　俊、倪红霞、叶菊芬

二　审：上海知识产权法院（2017）沪 73 民终 197 号民事判决书

合议庭成员：何　渊、徐　飞、范静波

计算机软件商业秘密保护的路径

——上海牟乾广告有限公司诉上海市静安区市场监督管理局不服行政处罚决定纠纷案

陈惠珍

案　情

原　　告（被上诉人）：上海牟乾广告有限公司

被　　告（上诉人）：上海市静安区市场监督管理局（以下简称"静安区市场监管局"）

第三人（上诉人）：上海商派网络科技有限公司、酷美（上海）信息技术有限公司

2012 年 2 月，被告收到两位第三人的举报信，认为原告恶意高薪聘请两位第三人员工，获取其软件源代码等商业秘密，还在网站上进行虚假宣传，故要求予以查处。被告接报后就此案的管辖上报原上海市工商行政管理局。同年 3 月 20 日，原上海市工商行管理局批复，将涉嫌侵权行为交被告查办。之后，被告赴原告公司所在地，对其办公场所电脑包括笔记本电脑中的数据进行固定和全盘镜像，对原告公司网站等相关页面进行了截屏打印，并进行了其他调查工作。被告遂予立案。

2012 年 7 月 13 日，司法鉴定所就被告委托事项提交了司法鉴定意见书。结论是原告办公场所电脑及员工工作用手提电脑中的文件可以认定的部分与第三人提供的 Shopex485 等四个软件代码相同，可视为来自同一来源，并真实存在部分软件开发文档。某软件行业协会应被告要求先后提交了书面解答及情况说明。主

要内容为：软件源代码、开发文档等是企业的主要资产，能为企业带来经济利益，其均未公开，从公开渠道或其他渠道无法获得，不会为公众所知悉，符合商业秘密的构成要件，属于商业秘密。

经历两次听证和延期后，2015 年 6 月 25 日，被告作出涉案行政处罚决定，认定原告公司虚假宣传、侵犯商业秘密，责令停止违法行为，并分别罚款 1 万元和 2 万元，决定合并处罚 3 万元。被告认定原告侵犯两位第三人的技术秘密指涉案四个网络分销软件的源代码及部分开发文档，具体侵权行为指原告明知存在技术秘密而获取、使用。原告认为，被告没有管辖权，对原告的行政处罚行为违反法定程序，认定原告侵犯商业秘密的事实不清，故提起该案诉讼。

审　判

上海知识产权法院经审理认为：根据原上海市工商行政管理局批复，被告对所查办的涉案行为有管辖权，被告具体行政行为符合法定程序，对原告虚假宣传行为处罚适当，但处罚原告侵犯商业秘密的事实认定不清，证据不足。故判决对被告就原告虚假宣传行为所作的行政处罚决定予以维持，但对被告就原告侵犯商业秘密行为所作的行政处罚决定予以撤销。

判决后，被告及两位第三人不服，提起上诉。

上海市高级人民法院经全面审理，认为原审法院的判决结果正确，应予维持，故判决：驳回上诉，维持原判。

评　析

任何一件侵犯商业秘密案件的基本事实，首先是确定属于商业秘密信息的范围以及该信息是否构成商业秘密，其次才是判断行为人的行为是否侵犯了商业秘密及侵害的程度。

商业秘密是否构成应当依照法律规定的构成要件予以认定，而不以当事人的约定为依据认定。根据《反不正当竞争法》第十条第三款❶的规定，商业秘密必须具备不为公众所知悉、具有价值性和实用性、采取保密措施的条件。其中"不为公众所知悉"指的是该信息"不为所属领域的相关人员普遍知悉和容易获得"。这一是指该信息知悉范围的相对性，即在采取保密措施情况下，并非绝对的无人知晓；二是指构成商业秘密的信息，不仅要处于一般的保密状态，而且获得该项信息要有一定的难度，即要有一定的创造性劳动，仅通过一般的联想就能获得的信息，不属于商业秘密保护的信息。当事人约定将某些资料作为商业秘密

---

❶ 《反不正当竞争法》于 2019 年修订，此处为 2017 年修订前的条款，对应于修订后《反不正当竞争法》第九条第四款。

予以保密，那只是采取保密措施的一种方式，所保密的内容并不当然构成商业秘密。因此，该案中的商业秘密尚缺乏"不为公众所知悉"的关键条件。

对计算机软件既可通过著作权保护，也可通过商业秘密保护，但不同的法律制度所保护的对象是不同的。著作权保护是依据《计算机软件保护条例》予以保护，但保护的是软件作品的表达而不保护软件的思想，因此《计算机软件保护条例》第六条同时规定："本条例对软件著作权的保护不延及开发软件所用的思想、处理过程、操作方法或者数学概念等。"商业秘密保护是依照《反不正当竞争法》中商业秘密的法律规定予以保护，但保护的是软件程序和文档中可能存在的构成商业秘密的信息。并且法律所保护的是无形的信息而不是有形的载体，故需要区分出软件程序及文档中哪些信息需要作为商业秘密保护，也即秘密点，然后依法分析和判断这些秘密点是否属于"不为公众所知悉"，是否具有价值性和实用性，以及权利人是否采取了保密措施。在此基础上，就秘密点信息与侵权人获取、披露、使用的信息是否相同或相似进行比对，这样的比对对认定是否侵犯商业秘密才具有法律意义。

在该案中，两位第三人未指明其软件中哪些技术信息是其保护的秘密点，被告也未依法进行区分、审查，而是都误将软件程序及文档这些著作权保护的对象全部作为商业秘密的保护对象。被告仅以源程序和文档属于保密资料，均未公开为由，就认定其具备"不为公众所知悉"的条件，违背了商业秘密构成要件认定的基本法理。实践中，确实存在软件源程序及文档含有技术信息的较大可能性，因此，源程序和文档常常是商业秘密的载体。但商业秘密的载体不能等同于商业秘密，尤其是在目前市场上存在多种网络分销软件及第三人同时也提供开源软件的背景下。更何况技术信息是哪些、有多少，也是认定行为人侵权程度及令其停止侵权行为确定范围的前提和基础。

在没有区分软件中作为技术信息保护的范围并判断该信息是否符合商业秘密构成要件的情况下，被告委托鉴定机构作软件代码等比对的司法鉴定。该鉴定结论对于商业秘密侵权的判断没有实际意义。至于某软件行业协会针对被告咨询问题的解答和补充说明，仅是从源程序、文档对软件企业之普遍重要性和价值性出发，认为属于商业秘密，缺乏具体针对性和事实基础。其实质就是以"未公开"等同于"不为公众所知悉"，故难以采信为认定涉案软件程序及文档构成商业秘密的依据。

综上，被告未依法认定商业秘密是否构成，将订立保密协议直接等同于"不为公众所知悉"，将商业秘密可能的载体——源程序及文档直接等同于商业秘密，故被告对原告侵犯商业秘密的认定，事实不清，证据不足。

案例索引

一　审：上海知识产权法院（2016）沪73行初1号行政判决书
合议庭成员：黎淑兰、陈惠珍、丁晓华
二　审：上海市高级人民法院（2016）沪行终738号行政判决书
合议庭成员：茆荣华、王　静、李国泉

互联网环境下使用他人收集的信息
应当遵守合理边界

——上海汉涛信息咨询有限公司与北京百度网讯科技
有限公司等不正当竞争纠纷案

范静波

案　情

上诉人（原审被告）：北京百度网讯科技有限公司（以下简称"百度公司"）
被上诉人（原审原告）：上海汉涛信息咨询有限公司（以下简称"汉涛公司"）
原审被告：上海杰图软件技术有限公司

汉涛公司是大众点评网（网址：www.dianping.com）的经营者。大众点评网为网络用户提供商户信息、消费评价、优惠信息、团购等服务，积累有大量消费者对商户的评价信息。大众点评网的"用户使用协议"载有：任何用户接受本协议，即表明该用户主动将其在任何时间段在本站发表的任何形式的信息的著作财产权，以及应当由著作权人享有的其他可转让权利无偿独家转让给大众点评网运营商所有，同时表明该用户许可大众点评网有权利就任何主体侵权单独提起诉讼，并获得赔偿。百度公司在其经营的百度地图和百度知道中大量使用了大众点评网的点评信息。

汉涛公司认为百度公司的行为替代了大众点评网向用户提供内容，百度公司由此迅速获得用户和流量，攫取汉涛公司的市场份额，削减汉涛公司的竞争优势及交易机会，给汉涛公司造成了巨额损失。其行为违背公认的商业道德和诚实信用原则，构成不正当竞争，遂诉至法院请求判令百度公司停止不正当竞争行为，消除影响并赔偿损失。百度公司认为双方不存在竞争关系，且百度公司对信息的使用方式合理，不构成不正当竞争。

审 判

上海市浦东新区人民法院认为，汉涛公司与百度公司存在竞争关系，百度公司未经许可在百度地图和百度知道中大量使用了来自大众点评网的信息，实质替代大众点评网向用户提供信息，对汉涛公司造成损害，具有不正当性，构成不正当竞争，故判决百度公司停止不正当竞争行为并赔偿汉涛公司经济损失人民币300万元及合理费用人民币23万元。百度公司不服一审判决，提起上诉。

上海知识产权法院根据双方在一审中提供的公证证据，进一步梳理查明，由百度地图公证抽取的1655个商户中，有1278个商户所展示的评论信息来源于大众点评网的比例高于35%。在商户评论信息中，全部使用来自大众点评网评论信息的商户有276家，使用来自大众点评评论信息高于75%（不包括100%使用）有508家，使用来自大众点评评论信息高于50%（不包括75%以上）有104家。涉及餐饮行业的1055个商户共使用来自大众点评网的评论信息86286条，平均每家商户使用81条；涉及非餐饮行业的402个商户中，共使用来自大众点评网的信息11330条，平均每家商户使用28条。且所有评论信息均全文显示并主要位于页面前列。上海知识产权法院综合考虑了百度公司的行为是否具有积极效果、百度公司使用涉案信息是否超出了必要的限度、超出必要限度使用信息的行为对市场秩序所产生的影响、百度公司所采取的"垂直搜索"技术是否影响竞争行为正当性的判断等因素，认为百度公司的行为虽在一定程度上丰富了消费者的选择，但大量全文使用信息的行为已经超出必要的限度，严重损害了汉涛公司的利益，并破坏了公平竞争的市场秩序，其行为构成不正当竞争。遂判决驳回上诉，维持原判。

评 析

该案涉及在互联网环境下擅自使用他人收集信息的行为是否正当的认定。信息并非法定的权利客体，当某一劳动成果不属于法定权利时，对于未经许可使用或利用他人劳动成果的行为，不能当然地认定为构成反不正当竞争法意义上的"搭便车"和"不劳而获"。这是因为"模仿自由"，以及使用或利用不受法定权利保护的信息是基本的公共政策，也是一切技术和商业模式创新的基础，否则将在事实上设定了一个"劳动成果权"。但是，随着信息技术产业和互联网产业的发展，尤其是在"大数据"时代的背景下，信息所具有的价值超越以往任何时期，愈来愈多的市场主体投入巨资收集、整理和挖掘信息，如果不加节制地允许市场主体任意地使用或利用他人通过巨大投入所获取的信息，将不利于鼓励商业投入、产业创新和诚实经营，最终损害健康的竞争机制。因此，市场主体在使用他人所获取的信息时，仍然要遵循公认的商业道德，在相对合理的范围内使用。

商业道德本身是一种在长期商业实践中所形成的公认的行为准则。但互联网等新兴市场领域中的各种商业规则整体上还处于探索当中，市场主体的权益边界尚不清晰，某一行为虽然损害了其他竞争者的利益，但可能同时产生促进市场竞争、增加消费者福祉的积极效应，诸多新型的竞争行为是否违反商业道德在市场共同体中并没有形成共识。在判断经营者使用他人信息的相关行为是否违反商业道德、扰乱公平竞争的市场秩序时，一方面，需要考虑产业发展和互联网环境所具有信息共享、互联互通的特点；另一方面，要兼顾信息获取者、信息使用者和社会公众三方的利益，既要考虑信息获取者的财产投入，还要考虑信息使用者自由竞争的权利，以及公众自由获取信息的利益；在利益平衡的基础上划定行为的边界。只有准确地划定正当与不正当使用信息的边界，才能达到公平与效率的平衡，实现《反不正当竞争法》维护自由和公平的市场秩序的立法目的。这种边界的划分不应完全诉诸主观的道德判断，而应综合考量上述各种要素，相对客观地审查行为是否扰乱了公平竞争的市场秩序。

结合该案，首先，百度公司商业模式上的创新确实具有积极的效果，而汉涛公司对涉案信息的获取付出了巨大的劳动，具有可获得法律保护的权益。在此情况下应当对两者的利益进行一定平衡。但百度公司通过搜索技术抓取并大量全文展示来自大众点评网的信息，这种行为已经实质替代了大众点评网的相关服务，其欲实现的积极效果与给大众点评网所造成的损失并不符合利益平衡的原则。其次，百度公司明显可以采取对汉涛公司损害更小，并能在一定程度上实现积极效果的措施。上海知识产权法院认为百度公司使用涉案信息的行为已超出了必要的限度。这种行为不仅损害了汉涛公司的利益，也可能使得其他市场主体不愿再就信息的收集进行投入，破坏正常的产业生态，并对竞争秩序产生一定的负面影响。同时，这种超越边界的使用行为也可能会损害未来消费者的利益。

案例索引

一　审：上海市浦东新区人民法院（2015）浦民三（知）初字第 528 号民事判决书

合议庭成员：徐　俊、许根华、邵　勋

二　审：上海知识产权法院（2016）沪 73 民终 242 号民事判决书

合议庭成员：何　渊、陈瑶瑶、范静波